해커스공무원

이중석

맵핑 한국사

합격생 필기노트

기출문장으로 끝내는 OX / 빈칸 문제집 (PDF)

FREE

이용 방법

해커스공무원(gosi.Hackers.com) 접속 후 로그인 ▶
상단의 [교재·서점 → 무료 학습 자료] 클릭 ▶ 본 교재의 [자료받기] 클릭

이중석 선생님 패스 인강 20% 할인쿠폰

할인쿠폰

3F8A676939C8425W

이용 방법

해커스공무원(gosi.Hackers.com) 접속 후 로그인 ▶ 상단의 [나의 강의실] 클릭 ▶
좌측의 [쿠폰등록] 클릭 ▶ 위 쿠폰번호 입력 후 이용

* 본 쿠폰은 1회에 한해 등록 가능하며 최초로 쿠폰을 인증한 후에는 별도의 추가 인증이 필요 없습니다.
* 기타 쿠폰 이용 문의는 해커스공무원 고객센터(1588~4055)로 연락 부탁드립니다.

 해커스공무원

해커스공무원 이중석 맵핑 한국사

합격생 필기노트는 무엇이 특별한가?

 **1**

기억의 저장 시간을 늘리는 '맵핑 암기법' 적용!

한국사, 더 이상 단순한 반복 학습만으로는 만점을 받을 수 없습니다. [해커스공무원 이중석 맵핑 한국사 합격생 필기노트]는 한국사를 시대 흐름에 따라 구조화하고 도식화한 이중석 선생님의 맵핑 암기법으로 내용을 정리하였습니다. 이를 통해 한국사의 그림을 기억 속에 오래 저장할 수 있습니다.

2

흐름 파악과 핵심 정리를 동시에 잡는 시대별 학습 가능!

시대 흐름이 잡혀 있지 않은 상태에서 단순 암기, 단순 반복은 무의미합니다. [해커스공무원 이중석 맵핑 한국사 합격생 필기노트]는 <시대 흐름 잡기>에서 전체 시대의 흐름을 먼저 파악한 후, 검정 글자, 파랑 글자, 초록 글자 순으로 골격을 잡으면서 핵심을 정리하게 하므로 시험에 완벽 대비가 가능합니다.

3

출제 가능성이 높은 주제별 통합 학습으로 고득점 달성!

[해커스공무원 이중석 맵핑 한국사 합격생 필기노트]는 시대 흐름에 따라 학습을 마무리한 후 주제별로 핵심 개념을 다시 한번 재정리할 수 있도록 구성하였습니다. 기출문제를 철저히 분석한 결과를 바탕으로 출제 가능성이 높은 주제들을 엄선 정리한 <주제로 정리하는 한국사>로 심화 학습과 고득점 달성을 위한 최종 마무리를 확실히 할 수 있습니다.

 **4**

기출문장으로 끝내는 OX/빈칸 문제집 제공

[해커스공무원 이중석 맵핑 한국사 합격생 필기노트]는 공부한 내용을 확실히 암기하고 끝낼 수 있도록 기출문장으로만 구성한 OX/빈칸 문제집을 제공합니다. 해당 자료는 해커스공무원(gosi.Hackers.com)에서 교재 인증 후 다운로드 받으실 수 있습니다.

합격생 필기노트 학습 방법 ✔

* 필기노트 이렇게 보자!

★★★	검정 글자	파랑 글자	초록 글자	★	중석쌤의 기출오답 솔루션	파랑 포스트잇	✛ 보라 포스트잇
빈출도	기본 내용	필수 암기 내용	부연 설명	빈출 포인트	중석쌤의 기출오답 솔루션	시대 통합·필수 자료	개념 연계 자료

* 회독 단계별 학습플랜 (점수 잡는 회독 비법)

1회독

뼈대가 되는 흐름 잡기!

목표: 처음부터 모든 내용을 완벽하게 외우려 하지 말고 내용의 뼈대가 되는 흐름을 자연스럽게 잡는다는 생각으로 1회독 시작!

학습 순서: ① <시대 흐름 잡기>를 보면서 한 시대 전체의 흐름 잡기 ⇒ ② 검정 글자 내용을 가볍게 읽어보기

2회독

뼈대에 살을 붙여 핵심 개념 파악하기!

목표: 1회독으로 파악한 뼈대가 되는 시대 흐름에 살을 붙이는 핵심 개념을 더한다는 생각으로 2회독 시작!

학습 순서: ① 검정 글자, 파랑 글자, 초록 글자 내용 모두를 꼼꼼하게 정독하기 ⇒ ② '파랑 포스트잇'과 '보라 포스트잇' 내용을 함께 확인하기

3회독

암기 포인트 정리하기!

목표: 2회독으로 전체 개념을 익혔다면, 핵심 내용 위주로 철저히 복습하고 암기 포인트를 정리한다는 생각으로 3회독 시작!

학습 순서: ① 검정 글자, 파랑 글자 내용을 빠르게 정독하면서 '중석쌤의 기출오답 솔루션'을 함께 체크하기 ⇒ ② <주제로 정리하는 한국사> 정독하기

시험 직전

완벽히 암기하기!

목표: 헷갈리거나 어렵게 느껴졌던 내용을 마지막으로 점검하고, 완벽히 암기한다는 생각으로 시험 직전 마무리!

학습 순서: ① 별(★) 표시된 빈출 포인트 위주로 암기하고 '중석쌤의 기출오답 솔루션'에서 헷갈렸던 내용 다시 한번 점검하기 ⇒ ② <주제로 정리하는 한국사>를 빨강 글자 내용 위주로 암기하기 ⇒ ③ 별 3개(★★★)가 표시된 빈출도 높은 주제들은 집중적으로 반복 점검하기

차 례

시대순으로 핵심 기출 포인트만 모은

 **기출문장으로 끝내는
OX/빈칸 문제집 제공**

- 해커스공무원(gosi.Hackers.com)

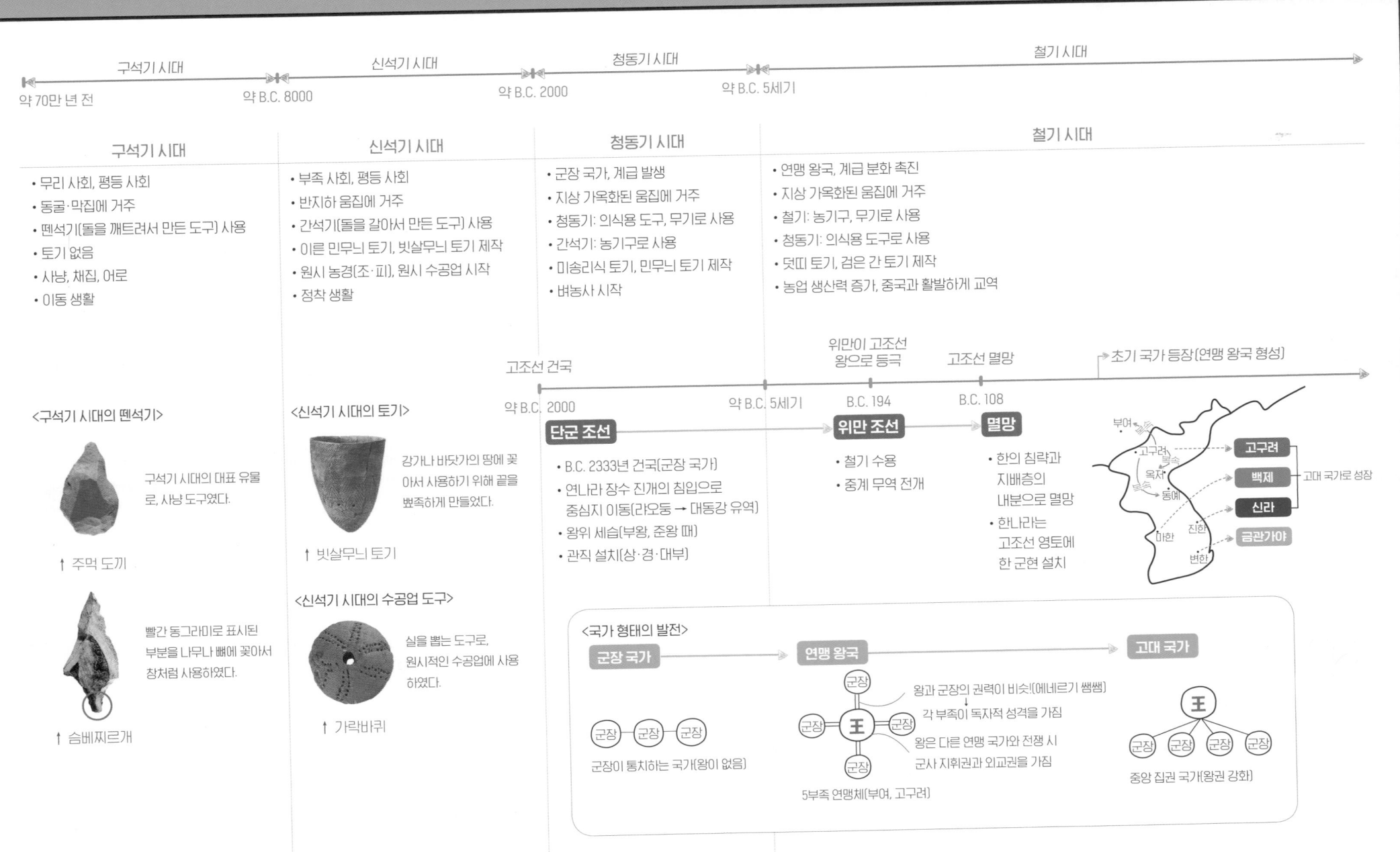

구석기 시대	신석기 시대	청동기 시대	철기 시대
약 70만 년 전	약 B.C. 8000	약 B.C. 2000	약 B.C. 5세기

구석기 시대
- 무리 사회, 평등 사회
- 동굴·막집에 거주
- 뗀석기(돌을 깨트러서 만든 도구) 사용
- 토기 없음
- 사냥, 채집, 어로
- 이동 생활

신석기 시대
- 부족 사회, 평등 사회
- 반지하 움집에 거주
- 간석기(돌을 갈아서 만든 도구) 사용
- 이른 민무늬 토기, 빗살무늬 토기 제작
- 원시 농경(조·피), 원시 수공업 시작
- 정착 생활

청동기 시대
- 군장 국가, 계급 발생
- 지상 가옥화된 움집에 거주
- 청동기: 의식용 도구, 무기로 사용
- 간석기: 농기구로 사용
- 미송리식 토기, 민무늬 토기 제작
- 벼농사 시작

철기 시대
- 연맹 왕국, 계급 분화 촉진
- 지상 가옥화된 움집에 거주
- 철기: 농기구, 무기로 사용
- 청동기: 의식용 도구로 사용
- 덧띠 토기, 검은 간 토기 제작
- 농업 생산력 증가, 중국과 활발하게 교역

고조선 건국 · 위만이 고조선 왕으로 등극 · 고조선 멸망 · 초기 국가 등장(연맹 왕국 형성)

약 B.C. 2000	약 B.C. 5세기	B.C. 194	B.C. 108

단군 조선 → **위만 조선** → **멸망**

단군 조선
- B.C. 2333년 건국(군장 국가)
- 연나라 장수 진개의 침입으로 중심지 이동(라오둥 → 대동강 유역)
- 왕위 세습(부왕, 준왕 때)
- 관직 설치(상·경·대부)

위만 조선
- 철기 수용
- 중계 무역 전개

멸망
- 한의 침략과 지배층의 내분으로 멸망
- 한나라는 고조선 영토에 한 군현 설치

부여 / 고구려 / 옥저 / 동예 / 마한 / 진한 / 변한
→ 고구려 / 백제 / 신라 / 금관가야 → 고대 국가로 성장

<구석기 시대의 뗀석기>
구석기 시대의 대표 유물로, 사냥 도구였다.

↑ 주먹 도끼

빨간 동그라미로 표시된 부분을 나무나 뼈에 꽂아서 창처럼 사용하였다.

↑ 슴베찌르개

<신석기 시대의 토기>
강가나 바닷가의 땅에 꽂아서 사용하기 위해 끝을 뾰족하게 만들었다.

↑ 빗살무늬 토기

<신석기 시대의 수공업 도구>
실을 뽑는 도구로, 원시적인 수공업에 사용하였다.

↑ 가락바퀴

<국가 형태의 발전>

군장 국가 → **연맹 왕국** → **고대 국가**

군장이 통치하는 국가(왕이 없음)

왕과 군장의 권력이 비슷(에네르기 쌤쌤)
↓
각 부족이 독자적 성격을 가짐
왕은 다른 연맹 국가와 전쟁 시 군사 지휘권과 외교권을 가짐

5부족 연맹체(부여, 고구려)

중앙 집권 국가(왕권 강화)

(1) 역사의 의미

역  歷 → **사실로서의 역사** ─ 과거에 있었던 **사실 자체**를 역사로 인식하는 시각,
과거에 일어난 사실 　객관적 **의미의 역사**(역사가의 주관 배제)

ⓔ 동학 농민 운동의 농민군은 황토현 전투에서 관군에 승리하였다.

└ 학자 : 랑케, 앨버트 비버리지, 앨튼
└ "역사가는 자기 자신을 숨기고 사실 그것이 스스로 말하게 하라."

사 史 → **기록으로서의 역사** ─ 조사되어 **기록된 과거**, 주관적 **의미의 역사**(과거의 사실을 토대로 역사가의 조사·연구를 통해 과거의 사실을 재구성)
기록하다, 기록하는 사람

ⓔ 동학 농민 운동은 반봉건·반외세 운동이다.

└ 학자 : 카(E. H. Carr), 크로체, 콜링우드, 베커, 딜타이
"역사란 현재와 과거 사이의 끊임없는 대화이다." 　"모든 역사는 현재의 역사이다."

 중석쌤의 기출오답 솔루션

· 사실로서의 역사에 따르면 사료 또한 사람에 의해 '기록된 과거'이므로, 기록한 역사가의 가치관을 분석한다. [2016. 국가직 9급]
→ 기록으로서의 역사
· 랑케의 역사관에 따르면 역사가의 주관적인 해석 과정은 객관적인 과거 사실만큼이나 역사를 형성하는 데 중요하다. [2019. 경찰직(1차)]
→ 카(E. H. Carr)

(2) 마르크스의 '유물 사관'을 통한 선사 시대의 '구조적 이해'

유물 사관　역사(사회) 발전의 원동력은 '물질'에 달려 있다. (오직 물질로 역사를 바라봄)

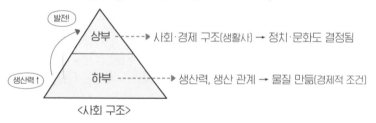

발전
상부 ┈┈→ 사회·경제 구조(생활사) → 정치·문화도 결정됨

생산력↑
하부 ┈┈→ 생산력, 생산 관계 → 물질 만듦(경제적 조건)

<사회 구조>

사료 비판

· **외적 비판** : 사료의 진위성 판단
└ 外 사료 밖에서 바라봄
· **내적 비판** : 사료 내용 자체의 신뢰성 판단
└ 內 사료 내에서 바라봄

한국사의 보편성과 특수성

· **보편성** : 세계사적 보편성(자유·평등·평화·민주 등의 전 인류의 공통된 가치)
· **특수성** : 각 국가별 특수성(고유한 언어·풍속·사회 제도 등)
→ 한국사의 특수성 : 향도, 두레, 호국 불교, 유교에서 충과 효 중시
우리 민족만의 특수한 공동체 조직

구조적 이해

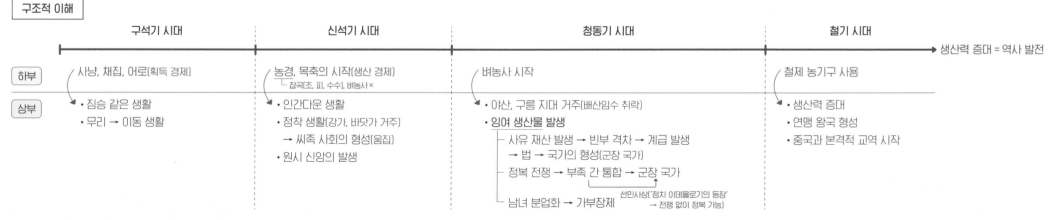

	구석기 시대	신석기 시대	청동기 시대	철기 시대
				생산력 증대 = 역사 발전
하부	사냥, 채집, 어로(획득 경제)	농경, 목축의 시작(생산 경제) └ 잡곡(조, 피, 수수), 벼농사×	벼농사 시작	철제 농기구 사용
상부	· 짐승 같은 생활 · 무리 → 이동 생활	· 인간다운 생활 · 정착 생활(강가, 바닷가 거주) 　→ 씨족 사회의 형성(움집) · 원시 신앙의 발생	· 야산, 구릉 지대 거주(배산임수 취락) · 잉여 생산물 발생 　├ 사유 재산 발생 → 빈부 격차 → 계급 발생 　│　→ 법 → 국가의 형성(군장 국가) 　├ 정복 전쟁 → 부족 간 통합 → 군장 국가 　│　　선민사상('정치 이데올로기의 등장' 　│　　→ 전쟁 없이 정복 가능) 　└ 남녀 분업화 → 가부장제	· 생산력 증대 · 연맹 왕국 형성 · 중국과 본격적 교역 시작

구석기 시대 (약 70만 년 전 ~ 1만 년 전)

전기 구석기 (약 70만 년 전 ~ 10만 년 전)

특징 큰 석기 한 개를 여러 용도로 사용

대표 석기 ★주먹 도끼, 찍개

유적지
- 충북 단양 금굴 (가장 오래된 유적지)
- 경기 연천 전곡리 (아슐리안형 주먹 도끼 출토)✚ └ 모비우스 학설이 폐기되는 계기
- 평남 상원 검은모루 동굴 (포유류 동물 뼈, 주먹 도끼 출토)
- 충남 공주 석장리 (전기 ~ 후기까지 계속된 유적, 남한 최초 발견, 1964)

중기 구석기 (약 10만 년 전 ~ 4만 년 전)

특징 격지(조각난 돌)를 잔손질 하여 사용, 하나의 석기를 하나의 용도로 사용

대표 석기 밀개, 긁개, 찌르개

유적지
- 함북 웅기 굴포리 (박편 석기, 매머드 화석 발견) └ 격지
- 충북 제천 점말 동굴(사람 얼굴 새긴 털코뿔이 앞발뼈 출토)
- 대전 용호동
- 강원 양구 상무룡리
- 제주 빌레못 동굴

후기 구석기 (약 4만 년 전 ~ 1만 년 전)

특징 형태가 같은 여러 돌날 격지 제작

대표 석기 슴베찌르개, 조각 칼

유적지
- 함북 종성 동관진 (구석기 유물 최초 발견, 1933)
- 충북 제천 창내
- 충북 단양 수양개
- 충북 청원 두루봉 동굴 (흥수아이 발견) └ 인골 화석

전기 ~ 후기 구석기 시대의 생활

경제 사냥, 채집, 어로 → 무리를 지어 이동 생활

주거 동굴, 바위 그늘, 막집(강가) / 화덕 터 발견 → 불 사용

도구 뗀석기 ┬ 사냥 도구: 주먹 도끼, 찍개
　　　　　　　 └ 조리 도구: 긁개, 밀개

✚ **모비우스 학설**
아슐리안형 주먹 도끼가 유럽·아프리카 대륙에만 있었고, 아시아에는 없었다는 주장으로, 유럽·아프리카 문화권이 더 진보되었다는 제국주의적 학설
→ 우리나라 연천 전곡리에서 아슐리안형 주먹 도끼가 출토되면서 학설이 폐기됨

구석기 유적지 중 인골 화석(사람 뼈)이 발견된 곳
- 충북 청원 두루봉 동굴 : 흥수아이
- 평양 만달리 : 만달인
- 평남 덕천 승리산 : 승리산인(한반도 최초 인골)
- 충북 단양 상시리 바위 그늘 : 상시리인(남한 최초 인골)

중석기 시대 (약 1만 2천 년 전 ~ 1만 년 전) └ 시기적으로는 후기 구석기에 속함

특징 빙하기가 지나고 기후가 온화해지면서 거대한 짐승이 사라지고 작은 동물과 식물 번성
→ 새로운 자연환경에 적응하려는 노력으로 도구가 변화함

도구
- 잔석기 사용, 이음 도구 제작 (톱, 활, 창, 창살)
- 활을 사용하여 작고 빠른 짐승 사냥
- 창·작살 등을 이용하여 고기잡이

유적지
- 남한 지역 ┬ 경남 통영 상노대도 조개더미 최하층
　　　　　　 └ 강원 홍천 하화계리
- 북한 지역 ┬ 함북 웅기 부포리
　　　　　　 └ 평양 만달리

신석기 시대 (B.C. 8000년경)

경제 농경·목축의 시작 → 정착 생활, 원시 신앙 발생 └ 그러나 여전히 수렵·채집이 더 중요

사회
- 부족 사회 : 혈연을 바탕으로 한 씨족 중심, 족외혼을 통해 부족 형성
- 평등한 원시 공동체 사회

주거 움집 ┬ 형태 : 원형·방형, 반지하식, 화덕이 중앙에 위치
　　　　　　 ├ 특징 : 크기 일정(주거용으로만 사용)
　　　　　　 └ 가구 수 : 10호 미만(소규모)
원형 방형 화덕 지표

원시 신앙
- 애니미즘 : 자연 현상·자연물에 정령이 있다고 믿음
- 토테미즘 : 자기 부족의 기원을 특정 동물과 연결지어 숭배
- 샤머니즘 : 영혼과 하늘을 인간과 연결시켜 주는 무당을 믿음
- 영혼·조상 숭배 : 사람이 죽어도 영혼은 없어지지 않는다 믿음

도구
- 간석기 : 농기구(돌보습, 돌괭이, 돌낫), 조리 도구(갈돌과 갈판)
- 수공업 도구 : 가락바퀴, 뼈바늘(옷, 그물 제작 → 원시 수공업 시작)
- 토기 : 이른 민무늬 토기, 덧무늬 토기, 눌러찍기무늬 토기, └ 초기에 제작 └ 토기 몸체에 덧띠를 붙임 └ 압인문 토기
- ★빗살무늬 토기 └ 후기에 제작, 밑부분이 뾰족한 형태(V형)

유물 조개껍데기 가면, 치레걸이(장식품)

유적지
- 강원 양양 오산리 : 한반도에서 가장 오래된 신석기 시대 집터 유적지
- 함북 웅기 굴포리 서포항 : 인골 발견(동침앙와신전장) └ 주의 중기 구석기의 함북 웅기 굴포리와 구분! └ 시신의 머리가 동쪽을 향해 누워 있음
- 황해 봉산 지탑리, 평양 남경 : 탄화된 좁쌀 발견 └ 주의 탄화미(청동기 시대)와 구분
- 서울 암사동 : 신석기 시대 집터 발견
- 부산 동삼동(패총) : 조개껍데기 가면, 흑요석 화살촉 출토 └ 조개더미 └ 원거리 교역의 증거

┌ 북방 시베리아 계통

청동기 시대
(B.C. 2000년~1500년경 시작)

경제 ── 벼농사 시작 → 농업 생산력 증대 → 잉여 생산물 발생
└ but 여전히 밭농사 중심 (조·보리)

★사회 ── 사유 재산 발생, 계급 분화 : 잉여 생산물의 발생이 빈부 격차와 계급 분화 촉진
└ 계급 분화 증거 : 고인돌의 크기, 껴묻거리
├ 남녀 역할 분화 : 여자는 집안일, 남자는 농경이나 전쟁에 종사
└ 족장(군장)의 출현 ── 청동 무기 사용으로 활발한 정복 활동 전개 → 지배자와 피지배자의 분화 촉진
├ → 지배자인 족장(군장)이 다스리는 사회 등장(계급 사회)
└ 우세한 부족은 선민 사상을 내세워 주변 부족을 통합
└ 하늘의 자손이라 믿는 것

주거 ── 야산, 구릉 지역 거주(배산임수 취락)
└ 움집 ── 형태 : 장방형, 지상 가옥화, 화덕이 벽면으로 이동, 주춧돌(기둥 자리) 사용 
├ 특징 : 크기 다양, 주거용 외 창고·공동 작업장 등 제작, 취락 주위에 외침을 막기 위한 환호(도랑)를 팜
└ 가구 수 : 많은 사람들이 밀집(집단 취락 형성)

[장방형] [화덕] ┌지표 └주춧돌

환호(도랑)
목책(울타리) ─ 잦은 정복 활동으로 인해 방어 시설이 나타남
마을

도구 ── [주의] 청동제가 아닌 석제
├ 간석기 : 농기구의 다양화(반달 돌칼, 돌도끼, 홈자귀, 돌괭이 등) → 농경이 발달함
├ 청동기 : 비파형동검, 거친무늬 거울(청동은 귀하였기 때문에 지배자의 장신구, 무기, 의기 등에만 사용)
└ 토기 : 덧띠새김무늬 토기, 민무늬 토기, 미송리식 토기, 붉은 간 토기, 송국리식 토기
└ 신석기 말기에서 청동기 초기의 토기

유물 ── 무덤 : 고인돌, 선돌(입석), 돌무지무덤, 돌널무덤
│ └ 종류 : 북방식(탁자식), 남방식(바둑판식), 개석식
└ 바위그림 ── 울산 울주 대곡리 반구대 바위그림 : 동물 그림(사냥·고기잡이의 성공과 다산 기원)
[암각화] └ 고령 양전동 알터 바위그림 : 기하학적 무늬(태양 숭배 의식 표현)
[=고령 장기리 바위그림] └ 동심원, 십자형, 삼각형

유적지 ── 평북 의주 미송리 동굴 : 미송리식 토기 발견
├ 경기 여주 흔암리 : 탄화미 발견(벼농사 시작의 증거)
├ 충남 부여 송국리 : 탄화미 발견, 청동기 시대의 유물 다량 출토(반달 돌칼·홈자귀·붉은 간 토기·송국리식 토기 등)
├ 울산 검단리 : 환호(도랑)로 둘러싸인 마을 유적 발견
└ 강화 부근리 : 대표적인 북방식 고인돌 유적, 유네스코 세계 문화유산 등재

┌ 중국 계통

철기 시대
(B.C. 5C경)

경제 ── 철제 농기구 사용 → 농업 생산력 증대

사회 ── 철제 무기 사용 → 활발한 정복 전쟁 → 연맹 왕국 등장

도구 ── 청동기 : 세형동검, 잔무늬 거울, 거푸집 → 독자적 청동기 문화‡
│ └ 청동 제품을 제작하는 틀
└ 토기 : 덧띠 토기, 검은 간 토기
└ 입술 단면에 원형·방형·삼각형 덧띠를 붙인 토기

유물 ── 중국과의 활발한 교역 ── 화폐 출토(명도전, 반량전, 오수전)
│ └ 한자의 전래(경남 창원 다호리 유적에서 붓이 출토됨)
└ 무덤 : 널무덤(토광묘), 독무덤(옹관묘) 

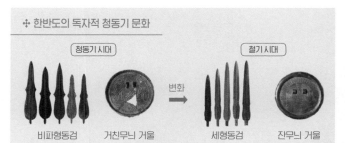

‡ 한반도의 독자적 청동기 문화

청동기 시대		철기 시대	
비파형동검	거친무늬 거울	세형동검	잔무늬 거울

변화 →

중석쌤의 기출오답 솔루션

• 신석기시대에는 사람들이 이동 생활을 하며 동굴, 바위 그늘, 막집에서 살았다. [2018. 경찰직(3차)]
→ 구석기 시대 (신석기 시대에는 움집에서 정착 생활을 함)
• 신석기시대에 권력을 가진 지배자가 등장하였다. [2021. 법원직 9급]
→ 청동기 시대
• 청동기시대의 유적인 창원 다호리에서는 문자를 적는 붓이 출토되었다. [2019. 국가직 9급]
→ 철기 시대

4 고조선의 건국과 발전 ★★

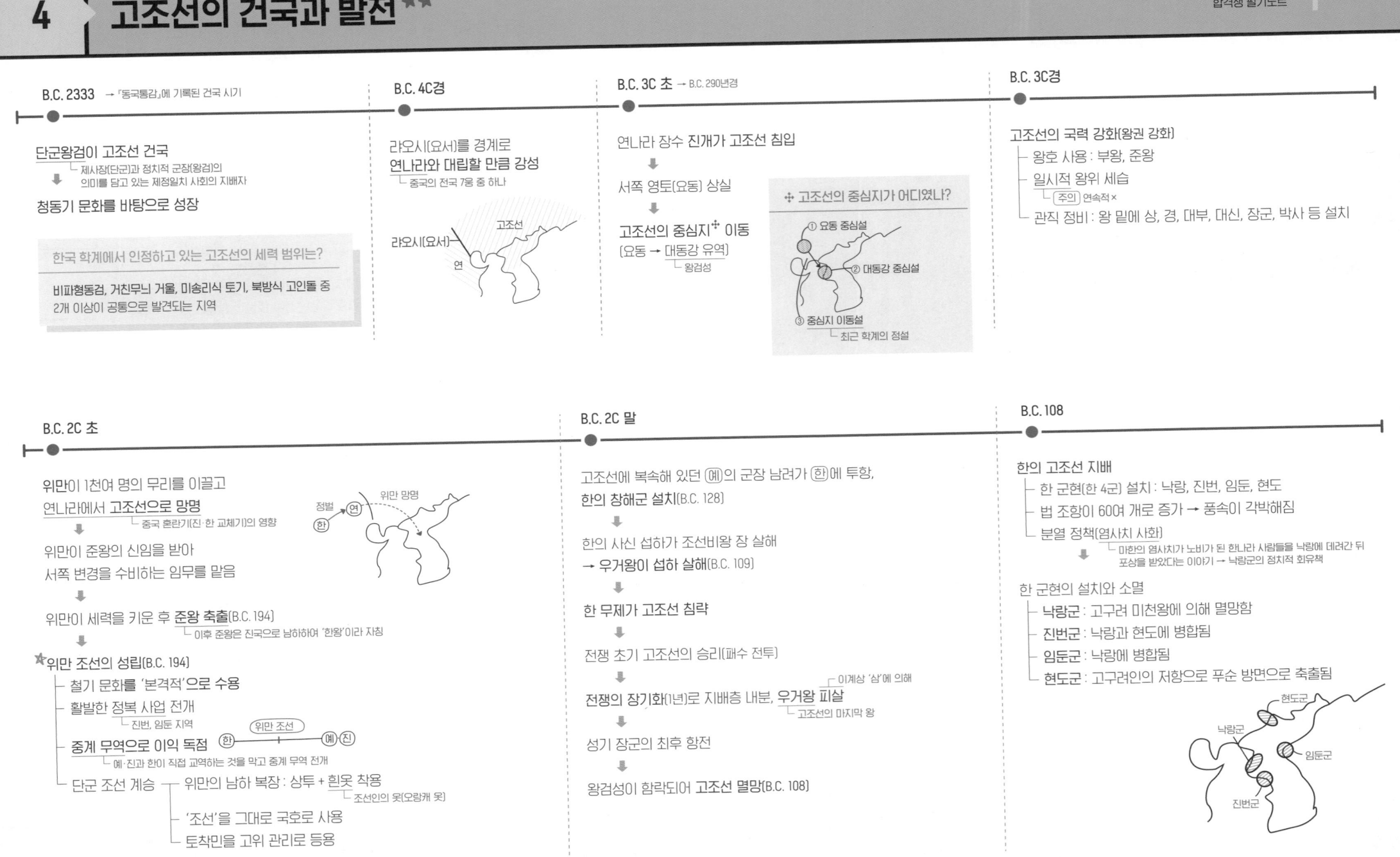

B.C. 2333 → 『동국통감』에 기록된 건국 시기

단군왕검이 고조선 건국
  └ 제사장(단군)과 정치적 군장(왕검)의
    의미를 담고 있는 제정일치 사회의 지배자

청동기 문화를 바탕으로 성장

한국 학계에서 인정하고 있는 고조선의 세력 범위는?

비파형동검, 거친무늬 거울, 미송리식 토기, 북방식 고인돌 중
2개 이상이 공통으로 발견되는 지역

B.C. 4C경

라오시(요서)를 경계로
연나라와 대립할 만큼 강성
  └ 중국의 전국 7웅 중 하나

라오시(요서)   고조선

연

B.C. 3C 초 → B.C. 290년경

연나라 장수 진개가 고조선 침입
  ↓
서쪽 영토(요동) 상실
  ↓
고조선의 중심지✢ 이동
[요동 → 대동강 유역]
          └ 왕검성

✢ 고조선의 중심지가 어디였나?
  ① 요동 중심설
  ② 대동강 중심설
  ③ 중심지 이동설
    └ 최근 학계의 정설

B.C. 3C경

고조선의 국력 강화(왕권 강화)
  ├ 왕호 사용 : 부왕, 준왕
  ├ 일시적 왕위 세습
  │   └ 주의 연속적×
  └ 관직 정비 : 왕 밑에 상, 경, 대부, 대신, 장군, 박사 등 설치

B.C. 2C 초

위만이 1천여 명의 무리를 이끌고
연나라에서 고조선으로 망명
  └ 중국 혼란기(진·한 교체기)의 영향
  ↓
위만이 준왕의 신임을 받아
서쪽 변경을 수비하는 임무를 맡음
  ↓
위만이 세력을 키운 후 **준왕 축출**(B.C. 194)
  └ 이후 준왕은 진국으로 남하하여 '한왕'이라 자칭
  ↓
★**위만 조선의 성립**(B.C. 194)
  ├ 철기 문화를 '본격적'으로 수용
  ├ 활발한 정복 사업 전개
  │   └ 진번, 임둔 지역
  ├ **중계 무역으로 이익 독점**
  │   └ 예·진과 한이 직접 교역하는 것을 막고 중계 무역 전개
  └ 단군 조선 계승 ── 위만의 남하 복장 : 상투 + 흰옷 착용
                        └ 조선인의 옷(오랑캐 못)
                    ── '조선'을 그대로 국호로 사용
                    ── 토착민을 고위 관리로 등용

정벌 ⓗ 연 → 위만 망명
위만 조선
ⓗ ── 위만 조선 ── 예·진

B.C. 2C 말

고조선에 복속해 있던 예의 군장 남려가 한에 투항,
한의 창해군 설치(B.C. 128)
  ↓
한의 사신 섭하가 조선비왕 장 살해
→ **우거왕이 섭하 살해**(B.C. 109)
  ↓
한 무제가 고조선 침략
  ↓
전쟁 초기 고조선의 승리(패수 전투)
  ↓
전쟁의 장기화(1년)로 지배층 내분, **우거왕 피살**
  └ 이계상 '삼'에 의해
  └ 고조선의 마지막 왕
  ↓
성기 장군의 최후 항전
  ↓
왕검성이 함락되어 **고조선 멸망**(B.C. 108)

B.C. 108

한의 고조선 지배
  ├ 한 군현(한 4군) 설치 : 낙랑, 진번, 임둔, 현도
  ├ 법 조항이 60여 개로 증가 → 풍속이 각박해짐
  └ 분열 정책(염사치 사화)
        └ 마한의 염사치가 노비가 된 한나라 사람들을 낙랑에 데리려 간 뒤
          포상을 받았다는 이야기 → 낙랑군의 정치적 회유책

한 군현의 설치와 소멸
  ├ 낙랑군 : 고구려 미천왕에 의해 멸망함
  ├ 진번군 : 낙랑과 현도에 병합됨
  ├ 임둔군 : 낙랑에 병합됨
  └ 현도군 : 고구려인의 저항으로 푸순 방면으로 축출됨

현도군
낙랑군
임둔군
진번군

(1) 고조선의 사회 모습 → 단군 신화와 8조법을 통해 고조선의 사회 모습을 추론할 수 있음

단군 신화
- 홍익인간 : '널리 인간을 이롭게 한다'는 통치 이념 제시
- 제정일치 사회 : 단군(제사장) + 왕검(정치적 군장)
- 농경 사회 : 주로 구릉 지대에서 농경 생활, 풍백·우사·운사가 바람·비·구름 등 농경과 관계되는 일 주관
- 새로운 사회 질서 수립 : 사유 재산의 성립과 계급 분화 → 지배 계급이 피지배층을 통제
- 토테미즘 : 곰과 호랑이를 숭배하는 부족이 존재함
- 부족의 연합 : 환웅 부족과 곰 숭배 부족의 연합, 호랑이 숭배 부족은 배제됨
- 선민사상 : 환웅 부족은 하늘의 자손임을 강조 → 자기 부족의 우월성 과시

★8조법
- 기록 : 반고의 『한서』 「지리지」(3개 조항만 남아 있음)
- 살인죄 : 살인자는 즉시 사형에 처한다 → 인간의 생명을 중시하는 사회
- 상해죄 : 남의 신체를 상해한 자는 곡물로 보상한다 → 노동력을 중시하는 농경 사회
- 절도죄 : 남의 물건을 도둑질한 자는 소유주의 집에 잡혀 들어가 노예가 됨이 원칙이며, 자속하려는 자는 50만 전을 내놓아야 한다 → 사유 재산이 인정되는 계급 사회
- 기타 : 여성의 정절 중시 → 가부장제 사회

중석쌤의 기출오답 솔루션
- 단군 신화를 통해 특정 동물을 수호신으로 여기는 샤머니즘이 존재했음을 알 수 있다. [2021. 법원직 9급]
  → 토테미즘
- 『삼국유사』에는 고조선이 중국의 제(齊)와 교역하였음을 전하고 있다. [2018. 지방직 7급]
  → 『관자』(중국의 사서, 『삼국유사』에는 단군 신화 수록)
- 단군 신화가 기록된 책으로는 『동국이상국집』, 『제왕운기』, 『세종실록지리지』 등이 있다. [2017. 경찰간부후보생]
  → 『동국여지승람』, 『동국이상국집』에는 고구려 건국 신화가 기록되어 있음

(2) 고조선(단군 이야기) 관련 기록✛

『삼국유사』	(일연) : 고려 충렬왕 때 편찬, 『(단군)고기』를 인용하여 단군 신화 기록, 대동강 중심설 주장
『제왕운기』	(이승휴) : 고려 충렬왕 때 편찬, 고조선이라는 '국가' 설명
『세종실록』「지리지」	(춘추관) : 조선 단종 때 편찬, 『단군고기』 인용
『응제시주』	(권람) : 조선 세조 때 편찬, 요동 중심설 주장
『동국여지승람』	(노사신) : 조선 성종 때 편찬
『동국통감』	(서거정) : 조선 성종 때 편찬, 단군 왕검의 고조선 건국 기록
『표제음주동국사략』	(유희령) : 조선 중종 때 편찬

단군 조선설과 기자 조선설
- 단군 조선설 : 우리나라의 주장
- 기자 조선설 : 조선 시대 사림의 주장 → 현재는 부정되는 학설
  - 소중화의 근거로 삼음
  - 민족 문화에 대한 자부심 향상(오랑캐가 세운 나라가 아니라는 증거)
  - (예) 이이, 『기자실기』

✛ 중국측 고조선 관련 기록
- 『관자』
  - 춘추 시대 정치가 관중(관자)의 사서로, 그 내용은 관중의 업적을 중심으로 후대인들이 기록
  - 기원전 7세기 혹은 4세기에 편찬된 것으로 추정
  - 고조선 관련 기록 : 고조선과 중국 제나라의 무역 관련 내용 기록
- 『산해경』
  - 기원전 4세기경에 편찬된 것으로 추정
  - 고조선 관련 기록 : '조선'이라는 나라 이름이 정확히 기록됨(but, 내용면에서 신뢰성이 떨어짐)

6 초기 국가 ★★★

구분	부여	고구려	옥저	동예	삼한
정치	• 5부족 연맹체(왕권↓) └ 재해 발생 시 왕을 교체하기도 함 ├ 왕 : 대군장(중앙을 다스림) └ 대가 : **마가, 우가, 저가, 구가** 　　　　[사출도를 다스림] • 1C 초 이미 왕호를 사용 • 관리 : 대사자, 사자	• 5부족 연맹체 ├ 5부족 : 계루부, 절노부, 소노부(연노), 순노부, 관노부 ├ 왕 ┬ 왕족 └ 왕비족 └ 대가 : 고추가, 상가 　　　　└ 계루부·절노부·소노부에서 배출 • 1C 초 이미 왕호를 사용 • 관리 : 사자, 조의, 선인 • 제가 회의 : 가(加)들이 모여 회의	군장 국가 : 읍군, 삼로, 후가 통치 [연맹 왕국으로 발전×] └ 왕이 존재×		78개 소국 연맹체 • **마한**(54) + **변한**(12) + **진한**(12) └ 마한의 목지국 지배자가 마한왕(진왕)으로 추대 • 군장 ┬ 대군장 : 신지, 견지 ┐ 지배 세력에 따라 구분 　　　　└ 소군장 : **부례, 읍차** ┘
경제	• 반농반목(농경·목축) • 특산물 : 말, 주옥, 모피 • 하호가 생산 활동을 담당 　└ [주의] 노비가 아닌 평민임	• 약탈 경제 → **부경**(창고)이 집집마다 있음 　└ 대상 : 옥저, 동예 • 특산물 : 맥궁(각궁)	• 소금, 해산물이 풍부 • 농경이 발달 • 고구려에 공물로 납부	• 특산물 : 단궁(활), 과하마(조랑말), 　반어피(바다표범 가죽) • 방직 기술이 발달 　→ 명주, 삼베 등 생산	• 철제 농기구의 사용으로 벼농사 발달 　→ 벼농사의 발달로 저수지가 많이 축조됨 　　└ 김제 벽골제, 제천 의림지 등 • 변한 : 다량의 철 생산 ┐ 덩이쇠 　　[낙랑·일본에 수출, 화폐처럼 사용]
★사회 풍습	• 순장(껴묻거리), 국왕의 장례에 옥갑 사용 　　　　　　　　└ 옥으로 만든 갑옷 • 흰색 옷을 숭상 • **형사취수제**(전쟁 미망인 사회 보호책) 　└ 지배층의 혼인 풍습 • 우제점법(소굽점), 은력(한의 역법) 사용 • 법률 ┬ **1책 12법** : 남의 물건을 훔치면 　　　　　　　　물건 값의 12배 배상 　　　└ 간음자, 투기가 심한 부인은 사형에 　　　　처함(일부다처제)	• 서옥제(일종의 데릴 사위제, 노동력 중시) 　└ 지배층의 혼인 풍습 • 장례 풍습 : 돌을 쌓아 봉분을 만들고(돌무지무덤) 　　　　봉분 주변에 소나무, 잣나무를 심음 • 사회 풍습 ┬ 형사취수제 　└ 부여의　├ 법률 : **1책 12법**, 투기가 심한 부인은 　　영향을　│　　　　사형에 처함 　　받음　　└ 중대 범죄자 사형·가족은 노비, 감옥× 　　　　　　　└ 제가 회의를 통해 결정	• 민며느리제(예부제) • 골장제(가족 공동 무덤) 　└ 목곽 입구에 　　쌀 항아리를 매달아 놓음	• 족외혼 ┬ 씨족 사회의 전통 풍습 • 책화 ┘ 　[다른 부족의 영역을 침범하면 　노비·소·말로 변상] • 호랑이 숭배 • 질병으로 사람이 죽으면 그 사람이 　살던 집을 폐기함 • 집터 : 철(凸)자형·여(呂)자형	정치적 지배자 ┐ ┌ 제사장 • **제정 분리 사회** : 군장 외에 천군이 존재하여 　　　　　　　　　신성 지역인 소도를 다스림 　　　　　　　　　　　　└ 솟대를 세워 표시 • 두레 : 공동 노동 조직 　　　　　└ 일본의 영향 • 풍습 : 편두, 문신(진한, 변한) 　　　└ 아이의 머리를 돌로 눌러 납작하게 만듦 • 장례 : 소와 말을 합장(마한), 　　　　큰 새의 깃털을 합장(진한, 변한) • 주거 : 귀틀집, 초가집, 흙방(토실) • 무덤 : 주구묘, 옹관묘 ┐ 마한
제천 행사	영고(12月) : 겨울철 사냥 기원 　　└ 수렵 사회의 전통 반영	동맹(10月) : **국동대혈**에 모여 조상신에 제사 　　　　　　　└ 주몽, 유화 부인	기록×	무천(10月)	• 수릿날(5月) → 단오로 발전 • 계절제(10月) → 추석으로 발전
변화·발전	3C 말 선비족의 침입으로 국력 쇠퇴 ↓ 고구려의 보호국으로 전락 ↓ 5C 말 고구려 문자왕에 의해 복속됨	초기 국가 중 유일하게 **중앙 집권 국가**로 성장	고구려에 복속됨		• 마한 : 백제국 → **백제**로 발전 • 변한 : 구야국 → **가야**로 발전 • 진한 : 사로국 → **신라**로 발전

1. 선사 시대

구분	구석기 시대 →	신석기 시대 →	청동기 시대 →	철기 시대
형태	• 무리 사회	• 부족 사회	• _____ 국가	• _____ 왕국(초기 국가 등장)
주거	• _____, _____	• _____ 움집(원형, _____에 화덕)	• _____된 움집, 취락 형성	
유물	• _____(돌을 깨뜨려서 만든 도구) 사용: _____, 긁개, 밀개 등 • 토기: 없음	• _____(돌을 갈아서 만든 도구) 사용: 돌괭이, 돌삽 등 농기구 • 토기: 이른 민무늬 토기, _____ 토기	• 무기: 청동 무기 • 농기구: _____ • 청동기: _____, 거친무늬 거울 • 토기: _____ 토기, 민무늬 토기	• 무기: 철제 무기 • 농기구: _____ 농기구 • 청동기: _____, 잔무늬 거울 • 토기: 덧띠 토기, 검은 간 토기
경제	• 도구를 사용하여 _____, _____, 어로	• 원시 _____ 시작(조·피), 사냥과 어로 병행 • 원시적 수공업 시작(_____, 뼈바늘)	• _____ 시작	• 농업 생산력 증가 • _____과 활발하게 교역(명도전, 붓)
사회	• _____ 생활, 평등 사회	• _____ 생활, 씨족 사회, 평등 사회	• _____ 발생, _____ 발생	• 계급 분화 촉진
기타	• 흥수아이(아이의 유골)	• _____ 발생: 애니미즘, 샤머니즘, 토테미즘	• 무덤: _____ 등	• 무덤: 독무덤, 널무덤 등

2. 고조선 (청동기 ~ 철기)

전개	단군 조선	• B.C. 2333년 건국(군장 국가) → B.C. 4세기경 중국 연과 대립할 만큼 강성 • B.C. 3세기 초 연나라 장수 _____의 침입을 받아 중심지 이동(랴오둥에서 대동강 유역으로) → 이후 대동강 유역 중심으로 발전 • B.C. 3세기경 왕위 세습 실시(_____, _____ 때), 왕 밑에 ___·____·_____ 등의 관직 설치 • _____을 통해 재산의 사유화, 계급 발생, 개인의 생명과 노동력을 중시하였음을 확인할 수 있음
	위만 조선	• 배경: 중국의 진·한 교체기에 _____이 고조선으로 이주해 옴 → 위만이 고조선 준왕의 신임을 받아 서쪽 변경 수비 → 세력을 확대한 위만이 _____을 축출하고 왕위에 오름 • 발전: _____ 문화를 본격적으로 수용, 한반도 남부와 중국의 한 사이에서 _____ 전개
멸망		• 고조선의 성장에 위협을 느낀 한의 침략과 고조선 지배층의 내분으로 멸망 → 한은 고조선 영토에 _____ 설치

[정답] 1. 동굴, 막집, 뗀석기, 주먹 도끼, 사냥, 채집, 이동 / 반지하, 중앙, 간석기, 빗살무늬, 농경, 가락바퀴, 정착, 원시 신앙 / 군장, 지상 가옥화, 반달 돌칼, 비파형동검, 미송리식, 벼농사, 계급, 사유 재산, 고인돌 / 연맹, 철제, 세형동검, 중국
2. 진개, 부왕, 준왕, 상, 경, 대부, 8조법 / 위만, 준왕, 철기, 중계 무역 / 한 군현

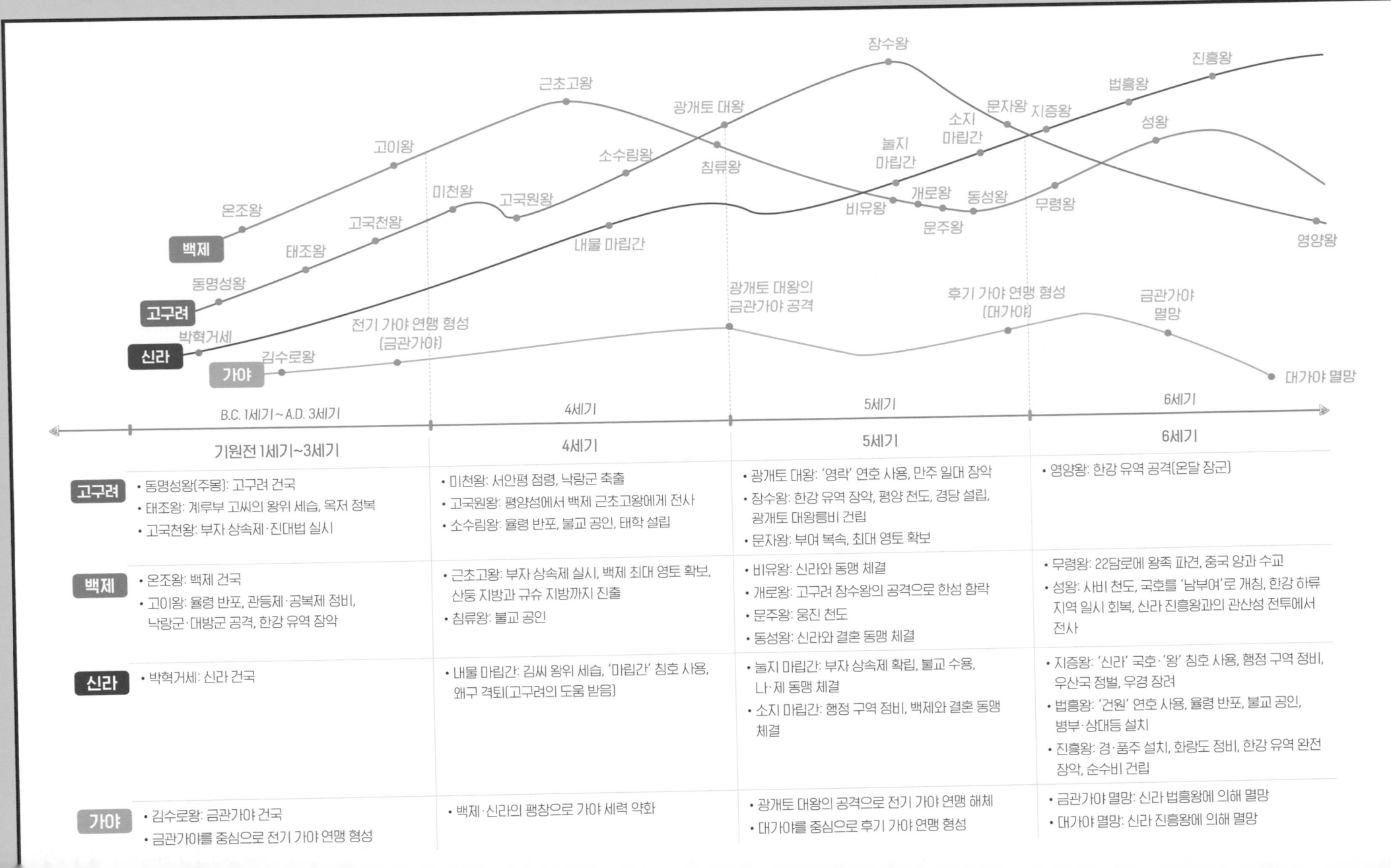

	기원전 1세기~3세기	4세기	5세기	6세기
고구려	• 동명성왕(주몽): 고구려 건국 • 태조왕: 계루부 고씨의 왕위 세습, 옥저 정복 • 고국천왕: 부자 상속제·진대법 실시	• 미천왕: 서안평 점령, 낙랑군 축출 • 고국원왕: 평양성에서 백제 근초고왕에게 전사 • 소수림왕: 율령 반포, 불교 공인, 태학 설립	• 광개토 대왕: '영락' 연호 사용, 만주 일대 장악 • 장수왕: 한강 유역 장악, 평양 천도, 경당 설립, 광개토 대왕릉비 건립 • 문자왕: 부여 복속, 최대 영토 확보	• 영양왕: 한강 유역 공격(온달 장군)
백제	• 온조왕: 백제 건국 • 고이왕: 율령 반포, 관등제·공복제 정비, 낙랑군·대방군 공격, 한강 유역 장악	• 근초고왕: 부자 상속제 실시, 백제 최대 영토 확보, 산둥 지방과 규슈 지방까지 진출 • 침류왕: 불교 공인	• 비유왕: 신라와 동맹 체결 • 개로왕: 고구려 장수왕의 공격으로 한성 함락 • 문주왕: 웅진 천도 • 동성왕: 신라와 결혼 동맹 체결	• 무령왕: 22담로에 왕족 파견, 중국 양과 수교 • 성왕: 사비 천도, 국호를 '남부여'로 개칭, 한강 하류 지역 일시 회복, 신라 진흥왕과의 관산성 전투에서 전사
신라	• 박혁거세: 신라 건국	• 내물 마립간: 김씨 왕위 세습, '마립간' 칭호 사용, 왜구 격퇴(고구려의 도움 받음)	• 눌지 마립간: 부자 상속제 확립, 불교 수용, 나·제 동맹 체결 • 소지 마립간: 행정 구역 정비, 백제와 결혼 동맹 체결	• 지증왕: '신라' 국호·'왕' 칭호 사용, 행정 구역 정비, 우산국 정벌, 우경 장려 • 법흥왕: '건원' 연호 사용, 율령 반포, 불교 공인, 병부·상대등 설치 • 진흥왕: 경·품주 설치, 화랑도 정비, 한강 유역 완전 장악, 순수비 건립
가야	• 김수로왕: 금관가야 건국 • 금관가야를 중심으로 전기 가야 연맹 형성	• 백제·신라의 팽창으로 가야 세력 약화	• 광개토 대왕의 공격으로 전기 가야 연맹 해체 • 대가야를 중심으로 후기 가야 연맹 형성	• 금관가야 멸망: 신라 법흥왕에 의해 멸망 • 대가야 멸망: 신라 진흥왕에 의해 멸망

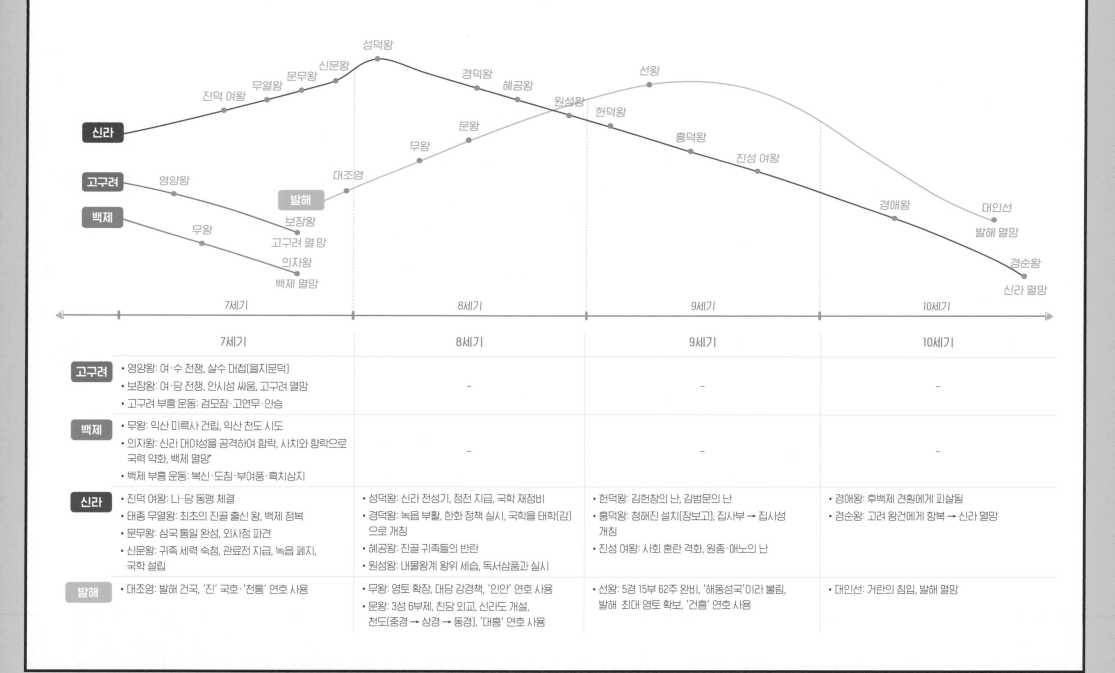

	7세기	8세기	9세기	10세기
고구려	• 영양왕: 여·수 전쟁, 살수 대첩(을지문덕) • 보장왕: 여·당 전쟁, 안시성 싸움, 고구려 멸망 • 고구려 부흥 운동: 검모잠·고연무·안승	–	–	–
백제	• 무왕: 익산 미륵사 건립, 익산 천도 시도 • 의자왕: 신라 대야성을 공격하여 함락, 사치와 향락으로 국력 약화, 백제 멸망 • 백제 부흥 운동: 복신·도침·부여풍·흑치상지	–	–	–
신라	• 진덕 여왕: 나·당 동맹 체결 • 태종 무열왕: 최초의 진골 출신 왕, 백제 정복 • 문무왕: 삼국 통일 완성, 외사정 파견 • 신문왕: 귀족 세력 숙청, 관료전 지급, 녹읍 폐지, 국학 설립	• 성덕왕: 신라 전성기, 정전 지급, 국학 재정비 • 경덕왕: 녹읍 부활, 한화 정책 실시, 국학을 태학(감)으로 개칭 • 혜공왕: 진골 귀족들의 반란 • 원성왕: 내물왕계 왕위 세습, 독서삼품과 실시	• 헌덕왕: 김헌창의 난, 김범문의 난 • 흥덕왕: 청해진 설치(장보고), 집사부 → 집사성 개칭 • 진성 여왕: 사회 혼란 격화, 원종·애노의 난	• 경애왕: 후백제 견훤에게 피살됨 • 경순왕: 고려 왕건에게 항복 → 신라 멸망
발해	• 대조영: 발해 건국, '진' 국호·'천통' 연호 사용	• 무왕: 영토 확장, 대당 강경책, '인안' 연호 사용 • 문왕: 3성 6부제, 친당 외교, 신라도 개설, 천도(중경 → 상경 → 동경), '대흥' 연호 사용	• 선왕: 5경 15부 62주 완비, '해동성국'이라 불림, 발해 최대 영토 확보, '건흥' 연호 사용	• 대인선: 거란의 침입, 발해 멸망

1 ▶ 삼국의 건국과 발전 ① ★★★

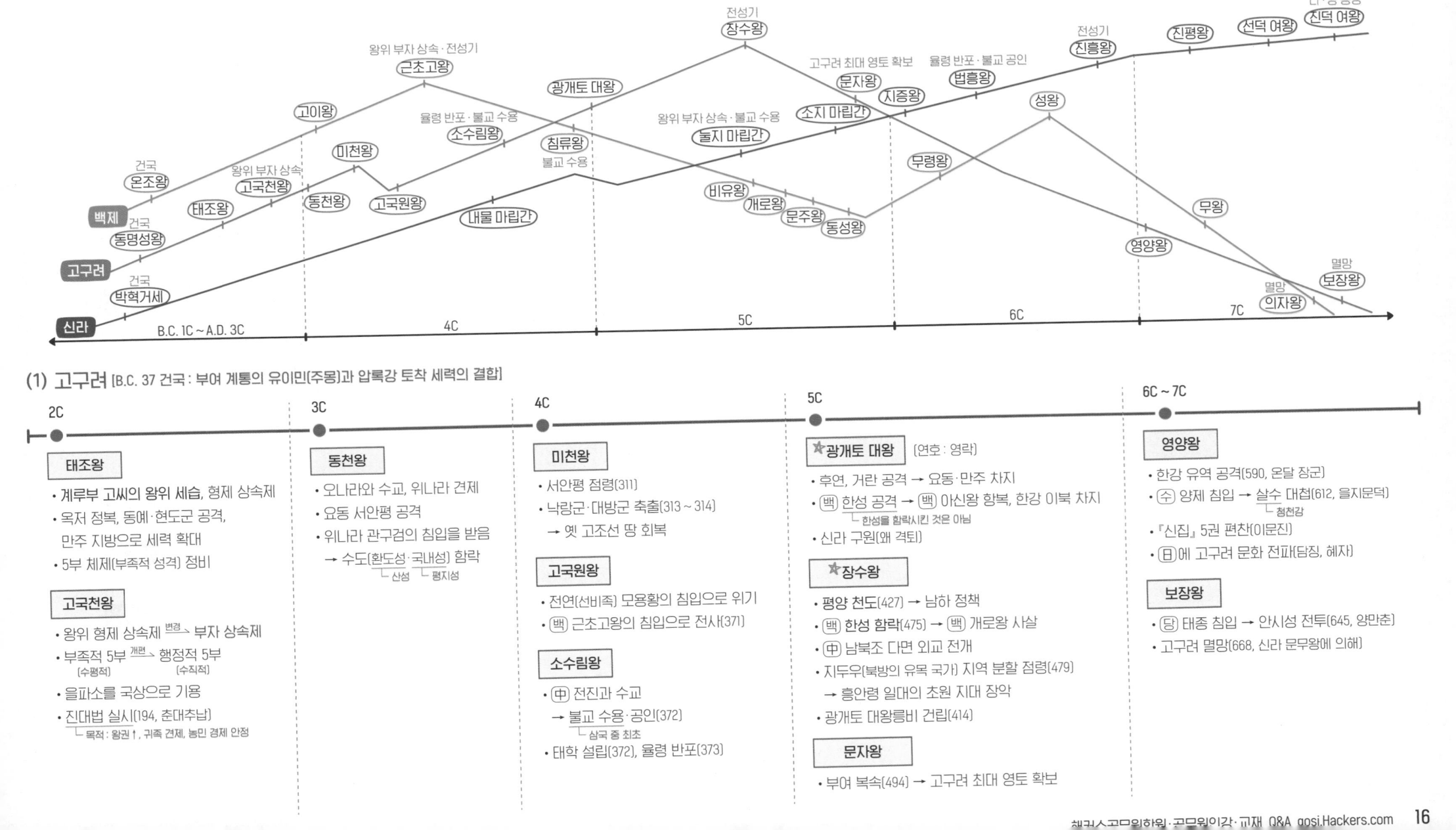

(1) 고구려 [B.C. 37 건국 : 부여 계통의 유이민(주몽)과 압록강 토착 세력의 결합]

2C

태조왕
- **계루부 고씨의 왕위 세습**, 형제 상속제
- 옥저 정복, 동예·현도군 공격,
  만주 지방으로 세력 확대
- 5부 체제(부족적 성격) 정비

고국천왕
- 왕위 형제 상속제 _{변경} 부자 상속제
- 부족적 5부 _{개편} 행정적 5부
  _(수평적)   _(수직적)
- 을파소를 국상으로 기용
- 진대법 실시(194, 춘대추납)
  └ 목적 : 왕권↑, 귀족 견제, 농민 경제 안정

3C

동천왕
- 오나라와 수교, 위나라 견제
- 요동 서안평 공격
- 위나라 관구검의 침입을 받음
  → 수도(환도성·국내성) 함락
    └ 산성 └ 평지성

4C

미천왕
- 서안평 점령(311)
- 낙랑군·대방군 축출(313~314)
  → 옛 고조선 땅 회복

고국원왕
- 전연(선비족) 모용황의 침입으로 위기
- (백) 근초고왕의 침입으로 전사(371)

소수림왕
- (中) 전진과 수교
  → 불교 수용·공인(372)
    └ 삼국 중 최초
- 태학 설립(372), 율령 반포(373)

5C

★광개토 대왕 [연호 : 영락]
- 후연, 거란 공격 → 요동·만주 차지
- (백) 한성 공격 → (백) 아신왕 항복, 한강 이북 차지
  └ 한성을 함락시킨 것은 아님
- 신라 구원(왜 격퇴)

★장수왕
- 평양 천도(427) → 남하 정책
- (백) 한성 함락(475) → (백) 개로왕 사살
- (中) 남북조 다면 외교 전개
- 지두우(북방의 유목 국가) 지역 분할 점령(479)
  → 흥안령 일대의 초원 지대 장악
- 광개토 대왕릉비 건립(414)

문자왕
- 부여 복속(494) → 고구려 최대 영토 확보

6C ~ 7C

영양왕
- 한강 유역 공격(590, 온달 장군)
- (수) 양제 침입 → 살수 대첩(612, 을지문덕)
  └ 청천강
- 『신집』 5권 편찬(이문진)
- (日)에 고구려 문화 전파(담징, 혜자)

보장왕
- (당) 태종 침입 → 안시성 전투(645, 양만춘)
- 고구려 멸망(668, 신라 문무왕에 의해)

(2) 백제 [B.C. 18 건국 : 고구려 계통의 유이민(온조)과 한강 유역 토착 세력의 결합]

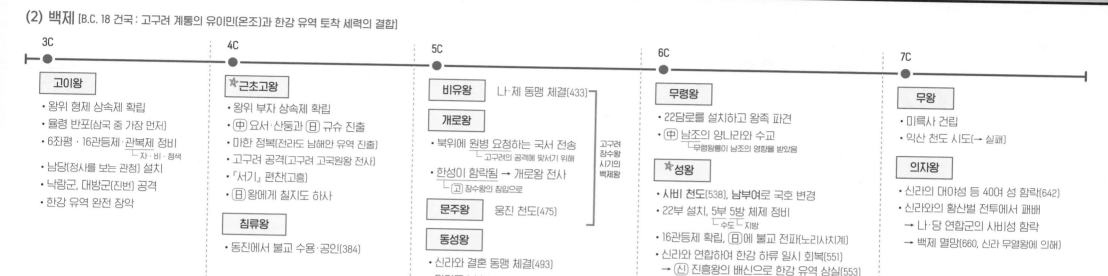

3C

고이왕
- 왕위 형제 상속제 확립
- 율령 반포(삼국 중 가장 먼저)
- 6좌평 · 16관등제 · 관복제 정비
  └ 자 · 비 · 청색
- 남당(정사를 보는 관청) 설치
- 낙랑군, 대방군(진번) 공격
- 한강 유역 완전 장악

4C

★근초고왕
- 왕위 부자 상속제 확립
- 中 요서 · 산둥과 日 규슈 진출
- 마한 정복(전라도 남해안 유역 진출)
- 고구려 공격(고구려 고국원왕 전사)
- 『서기』 편찬(고흥)
- 日 왕에게 칠지도 하사

침류왕
- 동진에서 불교 수용 · 공인(384)

5C

비유왕 ─ 나 · 제 동맹 체결(433) ─┐
개로왕
- 북위에 원병 요청하는 국서 전송
  └ 고구려의 공격에 맞서기 위해
- 한성이 함락됨 → 개로왕 전사
  └ 고 장수왕의 침입으로

┌ 고구려 장수왕 시기의 백제왕 ┘

문주왕 ─ 웅진 천도(475)
동성왕
- 신라와 결혼 동맹 체결(493)
- 탐라국 복속(498)

6C

무령왕
- 22담로를 설치하고 왕족 파견
- 中 남조의 양나라와 수교
  └ 무령왕릉이 남조의 영향을 받았음

★성왕
- 사비 천도(538), 남부여로 국호 변경
- 22부 설치, 5부 5방 체제 정비
  └ 수도 └ 지방
- 16관등제 확립, 日에 불교 전파(노리사치계)
- 신라와 연합하여 한강 하류 일시 회복(551)
  → 新 진흥왕의 배신으로 한강 유역 상실(553)
  → 신라와의 관산성 전투에서 성왕 전사(554)

7C

무왕
- 미륵사 건립
- 익산 천도 시도(→ 실패)

의자왕
- 신라의 대야성 등 40여 성 함락(642)
- 신라와의 황산벌 전투에서 패배
  → 나 · 당 연합군의 사비성 함락
  → 백제 멸망(660, 신라 무열왕에 의해)

(3) 신라 [B.C. 57 건국 : 경주 지역 토착민과 유이민(박혁거세) 집단의 결합]

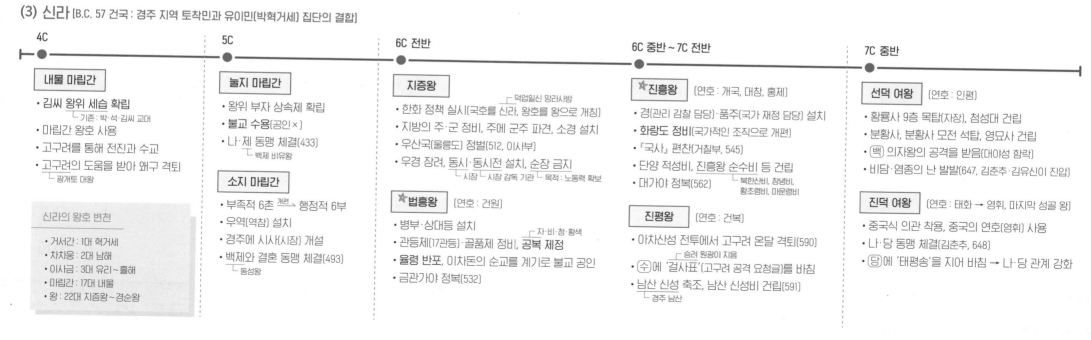

4C

내물 마립간
- 김씨 왕위 세습 확립
  └ 기존 : 박 · 석 · 김씨 교대
- 마립간 왕호 사용
- 고구려를 통해 전진과 수교
- 고구려의 도움을 받아 왜구 격퇴
  └ 광개토 대왕

┌─────────────────┐
│ **신라의 왕호 변천**   │
│ • 거서간 : 1대 혁거세   │
│ • 차차웅 : 2대 남해   │
│ • 이사금 : 3대 유리~흘해 │
│ • 마립간 : 17대 내물   │
│ • 왕 : 22대 지증왕~경순왕 │
└─────────────────┘

5C

눌지 마립간
- 왕위 부자 상속제 확립
- 불교 수용(공인 ×)
- 나 · 제 동맹 체결(433)
  └ 백제 비유왕

소지 마립간
- 부족적 6촌 개편→ 행정적 6부
- 우역(역참) 설치
- 경주에 시사(시장) 개설
- 백제와 결혼 동맹 체결(493)
  └ 동성왕

6C 전반

지증왕
- 한화 정책 실시(국호를 신라, 왕호를 왕으로 개칭)
  └ 덕업일신 망라사방
- 지방의 주 · 군 정비, 주에 군주 파견, 소경 설치
- 우산국(울릉도) 정벌(512, 이사부)
- 우경 장려, 동시 · 동시전 설치, 순장 금지
  └ 시장 └ 시장 감독 기관 └ 목적 : 노동력 확보

★법흥왕 [연호 : 건원]
- 병부 · 상대등 설치
- 관등제(17관등) · 골품제 정비, **공복 제정**
  └ 자 · 비 · 청 · 황색
- 율령 반포, 이차돈의 순교를 계기로 불교 공인
- 금관가야 정복(532)

6C 중반 ~ 7C 전반

★진흥왕 [연호 : 개국, 대창, 홍제]
- 경(관리 감찰 담당) · 품주(국가 재정 담당) 설치
- **화랑도 정비**(국가적인 조직으로 개편)
- 『국사』 편찬(거칠부, 545)
- 단양 적성비, 진흥왕 순수비 등 건립
  └ 북한산비, 창녕비,
     황초령비, 마운령비
- 대가야 정복(562)

진평왕 [연호 : 건복]
- 아차산성 전투에서 고구려 온달 격퇴(590)
  └ 승려 원광이 지음
- 隋에 '걸사표'(고구려 공격 요청글)를 바침
- 남산 신성 축조, 남산 신성비 건립(591)
  └ 경주 남산

7C 중반

선덕 여왕 [연호 : 인평]
- 황룡사 9층 목탑(자장), 첨성대 건립
- 분황사, 분황사 모전 석탑, 영묘사 건립
- 백 의자왕의 공격을 받음(대야성 함락)
- 비담 · 염종의 난 발발(647, 김춘추 · 김유신이 진압)

진덕 여왕 [연호 : 태화 → 영휘, 마지막 성골 왕]
- 중국식 의관 착용, 중국의 연호(영휘) 사용
- 나 · 당 동맹 체결(김춘추, 648)
- 唐에 '태평송'을 지어 바침 → 나 · 당 관계 강화

2 가야 연맹 ★★

(1) 정치

성립 ┬ 낙동강 하류의 변한 지역에서 성장, 해상을 통해 유입된 유이민 집단과 토착 세력이 결합
└ 연맹 형성(6가야) → 금관가야(김해, 김수로왕), 대가야(고령, 이진아시왕), 성산가야(성주), 고령가야(진주), 아라가야(함안), 소가야(고성)

중석쌤의 기출오답 솔루션

• 대가야는 영남 동부 지역까지 세력을 확장하였다. [2020. 지방직 9급]
  → 호남(전라도)
• 광개토 대왕의 공격을 계기로 금관가야가 카야 지역의 중심 세력으로 대두하였다. [2018. 국가직 9급]
  → 쇠퇴 (전기 가야 연맹 몰락)

발전 ┌ **전기 가야 연맹** ┬ 건국 : 김수로가 김해 지역에서 **금관가야** 건국(42), 인도 아유타국 공주와 혼인
│ │ ├ 발전 : 3C경 정치 집단 간의 통합 → 김해의 금관가야를 중심으로 연맹 왕국 발전 → 전기 가야 연맹 형성
│ │ ├ 쇠퇴 : 4C 초 백제·신라의 팽창으로 가야 세력 약화
│ │ └ 해체 : 4C 말 ~ 5C 초 신라를 후원하는 ⒢ 광개토 대왕의 공격으로 전기 가야 연맹 몰락, 가야 영역 축소(낙동강 서쪽 연안)
│ │   └ 금관가야가 멸망한 것은 아님
│ (중심지 이동)
│
└ **후기 가야 연맹** ┬ 재편성 : 소백 산맥 남쪽의 고령 지역의 대가야를 중심으로 후기 가야 연맹 형성
  (5C 후반) └ 발전 ┬ 5C 후반 대가야는 중국의 남제와 수교, 백제·신라와 동맹하여 고구려에 대항
                   └ 6C 초 전라북도 일부 지역까지 진출하는 등 백제·신라와 세력 다툴 만큼 성장,
                     국제적 고립에서 벗어나고자 신라와 결혼 동맹 체결(522)
                       └ ㈎ 이뇌왕 – ㈑ 법흥왕

멸망 ┬ 금관가야 멸망 : ㈑ 법흥왕의 금관가야 정복(532) → 가야의 남부 지역을 신라와 백제가 분할 점령
(6C) └ 대가야 멸망 : 가야가 백제를 도와 관산성 전투에 참전(554) → 신라에 대패 → ㈑ 진흥왕이 보낸 장군 이사부에 의해 대가야 멸망(562)
                                                        └ 가야 연맹은 완전히 해체됨

(2) 경제

• 농경 문화 발달 : 일찍부터 벼농사 실시 → 농업 생산력↑
• 수공업 발달 : 토기 제작 기술이 보급되고 수공업 번성
• 중계 무역 발달 : 풍부한 철의 생산과 해상 교통을 이용하여 낙랑과 대방, ⒥ 규슈 지방을 연결하는 중계 무역 발달
  └ 철을 화폐로 사용

(3) 문화

• 유적 : **김해 대성동 고분군**✛, **고령 지산동 고분군**✛(순장 풍습), 부산 복천동 고분군, 함안 말이산 고분군, 창녕 계남리 고분군
  └ 금관가야 시대 └ 대가야 시대
• 유물 : 고분에서 금동관, 철제 무기와 갑옷, 수레형 토기 등 출토
• 문화 전파 ┬ 가야 수레형 토기 → ⒥ 스에키 토기에 영향을 줌
          └ 우륵(가야금)·강수(유학)·김생(글씨) 등의 대가야 출신 인물들이 신라에서 활약하면서 문화 전파

가야 연맹의 위치

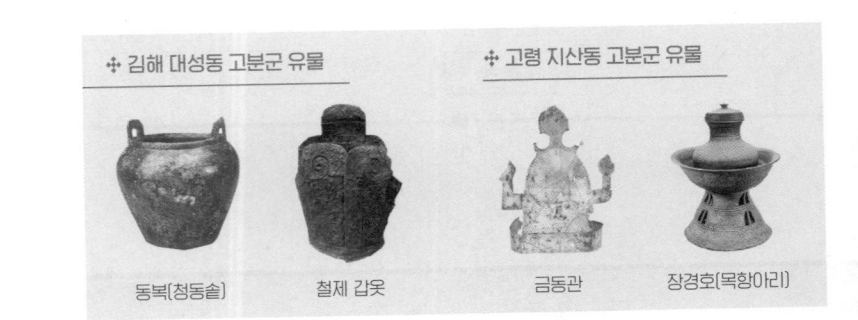

✛ 김해 대성동 고분군 유물   ✛ 고령 지산동 고분군 유물

동복(청동솥)   철제 갑옷   금동관   장경호(목항아리)

구분			고구려	백제	신라
중앙 통치 조직		관등	10여 관등 ┬ 형 계열 ← 족장 세력 출신 └ 사자 계열 ← 행정 관료 출신	16관등 ┬ 좌평 ├ 솔 계열 └ 덕 계열	골품제와 결합하여 운영 17관등 ┬ 찬 계열(고위 관등) │ └ 이벌찬, 이찬, 잡찬, 파진찬 등 └ 나마 계열 　 └ 대나마, 나마
		수상	대대로(대막리지) → 3년마다 제가 회의에서 선출(왕이 임명×)	상좌평(내신좌평) → 3년마다 정사암 회의에서 선출(왕이 임명×)	상대등 └ 선출 방법에 대한 기록×
		귀족 합의 기구	제가 회의	정사암 회의	화백 회의(진골인 대등 이상 참여) └ 만장일치제
		관부 (관제)	내평(내무 담당), 외평(외무 담당), 주부(재정 담당)	6좌평 → 성왕 때 22부 추가 설치(내관 12부 + 외관·10부) └ 사비 천도 이후 정비	10부(집사부 포함)
지방 행정 조직	지방	수도	5부	5부	6부
		상위	5부(욕살 파견)	5방(방령 파견)	5주(군주 파견)
		하위	성(처려근지, 도사 파견)	군(군장 파견)	군(당주 파견)
		특수 행정 구역	3경(국내성, 평양성, 한성) └ 서울×(황해도 재령)	22담로 └ 왕족을 파견	2소경(국원소경, 북소경) └ 사신 └ 충주 └ 강릉, 　 파견　 진흥왕　 선덕 여왕
군사 조직	군사		각 성주가 병력 보유 (유사시 중앙에서 파견된 대모달·말객 등이 군대 지휘)	방·군 단위로 군대를 배치 (5방의 방령이 700~1,200명의 군대 지휘)	군주가 군대 지휘 ┬ 요충지 : 서당 └ 왕경·5주 : 6정
			삼국 공통 : 지방 행정 조직과 군사 조직의 일원화(지방관이 군 지휘관 겸임)		

고구려의 비석

① 광개토 대왕릉비 [장수왕, 414]

• 지역 : 국내성(만주 지안 시 일대)

• 비문
 ├ 1부: 고구려 건국 신화, 동명성왕~대무신왕까지 계보 정리
 ├ 2부: 광개토 대왕의 정복 활동 내용 기록
 │   (만주, 비려, 숙신 정복, 백제 공격, 왜구 격퇴 등)
 ├ 3부: 수묘인(묘지기)의 숫자·차출 방식·관리 규정 기록
 └ 기타: 독자적 연호(영락) 사용

② 충주(중원) 고구려비 [장수왕 추정]

• 지역: 충주

• 비문
 ├ '신라토내당주(新羅土內幢主)' → 신라 영토 내에 고구려군이 주둔하고 있었다는 사실을 알 수 있음
 │   (5세기 고구려와 신라 관계를 보여 줌)
 └ 고구려가 신라를 '동이'라 낮추어 지칭하면서 동이 매금(신라 왕)과 신하들에게 의복과 음식을 하사했다는 내용
     → 당시 고구려 국력의 강대함과 독자적 천하관을 보여 줌

• 의의: 한반도에 남아 있는 유일한 고구려 비석

중석쌤의 기출오답 솔루션

• 광개토 대왕릉비는 국내에 남아 있는 유일한 고구려 비석이다. [2015.경찰간부후보생]
  → 충주(중원) 고구려비
• 법흥왕은 한강을 차지하고, 북한산에 순수비를 세웠다. [2021. 소방직]
  → 진흥왕

신라의 비석

① 포항 중성리 신라비 [지증왕, 501 추정]

• 신라 비석 중 가장 오래됨
• 왕과 귀족 간의 재산 분쟁과 관련된 소송의 평결 내용 기록

② 포항(영일) 냉수리 신라비 [지증왕, 503]

• 지증왕의 즉위 전 호칭인 '지도로 갈문왕' 기록
• 재산 분쟁에 대한 판결 내용 기록

③ 울진 봉평 신라비 [법흥왕, 524]

• 신라 영토로 편입된 울진 지역 거벌모라의 남미지 주민들의 저항을 진압했다는 내용 기록
• 노인법 관련 기록, 17관등과 외위(지방민에게 수여한 관등) 관련 기록 → 율령 반포 및 국가 체제 정비 입증

④ 영천 청제비 [법흥왕, 536]

영천 청못(저수지)의 축조와 중수에 관한 내용 기록

⑤ 단양 적성비 [진흥왕, 551 추정]

• 고구려 영토였던 단양의 적성을 점령하고 세운 비석, 순수비는 아님
• 적성을 공략한 장수들(이사부, 거칠부, 김무력)과 공을 세운 토착인 야이차에게 포상하겠다는 내용 기록

⑥ 북한산비 [진흥왕, 555 or 568 추정]

• 한강 하류까지 확보하고 세운 비석

⑦ 창녕비 [진흥왕, 561]

• 창녕의 비화가야를 차지한 후 대가야 진출 의지를 다짐하기 위해 세운 비석

⑧ 황초령비·마운령비 [진흥왕, 568]

• 원산만 이북(함경도) 지역까지 진출하고 세운 비석

진흥왕 순수비

⑨ 경주 남산 신성비 [진평왕, 591]

• 경주 남산의 신성 축조에 동원된 인명과 붕괴 시 책임 소재를 서약

* 전성기로 보는 기준 : 한강 유역을 장악한 시기
└ 한강 유역 장악은 중국과의 최단 교역로를 확보한다는 의미가 있음

4C 백제 전성기 : 근초고왕

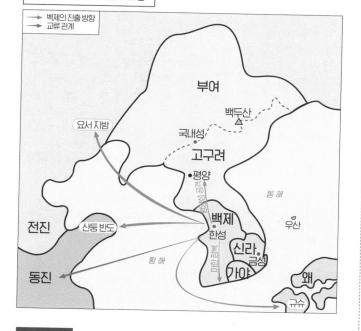

5C 고구려 전성기 : 장수왕

6C 신라 전성기 : 진흥왕

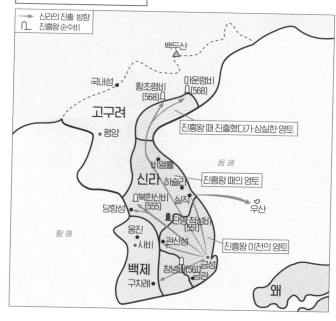

근초고왕

- 마한 정복
- 고구려 평양성 공격 → ⓒ 고국원왕 전사
- 군사적 진출 → 요서·산둥·규슈 지방 진출
  └ '바다'로의 진출!
  ├ 진평현에 백제의 군사 주둔
  └ 삼국 중 유일하게 요서 지방 진출
- 동진과 수교(친선)

장수왕

- 평양 천도[427] ┬ 남하 정책의 의지 표명
  └ 황해로의 적극 진출
    └ 이유 : 국내성은 바다와 연결이 안 되었기 때문
- 남하 정책의 결과
  ├ 나·제 동맹 체결[433] : 신 눌지 마립간 + 백 비유왕
  ├ 백 한성 함락[475] → 백 개로왕 사망
  ├ 백 문주왕의 웅진 천도[475]
  └ 나·제 결혼 동맹 체결[493] : 신 소지 마립간 + 백 동성왕
    └ 문자왕 시기

진흥왕

- 한강 상류 차지 : 단양 적성비 건립
  주의 단양 적성비는 진흥왕 순수비가 아님!
- 백제가 차지한 한강 하류 지역 점령 → 나·제 동맹 결렬[553]
- 백제와의 관산성 전투[554] → 백 성왕 전사
  └ 충북 옥천
- 당항성 확보 : 중국과 직접 교역 가능
- 진흥왕 순수비
  ├ 의미 : 왕이 직접 살피며 돌아다닌 곳을 기념하기 위해 세운 비석
  └ 순서 : 북한산비 → 창녕비 → 황초령비·마운령비

(1) 4세기 [백제 전성기]

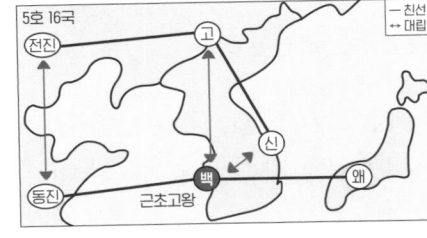

- 中 5호 16국 시대
- 북방 연합[전진·고구려·신라] VS 남방 연합[동진·백제·왜]
- 불교 전파 ┬ 고구려 : 전진의 승려 순도 통해 불교 수용[372]
           └ 백제 : 동진에서 온 승려 마라난타[384]
- 대외 관계를 보여주는 주요 유물
    ┬ 칠지도[4C 중엽] : 백제와 왜의 관계를 보여줌[근초고왕 ^{하사}→ 왜왕]
    └ 호우명 그릇[5C 초] : 고구려와 신라의 관계를 보여줌

(2) 5세기 [고구려 전성기]

- 中 남북조 시대 → 분열 → 高 장수왕의 영토 확장
- 고구려, 남북조[북위], 유연 연합
    → 고구려의 남북조 동시 외교 → 백제의 고립
- 백제, 신라, 송, 왜 연합
- 고구려의 남하 정책 ↔ 나·제 동맹 체결‡

(3) 6세기 [신라 전성기]

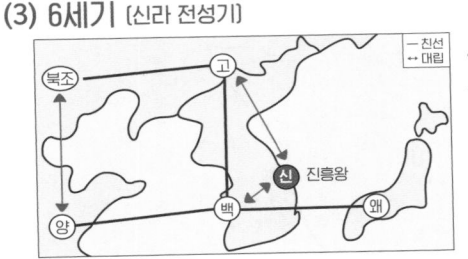

- 신라 팽창기 ↔ 여·제 동맹[고구려, 백제 연합]
- 진흥왕의 영토 확장
    ┬ 한강 유역·낙동강 유역·원산만 진출
    └ 진흥왕 순수비 건립

(4) 7세기 [삼국 통일기]

- 동북 아시아 십자 외교
    ┬ 남북 연합 : 돌궐, 고구려, 백제, 일본 연합
    └ 동서 연합 : 수·당, 신라 연합
        └ 남북 연합보다 우세
- 나·당 연합군이 백제·고구려 공격 → 백제·고구려 멸망
    → 나·당 전쟁 → 신라의 삼국 통일

삼국 시대 중국의 정세 변천

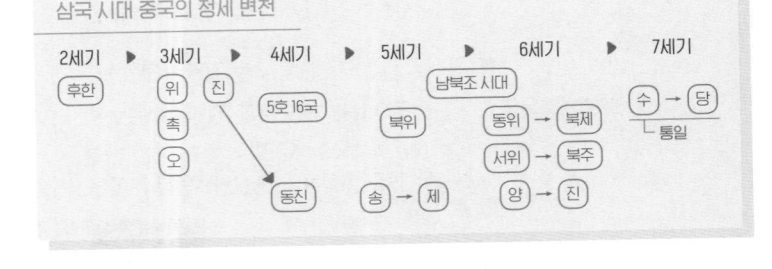

2세기 ▶	3세기 ▶	4세기 ▶	5세기 ▶	6세기 ▶	7세기
후한	위 진	5호 16국	남북조 시대	북제	수 → 당
	촉		북위	동위 → 북제	└ 통일
	오			서위 → 북주	
		동진	송 → 제	양 → 진	

4C 말 ~ 5C 초 한반도 정세

전개 ┬ 왜의 신라 침입
     │   ↓
     │ 신라가 고구려 광개토 대왕에게 구원 요청
     │   ↓
     │ 고구려군이 신라를 도와 왜군 격퇴[400]
     │   ↓
     └ 고구려군이 신라 영토 내에 주둔[호우명 그릇이 경주에서 출토된 이유]

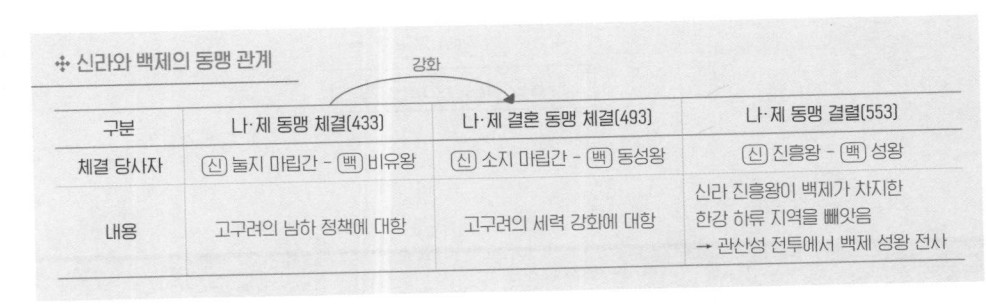

호우명 그릇은 경주[신라의 수도]의 호우총에서 발굴된 것으로, 이 그릇 밑바닥에 "을묘년 국강상 광개토지호태왕호우십"이라는 글씨가 새겨져 있어 당시 신라와 고구려의 관계를 보여줌

[광개토 대왕]
장수왕 때 제작됨
[아버지인 광개토 대왕의 업적을 기념]

결과 ┬ 고구려가 신라의 내정을 간섭하기 시작
     └ 고구려군의 금관가야 공격으로 가야 연맹의 중심지 이동
            └ 금관가야 → 대가야

---

‡ 신라와 백제의 동맹 관계

강화 →

구분	나·제 동맹 체결[433]	나·제 결혼 동맹 체결[493]	나·제 동맹 결렬[553]
체결 당사자	新 눌지 마립간 - 百 비유왕	新 소지 마립간 - 百 동성왕	新 진흥왕 - 百 성왕
내용	고구려의 남하 정책에 대항	고구려의 세력 강화에 대항	신라 진흥왕이 백제가 차지한 한강 하류 지역을 빼앗음 → 관산성 전투에서 백제 성왕 전사

(1) 고구려의 대외 항쟁 [의의 : 민족의 방파제 역할, 동북공정의 극복]

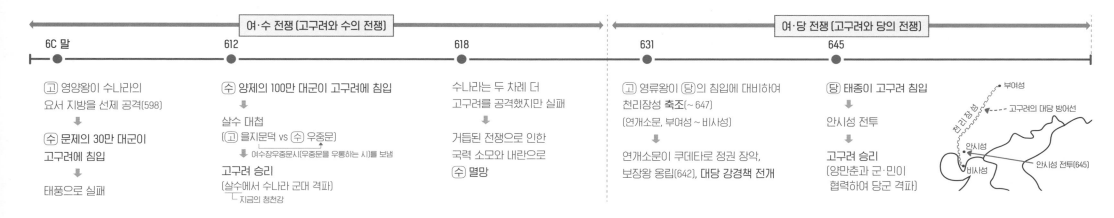

여·수 전쟁 [고구려와 수의 전쟁]

6C 말
- ㉠ 영양왕이 수나라의 요서 지방을 선제 공격[598]
  ↓
- ㉤ 문제의 30만 대군이 고구려에 침입
  ↓
- 태풍으로 실패

612
- ㉤ 양제의 100만 대군이 고구려에 침입
  ↓
- 살수 대첩
  ㉠ 을지문덕 vs ㉤ 우중문
  ↓ 여수장우중문시[우중문을 우롱하는 시]를 보냄
- 고구려 승리
  [살수에서 수나라 군대 격파]
  └ 지금의 청천강

618
- 수나라는 두 차례 더 고구려를 공격했지만 실패
  ↓
- 거듭된 전쟁으로 인한 국력 소모와 내란으로
  ㉤ 멸망

여·당 전쟁 [고구려와 당의 전쟁]

631
- ㉠ 영류왕이 ㉠ 당의 침입에 대비하여 천리장성 축조[~ 647]
  [연개소문, 부여성 ~ 비사성]
  ↓
- 연개소문이 쿠데타로 정권 장악, 보장왕 옹립[642], 대당 강경책 전개

645
- ㉠ 태종이 고구려 침입
  ↓
- 안시성 전투
  ↓
- 고구려 승리
  [양만춘과 군·민이 협력하여 당군 격파]

(2) 신라의 삼국 통일

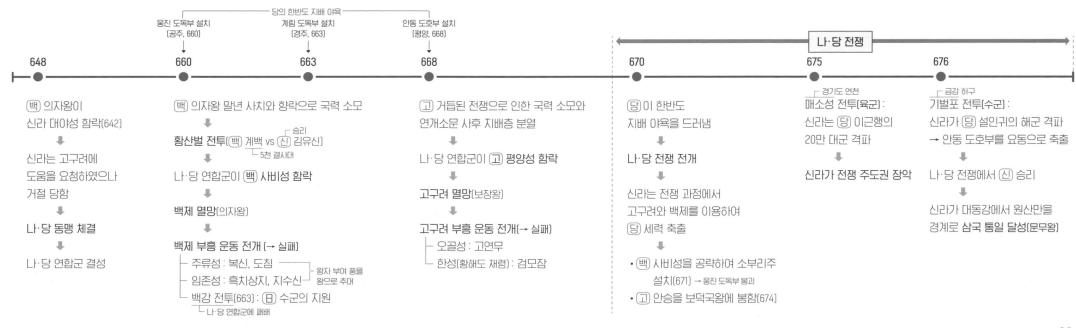

당의 한반도 지배 야욕
- 웅진 도독부 설치 [공주, 660]
- 계림 도독부 설치 [경주, 663]
- 안동 도호부 설치 [평양, 668]

나·당 전쟁

648
- ㉤ 의자왕이 신라 대야성 함락[642]
  ↓
- 신라는 고구려에 도움을 요청하였으나 거절 당함
  ↓
- 나·당 동맹 체결
  ↓
- 나·당 연합군 결성

660
- ㉤ 의자왕 말년 사치와 향락으로 국력 소모
  ↓
- 황산벌 전투 [㉤ 계백 vs ㉦ 김유신] ← 승리
  └ 5천 결사대
  ↓
- 나·당 연합군이 ㉤ 사비성 함락
  ↓
- 백제 멸망[의자왕]
  ↓
- 백제 부흥 운동 전개 [→ 실패]
  ├ 주류성 : 복신, 도침 ─┐
  ├ 임존성 : 흑치상지, 지수신 ─ 왕자 부여 풍을 왕으로 추대
  └ 백강 전투[663] : ㉰ 수군의 지원
    └ 나·당 연합군에 패배

663
- ㉠ 거듭된 전쟁으로 인한 국력 소모와 연개소문 사후 지배층 분열
  ↓
- 나·당 연합군이 ㉠ 평양성 함락
  ↓
- 고구려 멸망[보장왕]
  ↓
- 고구려 부흥 운동 전개 [→ 실패]
  ├ 오골성 : 고연무
  └ 한성[황해도 재령] : 검모잠

668

670
- ㉠ 당이 한반도 지배 야욕을 드러냄
  ↓
- 나·당 전쟁 전개
  ↓
- 신라는 전쟁 과정에서 고구려와 백제를 이용하여 ㉠ 당 세력 축출
  ↓
- ㉤ 사비성을 공략하여 소부리주 설치[671] → 웅진 도독부 붕괴
- ㉠ 안승을 보덕국왕에 봉함[674]

675
- 매소성 전투[육군] : 신라는 ㉠ 이근행의 20만 대군 격파
  └ 경기도 연천
  ↓
- 신라가 전쟁 주도권 장악

676
- 기벌포 전투[수군] : 신라가 ㉠ 설인귀의 해군 격파 → 안동 도호부를 요동으로 축출
  └ 금강 하구
  ↓
- 나·당 전쟁에서 ㉦ 승리
  ↓
- 신라가 대동강에서 원산만을 경계로 삼국 통일 달성[문무왕]

8 통일 신라의 발전 ①★★★

(1) 통일 신라의 구조적 이해

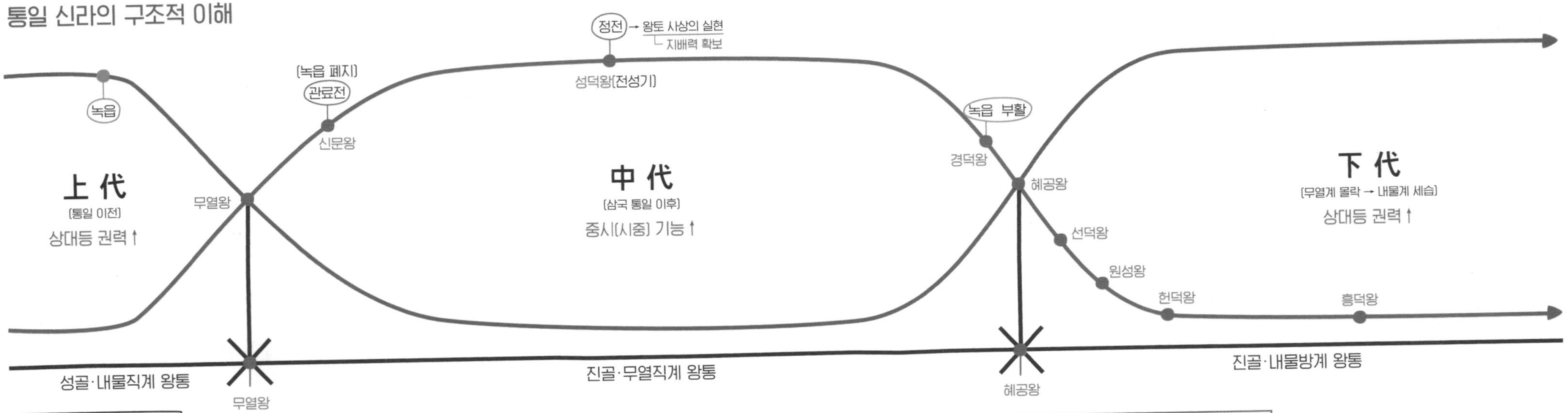
정전 → 왕토 사상의 실현
지배력 확보
성덕왕(전성기)
녹읍 폐지
관료전
신문왕
녹읍
녹읍 부활
경덕왕
上 代
(통일 이전)
상대등 권력↑
무열왕
中 代
(삼국 통일 이후)
중시(시중) 기능↑
下 代
(무열계 몰락 → 내물계 세습)
상대등 권력↑
혜공왕
선덕왕
원성왕
헌덕왕
흥덕왕
성골·내물직계 왕통
진골·무열직계 왕통
진골·내물방계 왕통
왕의 권력
진골 귀족의 권력

중대 : 통일 신라 "전성기"(왕권↑)

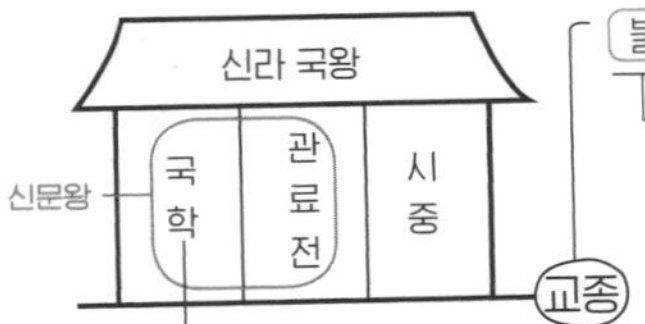
신라 국왕
신문왕
국학
관료전
시중
교종

- 불국토의 이상 국가 건설
  - 왕즉불(→ 조형 미술 : 불국사, 석굴암 본존불)
  - 이념 : 의상의 「화엄일승법계도」 "一卽多多卽一"
    - 아우른다 하나가 우주 만물 → "하나가 우주 만물을 아우른다!"
  - (왕즉불) 王 = 佛
- 유학 교육 → 忠↑(왕에 대한 충성심↑) / 6두품 교육 → 진골 귀족 견제

각 세력 간의 권력 흐름

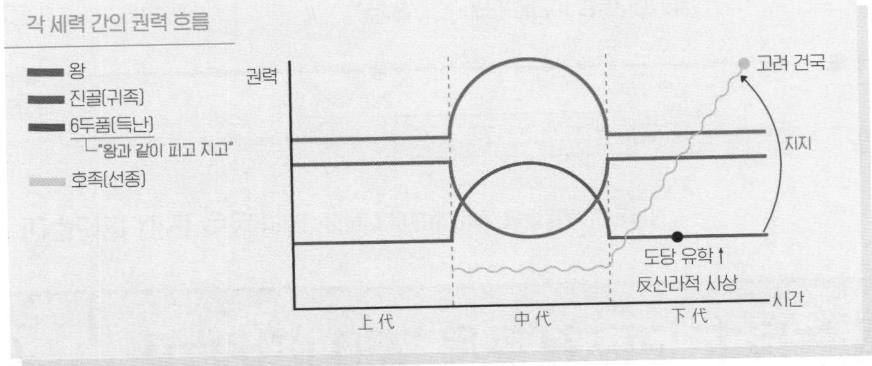
왕
진골(귀족)
6두품(득난)
"왕과 같이 피고 지고"
호족(선종)
권력
고려 건국
지지
도당 유학↑
反신라적 사상
시간
上 代
中 代
下 代

하대 : 통일 신라 "쇠퇴기"(왕권↓)

① 이행기의 보편성
- 나말여초, 여말선초

사회 모순의 심화 ↕ 새 시대 지향

	(신라 말~고려 초)	(고려 말~조선 초)
근본 원인	골품제의 모순	권문세족의 횡포
주도 세력	호족(← 6두품)	신진 사대부 (← 이성계)
주도 사상	선종(+ 풍수지리설, 미륵 신앙)	성리학

② 신라 하대의 양상
- 중앙 : 왕위 쟁탈전(155-20) → 중앙 정부의 영향력 약화
  - 155년간 20명의 왕위 교체
- 지방
  - 호족(성주·장군)의 반독립적 상태(← 기반 : 농장 + 사병)
    - 출신 성분 : 몰락 진골, 촌주, 해상 세력, 군진 세력, 초적
  - 초적의 무리(원종·애노의 난, 적고적의 난)
    - 진성 여왕 시기(9C 말)

(2) 통일 신라 국왕의 업적

중대 : 통일 신라 "전성기"[왕권↑]

7C 중반 ——————— 7C 후반 ——————— 8C 초반 ——————— 8C 중반

무열왕 [김춘추, 654~661]
- 최초의 진골 출신 왕[성골 소멸]
- 지배층 재편 : 가야 출신
  김유신의 누이를 왕비로 맞음
  → 왕비족 박씨 시대 종식
- 중시(시중)의 기능↑ [상대등↓]
- 갈문왕 제도 폐지
- 중국식 시호 사용
- 백제 멸망[660]

문무왕 [661~681]
- 고구려 멸망[668]
- 삼국 통일 완성[676]
- 관부 정비 : 우이방부,
  선부 설치
- 군주 ^{변경} 총관
       └ 주의 장관
- 외사정 파견[지방관 감찰]
  *신라의 관리 감찰
  ┌ 중앙 사정부[무열왕]
  └ 지방 외사정[문무왕]

★신문왕 [681~692]
                    ┌ 해중릉[대왕릉]
- 왕권 전제화 : 문무왕릉,
  감은사, 만파식적 등
  └ 恩 혜에 感 사 ┘ └ 대나무 피리
- 김흠돌 모역 사건[681]
  → 귀족 세력 숙청
- 중앙 : 집사부 이하 14부 완성
- 지방 : 9주 5소경 완비
- 군사 : 시위부 강화, 9서당 10정 편성
         └ 왕 친위 부대 └ 지방군
                          └ 중앙군
- 국학 설치[682]
         └ 수조권 '만' 지급
- 토지 제도 개편 : 관료전 지급[687],
                  녹읍 폐지[689]
- 왕실의 정통성 강화 : 5묘제 확립
- 달구벌 천도 시도[689]
  └ 대구

성덕왕 [702~737]
- 전성기
- 국학 재정비 : 공자와 72제자의
  화상을 국학에 안치
- 정전 지급[722]
- 당 과의 국교 재개
  → 당 의 요청으로 발해 공격[733]
- 상원사 종 주조
  [우리나라 最古 동종]
- 백관잠 제시
  └ 관리들이 지켜야 할 계율 덕목

★경덕왕 [742~765]
- 중국식 명칭 사용[한화 정책] :
  중앙 관료의 칭호와 군현의 이름을
  중국식으로 변경[중시 → 시중]
                  └ 혜공왕 때 국학으로 다시 변경
- 국학 → 태학[감]으로 변경,
  박사·조교 설치
- 녹읍 부활[757]
- 불국사·석굴암 축조,
  성덕 대왕 신종 주조 시작 ------

혜공왕 [765~780]
- 8살에 즉위해 태후 만월 부인이
  섭정 → 왕실의 권위 약화
- 진골 귀족들의 반란↑
  ┌ 대공·대렴의 난
  │ → 96각간의 난[768]
  │   └ 전국에서 귀족들이 난에 동참
  ├ 김양상의 정권 장악[774]
  ├ 김지정의 난[780] :
  └ 김양상에 의해 진압됨
       └ 난 진압 과정에서 혜공왕 피살됨
- 성덕 대왕 신종 완성[771]

하대 : 통일 신라 "쇠퇴기"[왕권↓]

8C 후반 ——————— 9C 초반 ——————— 9C 말 ~ 10C 초반

선덕왕 [김양상, 780~785]
- 귀족 연합 정치[귀족 연립 정권의 형태]
- 왕권 약화 : 상대등↑
- 어룡성 개편[780]
- 패강진[황해도 평산] 개척[782]

원성왕 [김경신, 785~798]
- 내물왕계[김경신]의 왕위 계승 :
  무열왕계[김주원]를 몰아냄
  ┌ 독서 정도에 따라 관직 등용
- 독서삼품과[독서 출신과] 실시 :
  최초의 관리 선발 제도[→ 실패]
- 총관 ^{변경} 도독
  [군주 → 총관 → 도독]
  지증왕 문무왕 원성왕
  └─군사적 성격 → 행정적 성격─┘

헌덕왕 [809~826]
지방 귀족 반란
┌ 김헌창의 난[822] : 父 김주원이 왕위를
│ 계승하지 못한 데에 불만을 품은
│ 웅천주[공주] 도독 김헌창이 난을 일으킴
│ [국호 : 장안, 연호 : 경운]
└ 김범문의 난[825] : 김헌창의 子 김범문이
   고달산[여주]에서 난을 일으켜 북한산주 공격
   → 실패, 무열왕계 몰락

★흥덕왕 [826~836]
- 완도에 청해진 설치[828] : 장보고✝
- 집사부 → 집사성으로 개칭
- 사치 금지령 반포

┌─ ✝ 청해진 대사 장보고의 활약 ─┐
- 당에 건너가 서주 무령군 소장이 됨
- 산동 반도에 법화원 건립
- 완도에 청해진을 설치[해상 무역권 장악]
- 당에 견당매물사, 일본에 회역사를 파견
- 민애왕을 몰아내고 신무왕 옹립[839]

진성 여왕 [887~897]
- 원종·애노의 난[889, 상주]
- 『삼대목』 편찬[각간 위홍, 대구 화상]

경애왕 [924~927]
후백제 견훤에게 피살됨[927]

경순왕 [김부, 927~935]
고려 왕건에게 항복[935, 신라 멸망]

698
고왕 (698~719)
- 대조영(연호 : 천통)
- 동모산에 '진' 건국(698) → 후에 '발해'✜로 변경(713)

8C 전반
★무왕 (719~737)
- 대무예(연호 : 인안)
- 대당 대립기 : 당과 흑수부 말갈족이 연합하여 발해 압박
  → 장문휴의 수군으로 당의 산둥 반도 선제 공격(732)
- 돌궐·일본과 우호(당·신라 견제 목적)
- 日에 보낸 국서에서 고구려 계승 국가임을 표방
  └ "우리는 고구려의 옛 땅을 회복하고, 부여의 전통을 이어받았다."

8C 중반
★문왕 (737~793)
- 대흠무(연호 : 대흥, 보력)
- 대당 친선기 : 당의 문화를 수용하여 3성 6부제·주자감 설치
- 신라와의 관계 개선 : 신라도 개설
- 천도(체제 정비의 일환) : 중경 → 상경 → 동경
- 日에 보낸 국서에서 '고려국왕' 칭호 사용
- 황제국 표방 : '황상' 칭호 사용

8C 후반
성왕 (793~794)
- 동경 → 상경 천도

9C
주의 선왕 시기 발해의 수도는 동경이 아니고 상경
선왕 (818~830)
- 대인수(연호 : 건흥) ← 대조영의 동생 대야발 직계로 왕위 계승 변화
- 해동성국(전성기) ── 말갈족 대부분을 복속, 요동 지역 진출, 남쪽으로 신라와 국경을 접함
  └ 옛 고구려 땅 회복
  ── 5경 15부 62주의 지방 조직 완비
  └── 당 빈공과에서 다수의 급제자 배출할 만큼 문물 번성

10C
대인선 (901~926)
- 거란(요)의 침입(야율아보기)으로 발해 멸망(926)
  └ 거란(요)의 지도자
- 멸망 이후 ── 부흥 운동(후발해국·정안국·흥료국 건국 → but 실패)
  └── 고려 지배층으로 편입
      └ 왕건

중석쌤의 기출오답 솔루션

- 발해 무왕은 태흥이라는 독자적인 연호를 사용하였다. [2019. 국가직 9급]
  → 인안(대흥은 문왕 때의 연호)
- 발해 문왕 때 당에 보낸 국서에서 발해왕을 고려왕이라 자칭하였다. [2015. 서울시 7급]
  → 일본

✜ 발해의 성격

- 이원적 민족 구성
  - 지배층 : 고구려 유민
  - 피지배층 : 다수의 말갈인
- 고구려 계승 의식
- 독자적 연호 사용
  - 대외적 : 중국과의 대등 관계
  - 대내적 : 왕권 강화

발해의 고구려 계승 증거

- 대조영 : 고구려인
- 발해 지배층의 성씨 : 고구려 성씨(대·장·양·두·오·이씨)
- 일본에 보낸 국서(→ 고구려 계승 의식)
  - 무왕 : 고구려 계승 국가임을 표방
  - 문왕 : '고려국왕' 칭호 사용
- 정혜 공주 묘 : 고구려식 굴식 돌방무덤의 모줄임 천장 구조
- 온돌 장치, 기와 와당(연꽃 무늬 장식), 불상(이불 병좌상), 석등

모줄임 천장 구조 / 고구려 / 발해 / 고구려와 발해의 기와 와당

당의 영향을 받은 발해의 제도·문화

- 중앙 관제 : 3성 6부제
- 상경(용천부)의 도시 구조 : 주작대로 방식
  └ 수도   └ 당 장안성의 영향을 받음

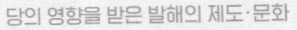

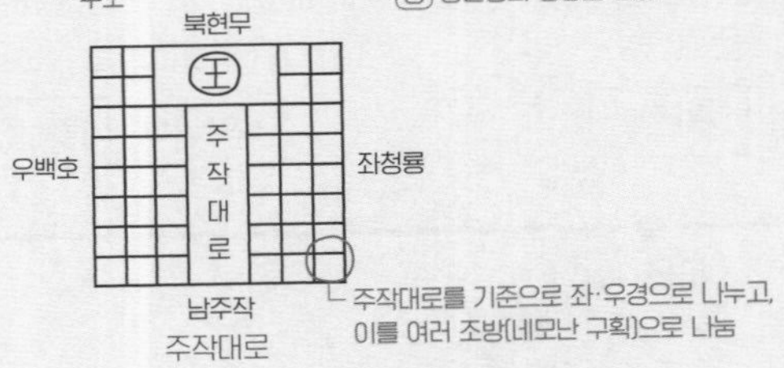

북현무
王
우백호   주작대로   좌청룡
남주작
주작대로
└ 주작대로를 기준으로 좌·우경으로 나누고
  이를 여러 조방(네모난 구획)으로 나눔

발해와 신라의 경쟁 관계를 보여주는 사건

- 쟁장 사건 : 발해 왕자 대봉예가 신라 사신보다 윗자리에 앉기를 요청했다가 신라의 반발로 당이 거절한 사건(897)
- 등제 서열 사건 : 당의 빈공과 합격자 명단 순서를 두고 발해와 신라가 대립한 사건(906)

(1) 중앙 통치 체제

┌ 신문왕 때 완비

집사부 이하 14관부 [집사부 외 13관부]✚

관부명	설치 시기	담당 업무	관부명	설치 시기	담당 업무
집사부	진덕 여왕	• 최고 기구 장관 : 중시[→ 시중] • 국가 기밀 관리, 왕명 집행	좌이방부	진덕 여왕	형법, 법률
병부	법흥왕	군사, 국방	우이방부	문무왕	
조부	진평왕	공물, 부역	공장부	신문왕	수공업
창부	진덕 여왕	재정, 회계	예작부	신문왕	토목
위화부	진평왕	관리 선발[인사권]	사정부	무열왕	관리 감찰
예부	진평왕	의례, 교육	승부	진평왕	육상 교통, 말 관리
영객부	진평왕	사신 접대[외교부]	선부	문무왕	해상 교통, 선박 관리

국학 국립 대학, 귀족 자제를 대상으로 유학 교육 실시

(2) 지방 통치 체제

9주 5소경
┌ 신문왕 때 완비

┌─ 9주 ─┐
한주, 삭주, 명주
웅주, 상주, 전주
무주, 강주, 양주

↑
총관[→ 도독] 파견

┌─ 5소경 ─┐
북원소경[원주], 중원소경[충주]
서원소경[청주], 남원소경[남원]
금관소경[김해]

→ 설치 목적: 수도의 지나친 편재성을 보완,
민족 융합 정책

↑
사신 파견

향·부곡 특수 행정 구역으로, 법제적 양인, 농업 종사, 일반민에 비해 차별 대우를 받음
└ 주의 소[所] × [→ 고려 시대에 형성]
└ 세금 부담大, 거주 이전의 자유 ×

(3) 군사 조직

중앙군 [직업군] : 9서당✚ [왕의 호위, 궁궐 수비, 수도 방어] → 신라인 + 고구려인 + 백제인 + 말갈인 모두 포함[민족 융합 정책의 일환, 군사력 강화]

지방군 [농민군] : 10정[지방 행정 조직과 일원화] → 한주 2개의 정을 배치 + others주 1개의 정을 배치

특수군 5주서[강주, 전주, 한주, 삭주, 명주에 배치], 3변수당[국경 지대에 배치], 만보당[9주에 각각 2개의 당 배치 = 18개]

중석쌤의 기출오답 솔루션

• 통일 신라는 5소경을 전략적 요충지에 두고, 도독이 행정을 관할토록 하였다. [2015.국가직 9급]
　　　　　　　　　　　　　　　　　　　→ 사신

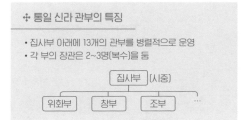

✚ 통일 신라 관부의 특징

• 집사부 아래에 13개의 관부를 병렬적으로 운영
• 각 부의 장관은 2~3명[복수]을 둠

```
           집사부 [시중]
      ┌──────┼──────┐
   위화부   창부   조부   …
```

지방 통제 정책

• 상수리 제도
  - 지방 귀족을 수도에 머물게 하여 지방 세력을 견제
  - 기인 제도[고려], 경저리[조선] 제도로 계승
• 외사정 파견[문무왕]
  - 지방 행정 통제와 지방관 감찰을 위해 설치한 외관직
  - 주마다 2인의 외사정 파견

✚ 9서당

녹금서당 ┐
자금서당 ├ 신라인
비금서당 ┘
황금서당 ─ 고구려인
백금서당 ┐
청금서당 ┘ 백제인
적금서당 ┐
벽금서당 ┘ 보덕국인
흑금서당 ─ 말갈인

(1) 중앙 통치 체제

3성 6부제 [문왕 때 정비]

당의 3성 6부제 모방 → but 독자성 유지(명칭과 기능 변화) → 정당성 중심, 6부의 이원적 통치 체제, 6부에 유교적 명칭 사용

```
                              ┌ 국가 최고 회의 기구
                    ┌─── 정당성                              ┌ 충 부 [이부]
                    │    [수상 : 대내상]        ┌── 좌사정 ┤ 인 부 [호부]
                    │    정책 결정               │          └ 의 부 [예부]      6부
         ┌────────┤                            │                              
         │         │    선조성                  │          ┌ 지 부 [병부]
 왕 ──────┤         │    정책 심의     ─────────┤── 우사정 ┤ 예 부 [형부]
         │         │                            │          └ 신 부 [공부]
[가독부, 황상] │    └─── 중대성
         │         정책 수립            유교적 명칭      * [ ] 안은 당의 관제 명칭
         │
         │    ┌─── 중정대    관리 감찰 기구
         └────┤    문적원    서적 관리, 비문·축문·제문 등 작성
              └─── 주자감    국립 대학(귀족 자제 교육)
```

(2) 지방 통치 체제

5경 15부 62주 [선왕 때 정비]

| 5경 | 전략적 요충지 → 상경 용천부, 중경 현덕부, 서경 압록부, 동경 용원부, 남경 남해부 |

| 15부 | 아래→ | 62주 | 아래→ | 현 | 아래→ | 촌 |
| 도독 파견 | | 자사 파견 | | 현승 파견 | | 토착 세력을 촌장으로 두어 관리 |

상경 용천부
동경 용원부
중경 현덕부
서경 압록부
남경 남해부

(3) 군사 조직

중앙군	10위 : 왕궁과 수도 경비 담당, 대장군·장군이 지휘
	주의 10정 : 통일 신라 지방군
지방군	농병 일치의 군대, 지방관이 지휘(지방 행정과 군사 조직의 일원화)

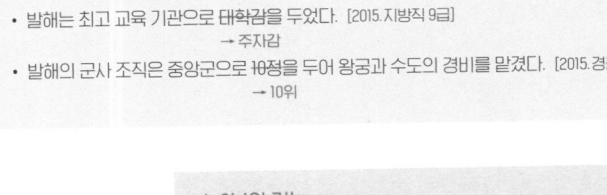

중석쌤의 기출오답 솔루션

- 발해는 최고 교육 기관으로 ~~태학감~~을 두었다. [2015.지방직 9급]
  → 주자감
- 발해의 군사 조직은 중앙군으로 ~~10정~~을 두어 왕궁과 수도의 경비를 맡겼다. [2015.경찰직(2차)]
  → 10위

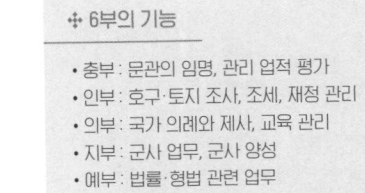

✤ 6부의 기능

- 충부 : 문관의 임명, 관리 업적 평가
- 인부 : 호구·토지 조사, 조세, 재정 관리
- 의부 : 국가 의례와 제사, 교육 관리
- 지부 : 군사 업무, 군사 양성
- 예부 : 법률·형법 관련 업무
- 신부 : 건설·토목 공사

기타 기관

- 항백국 : 환관청으로, 왕실·후궁의 명령 전달, 왕실 경호 및 일상 생활 지원
- 7시 : 궁중 실무를 나누어 담당
  - 전중시 : 왕실 물품 관리
  - 종속시 : 종친 관리
  - 태상시 : 국가의 제사, 예절 문제 관리
  - 사빈시 : 외국 사신 접대
  - 대농시 : 농업 곡식 업무 수행, 창고 관리
  - 사장시 : 외국 무역품 관리
  - 사선시 : 궁중 잔치 관리

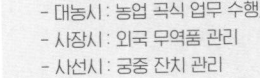

(1) 경제 정책

수취 체제 ─ 조세 : 재산의 정도(대체로 토지의 양이 아닌 사람의 수가 기준)에 따라 곡물·포 징수
　　　　　　　　　　└ 노동력의 크기
　　　　　 ─ 공납(공물) : 특산물(현물) 징수
　　　　　 └ 역 : 요역(15세 이상 남자의 노동력 징발, 왕궁·성·저수지 건축 시 동원), 군역(농민을 군사로 동원)

토지 제도 ─ 토지에 대한 3가지 개념 : (토지)
　　　　　　　　　　　① 소유권 ─ 원칙 : 왕토 사상(관념적 권리)
　　　　　　　　　　　　　　　　└ 실제 : 농민 개인 소유의 토지가 존재(민전)
　　　　　　　　　　　② 수조권 ─ 공전 : 국가, 관청 등에 수조권이 있는 토지
　　　　　　　　　　　　　　　　└ 사전(과전) : 개인, 관리, 사원에 수조권이 있는 토지
　　　　　　　　　　　③ 경작권 ─ 농민만 가지고 있는 것

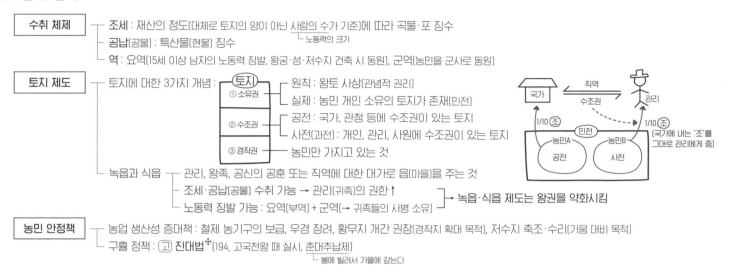

　　　　　 └ 녹읍과 식읍 ─ 관리, 왕족, 공신의 공훈 또는 직역에 대한 대가로 읍(마을)을 주는 것
　　　　　　　　　　　　 ├ 조세·공납(공물) 수취 가능 → 관리(귀족)의 권한↑
　　　　　　　　　　　　 └ 노동력 징발 가능 : 요역(부역) + 군역(→ 귀족들의 사병 소유) ┤ **녹읍·식읍 제도는 왕권을 약화시킴**

농민 안정책 ─ 농업 생산성 증대책 : 철제 농기구의 보급, 우경 장려, 황무지 개간 권장(경작지 확대 목적), 저수지 축조·수리(가뭄 대비 목적)
　　　　　　　 └ 구휼 정책 : ⓖ **진대법**✛(194, 고국천왕 때 실시, 춘대추납제)
　　　　　　　　　　　　　　　　└ 봄에 빌려서 가을에 갚는다

(2) 경제 활동

수공업 ─ (초기) 노비 수공업(기술이 뛰어난 노비가 무기·장신구 등 생산) → (후기) 관청 수공업 발달(관청에 수공업자를 소속시켜 물품 생산)

상업 ─ (신) 소지 마립간 : 시장 개설(5C 말, 경주)
　　　 └ (신) 지증왕 : 동시(시장)·동시전(시장 감독 관청) 설치(6C 초) → 시장 감독(국가의 중농억상책)
　　　　　　　　　　　　　　　　　　　　　　　　　　　　　 └ 이유 : 백성의 토지 결박 상태 유지 목적
　　　　　　　　　　　　　　　　　　　　　　　　　　　　　　　├ 농업 장려 → 백성의 토지 결박 상태 유지 가능(유동 인구↓) → 수취의 효율성↑ → 국가 재정↑
　─ 4C 이후 국제 무역이 크게 발달, 주로 공무역 형태로 이루어짐　　　　　 └ 상업 장려 → 백성의 토지 결박 상태 유지 못함(유동 인구↑) → 수취의 효율성↓ → 국가 재정↓
무역 ─ ⓖ 중국 남북조 및 북방 유목민과 교류
　　　 ─ ⓑ 중국 남조 및 왜와 교역
　　　 └ (신) 고구려, 백제를 통해 중국과 간접 교역 → 6C 한강 유역 확보(진흥왕) 이후 당항성을 통해 중국과 직접 교역

(3) 경제생활

　　　　　　　　　　　　관료 귀족에게 지급 ─┐ ┌─ 왕족·공신에게 지급
귀족 [호화 생활] : 개인이 토지·노비 소유, 국가로부터 받은 녹읍·식읍을 기반으로 수조권 + 노동력 징발권을 가짐

농민 [궁핍 생활] : 척박한 토지 경작(시비법 미발달 → 휴경지 증가), 국가와 귀족의 과도한 수취로 몰락하는 농민 발생
　　　　　　 → 4~5C 이후 철제 농기구의 보급과 6C 우경의 보급 확대(지증왕)로 농민 생활이 개선됨

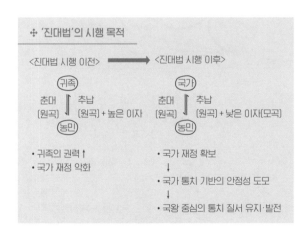

중석쌤의 기출오답 솔루션

• 녹읍은 직역에 대한 대가로 수조권만을 지급한 것이다. [2018. 국가직 7급]
　　　　　　　　　　　→ 수조권과 공납·노동력을 징발할 권리를 모두 지급

삼국의 토지 측량 단위(전세 기준)

• 고구려 : 경무법(밭이랑 기준)
• 백제 : 두락제(파종량 기준)
• 신라 : 결부법(수확량 기준, 1결 = 100부)

✛ '진대법'의 시행 목적

<진대법 시행 이전> ➡ <진대법 시행 이후>

　　(귀족)　　　　　　　　　　(국가)
춘대 ┤├ 추납　　　　　 춘대 ┤├ 추납
(원곡) (원곡) + 높은 이자　 (원곡) (원곡) + 낮은 이자(모곡)
　　(농민)　　　　　　　　　　(농민)

• 귀족의 권력↑　　　　　　 • 국가 재정 확보
• 국가 재정 약화　　　　　　　　↓
　　　　　　　　　　　　　 • 국가 통치 기반의 안정성 도모
　　　　　　　　　　　　　　　　↓
　　　　　　　　　　　　　 • 국왕 중심의 통치 질서 유지·발전

(1) 통일 신라의 경제

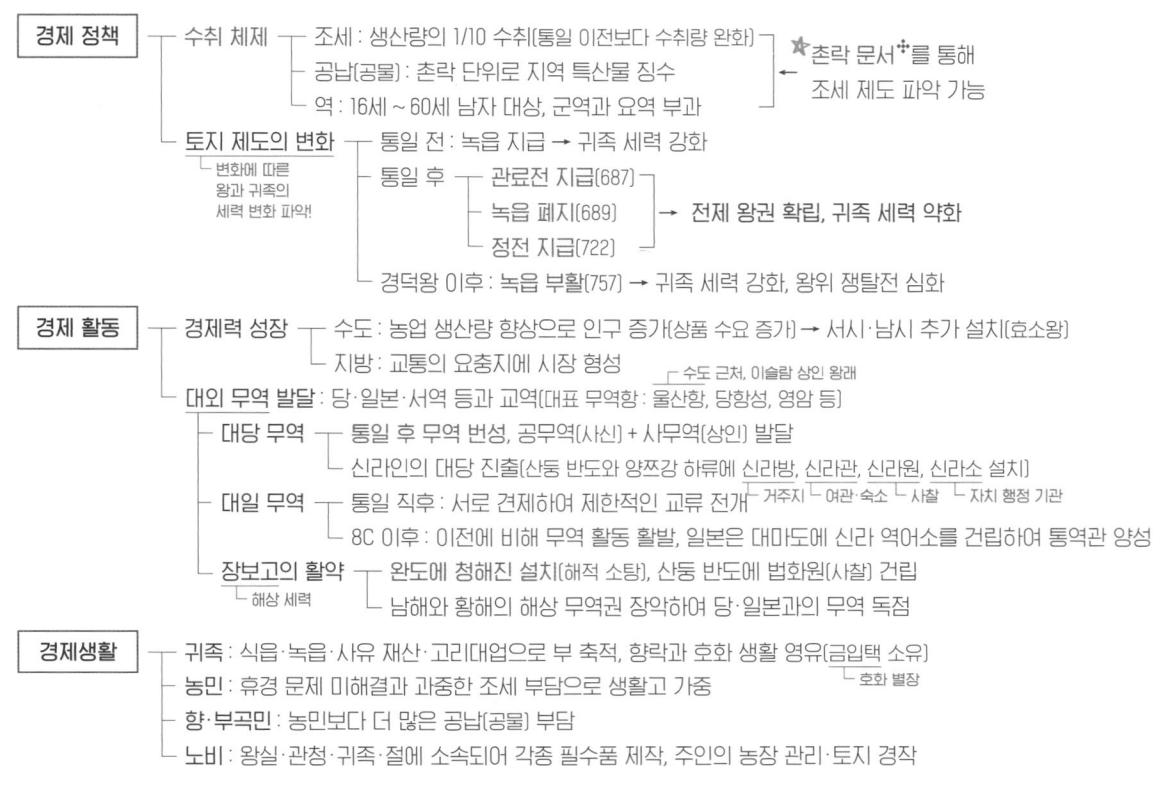

경제 정책
- 수취 체제
  - 조세 : 생산량의 1/10 수취(통일 이전보다 수취량 완화)
  - 공납(공물) : 촌락 단위로 지역 특산물 징수
  - 역 : 16세 ~ 60세 남자 대상, 군역과 요역 부과
  - ★ 촌락 문서⁑를 통해 조세 제도 파악 가능
- 토지 제도의 변화 (변화에 따른 왕과 귀족의 세력 변화 파악)
  - 통일 전 : 녹읍 지급 → 귀족 세력 강화
  - 통일 후
    - 관료전 지급(687)
    - 녹읍 폐지(689) → 전제 왕권 확립, 귀족 세력 약화
    - 정전 지급(722)
  - 경덕왕 이후 : 녹읍 부활(757) → 귀족 세력 강화, 왕위 쟁탈전 심화

경제 활동
- 경제력 성장
  - 수도 : 농업 생산량 향상으로 인구 증가(상품 수요 증가) → 서시·남시 추가 설치(효소왕)
  - 지방 : 교통의 요충지에 시장 형성
- 대외 무역 발달 : 당·일본·서역 등과 교역(대표 무역항 : 울산항, 당항성, 영암 등) ← 수도 근처, 이슬람 상인 왕래
  - 대당 무역
    - 통일 후 무역 번성, 공무역(사신) + 사무역(상인) 발달
    - 신라인의 대당 진출(산둥 반도와 양쯔강 하류에 신라방, 신라관, 신라원, 신라소 설치) ← 거주지 / 여관·숙소 / 사찰 / 자치 행정 기관
  - 대일 무역
    - 통일 직후 : 서로 견제하여 제한적인 교류 전개
    - 8C 이후 : 이전에 비해 무역 활동 활발, 일본은 대마도에 신라 역어소를 건립하여 통역관 양성
  - 장보고의 활약 (해상 세력)
    - 완도에 청해진 설치(해적 소탕), 산둥 반도에 법화원(사찰) 건립
    - 남해와 황해의 해상 무역권 장악하여 당·일본과의 무역 독점

경제생활
- 귀족 : 식읍·녹읍·사유 재산·고리대업으로 부 축적, 향락과 호화 생활 영유(금입택 소유) ← 호화 별장
- 농민 : 휴경 문제 미해결과 과중한 조세 부담으로 생활고 가중
- 향·부곡민 : 농민보다 더 많은 공납(공물) 부담
- 노비 : 왕실·관청·귀족·절에 소속되어 각종 필수품 제작, 주인의 농장 관리·토지 경작

(2) 발해의 경제

- 농업·수공업·상업 발달 : 밭농사 위주(일부 지역 벼농사 실시), 금속 가공업·직물업·도자기업 발달, 상경(수도) 등 도시와 교통의 요충지에서 상업 발달
- 목축과 수렵 발달 : 솔빈부에서 명마 생산(주요 수출품), 모피·녹용·사향 등 수출
- 대외 무역
  - 대당 무역 ─ 해로 + 육로 무역 전개(서경 압록부를 중심으로 한 조공도) → 8C 후반 산둥 반도 덩저우에 발해관 설치
    - 수출 모피, 인삼, 불상, 자기 / 수입 비단, 약재, 서적(사치품)
  - 대일 무역 : 일본도를 통해 한번에 수백 명 왕래
  - 신라와 교류 : 동경에서 남경을 거쳐 동해안에 이르는 신라도 이용

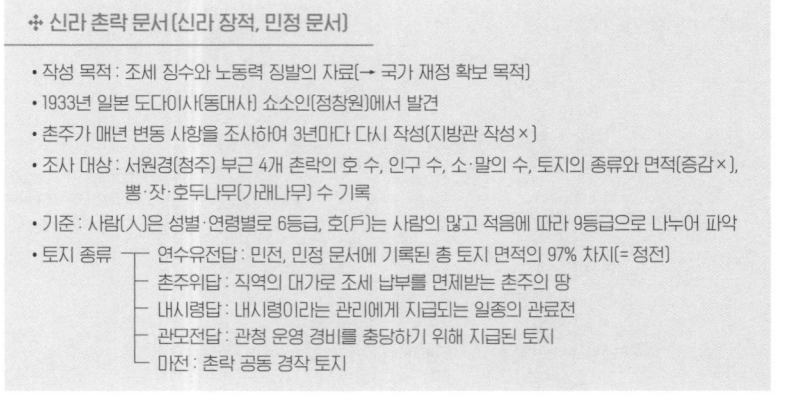

⁑ 신라 촌락 문서(신라 장적, 민정 문서)

- 작성 목적 : 조세 징수와 노동력 징발의 자료(→ 국가 재정 확보 목적)
- 1933년 일본 도다이샤(동대사) 쇼소인(정창원)에서 발견
- 촌주가 매년 변동 사항을 조사하여 3년마다 다시 작성(지방관 작성×)
- 조사 대상 : 서원경(청주) 부근 4개 촌락의 호 수, 인구 수, 소·말의 수, 토지의 종류와 면적(증감×), 뽕·잣·호두나무(가래나무) 수 기록
- 기준 : 사람(人)은 성별·연령별로 6등급, 호(戶)는 사람의 많고 적음에 따라 9등급으로 나누어 파악
- 토지 종류
  - 연수유전답 : 민전, 민정 문서에 기록된 총 토지 면적의 97% 차지(= 정전)
  - 촌주위답 : 직역의 대가로 조세 납부를 면제받는 촌주의 땅
  - 내시령답 : 내시령이라는 관리에게 지급되는 일종의 관료전
  - 관모전답 : 관청 운영 경비를 충당하기 위해 지급된 토지
  - 마전 : 촌락 공동 경작 토지

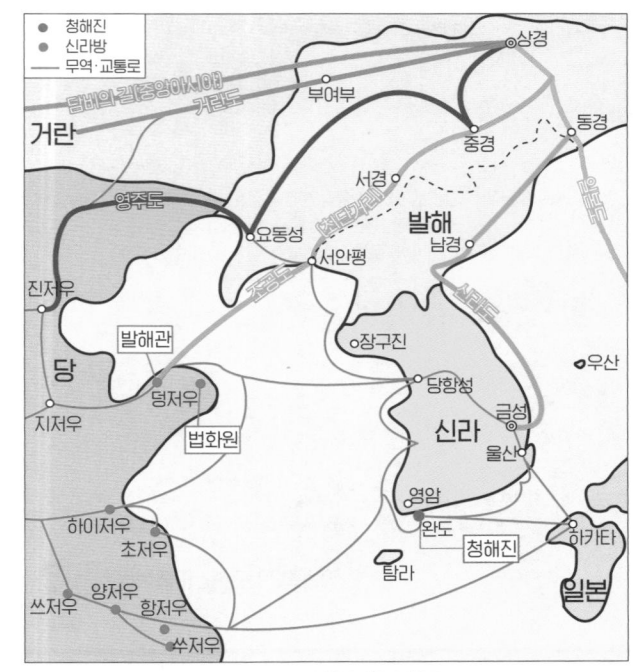

통일 신라와 발해의 대외 무역로

(1) 고구려·백제의 사회

고구려
- 지배층 : 왕족인 고씨, 5부 출신 귀족으로 구성, 지위 세습, 국정 운영 주도
- 법률(엄격) : 반역자는 화형 후 참형 + 가족은 노비로 삼음, 전쟁에서 항복하거나 패한 자는 사형,
  도둑질한 자는 훔친 물건의 12배로 배상(1책 12법)
- 혼인 풍습
  - 지배층 : 서옥제(모계 사회 흔적), 형사취수제(전쟁 미망인 보호책) → 노동력을 중시한 사회 모습
  - 평민 : 자유로운 교제를 통한 결혼(남자 집에서 돼지고기와 술을 보냄, 예물×)

백제
- 특징 : 일찍부터 한강 유역을 통해 중국과 교류하여 선진 문화 수용 (근거) 양직공도 : 양나라에 파견된 백제 사신을 보고 그린 그림 (6C)
- 지배층
  - 왕족인 부여씨, 8성 귀족으로 구성(진·해·연·백·사·목·협·국씨)
  - 중국 고전과 역사책을 즐겨 읽고 능숙한 한문 구사, 우수한 관청 실무 능력 보유, 투호·바둑·장기 등 오락을 즐김
- 법률(엄격) : 패전·반역·살인자는 사형, 간음한 부녀자는 남편 집 노비로 삼음, 도둑질한 자는 귀양 + 2배로 배상, 뇌물을 받은 관리는 종신금고형 + 3배로 배상
  └ 여자만 처벌(남자 처벌 규정 없음)

(2) 신라의 사회

화백 회의
- 성립 : 6부(사로 6촌)의 대표자 회의
- 특징 : 만장일치제 → 화백 회의에 참가하는 귀족 (대등)
  └ 평등 사회 - 씨족 사회의 전통
- 기능 : 귀족 간의 부정 차단, 단결을 강화 → 왕권 견제((예) 진지왕 탄핵)
- 대표 : 상대등
- 회의 장소(4영지) : 청송산, 피전, 오지산, 금강산
  └ 영험한 땅

화랑도
- 기원 : 원시 사회의 청소년 집단에서 기원(씨족 사회의 전통)
- 구성 : (화랑)(진골 귀족 청년) + (낭도)(귀족과 평민 청년)로 구성
  └ 외모 수려, 미륵(신앙)
- 공인 : 진흥왕 때 국가적 조직으로 발전(영토 확장 관련)
- 기능 : 계층 간 갈등 완화(골품에서 나타나는), **국가 인재 양성**, 제천 의식 거행(도교 의식)
- 화랑 정신(호국적 성격)
  - 임신서기석 : 화랑이 나라에 충성할 것을 다짐하면서 3년 내에 「시경」·「서경」·「예기」·「춘추」 등을 공부할 것을 맹세
    └ 유교 경전 (忠 = 孝)
  - 세속 5계✛ : 진평왕 때 원광이 만든 화랑도의 행동 규범

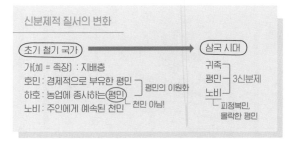

> **중석쌤의 기출오답 솔루션**
>
> - 신라의 대귀족으로 진씨, 해씨 등 8개 성씨가 있었다. [2019. 서울시 7급(2월 시행)]
>   → 백제
> - 진평왕은 화랑도를 국가적 조직으로 개편하였다. [2020. 법원직 9급]
>   → 진흥왕

신분제적 질서의 변화

초기 철기 국가 ➡ 삼국 시대

- 가(加 = 족장) : 지배층
- 호민 : 경제적으로 부유한 평민 ┐
- 하호 : 농업에 종사하는 (평민) ┘ 평민의 이원화
- 노비 : 주인에게 예속된 천민 → 천민 아님!

귀족
평민 ┐ 3신분제
노비 ┘
└ 피정복민, 몰락한 평민

✛ 세속 5계
- 사군이충 : 국가에 대하여 충성한다.
- 사친이효 : 부모에게 효도한다.
- 교우이신 : 친구 간에 신의를 지킨다.
- 임전무퇴 : 전쟁터에서는 물러서지 않는다.
- 살생유택 : 죽이고 살리는 것을 택하여 결정한다.

★골품 제도✛

[骨品] → 귀속 지위 > 성취 지위 [폐쇄적 사회 구조]

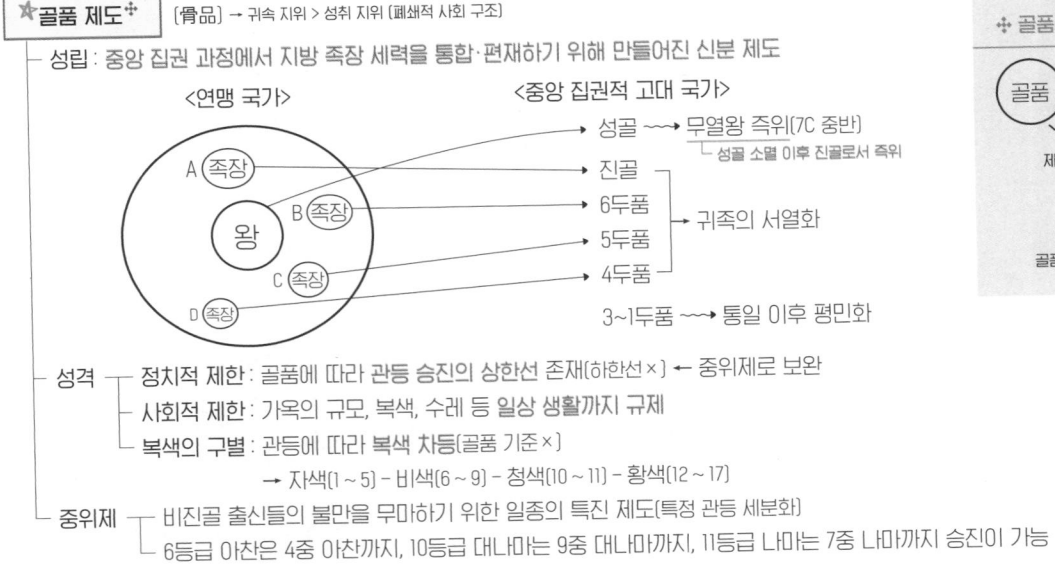

- 성립 : 중앙 집권 과정에서 지방 족장 세력을 통합·편재하기 위해 만들어진 신분 제도

〈연맹 국가〉 〈중앙 집권적 고대 국가〉

- 성골 ～～ 무열왕 즉위[7C 중반]
  └ 성골 소멸 이후 진골로서 즉위
- 진골
- 6두품 ┐
- 5두품 ├ 귀족의 서열화
- 4두품 ┘
- 3~1두품 ～～ 통일 이후 평민화

- 성격
  - 정치적 제한 : 골품에 따라 관등 승진의 상한선 존재[하한선×] ← 중위제로 보완
  - 사회적 제한 : 가옥의 규모, 복색, 수레 등 일상 생활까지 규제
  - 복색의 구별 : 관등에 따라 복색 차등[골품 기준×]
    → 자색[1 ~ 5] - 비색[6 ~ 9] - 청색[10 ~ 11] - 황색[12 ~ 17]
- 중위제
  - 비진골 출신들의 불만을 무마하기 위한 일종의 특진 제도[특정 관등 세분화]
  - 6등급 아찬은 4중 아찬까지, 10등급 대나마는 9중 대나마까지, 11등급 나마는 7중 나마까지 승진이 가능

✛ 골품제 맵핑

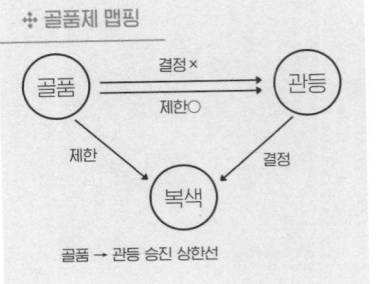

골품 → 관등 승진 상한선

✛ 골품 제도와 관등·관직표

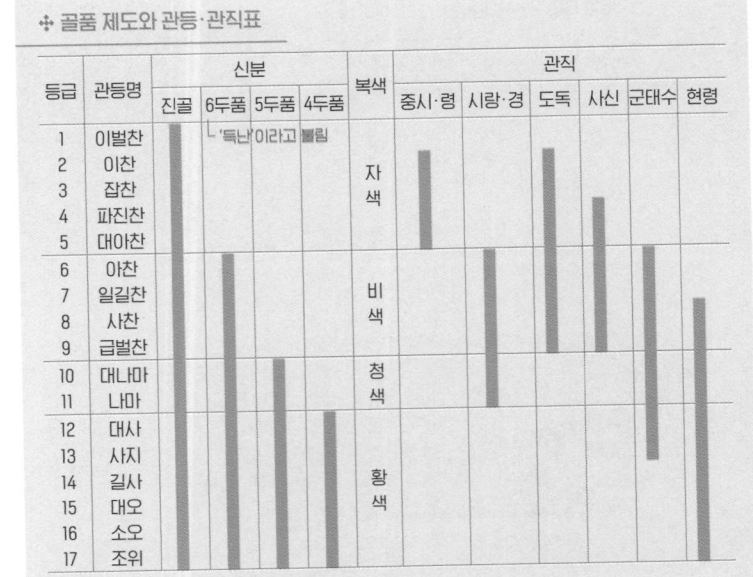

등급	관등명	신분				복색	관직					
		진골	6두품	5두품	4두품		중시·령	시랑·경	도독	사신	군태수	현령
1	이벌찬					자색						
2	이찬					자색						
3	잡찬					자색						
4	파진찬					자색						
5	대아찬					자색						
6	아찬					비색						
7	일길찬					비색						
8	사찬					비색						
9	급벌찬					비색						
10	대나마					청색						
11	나마					청색						
12	대사					황색						
13	사지					황색						
14	길사					황색						
15	대오					황색						
16	소오					황색						
17	조위					황색						

('득난'이라고 불림)

(3) 통일 신라의 사회

중대
- 전제 왕권 강화 : 귀족 세력 약화[상대등 권한↓] → 진골 귀족 세력은 약화되었으나 여전히 정치적·사회적 권력 독점
- 6두품 : 높은 학문적 식견과 실무 능력을 갖춤 → 중앙 정계 진출, 국왕 보좌, but 신분의 제약으로 상위 관직으로 승진 불가[중앙·지방 장관에는 오르지 못함]
  └ 신분 상승을 위해 [당]으로 유학 → 빈공과 응시[신라 하대]
- 골품제 변화 : 하급 신분층부터 골품의 기준 점차 희미해짐[3~1두품 → 평민화]

하대
- 전제 왕권 약화 : 진골 귀족의 왕위 쟁탈 심화와 대토지 소유 확대로 농민 몰락 → 국가 재정 약화
- 지방 세력의 성장 : 지방에서 호족 세력이 성장, 6두품 세력이 호족 세력과 결탁
- 농민 반란 : 정부의 강압적인 수취로 농민 몰락·사회 모순 증폭 → 원종·애노의 난[889, 진성 여왕] 등 농민 반란 발생

(4) 발해의 사회

고구려계 ┈┈▶ 지배층 : 소수의 고구려인[왕족인 대씨, 귀족인 고씨 등] → 정치·경제적 특권 보유 + 당의 제도와 문화 수용

\+ 일부 말갈인

말갈계 ┈┈▶ 피지배층 : 대다수의 말갈인 → 고구려나 말갈의 생활 풍습 유지

중석쌤의 기출오답 솔루션

- 6두품은 아찬[阿飡]까지, 5두품은 대사[大舍]까지 승진의 한계가 정해져 있다. [2013.경찰직[1차]]
  → 대나마
- 신라의 골품 제도의 복색의 기준은 신분에 따라 자색 — 단색 — 비색 — 녹색의 순서로 정하였다. [2013.지방직 7급]
  → 관등   → 자색 - 비색 - 청색 - 황색

(1) 한자의 보급과 교육

한자 　철기 시대부터 한자 도입(경남 창원 다호리 유적에서 출토된 붓을 통해 확인 가능) → 삼국은 한자를 그대로 사용, 이후 이두와 향찰을 만들어 사용(한자의 토착화)

교육
- 고구려 ┬ 교육 기관 : 태학(소수림왕 때 설립, 최초의 교육 기관, 귀족 자제에게 유교 경전과 역사 교육 실시), 경당(장수왕 때 설립, 지방 사립 교육 기관, 평민 자제에게 한학과 무술 교육 실시)
　　　　└ 한학 발달 : 광개토 대왕릉비와 충주(중원) 고구려비를 통해 고구려의 한학 수준 확인 가능
- 백제 ┬ 교육 기관 : 구체적 기록 X, 5경 박사·의박사·역박사가 유교 경전과 기술학 교육 → 日 문화 발전에 기여, 『일본서기』에서 기록 확인 가능
　　　 └ 한학 발달 : 개로왕이 북위에 보낸 국서에 세련된 한문 문장 사용, 사택지적 비문(4·6 변려체와 구양순체로 세련되게 기록)
- 신라 ┬ 교육 기관 : 화랑도(청소년들에게 경학과 무술 교육)
　　　 └ 한학 발달 : 진흥왕 순수비의 비문, 임신서기석(유교 경전 학습 다짐 기록)
- 통일 신라 ┬ 교육 기관 : 국학(신문왕 때 설립, 유학 교육 기관, 『논어』, 『효경』 등 교육) ─개칭→ 태학(감)(경덕왕) ─개칭→ 국학(혜공왕) / 청주 거로현을 국학생의 녹읍으로 설정(소성왕, 경제적 후원)
　　　　　　　　　　　└ 박사와 조교를 두어 유교 경전 교육　　　└ 현재 경남 진주　　　　└ 원성왕의 손자
　　　　　 └ 관리 채용 : 독서삼품과‡(원성왕) ┬ 유교 경전의 이해 정도를 시험하여 특품·상품·중품·하품으로 구분 → 능력주의 제도, 학문·유학 보급에 기여
　　　　　　　　　　　　　　　　　　　　　　└ 진골 귀족들의 반대와 골품제의 한계로 인해 실패
- 발해 ┬ 교육 기관 : 주자감(문왕, 귀족 자제를 대상으로 유학 경전과 한문학을 교육)
　　　 └ 한학 발달 : 정혜 공주·정효 공주의 묘지 비문 통해 발해의 한학 수준 확인 가능
　　　　　　　　　　└ 4·6 변려체와 5경 등의 고전을 비문에 새김

‡ 독서삼품과 평가 항목

구분	응시 과목
특품(特品)	5경(『주역』, 『시경』, 『서경』, 『예기』, 『춘추』), 3사(『사기』, 『한서』, 『후한서』), 제자백가에 능통한 자는 순서를 뛰어 넘어 등용
상품(上品)	『춘추좌씨전』, 『문선』, 『예기』에 능하고, 『논어』, 『효경』이 수준에 오른 자
중품(中品)	『곡례』, 『논어』, 『효경』을 읽은 자
하품(下品)	『곡례』, 『효경』을 읽은 자

(2) 역사 편찬

목적 　국가의 정통성 확보, 왕실의 권위 과시, 백성들의 충성심 결집

역사서
- 고구려 : 『유기』 100권 ─간추림→ 『신집』 5권(영양왕 때 이문진) ┐
- 백제 : 『서기』(근초고왕 때 고흥) 　　　　　　　　　　　　　　├→ 삼국의 역사서는 모두 현존 ×
- 신라 : 『국사』(진흥왕 때 거칠부) 　　　　　　　　　　　　　┘
- 통일 신라 : 『화랑세기』·『고승전』·『한산기』·『계림잡전』(김대문)‡
　　　　　　 └ 진골 귀족 출신으로, 설화적인 역사 서술을 극복하고 객관적인 사실을 기록하기 위해 노력함

‡ 김대문의 4가지 저서
- 『화랑세기』 : 화랑들의 전기
- 『고승전』 : 유명한 승려들의 전기
- 『한산기』 : 한산주 지방의 지리지
- 『계림잡전』 : 신라에 관한 이야기

(3) 유학의 보급

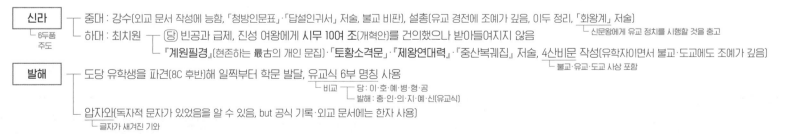

신라
└ 6두품 주도
- 중대 : 강수(외교 문서 작성에 능함, 『청방인문표』·『답설인귀서』 저술, 불교 비판), 설총(유교 경전에 조예가 깊음, 이두 정리, 『화왕계』 저술)
　　　　　　　　　　　　　　　　　　　　　　　　　　　　　　　　└ 신문왕에게 유교 정치를 시행할 것을 충고
- 하대 : 최치원 ┬ 당 빈공과 급제, 진성 여왕에게 시무 10여 조(개혁안)를 건의했으나 받아들여지지 않음
　　　　　　　　└ 『계원필경』(현존하는 最古의 개인 문집)·『토황소격문』·『제왕연대력』·『중산복궤집』 저술, 4산비문 작성(유학자이면서 불교·도교에도 조예가 깊음)
　　　　　　　　　　　　　　　　　　　　　　　└ 불교·유교·도교 사상 포함

발해
- 도당 유학생을 파견(8C 후반)해 일찍부터 학문 발달, 유교식 6부 명칭 사용
　　　　　　　　　　　　　　　　└ 비교 ┬ 당 : 이·호·예·병·형·공
　　　　　　　　　　　　　　　　　　　 └ 발해 : 충·인·의·지·예·신(유교식)
- 압자와(독자적 문자가 있었음을 알 수 있음, but 공식 기록·외교 문서에는 한자 사용)
　　　 └ 글자가 새겨진 기와

(1) 삼국 불교의 특징·역할

| 특징 | 왕실 불교, 귀족 불교, 호국 불교(→ 『인왕경』, 백좌강회, 신라의 황룡사 등은 호국 불교의 성격을 보여줌) |

| 역할 | 고대 문화 발전, 철학적 인식의 토대 구축(불교를 통해 인간 사회의 갈등·모순 해소), 중앙 집권화와 왕권 강화에 기여 |

(2) 고구려의 불교

| 수용·공인 | 4세기 소수림왕 때 전진의 승려 순도가 불교 전래 |

| 발전 | ┌ 발전 : 삼론종 발달, 백제와 신라 불교에 영향
 └ 대표 승려 : 승랑(중국 삼론종 발전에 기여), 혜량(신라로 망명, 불법 전파), 보덕(열반종 창시) |

(3) 백제의 불교

| 수용·공인 | 4세기 침류왕 때 동진에서 온 인도 승려 마라난타가 불교 전래 |

| 발전 | ┌ 발전 : 율종 발전(계율 중시, 개인의 소승적 해탈 강조), 호국 불교와 미륵 신앙 성행(왕흥사, 미륵사 건립)
 └ 대표 승려 : 겸익(성왕 때 인도에서 율종 불경을 들여옴), 노리사치계(성왕 때 일본에 불상·불경 전달), 관륵 |

삼국의 불교 수용·공인

(4) 신라의 불교

| 수용·공인 | 5세기 눌지 마립간 때 고구려의 승려 묵호자가 불교 전래 → 6세기 법흥왕 때 이차돈의 순교로 불교 공인 |

| 발전 | ┌ 교리 : 왕즉불(왕실의 권위 높임), 업설(왕의 권위와 귀족들의 권력 정당화), 미륵 신앙(화랑도와 관련 맺으며 신라 사회에 정착)
 　　　　　└ 왕이 곧 부처　　　　　　　└ 현세의 삶은 전생의 삶의 결과라는 사상　└ 미륵불이 나타나 이상적인 불국토를 건설한다는 사상
 ├ 정책 ┌ 법흥왕(불교식 왕명 사용), 진흥왕(전륜성왕 자칭·'국통 – 주통 – 군통'으로 교단 조직)
 　　　　└ 불교에서 일컫는 이상적인 군주　　　　　　└ 고구려 출신 승려 혜량을 국통으로 삼음
 　　　　└ 진평왕(진종설 유포·원광이 지은 세속 5계로 화랑들을 교육), 선덕 여왕(대국통 자장이 계율종 개창, 자장의 건의로 황룡사 9층 목탑 건립)
 　　　　　└ 왕실이 석가모니의 종족이다 |

(5) 통일 신라의 불교 [종교 < 정치적 이데올로기]

| 불교 사상의 발달 | ┌ 불교의 이해 기반 마련 : 고, 백의 불교 문화를 흡수해 7C 말 한민족 문화의 토대 마련 + 당과 활발한 교류 → 다양한 불교 사상의 이해 기반 형성
 ├ 불교의 대중화 : 원효와 의상의 노력으로 대중 불교 발전
 └ 교종 5교와 선종의 9산✛ : 유학파 승려들을 통하여 당의 여러 불교 종파 유입 ─영향→ 5교와 9산 개창 |

✛ 교종 5교

5교	승려	중심 사찰
계율종	자장	양산 통도사
열반종	보덕	전주 경복사
법성종	원효	경주 분황사
화엄종	의상	영주 부석사
법상종	진표	김제 금산사

✛ 선종 9산

- 가지산파(도의)
- 실상산파(홍척)
- 동리산파(혜철)
- 사굴산파(범일)
- 봉림산파(현욱)
- 사자산파(도윤)
- 희양산파(도헌)
- 성주산파(무염)
- 수미산파(이엄)

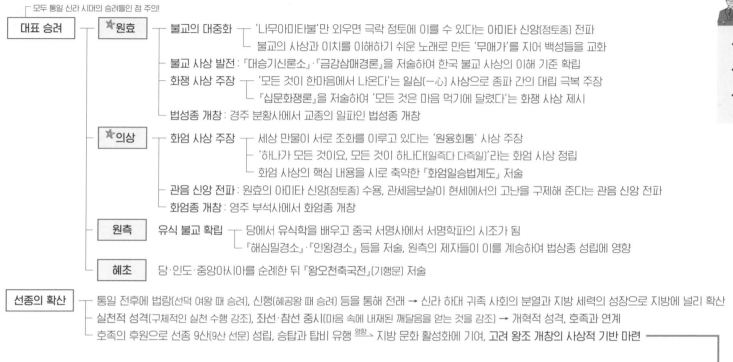

└ 모두 통일 신라 시대의 승려들인 점 주의!

대표 승려
- **★원효**
  - 불교의 대중화 ─ '나무아미타불'만 외우면 극락 정토에 이를 수 있다는 아미타 신앙(정토종) 전파
    - 불교의 사상과 이치를 이해하기 쉬운 노래로 만든 '무애가'를 지어 백성들을 교화
  - 불교 사상 발전 : 『대승기신론소』·『금강삼매경론』을 저술하여 한국 불교 사상의 이해 기준 확립
  - 화쟁 사상 주장 ─ '모든 것이 한마음에서 나온다'는 일심(一心) 사상으로 종파 간의 대립 극복 주장
    - 『십문화쟁론』을 저술하여 '모든 것은 마음 먹기에 달렸다'는 화쟁 사상 제시
  - 법성종 개창 : 경주 분황사에서 교종의 일파인 법성종 개창
- **★의상**
  - 화엄 사상 주장 ─ 세상 만물이 서로 조화를 이루고 있다는 '원융회통' 사상 주장
    - '하나가 모든 것이요, 모든 것이 하나다(일즉다 다즉일)'라는 화엄 사상 정립
    - 화엄 사상의 핵심 내용을 시로 축약한 『화엄일승법계도』 저술
  - 관음 신앙 전파 : 원효의 아미타 신앙(정토종) 수용, 관세음보살이 현세에서의 고난을 구제해 준다는 관음 신앙 전파
  - 화엄종 개창 : 영주 부석사에서 화엄종 개창
- **원측** ─ 유식 불교 확립 ─ 당에서 유식학을 배우고 중국 서명사에서 서명학파의 시조가 됨
  - 『해심밀경소』·『인왕경소』 등을 저술, 원측의 제자들이 이를 계승하여 법상종 성립에 영향
- **혜초** ─ 당·인도·중앙아시아를 순례한 뒤 『왕오천축국전』(기행문) 저술

선종의 확산
- 통일 전후에 법랑(선덕 여왕 때 승려), 신행(혜공왕 때 승려) 등을 통해 전래 → 신라 하대 귀족 사회의 분열과 지방 세력의 성장으로 지방에 널리 확산
- 실천적 성격(구체적인 실천 수행 강조), 좌선·참선 중시(마음 속에 내재된 깨달음을 얻는 것을 강조) → 개혁적 성격, 호족과 연계
- 호족의 후원으로 선종 9산(9산 선문) 성립, 승탑과 탑비 유행 ^{영향} → 지방 문화 활성화에 기여, **고려 왕조 개창의 사상적 기반 마련** ─┐

→ 선종과 풍수지리설은
고려 건국의 사상적 기반과 배경이 됨
(혁명적 이데올로기)

(6) 풍수지리설·도교

풍수지리설
- 신라 하대 선종 승려인 **도선**에 의해 (당)으로부터 전래, 지형과 지세에 따라 도읍·주택·묘지 등 선정(→ 국토의 효율적 이용과 관련하여 활용됨)
- 도참 신앙과 결부되어 산수의 생김새로 미래 예측, 지방 호족들의 신봉을 받음 ^{영향} → 지방 중심의 국토 재편성, **고려 건국의 사상적 배경이 됨** ─┘

도교
- 특징 : 민간 신앙 + 산천 숭배 + 신선 사상이 결합됨, 노자·장자의 사상(『도덕경』), 귀족 사회의 환영을 받음, 불로장생 및 현세의 이익을 추구
- 고구려 ─ 영류왕 때 (당)으로부터 유입 ^{발전} → 연개소문의 도교 장려 정책(불교와 연결된 왕실 견제 목적)
  - 강서 고분(강서 대묘)의 사신도(도교의 방위신 그림), 을지문덕의 오언시(『도덕경』의 내용 반영)
- 백제 ─ 산수무늬 벽돌(산수문전, 자연과 더불어 살고자 하는 백제인의 생각 표현)
  - 금동 대향로(신선들이 사는 이상 세계 형상화), 사택지적 비문(사택지적이 불당을 세운 내력 기록, 4·6변려체 문장 사용)
    └ 『도덕경』 문체
  - 무령왕릉 지석(매지권)에 토지신 제사를 지낸 기록, 막고해 장군이 『도덕경』의 내용을 인용해 고구려 진격 만류
    └ 근초고왕 때 귀족
- 신라 : 화랑도를 '국선도·풍류도·풍월도'라는 도교적 명칭으로 지칭
- 통일 신라 : 최치원의 4산비문·난랑비서문(유교 + 도교 + 불교 사상을 복합적으로 표현), 무덤 주위에 12지 신상 조각(불교와 도교의 결합)
    └ 김유신 묘(굴식 돌방무덤)
- 발해 : 정효 공주 묘지에 불로장생 사상이 나타남

 중석쌤의 기출오답 솔루션

- 원효는 부석사를 창건하여 해동 화엄종의 시조가 되었다. [2013.국가직 7급]
  → 의상
- 의상은 『십문화쟁론』을 지어 종파 간의 대립을 해소하고자 하였다. [2015.지방직 9급]
  → 원효
- 신라 말기에 교종 승려들은 중국에서 유행한 풍수지리설을 들여왔다. [2013.경찰직(1차)]
  → 선종

교종과 선종

구분	교종(신라 중대)	선종(신라 하대)
분파	5교	9산
성격	• 불경과 교리 중시 • 전통과 권위 중시	• 좌선과 참선 중시 • 형식과 권위 부정
지지	왕실, 중앙 귀족	지방 호족, 6두품
특징	• 탑·절·불상 등 조형 　미술 발달 • 중앙 집권화에 기여	• 고려 건국의 사상적 기반 제공 • 조형 미술 쇠퇴(승탑 제작) • 지방 문화 발전에 기여

발해의 불교

- 왕실과 귀족 중심의 불교 성행 : 문왕('전륜성왕'이라 지칭)
  → '대흥보력효감 금륜 성법 대왕'이라는 존호 사용
- 상경(수도)에서 10여 개 절터와 불상, 석등이 발굴됨
- 대표 승려 : 석정소, 석인정 등
- 대표 종파 : 관음 신앙, 법화 신앙 등

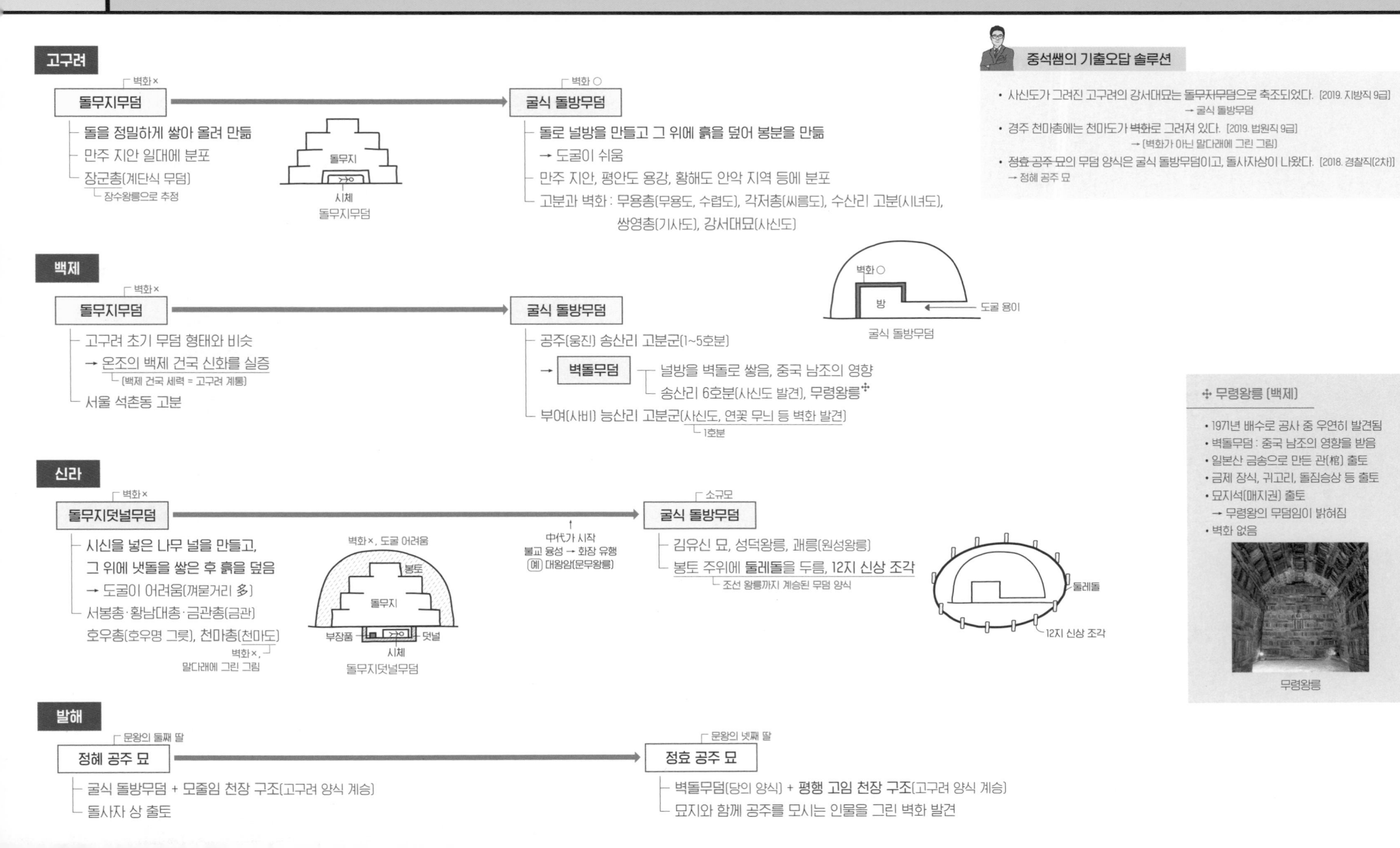

고구려

돌무지무덤 ─ 벽화×
- 돌을 정밀하게 쌓아 올려 만듦
- 만주 지안 일대에 분포
- 장군총(계단식 무덤)
  └ 장수왕릉으로 추정

돌무지
시체
돌무지무덤

굴식 돌방무덤 ─ 벽화○
- 돌로 널방을 만들고 그 위에 흙을 덮어 봉분을 만듦
- → 도굴이 쉬움
- 만주 지안, 평안도 용강, 황해도 안악 지역 등에 분포
- 고분과 벽화 : 무용총(무용도, 수렵도), 각저총(씨름도), 수산리 고분(시녀도),
  쌍영총(기사도), 강서대묘(사신도)

중석쌤의 기출오답 솔루션

- 사신도가 그려진 고구려의 강서대묘는 돌무지무덤으로 축조되었다. [2019. 지방직 9급]
  └→ 굴식 돌방무덤
- 경주 천마총에는 천마도가 벽화로 그려져 있다. [2019. 법원직 9급]
  └→ [벽화가 아닌 말다래에 그린 그림]
- 정효 공주 묘의 무덤 양식은 굴식 돌방무덤이고, 돌사자상이 나왔다. [2018. 경찰직(2차)]
  └→ 정혜 공주 묘

백제

돌무지무덤 ─ 벽화×
- 고구려 초기 무덤 형태와 비슷
- → 온조의 백제 건국 신화를 실증
  └ [백제 건국 세력 = 고구려 계통]
- 서울 석촌동 고분

굴식 돌방무덤
- 공주(웅진) 송산리 고분군(1~5호분)
- → **벽돌무덤** ─ 널방을 벽돌로 쌓음, 중국 남조의 영향
  └ 송산리 6호분(사신도 발견), 무령왕릉‡
- 부여(사비) 능산리 고분군(사신도, 연꽃 무늬 등 벽화 발견)
  └ 1호분

벽화○
방   ← 도굴 용이
굴식 돌방무덤

‡ 무령왕릉 [백제]

- 1971년 배수로 공사 중 우연히 발견됨
- 벽돌무덤 : 중국 남조의 영향을 받음
- 일본산 금송으로 만든 관(棺) 출토
- 금제 장식, 귀고리, 돌짐승상 등 출토
- 묘지석(매지권) 출토
  → 무령왕의 무덤임이 밝혀짐
- 벽화 없음

무령왕릉

신라

돌무지덧널무덤 ─ 벽화×
- 시신을 넣은 나무 널을 만들고,
  그 위에 냇돌을 쌓은 후 흙을 덮음
- → 도굴이 어려움(껴묻거리 多)
- 서봉총·황남대총·금관총(금관)
  호우총(호우명 그릇), 천마총(천마도)
    └ 벽화×,
      말다래에 그린 그림

벽화×, 도굴 어려움
봉토
돌무지
부장품   덧널
시체
돌무지덧널무덤

↑
中代가 시작
불교 융성 → 화장 유행
[예] 대왕암(문무왕릉)

굴식 돌방무덤 ─ 소규모
- 김유신 묘, 성덕왕릉, 괘릉(원성왕릉)
- 봉토 주위에 둘레돌을 두름, 12지 신상 조각
  └ 조선 왕릉까지 계승된 무덤 양식

둘레돌
12지 신상 조각

발해

정혜 공주 묘 ─ 문왕의 둘째 딸
- 굴식 돌방무덤 + 모줄임 천장 구조(고구려 양식 계승)
- 돌사자 상 출토

정효 공주 묘 ─ 문왕의 넷째 딸
- 벽돌무덤(당의 양식) + **평행 고임 천장 구조**(고구려 양식 계승)
- 묘지와 함께 공주를 모시는 인물을 그린 벽화 발견

구분		건축	탑
삼국	고구려	평양 안학궁 궁궐터 (장수왕이 평양 천도 이후 거처한 궁궐, 규모가 큼, 남진 정책의 상징성 반영)	주로 목탑 양식이 발전(현존×)
	백제	• 부여 능산리 절터 • 익산 미륵사(무왕 때 건립, 백제 중흥 의지 반영)	• 익산 미륵사지 석탑(무왕 때 건립, 현존하는 最古 석탑, 목탑 양식의 석탑) → 금제 사리 봉안기 발견 • 부여 정림사지 5층 석탑(미륵사지 석탑 계승, 목탑 양식의 석탑, 조화미·균형미) → 日 탑 양식에 영향을 줌
	신라	황룡사(진흥왕 때 건립), 분황사·영묘사(선덕 여왕 때 건립)	• 황룡사 9층 목탑 : 자장의 건의, 백제 아비지의 도움으로 건립, 호국적 불교, 고려 몽골 침입 때 소실됨 └ 선덕 여왕 때 건립 • 경주 분황사 모전 석탑 : 전탑을 모방한 석탑(전탑×), 현존하는 신라 最古 석탑, 현재 3층까지만 남아 있음 　　　　　　　　　　　└ 벽돌을 쌓아서 제작한 탑
남북국	통일 신라	┌ 경덕왕 때 김대성의 발원으로 건립, 1995년 유네스코 세계 문화유산에 등재 • 불국사 ┬ 불국토의 이상을 표현한 사찰 　　　　 └ 정문 돌계단 청운교·백운교 → 직선과 곡선의 조화 • 석굴암 : 인공 석굴 사원, 아름다운 비례·균형의 조형미 • 임해전 : 태자가 거처하는 동궁, 문무왕 때 축조된 것으로 추정 • 월지 : 임해전 옆에 있던 연못으로 조선 시대에는 안압지로 불림	┌ 이중 기단 위 3층 석탑 양식 유행(안정감 중요시) • 중대 ┬ 경주 감은사지 동서 3층 석탑 : 신문왕 때 건립, 상륜부가 피뢰침 모양 　　　 ├ 불국사 3층 석탑(석가탑) : 전형적인 통일 신라의 석탑, 『무구정광대다라니경』 발견 　　　 ├ 경주 불국사 다보탑 : 일반 석탑과는 다른 형태, 높은 예술성·건축 기술을 보여줌 　　　 └ 화엄사 4사자 3층 석탑 : 네 마리의 사자가 탑을 이고 있는 형태 　　　　　　　　　　　　　　　┌ 조각하여 새김 • 하대 ┬ 양양 진전사지 3층 석탑 : 기단과 탑신에 부조로 불상을 새기는 양식 　　　 └ 승탑 ┬ 선종의 영향, 승려의 사리 봉안, 팔각 원당형이 기본 형태 　　　(=부도) └ 흥법사지 염거화상탑, 태안사 적인선사 승탑, 쌍봉사 철감선사 승탑
	발해	상경 용천부 도시 구조(唐 장안성을 모방하여 건축, 남북으로 주작대로를 냄, ㄱ 온돌 장치)	영광탑 (흙으로 된 벽돌을 굽고 쌓은 전탑, 唐의 건축 기법과 양식의 영향 받음)

익산 미륵사지 석탑

부여 정림사지 5층 석탑

경주 분황사 모전 석탑

경주 감은사지 동서
3층 석탑

화엄사 4사자 3층 석탑

진전사지 3층 석탑

태안사 적인선사 승탑

쌍봉사 철감선사 승탑

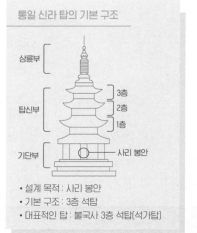

통일 신라 탑의 기본 구조

상륜부
탑신부 ─ 3층 / 2층 / 1층
기단부 ─ 사리 봉안

• 설계 목적 : 사리 봉안
• 기본 구조 : 3층 석탑
• 대표적인 탑 : 불국사 3층 석탑(석가탑)

(1) 고대의 과학 기술

천문학	• 특징 : 왕도학, 군주학(왕과 하늘을 연결시켜 학문적 연구 시행), 천체 관측을 중심으로 발달, 농경과 밀접한 관계 • 고구려 : 별자리를 그린 **천문도**, 고분 벽화(덕화리 1호분)의 별자리 그림 • 신라 : **첨성대**(7C 선덕 여왕 때 건립, 동양에 현존하는 가장 오래된 천문 관측 시설), 『삼국사기』에 일·월식, 기상 이변 등 천문 현상 관측 기록이 남아 있음 • 통일 신라 ┬ 누각전을 설치하여 천체의 운행 연구, 물시계를 통해 시간을 측정함 　　　　　 └ 김암이 병학과 천문학 등에 조예가 깊었음
수학	• 특징 : 수학 지식을 활용하여 조형물 제작 • 삼국 : ⓖ 모줄임 천장 구조, ⓑ 정림사지 5층 석탑, ⓢ 황룡사 9층 목탑 등 • 통일 신라 : 석굴암의 석굴 구조, 경주 불국사 3층 석탑(석가탑), 다보탑 주실 └ 원형 → 하늘 상징 통로 전실 └ 네모 → 땅 상징
금속 기술	• 고구려 : 제철 기술 발달(고분 속 벽화에 철 단련 모습, 수레 바퀴 제작 모습이 있음) • 백제 : **칠지도**(근초고왕이 🔲왕에게 하사, 강철 위에 金 상감 글씨가 새겨져 있음), **백제 금동 대향로**(부여 능산리 절터에서 출토, 정교한 금속 공예 기술을 보여줌) • 신라 : 금 세공 기술 발달(순금 금관 및 도금 금관 제작)
목판 인쇄술	• 특징 : 불교 문화가 발달하여 불경의 대량 인쇄를 위한 목판 인쇄술 발달 • 『무구정광대다라니경』 ┬ 경주 불국사 3층 석탑(석가탑) 탑신부에서 발견됨(1966) 　　　　　　　　　　 ├ **현존하는 세계 最古의 목판 인쇄물**(8C 초 제작) 　　　　　　　　　　 └ 닥나무로 만든 신라산 종이 이용

(2) 고대의 예술

불상	• 삼국 공통 : 금동 미륵보살 반가 사유상(탑형으로 된 높이 솟은 보관을 쓰고 있음, 부드러운 자태와 자애로운 미소가 특징) • 고구려 : 금동 연가 7년명 여래 입상(북조 양식을 따르고 있으나 강인한 인상과 은은한 미소에는 고구려의 독창성이 보임) • 백제 : 서산 용현리 마애 여래 삼존상('백제의 미소') • 신라 : 경주 배동 석조여래 석불 입상(신라 조각의 정수를 보여줌) • 통일 신라 : 석굴암 본존불과 보살상(불교의 이상 세계 실현, 균형미를 갖춤) • 발해 : 이불 병좌상(고구려의 영향을 받아 제작)
글씨와 그림	• 글씨 : 통일 신라의 김인문, 김생(왕희지체에 능함), 요극일(구양순체에 능함) 등이 유명 • 그림 : 신라의 **천마도**, 통일 신라의 솔거(황룡사 벽화)
음악	• 삼국 시대 : 고구려의 왕산악(거문고 제작), 신라의 백결(거문고 명인, 방아 타령 제작), 가야의 우륵(가야금 제작, 대가야 멸망 즈음 신라에 투항하여 가야금 전파)이 활동 • 통일 신라 : 당악 수용(귀족 계층에 정착), 향악 발전(고구려와 백제의 악기·음악이 수용돼 신라의 악기·음악과 융합됨 → 3현 3죽의 악기 유행)
공예	• 통일 신라 : 무열왕릉비 받침돌, 법주사 쌍사자 석등 등의 석조물, **상원사 종**(성덕왕, 우리나라에서 가장 오래된 범종), 성덕 대왕 신종(경덕왕, 에밀레종) 등의 범종이 대표적임 • 발해 : 고구려의 영향을 받은 벽돌과 기와, 연꽃 무늬 와당(수막새)과 정혜 공주 묘의 돌사자상, 상경 용천부 석등 등이 대표적임

금동 미륵보살
반가 사유상
└ 삼국에서 모두 제작됨

금동 연가 7년명 여래 입상
[고구려]

서산 마애 여래 삼존상
[백제]

이불 병좌상
[발해]

(1) 삼국의 문화 전파 → 6C ⒥ 야마토 정권의 성립과 7C ⒥ 아스카 문화 형성에 기여

┌─ 백제 ─┬─ 삼국 중 일본과 가장 밀접한 관계 유지 및 문화 전수에 기여

├─ 4C ─┬─ 아직기 : ⒥ 태자에게 한자를 가르침(근초고왕)

│   └─ 왕인 : 『천자문』, 『논어』, 경서 등을 전하고 가르침(근초고왕)

├─ 6C ─┬─ 단양이·고안무 : 5경 박사, 유학 전파(무령왕)

│   ├─ 노리사치계 : 불경과 불상을 최초로 전달(성왕)

│   ├─ 혜총 : 계율종 전파(위덕왕)

│   └─ 아좌 태자(위덕왕 子) : 쇼토쿠 태자의 초상을 그림(위덕왕)

├─ 7C ─ 관륵 : 천문·역법·지리에 관한 책 전달(무왕)

└─ 영향 ─┬─ 백제 문화를 바탕으로 ⒥ 고류사 미륵보살 반가 사유상, 호류사 백제 관음상 등이 제작됨

       └─ 기타 : 5경 박사, 의박사, 역박사, 공예 기술자 등이 ⒥에 건너감 → 백제 가람 양식이 생겨남
                                                          └ 사원 건축 양식

┌─ 고구려 ─┬─ 7C ─┬─ 혜자 : ⒥ 쇼토쿠 태자의 스승(영양왕)

│   ├─ 승륭 : 역학, 천문 지리학 전파

│   ├─ 담징 : 유교의 5경과 그림을 가르침, 종이·먹 제조법 전달, 호류사 금당 벽화 제작(영양왕)

│   ├─ 혜관 : 삼론종 개조(불교 전파, 영류왕)

│   ├─ 도징 : 삼론종 전파

│   └─ 도현 : 『일본세기』 저술(보장왕)

└─ 수산리 고분 벽화 : ⒥ 다카마쓰 고분 벽화에 영향

신라 ─ 조선술(배 만드는 기술)과 축제술(제방 축조 기술)을 일본에 전달 → '한인의 연못'이라는 이름까지 생김(축제술)

가야 ─ 토기 제작 기술이 ⒥ 스에키 토기에 영향을 줌

중석쌤의 기출오답 솔루션

• 다카마쓰 무덤에서 발견된 벽화를 통해 카야 문화가 일본에 영향을 미쳤음을 알 수 있다. [2018. 서울시 7급(6월 시행)]
  → 고구려

• 백제 무령왕 때 노리사치계가 일본에 불경과 불상을 전하였다. [2021. 국가직 9급]
  → 성왕

고구려 수산리 고분 벽화   일본 다카마쓰 고분 벽화

삼국 문화의 일본 전파

우리 문화의 영향으로 일본에 형성된 문화

• 신석기 → 조몬 토기 문화
• 청동기 → 야요이 문화
• 가야 토기 → 스에키 문화
• 삼국 → 아스카 문화
• 통일 신라 → 하쿠호 문화
• 조선 초기 미술 → 무로마치 시대의 미술

(2) 통일 신라의 문화 전파 → 8C ⒥ 하쿠호 문화 형성에 기여

• 일본에서 파견 온 사신을 통해 일본에 문화 전파

• 원효·강수·설총이 발전시킨 불교·유교 문화가 전파됨 → ⒥ 하쿠호 문화 성립(불상, 가람 배치, 탑, 율령과 정치 제도 등)에 영향

• 심상(의상의 제자) : 화엄 사상 전파(성덕왕 때 일본으로 건너가 ⒥ 화엄종 부흥에 영향을 줌)

핵심 내용 확인하기

1. 삼국 시대

	고구려	백제	신라(상대)	가야
B.C. 1세기 ~ A.D. 3세기	• 동명성왕(주몽): 고구려 건국 • _____: 계루부 고씨의 왕위 세습, 옥저 정복 • 고국천왕: _____ 상속제, _____ 실시	• 온조왕: 백제 건국 • _____: _____ 반포, 관등제·공복제 정비, 낙랑군·대방군 공격, _____ 유역 장악	• 박혁거세: 신라 건국	• 김수로왕: 금관가야 건국 • _____를 중심으로 전기 가야 연맹 형성
4세기	• _____: 서안평 점령, 낙랑군 축출 • _____: 평양성에서 백제 근초고왕에게 전사 • 소수림왕: _____ 반포, _____ 공인, _____ 설립	• 근초고왕: _____ 상속제 실시, 백제 최대 영토 확보, _____ 지방과 _____ 지방까지 진출 • _____: 불교 공인	• _____: _____ 왕위 세습, '마립간' 칭호 사용, _____ 격퇴 (고구려의 도움 받음)	• 농경 문화 발달, 중계 무역 발달 • _____ 대성동 고분(금관가야) • 백제·신라의 팽창으로 가야 세력 약화
5세기	• 광개토 대왕: '_____' 연호 사용, 한강 이북 차지, 만주 일대 장악 • 장수왕: 한강 유역 장악, _____ 천도, _____ 설립, _____ 건립 • _____: 부여 복속, 고구려 최대 영토 확보	• _____: 신라와 동맹 체결 • _____: 고구려 장수왕의 공격으로 한성 함락 • _____: 웅진 천도 • _____: 신라와 결혼 동맹 체결	• 눌지 마립간: _____ 상속제 확립, 불교 수용, _____ 동맹 체결 • 소지 마립간: 행정 구역 정비, 백제와 _____ 동맹 체결	• _____의 공격으로 전기 가야 연맹 해체 • _____를 중심으로 후기 가야 연맹 형성 • 고령 지산동 고분(대가야)
6세기	• 영양왕: 한강 유역 공격(온달)	• 무령왕: _____에 왕족 파견, 중국 ____과 수교 • 성왕: _____ 천도, 국호를 '_____'로 개칭, 한강 하류 지역 일시 회복, 신라 진흥왕과의 ____ _____에서 전사	• 지증왕: '_____' 국호·'____' 칭호 사용, 행정 구역 정비, _____ 정벌, _____ 장려 • 법흥왕: '건원' 연호 사용, _____ 반포, _____ 공인, 병부·상대등 설치 • 진흥왕: 경·품주 설치, _____ 정비, 한강 유역 완전 장악, _____ 건립	• 금관가야 멸망: 신라 _____에 의해 멸망(532) • 대가야 멸망: 신라 _____에 의해 멸망(562)
7세기	• 영양왕: 여·수 전쟁, _____(을지문덕) • _____: 여·당 전쟁, 안시성 싸움, 고구려 멸망(668) • 고구려 부흥 운동: _____·_____·____ ____ 주도	• 무왕: 익산 미륵사 건립, 익산 천도 시도 • _____: 사치·향락으로 국력 약화 → 백제 멸망(660) • 백제 부흥 운동: _____·_____·_____ _____ 주도	• 진평왕: 수나라에 고구려 원정을 청하는 _____를 바침, _____ 축조 • 선덕 여왕: _____ (자장의 건의)과 _____ (현존하는 동양 최고(最古)의 천문대) 건립 • 진덕 여왕: 대당 친선책(태평송)	–

2. 남북국 시대

신라 (중대~하대)	발해

7세기

신라 (중대~하대)
- 태종 무열왕: 최초의 _____ 출신 왕, 중시의 기능 강화, 불교식 왕명을 버리고 중국식 시호 사용, 나·당 연합군 결성 → _____ 정복
- 문무왕: _____ 정복, 나·당 전쟁 승리 → 삼국 통일 완성, 중앙 관제 정비, _____ 파견(지방관 감찰)
- 신문왕: 귀족 세력 숙청(_____의 난), _____ 이하 14관부(중앙) 완성, 9주 ___소경(지방) 완비, 9서당 ___정 (군사) 편성, _____ 지급, _____ 폐지, _____ 설립, _____(대구)로의 천도 시도

발해
- 고왕(_____): 고구려 유민과 말갈족들을 규합하여 지린 성 동모산 기슭에서 발해 건국, 국호를 '___', 연호를 '_____'이라 함 → 이후 '발해'를 정식 국호로 채택

8세기

신라 (중대~하대)
- _____: 통일 신라 전성기, 당과 국교 재개, _____ 지급, 국학 재정비, 상원사 종 주조
- 경덕왕: _____ 정책 실시(관료와 군현의 명칭을 중국식으로 변경), 귀족들의 반발로 _____ 부활, 국학을 _____(감)으로 개칭, 불국사·석굴암 건립(불교 중흥)
- _____: 진골 귀족들의 반란(대공·대렴의 난, 96각간의 난), _____이 반란으로 피살됨, _____ 신종 완성(에밀레종)
- 선덕왕: _____ 중심의 귀족 연합 정치
- 원성왕: 무열왕 후손 대신 _____ 왕위 세습, _____ 실시

발해
- 무왕: 영토 확장, 대당 강경책(_____의 수군으로 당의 산동 지방 선제 공격), 돌궐·일본과 우호, '_____' 연호 사용, 일본에 보낸 국서에서 고구려 계승 국가임을 표방
- 문왕: __성 __부제, _____(최고 교육 기관) 설치, 친당 외교, 신라와 관계 개선(_____ 개설), '_____' 연호 사용, 천도(중경 → 상경 → _____), 일본에 보낸 국서에서 자신을 '고려국왕 대흠무'라고 칭하며 _____ 계승 의식 표출, 황상 칭호 사용
- 성왕: 동경에서 _____으로 천도

9세기

신라 (중대~하대)
- 헌덕왕: _____의 난(822), _____의 난(825)
- 흥덕왕: 일시적 왕권 안정, 집사부 → _____으로 개칭, 완도에 _____ 설치(장보고)
- 진성 여왕: 사회 혼란 격화, 백성에 대한 수탈 심화, _____의 난 등 농민 항쟁 확산

발해
- 선왕: __경 ___부 ___주의 지방 체제 완비, '_____'이라 불림(전성기), 말갈족 대부분을 복속, 요동 지역으로 진출(옛 고구려 땅 회복), 남쪽으로 _____와 접할 정도로 영토를 넓혀 발해 최대 영토 확보, '_____' 연호 사용, 당의 _____에서 다수의 급제자를 배출할 만큼 문물 번성

10세기

신라 (중대~하대)
- 경애왕: 후백제 _____에게 피살됨
- 경순왕: _____에게 항복 → 신라 멸망(935)

발해
- 대인선: _____의 침입(대외적) + 귀족들의 권력 투쟁 강화(대내적) → 발해 멸망(926) → 발해 부흥 운동 전개 (후발해국·_____·흥료국 건국) → 실패

[정답] 1. 태종왕, 부자, 진대법, 미천왕, 고국원왕, 율령, 불교, 태학, 영락, 평양, 경당, 광개토 대왕릉비, 문자왕, 실수 대첩, 보장왕, 검모잠, 고연무, 안승 / 고이왕, 율령, 한강, 부자, 산동, 규수, 침류왕, 비유왕, 개로왕, 문주왕, 동성왕, 22담로, 양, 사비, 남부여, 관산성 전투, 의자왕, 복신, 도침, 부여풍, 흑치상지 / 내물 마립간, 김씨, 왜구, 부자, 나·제, 결혼, 신라, 왕, 우산국, 우경, 율령, 불교, 화랑도, 순수비, 결사표, 남산 신성, 황룡사 9층 목탑, 첨성대 / 금관가야, 김해, 광개토 대왕, 대가야, 법흥왕, 진흥왕

2. 진골, 백제, 고구려, 외사정, 김흠돌, 집사부, 5, 10, 관료전, 녹읍, 국학, 달구벌 / 성덕왕, 정전, 한화, 녹읍, 태학, 혜공왕, 혜공왕, 성덕 대왕, 상대등, 내물왕계, 독서삼품과 / 김헌창, 김범문, 집사성, 청해진, 원종·애노 / 견훤, 고려 왕건 / 대조영, 진, 천통 / 장문휴, 인안, 3, 6, 주자감, 신라도, 대흥, 동경, 고구려, 상경 / 5, 15, 62, 해동성국, 신라, 건흥, 빈공과 / 거란, 정안국

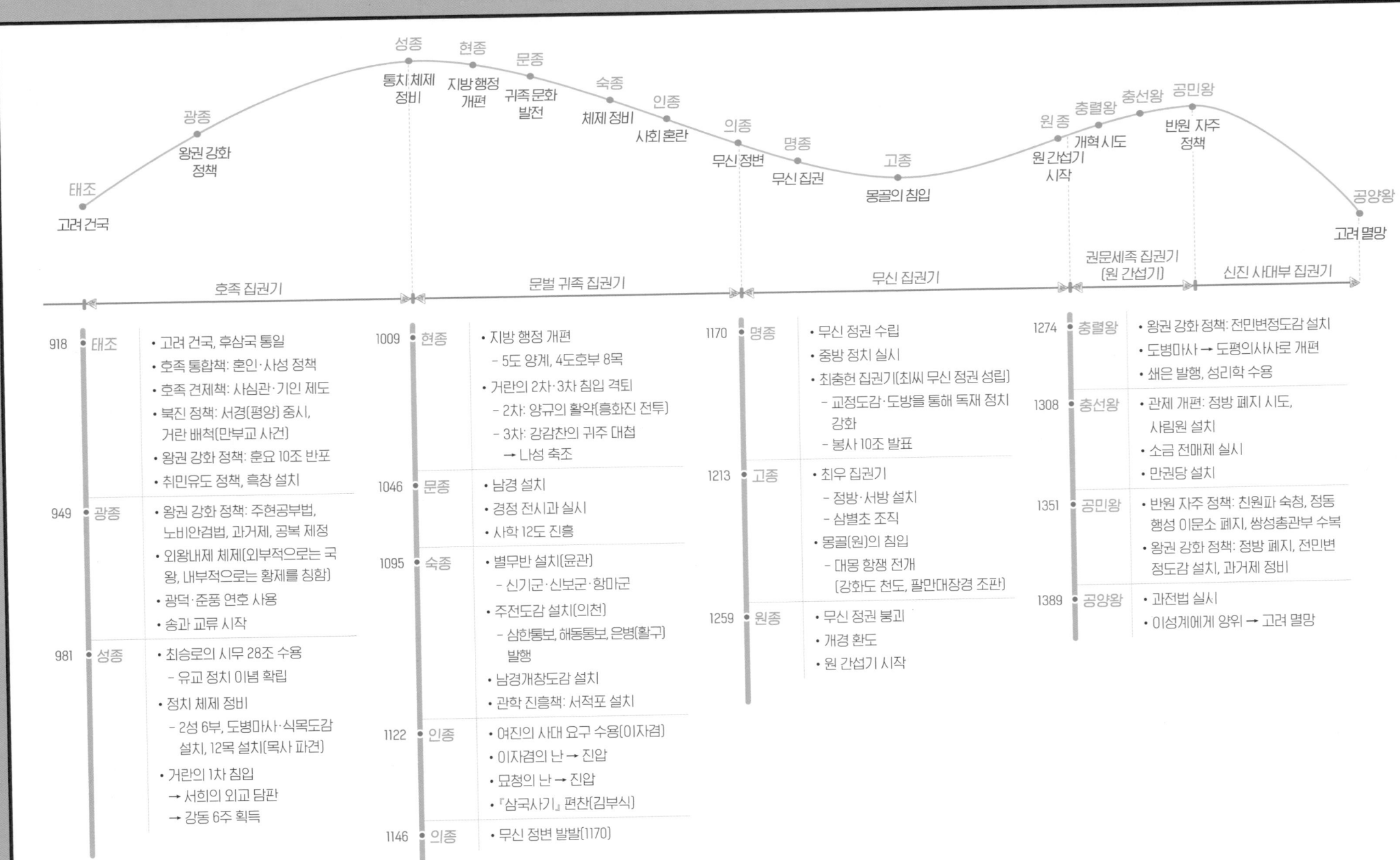

호족 집권기 · 문벌 귀족 집권기 · 무신 집권기 · 권문세족 집권기(원 간섭기) · 신진 사대부 집권기

918 태조
- 고려 건국, 후삼국 통일
- 호족 통합책: 혼인·사성 정책
- 호족 견제책: 사심관·기인 제도
- 북진 정책: 서경(평양) 중시, 거란 배척(만부교 사건)
- 왕권 강화 정책: 훈요 10조 반포
- 취민유도 정책, 흑창 설치

949 광종
- 왕권 강화 정책: 주현공부법, 노비안검법, 과거제, 공복 제정
- 외왕내제 체제(외부적으로는 국왕, 내부적으로는 황제를 칭함)
- 광덕·준풍 연호 사용
- 송과 교류 시작

981 성종
- 최승로의 시무 28조 수용
  - 유교 정치 이념 확립
- 정치 체제 정비
  - 2성 6부, 도병마사·식목도감 설치, 12목 설치(목사 파견)
- 거란의 1차 침입
  → 서희의 외교 담판
  → 강동 6주 획득

1009 현종
- 지방 행정 개편
  - 5도 양계, 4도호부 8목
- 거란의 2차·3차 침입 격퇴
  - 2차: 양규의 활약(흥화진 전투)
  - 3차: 강감찬의 귀주 대첩
    → 나성 축조

1046 문종
- 남경 설치
- 경정 전시과 실시
- 사학 12도 진흥

1095 숙종
- 별무반 설치(윤관)
  - 신기군·신보군·항마군
- 주전도감 설치(의천)
  - 삼한통보, 해동통보, 은병(활구) 발행
- 남경개창도감 설치
- 관학 진흥책: 서적포 설치

1122 인종
- 여진의 사대 요구 수용(이자겸)
- 이자겸의 난 → 진압
- 묘청의 난 → 진압
- 『삼국사기』 편찬(김부식)

1146 의종
- 무신 정변 발발(1170)

1170 명종
- 무신 정권 수립
- 중방 정치 실시
- 최충헌 집권기(최씨 무신 정권 성립)
  - 교정도감·도방을 통해 독재 정치 강화
  - 봉사 10조 발표

1213 고종
- 최우 집권기
  - 정방·서방 설치
  - 삼별초 조직
- 몽골(원)의 침입
  - 대몽 항쟁 전개
    (강화도 천도, 팔만대장경 조판)

1259 원종
- 무신 정권 붕괴
- 개경 환도
- 원 간섭기 시작

1274 충렬왕
- 왕권 강화 정책: 전민변정도감 설치
- 도병마사 → 도평의사사로 개편
- 쇄은 발행, 성리학 수용

1308 충선왕
- 관제 개편: 정방 폐지 시도, 사림원 설치
- 소금 전매제 실시
- 만권당 설치

1351 공민왕
- 반원 자주 정책: 친원파 숙청, 정동행성 이문소 폐지, 쌍성총관부 수복
- 왕권 강화 정책: 정방 폐지, 전민변정도감 설치, 과거제 정비

1389 공양왕
- 과전법 실시
- 이성계에게 양위 → 고려 멸망

(1) 고려의 건국과 후삼국 통일 과정

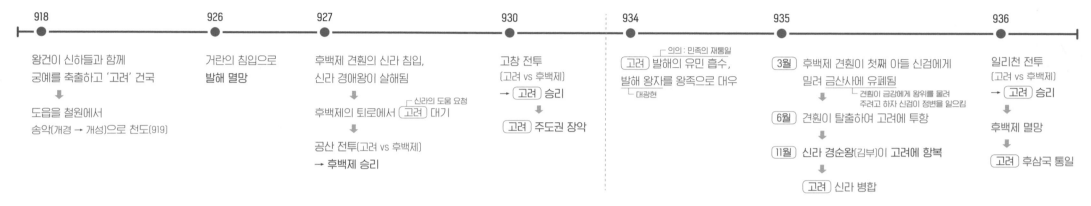

918	926	927	930	934	935	936

918
왕건이 신하들과 함께
궁예를 축출하고 '고려' 건국
↓
도읍을 철원에서
송악(개경 → 개성)으로 천도(919)

926
거란의 침입으로
발해 멸망

927
후백제 견훤의 신라 침입,
신라 경애왕이 살해됨
↓
후백제의 퇴로에서 「신라의 도움 요청」 고려 대기
↓
공산 전투(고려 vs 후백제)
→ 후백제 승리

930
고창 전투
(고려 vs 후백제)
→ 고려 승리
↓
고려 주도권 장악

934
의의: 민족의 재통일
고려 발해의 유민 흡수,
발해 왕자를 왕족으로 대우
└ 대광현

935
3월 후백제 견훤이 첫째 아들 신검에게
밀려 금산사에 유폐됨
└ 견훤이 금강에게 왕위를 물려
주려고 하자 신검이 정변을 일으킴
6월 견훤이 탈출하여 고려에 투항
11월 신라 경순왕(김부)이 고려에 항복
↓
고려 신라 병합

936
일리천 전투
(고려 vs 후백제)
→ 고려 승리
↓
후백제 멸망
↓
고려 후삼국 통일

(2) 고려 성립의 역사적 의의

- 고려의 성립은 단순히 왕조의 교체만을 의미하는 것이 아니라 **고대 사회에서 중세 사회로 전환**되는 역사적 발전을 의미함
- 한국사에서 고려를 중세로 규정하는 이유

구분	고대 (신라)		중세 (고려)
정치	진골 귀족 중심	변환	호족 중심 + 6두품
사회	골품 제도 신분 이동 불가 신분제 중심의 폐쇄적 사회	변환	음서 + 과거 제도 신분 이동 가능 비교적 능력 위주의 개방적 사회
이념(사상)	불교 중심	변환	유교 정치 사상 + 불교 사상

고려의 민족 재통일

(3) 고려의 시기 구분

무신 정변 (1170)

시기	전기		후기		
	초기 (918 ~ 1018)	중기 (1018 ~ 1170)	무신 집권기 (1170 ~ 1270)	원 간섭기 (1270 ~ 1351)	말기 (1351 ~ 1392)
지배 세력	호족	문벌 귀족	무신	권문세족	신진 사대부
성격	자주성	보수성	하극상의 혼란기	자주성의 상실	보수 vs 개혁 갈등기

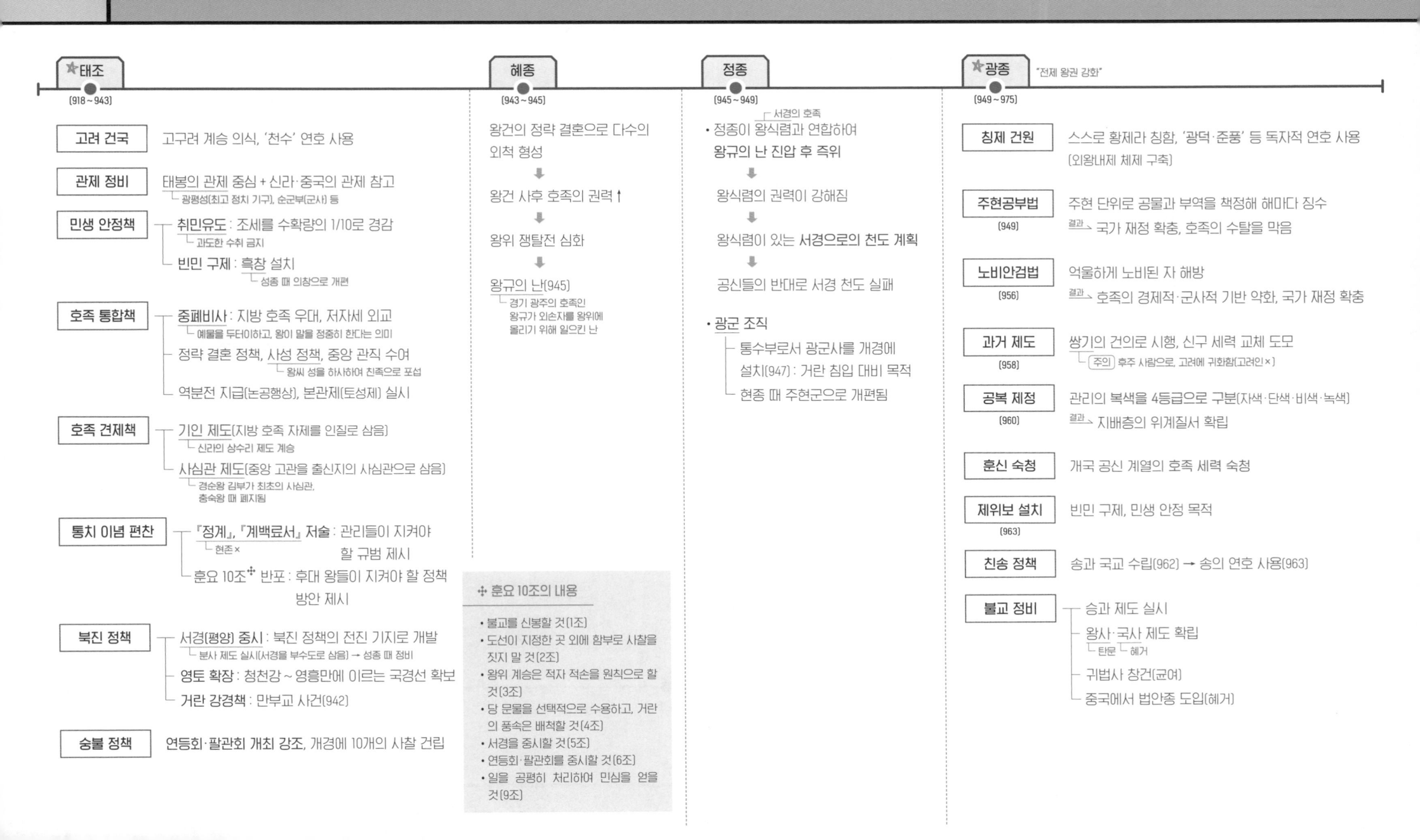

★태조 [918~943]

고려 건국　고구려 계승 의식, '천수' 연호 사용

관제 정비　태봉의 관제 중심 + 신라·중국의 관제 참고
└ 광평성(최고 정치 기구), 순군부(군사) 등

민생 안정책
├ 취민유도 : 조세를 수확량의 1/10로 경감
│　└ 과도한 수취 금지
└ 빈민 구제 : 흑창 설치
　　└ 성종 때 의창으로 개편

호족 통합책
├ 중폐비사 : 지방 호족 우대, 저자세 외교
│　└ 예물을 두터이하고, 왕이 말을 정중히 한다는 의미
├ 정략 결혼 정책, 사성 정책, 중앙 관직 수여
│　└ 왕씨 성을 하사하여 친족으로 포섭
└ 역분전 지급(논공행상), 본관제(토성제) 실시

호족 견제책
├ 기인 제도(지방 호족 자제를 인질로 삼음)
│　└ 신라의 상수리 제도 계승
└ 사심관 제도(중앙 고관을 출신지의 사심관으로 삼음)
　　└ 경순왕 김부가 최초의 사심관,
　　　 충숙왕 때 폐지됨

통치 이념 편찬
├ 『정계』, 『계백료서』 저술 : 관리들이 지켜야
│　└ 현존 ×　　　　　　　　 할 규범 제시
└ 훈요 10조✛ 반포 : 후대 왕들이 지켜야 할 정책
　　　　　　　　　　　 방안 제시

북진 정책
├ 서경(평양) 중시 : 북진 정책의 전진 기지로 개발
│　└ 분사 제도 실시(서경을 부수도로 삼음) → 성종 때 정비
├ 영토 확장 : 청천강 ~ 영흥만에 이르는 국경선 확보
└ 거란 강경책 : 만부교 사건(942)

숭불 정책　연등회·팔관회 개최 강조, 개경에 10개의 사찰 건립

혜종 [943~945]

왕건의 정략 결혼으로 다수의
외척 형성
↓
왕건 사후 호족의 권력 ↑
↓
왕위 쟁탈전 심화
↓
왕규의 난(945)
└ 경기 광주의 호족인
　 왕규가 외손자를 왕위에
　 올리기 위해 일으킨 난

정종 [945~949]
　　　　　　　┌ 서경의 호족
• 정종이 왕식렴과 연합하여
  왕규의 난 진압 후 즉위
↓
왕식렴의 권력이 강해짐
↓
왕식렴이 있는 서경으로의 천도 계획
↓
공신들의 반대로 서경 천도 실패

• 광군 조직
├ 통수부로서 광군사를 개경에
│ 설치(947) : 거란 침입 대비 목적
└ 현종 때 주현군으로 개편됨

★광종 [949~975]　"전제 왕권 강화"

칭제 건원　스스로 황제라 칭함, '광덕·준풍' 등 독자적 연호 사용
(외왕내제 체제 구축)

주현공부법 [949]　주현 단위로 공물과 부역을 책정해 해마다 징수
결과 └ 국가 재정 확충, 호족의 수탈을 막음

노비안검법 [956]　억울하게 노비된 자 해방
결과 └ 호족의 경제적·군사적 기반 약화, 국가 재정 확충

과거 제도 [958]　쌍기의 건의로 시행, 신구 세력 교체 도모
주의 └ 후주 사람으로, 고려에 귀화함(고려인 ×)

공복 제정 [960]　관리의 복색을 4등급으로 구분(자색·단색·비색·녹색)
결과 └ 지배층의 위계질서 확립

훈신 숙청　개국 공신 계열의 호족 세력 숙청

제위보 설치 [963]　빈민 구제, 민생 안정 목적

친송 정책　송과 국교 수립(962) → 송의 연호 사용(963)

불교 정비
├ 승과 제도 실시
├ 왕사·국사 제도 확립
│　└ 탄문 └ 혜거
├ 귀법사 창건(균여)
└ 중국에서 법안종 도입(혜거)

✛ **훈요 10조의 내용**
• 불교를 신봉할 것(1조)
• 도선이 지정한 곳 외에 함부로 사찰을
  짓지 말 것(2조)
• 왕위 계승은 적자 적손을 원칙으로 할
  것(3조)
• 당 문물을 선택적으로 수용하고, 거란
  의 풍속은 배척할 것(4조)
• 서경을 중시할 것(5조)
• 연등회·팔관회를 중시할 것(6조)
• 일을 공평히 처리하여 민심을 얻을
  것(9조)

경종 [975~981]

개혁의 반동
- 공신 계열의 반동 정치
- 광종 때의 개혁 추진
  세력이 제거됨
  [왕권 강화 목적]

시정 전시과 시행
[976]
- 전·현직 관리 대상
- 관품·인품을 기준으로
  수조권 지급

★성종 [981~997]

유교 정치 실현
- 최승로의 시무 28조✚ 채택
- 국자감[국립 대학] 정비
- 도서관 설치[비서성, 수서원], 교육 조서 반포
  └ 개경 └ 서경
- 지방 12목에 경학박사 파견, 향교[= 향학] 설치
- 문신 월과법 시행[995]
  └ 관리들에게 매월 시와 글을 지어 바치게 함
- 연등회·팔관회 폐지
  └ 현종 때 부활

체제 정비
- 중앙 ┬ 2성 6부 설치[당 관제 모방]
     ├ 중추원·삼사 설치[송 관제 모방]
     └ 도병마사·식목도감 설치[고려의 독자적 기구]
        └ 현종 때 완비
- 지방 ┬ 12목 설치[지방관인 목사 파견]
     └ 향리 제도 마련[지방 중소 호족을 향리로 편입]
- 분사 제도 정비 : 서경에 분사 설치
- 중앙 문·무관에게 문산계를, 지방 향리·
  탐라 왕족 등에게 무산계를 부여 → 관료와 호족 서열화

사회 정책
- 의창 설치, 상평창 설치[개경·서경·12목]
  └ 흑창이 확대됨 └ 물가 조절 기관
- 재면법 실시[재해 시 조, 공납, 역 면제]
- 자모상모법 시행[이자가 원금을 못 넘도록 고리대 제한]
- 노비환천법 실시[광종 때 방량된 노비를 다시 환원]

경제 정책
건원중보[철전] 발행

대외 정책
거란의 1차 침입
→ 서희의 외교 담판으로 강동 6주 획득

목종 [997~1009]

개정 전시과 시행
[998]
- 전·현직 관리 대상
- 관직만을 기준으로 수조권 지급
  [인품 배제]

강조의 정변
- 천추태후와 김치양이
  왕위를 엿봄

⬇

강조가 김치양 제거, 목종 폐위,
현종 옹립

✚ **시무 28조의 주요 내용**

- 외관[지방관] 파견[7조]
- 중국의 문물 선택적 수용, 풍속은 우리 것
  을 따를 것[11조]
- 불교 행사[연등회와 팔관회] 축소[13조]
- 삼한 공신 자손 등용·우대[19조]
- 불교는 수신의 도, 유교는 치국의 도[20조]

현종 [1009~1031]

거란의 2·3차 침입
[1010 / 1018]
- 강감찬의 귀주 대첩[1019]
  → 거란 격퇴
- 초조대장경 조판[호국 불교]
- 나성 축조[1029]
  └ 개경의 외성

제도 개편
- 5도 양계 완비
- 4도호부와 8목 설치
- 주현공거법 실시
  [향리 자제의 과거 응시 허용]

문화 정책
- 연등회와 팔관회 부활
- 현화사·현화사 7층 석탑 건립
- 『7대실록』 편찬[7대 왕의 실록]
  └ 태조 ~ 목종

문종 [1046~1083]

남경 설치
- 한양을 남경으로 승격 → 3경에 포함
- 풍수지리 사상의 영향

경제 정책
- 경정 전시과 시행[1076]
  ├ 현직 관료에게만 수조권 지급
  └ 무반에 대한 차별 대우 완화
- 녹봉 제도 정비 : 현직 관료를 47등급으로
  나누어 녹봉[현물] 지급
  └ 1년에 2회
- 공음전 완비 : 5품 이상 고위 관료에게
  지급, 세습 가능한 토지

사회 정책
- 동·서 대비원 설치[개경, 빈민 치료 목적]
- 기인선상법 시행
  └ 기인의 대상을 향리의 자제가 아니라
    임의로 선발하여 잡역 동원

문화 정책
- 사학 융성 : 최충의 9재 학당[문헌공도] 등
  사학 12도 진흥[관학이 위축됨]
- 불교 진흥 : 흥왕사 건립, 의천을 출가시킴

3 고려의 중앙 통치 조직 ★★

(1) 정비 과정 및 특징

- 정비 과정 : [성종] 2성 6부, 중추원, 삼사 등이 → [현종] 도병마사 정비 → [문종] 내사문하성이 중서문하성으로
  설치·정비되기 시작   개정되는 등 최종 완비

- 특징 : 당(2성 6부)·송(중추원·삼사)을 모방하였으나 독자적 (도병마사, 식목도감)으로 변화시켜 운영

중석쌤의 기출오답 솔루션

- 중서문하성의 소속 관원인 승선은 어사대 관리와 함께 대간으로 불렸다. [2018. 법원직 9급]
  → 낭사
- 도병마사는 법제, 격식을 다루었으며, 식목도감은 고려 후기에 도당으로 불렸다. [2017. 국가직 7급(10월 시행)]
  → 식목도감   → 도병마사

(2) 중앙 통치 조직

중앙 최고 관부, 수상 : 문하시중

중서문하성 [재부]
- 재신 : 2품 이상의 고관, 국정 총괄(백관 통솔), 6부 판사를 겸임(6부 상서의 보고를 지속적으로 받음)
  └ 목적 : 정책 수립 과정에서 실제 행정 상태 반영
- 낭사 : 3품 이하의 관리, 간쟁·봉박의 기능 담당(언관의 역할)

상서성
- 상층 상서 - [상서도성] : 상서령 / 좌·우 복야
  └ 실직×   └ 실직○, but 지위↓
- 하층 상서 - [6부]✢
  - 이부 : 문관 인사
  - 병부 : 무관 인사, 국방 담당
  - 호부 : 호구 조사, 재정(조세 징수, 예산)
  - 형부 : 법률, 재판
  - 예부 : 교육, 의례, 과거, 외교
  - 공부 : 건축, 토목

중추원
- 추밀 : 2품 이상으로 구성, 군사 기밀 관장
- 승선 : 3품으로 구성, 왕명 출납, 기별지 담당
  └ 소식지

어사대
- 관리 감찰✢

삼사
- 화폐·곡식의 출납에 대한 회계 담당
  └ [비교] 조선의 삼사(사간원, 사헌부, 홍문관) : 언관 기능

왕

도병마사 : 국방 문제 담당 (대외적)

식목도감 : 법률·격식 제정 (대내적)

[재추] 합좌 기구(+ 문하시중)
└ 재신과 추밀이 모여 국가 중대사 논의
  └ 2품 이상 고관들의 만장일치제로 운영

대간 (= 대성, 성대)
- 구성 : 중서문하성 '낭사' + 어사대
- 역할 : 권력의 독점과 부정을 방지
- 업무
  - 서경 : 관리 임명·법률 개폐 동의 및 거부권
  - 간쟁 : 왕의 잘못에 대해 간언
  - 봉박 : 잘못된 왕명의 시행은 거부하고 돌려 보냄

✢ 도병마사의 변천

[성종]	양계 병마사 통솔을 위해 처음 설치(병마판사제)
↓	
[현종]	도병마사로 정비, 재신·추밀 참여, 국방 문제 논의
↓	
[무신 정권]	중방 정치 때 위축 → 최씨 집권 이후 국가 중대사 및 민사 문제까지 논의
↓	
[충렬왕]	도평의사사(도당)로 개편, 국정 전반을 관할하는 최고 정무 기구(상설 기구화)
↓	
[조선 정종]	도평의사사 혁파, 의정부·삼군부·승정원으로 기능을 분리

✢ 고려와 조선의 6부 서열

고려는 병부가 중시됨

| 고려 | 이 → 병 → 호 → 형 → 예 → 공 |
| 조선 | 이 → 호 → 예 → 병 → 형 → 공 |

✢ 감찰 기관의 변천

신라	발해	고려	조선	현대
사정부	중정대	어사대	사헌부	감사원

기타 행정 기관

- 한림원(예문관) : 왕의 교서 + 외교 문서 작성
- 춘추관(사관) : 실록·국사 편찬
- 태의감 : 왕실의 의약 담당
- 사천대 : 천문 관측 담당

(1) 지방 행정 조직

```
┌─ 5도        상설 행정 기관이 없는 일반 행정 구역, 안찰사 파견(도내 지방 순찰, 수령 감찰, 민생과 군사 업무 담당)
│   │                              └ 지방관×, 임기 6개월, 경관직(5~6품)
│   └─ 주·군·현  주·주군에는 자사, 주현에는 현령 파견 → 주의  다수의 속군·속현에는 지방관 파견×,
│       │                                                행정 실무는 향리가 담당(예종 때 속군·속현에 감무 파견)
│       └─ 말단 조직 ─┬─ 촌 : 촌장(토착 세력) 관할
│                     └─ 특수 행정 구역 : 향·부곡(농업 종사)·소(수공업 종사) ← 향리가 관장
│                         ├─ 법적으로 양민, but 일반 군·현민에 비해 차별을 받음(조세·공납 부담 大, 거주 이전의 자유×, 과거 응시×)
│                         └─ 공주 명학소의 난(1176)을 계기로 점차 일반 현으로 승격 → 조선 전기 면리제의 시행으로 소멸
│
├─ 양계        북부 지방의 동계와 북계로 구성된 군사 행정 구역, 병마사 파견 → 군사 요충지에 진 설치(진장 파견)
│                              └ 주진군의 지휘권 부여
│
├─ 경기        수도 개경 주변
│
├─ 3경        개경(개성)·서경(평양)·동경(경주), 유수 파견
│   └ 풍수지리 사상의 영향을 받음       └ 이후 문종 때 동경 대신 남경(한양)이 3경에 포함됨
│
├─ 8목        성종 때 행정 요충지에 12목 설치(목사 파견) → 현종 때 8목으로 개편됨
│
└─ 4도호부    군사 요충지에 설치(안변·안북·안서·안남 도호부), 도호부사 파견
```

진	진	─ 진장 A	"병마사가
		─ 진장 B	진장을
진	진	─ 진장 C	지휘한다."
		─ 진장 D	

(2) 군사 조직

```
┌─ 중앙군 ─┬─ 특징 : 정치적 성격, 직업 군인으로 편성, 군인전 지급, 역은 자손에게 세습, 신분 상승 가능
│          └─ 구성 ─┬─ 2군 : 왕의 친위 부대(응양군·용호군)
│                   ├─ 6위 : 수도 방위·국경 방어 담당(좌우위·신호위·흥위위·금오위·천우위·감문위)
│                   │                              └ 주력 부대   경찰 부대  의장대  궁중 수비
│                   └─ 중방✛ : 2군 6위의 상장군 + 대장군 16人으로 구성된 무신 합좌 기구
│
├─ 지방군 ─┬─ 특징 : 국방적 성격, 군적에 오르지 못한 일반 농민(16세 이상 장정)으로 편성
│          │         └ 군인전 지급×
│          └─ 구성 ─┬─ 주현군(5도) : 보승군·정용군(국방과 치안)·일품군(노역, 공병 부대)으로 구성, 농민 의무병
│                   └─ 주진군(양계) : 상비군, 전투 부대 + 예비 부대, 초군·좌군·우군으로 구성
│
└─ 특수군 ─┬─ 광군(정종) : 거란의 침입에 대비하기 위해 설치, 주현군의 모체가 됨
           ├─ 별무반(숙종) : 윤관의 건의로 설치, 여진 정벌 목적, 신기군(기병)·신보군(보병)·항마군(승병)으로 구성
           ├─ 삼별초 : 최씨 정권의 사병 역할(최우가 설치), 좌·우별초·신의군으로 구성, 몽골에 저항(1270~1273)
           └─ 연호군(우왕) : 왜구를 격퇴하기 위해 설치, 양민 + 천민으로 구성된 혼성군
```

중석쌤의 기출오답 솔루션

- 고려 시대에 북방의 양계 지역에는 주현군을 (따로) 설치하였다. [2019. 서울시 9급(6월 시행)]
  → 주진군(주현군은 5도에 설치)
- 윤관의 별무반은 응양군·용호군·신호위 등의 2군과 6위로 편성되었다. [2020. 지방직 9급]
  → 신기군, 신보군, 항마군

고려의 지방 행정 조직

✛ 중방

- 무신 집권기 최고 권력 기구(~이의민)
- 최충헌 집권 이후 약화

고려·조선의 지방 행정 조직 비교

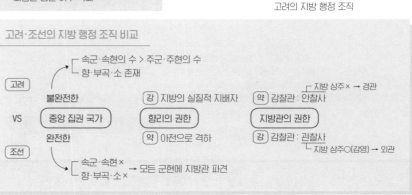

	고려		조선
	속군·속현의 수 > 주군·주현의 수		속군·속현×
	향·부곡·소 존재		향·부곡·소× → 모든 군현에 지방관 파견
중앙 집권 국가	불완전한	vs	완전한
향리의 권한	강 지방의 실질적 지배자		약 아전으로 격하
지방관의 권한	약 감찰관: 안찰사 / 지방 상주× → 경관		강 감찰관: 관찰사 / 지방 상주○(감영) → 외관

5 ▶ 고려의 관리 선발 제도 ★

(1) 과거 제도

| 실시 | 광종 때 **쌍기**의 건의로 실시(958), 왕권 강화를 목적으로 시행 → 성종 때 정비 |

| 특징 | 문신 위주로 선발, 출신 문벌이 중요하게 작용됨, 과거 시험관인 지공거가 있었음 |

종류
- 제술과 [제술업] : 한문학 시험으로, 문학적 재능(논술)을 평가하는 시험, 제술과가 명경과보다 중시됨
- 명경과 [명경업] : 유교 경전의 이해 정도를 평가하는 시험
- 잡과 기술학 시험(법률, 회계, 지리 등), 기술관 선발
- 승과 교종선(왕륜사)과 선종선(광명사)으로 나누어 실시, 합격자에게 승계(대덕) 부여(승려의 지위 보장)

| 응시 자격 | 법적으로 양인 이상이면 응시 가능 → 실제로 문과(제술과·명경과)에는 주로 귀족·향리 자제가 응시, 백정 농민은 주로 잡과에 응시 |

| 실시 시기 | 식년시(3년)를 원칙으로 함 → but 실제로는 격년시(2년)가 유행 |

응시 절차

1단계 : 계수관시	→	2단계 : 국자감시	→	3단계 : 예부시

• 예비 시험, 향시라고도 함
• 상공(개경), 향공(지방), 빈공(외국인)으로
  구분하여 선발
		• 사마시, 진사시라고도 함
		• 계수관시 합격자, 국자감생,
		  12공도생 등을 대상으로 시행
				• 본 시험, 동당시라고도 함
				• 국자감시 합격자, 현직 관리 대상으로 시행
				• 최종 합격자 선발(홍패와 등과전 수여)
				  └ 과거 급제자에게 주어진 토지

(2) 음서 제도

| 의미 | 공신, 왕족 및 5품 이상 고위 관리의 자손이 과거를 거치지 않고 관리가 될 수 있는 제도 |

특징
- 관직 승진에 한계(한품)가 없음, 고위 관료의 지위 세습 가능(50% 이상이 재상직에 진출)
- 과거보다 중시됨, **고려 문벌 귀족 사회를 형성**하는 데 기여 ↔ 조선과의 차이점

혜택 범위
- 3품 이상 관리 : 8개 친족 범위(자, 손, 수양자, 사위, 외손, 조카, 동생)까지 혜택
- 5품 이상 관리 : 자, 손까지 혜택

(3) 기타 관리 선발 제도

천거제(덕행이나 학식·재능이 있는 인물 추천), 성중애마(국왕의 호위 측근 선발)

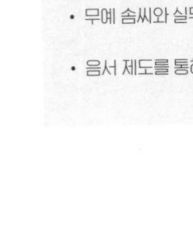

중석쌤의 기출오답 솔루션

- 무예 솜씨와 실무 능력을 존중하는 무관은 음서 제도보다는 과거 제도를 통해 선발하였다. [2019. 경찰직(1차)]
  → [고려 시대에는 무과가 거의 시행되지 않음]
- 음서 제도를 통해 관직에 오른 사람은 제술업을 거쳐야 고관으로 승진할 수 있었다. [2015. 기상직 9급]
  → 제술업(과거)을 거치지 않아도

고려 시대의 무과

- 예종 때 잠깐 실시하였으나 문관들의 반대로 인해 폐지
- 최씨 무신 집권기에 잠시 시행되었으나 제대로 운영되지 못하고 폐지
- 고려 말 공양왕 때 정식 과거로 실시되었음
  → 고려 시대에 무과는 거의 시행되지 않았다고 볼 수 있음

고려 시대 좌주와 문생의 관계

- 좌주(지공거) : 유학부의 스승이자 문과 시험을 주관하는 사람
- 문생 : 문과 합격생
  → 좌주와 문생 간에 긴밀한 사제 관계 형성(고려 관료 사회의 독특한 풍습)
  → 좌주·문생의 정치 집단화
- 공민왕 때 국왕이 주관하는 전시를 실시 → 좌주와 문생의 관계를 끊기 위함

(1) 문벌 귀족 사회의 성립

문벌 귀족
- 음서
- 공음전
- 사학

교종(법상종)

- 문벌 귀족✝ : 여러 대에 걸쳐 고위 관직자를 배출한 귀족 가문, 왕실과의 중첩 혼인을 통해 정권 장악
- 대표 가문 : 경원 이씨[이자겸], 해주 최씨[최충], 경주 김씨[김부식], 파평 윤씨[윤관]
- 문벌 귀족의 세력 기반
  - **음서** : 관직 독점(정치적 기반)
  - **공음전** : 막대한 토지 소유(경제적 기반)
  - **사학** : 과거 합격 독점, 문벌의 세습
    └ 최충의 문헌공도(9재 학당) 등 사학 12도 융성(고려 문종 시기)
  - **법상종** : 사상적 기반

중석쌤의 기출오답 솔루션

- 묘청은 칭제 건원과 요나라 정벌을 주장하였다. [2017. 서울시 9급]
  → 금나라
- 김부식은 인종 시기의 대표적인 성리학자로 『삼국유사』를 편찬하였다. [2020. 법원직 9급]
  → 성리학 도입 ×   → 『삼국사기』 편찬

✝ 문벌 귀족의 형성

| 지방 호족
개국 공신
6두품 출신 | 공(功), 과거 → | 중앙 관료 | 관직, 음서 → | 문벌 귀족 |

(2) 문벌 귀족 사회의 동요

배경 : 정치 권력과 경제적 특권의 확대를 둘러싼 지배층 내부의 갈등(전통적인 문벌 귀족 VS 신진 관료 세력)
└ 왕실의 외척(이자겸)   └ 왕의 측근 세력(한안인)

이자겸의 난
[1126, 인종]
- 배경 : 예종 사후 이자겸(인종의 외조부)의 도움으로 인종 즉위, 이자겸 세력의 권력 독점 심화 → 인종 측근 세력의 반발, 인종의 이자겸 제거 계획
- 전개 : 이자겸이 척준경과 함께 난을 일으킴(1126) → 인종이 척준경을 회유하여 이자겸 제거 → 이후 인종이 척준경도 축출하여 난을 진압함 → '15개조 유신령' 반포(1127)
  └ 실추된 왕권 회복 및 민생 안정 목적
- 결과 : 왕의 권위 추락, 반란 수습 과정에서 김부식 등의 개경 귀족 세력과 정지상 등의 서경 세력이 성장, 문벌 귀족 세력 내의 분열 심화

묘청의 난
[1135, 인종]
- 배경 : 이자겸의 난 이후 왕권 위축 → 인종이 개혁 추진(15개조 유신령) → 서경파(묘청·정지상)와 개경파(김부식)의 대립✝ 격화
  └ 왕권 회복, 민생 안정, 국방력 강화 목적
- 전개 : 묘청이 서경 천도 주장 → 개경파의 반대로 중단 → 묘청이 난을 일으킴(1135, 국호 : 대위국 / 연호 : 천개 / 군대 : 천견충의군) → 김부식의 관군에 의해 1년 만에 진압됨
  └ 서경에 대화궁(1128)과 팔성당(토착신의 사당) 건립
- 결과 : 김부식의 권력↑, 서경파 몰락(서경의 지위 격하, 분사 제도 쇠퇴) → 개경파의 문치주의 강화, 숭문천무 풍조 심화
  └ 무신 정변의 배경이 됨

✝ 서경파와 개경파의 대립

구분	서경파	개경파
성격	개혁 세력	보수 세력
대표 인물	묘청, 정지상, 백수한	김부식, 한유충
계승 의식	고구려 계승 의식	신라 계승 의식
주장	• 서경 천도 주장 • 금 정벌, 칭제건원 주장	• 서경 천도 반대 • 금에 대한 사대 유지
기반 사상	풍수지리 사상 (자주적 전통 사상)	유교 사상 (합리적, 보수적)

숙종~인종 시기의 사실

구분	숙종 [15대]	예종 [16대]	인종 [17대]
정치	• 별무반 창설(윤관) • 남경개창도감 설치(김위제)	• 별무반의 여진 정벌 → 동북 9성 축조 • 지방에 감무 파견	• 이자겸의 난 • 묘청의 난
경제·사회	• 주전도감 설치(의천) • 활구·해동통보 등 주조	혜민국, 구제도감 설치	–
문화	• 서적포 설치 • 서경에 기자 사당 건립	• 관학 7재 설치, 양현고· 청연각·보문각 설치 • 복원궁(도교 사원) 건설	• 경사 6학 정비, 향학 증설 • 『삼국사기』 편찬(김부식)

7 무신 정권의 성립과 동요 ①★★

(1) 무신 정권의 성립과 전개

배경 숭문천무 사상 팽배 + 하급 무신들의 생활고(군인전 부족) + 보현원 사건 → 무신들의 불만 고조
└ 무신 대장군 이소응이 젊은 문신 한뢰에게 모욕을 당한 사건, 무신 정변의 직접적 원인이 됨

성립 정중부, 이의방, 이고 등이 반란을 일으킴(1170, 무신 정변) → 문신 세력 제거, 의종 폐위(명종 옹립)

전개

- **형성기** (1170~1196) 빈번한 정권 교체(무신 사이의 내분↑)
  - **정중부** 이의방·이고 제거, 중방을 중심으로 독재권 행사
    └ 초기의 집권 무신들은 권력 기반이 약해 중방을 중심으로 국정 운영
  - **경대승** 정중부 제거, 도방(사병 집단) 설치
  - **이의민** 천민 출신, 폐위된 의종 살해, 경대승 사후 정권 장악, 최충헌 형제에게 피살됨
- **확립기** (1196~1258) 무오정변
  - **최충헌**✣
    - 교정도감 설치(무신 정권 최고의 권력 기구, 교정별감 자리는 최씨 집안이 세습) → 중방은 약화
    - 도방 강화(군사적 기반), 흥녕부 설치(진주 지방 관리 목적) → 전라도·경상도 일대에 대규모의 농장 소유, 많은 토지와 노비 소유
      └ 최충헌이 식읍으로 받은 곳
    - **봉사 10조**(시무 10조) 건의 : 토지 겸병 금지, 조세 제도 개혁 등을 주장 → 제대로 시행되지 않음
    - 선종 중심의 조계종 후원(사상적 기반, 지눌의 수선사 결사 지원), 문신의 지위 향상(이규보·진화 등 문신 등용하여 무신 견제)
  - **최우**
    - 정방 설치(모든 관직의 인사권 장악 → 문인 다수 등용)
    - 서방 설치(문신들의 숙위 기구 → 능문능리한 사대부 집단 형성)
      └ 최자, 이규보, 이인로
      └ 궁궐 경비를 위해 궐 내에서 숙직하는 일
    - 삼별초 조직(좌별초·우별초·신의군)
      └ 공적인 임무를 띠었으나 최씨 정권의 사병으로 활동함
    - **대몽 항쟁** : 몽골의 침입(1231) → 몽골과의 장기 항쟁을 위해 **강화도로 천도**(1232), 팔만대장경(재조대장경) 조판
      └ 몽골의 침입을 불력으로 격퇴하고자 함(호국 불교)
- **붕괴기** (1258~1270) 최씨 무신 정권의 종결 → 김준·임연·임유무의 집권 → 원종 때 임유무가 제거됨 → 무신 정권 붕괴, 몽골과의 강화 → 개경 환도, 원 간섭기 시작
  └ 대몽 항쟁 고수
  └ 원종은 몽골의 힘을 빌렸음

무신 정권의 변천과 권력 기구

1170 — 1196 — 1219 — 1249 — 1258 — 1270

집권자	정중부	경대승	이의민	최충헌	최우	최항	최의	김준	임연	임유무
권력 기구	중방			교정도감	교정도감·정방					

중석쌤의 기출오답 솔루션

- ~~최충헌~~ 집권 시기에 정방이 설치되어 인사 문제가 처리되었다. [2018. 경찰직(3차)]
  → 최우
- 삼별초는 ~~포수, 사수, 살수 등 삼수병으로 조직~~되었다. [2020. 소방직]
  → 좌별초, 우별초, 신의군으로 구성

✣ 최충헌과 최우의 권력 기반

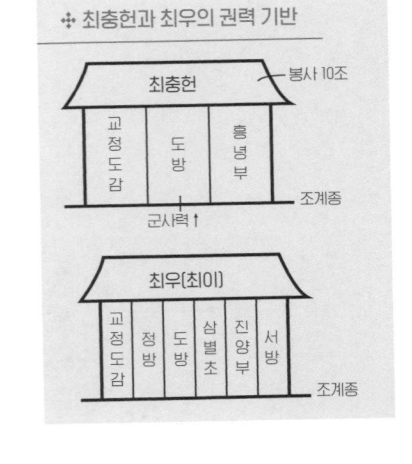

(2) 무신 정권의 영향

정치	왕권 약화[최충헌이 명종·희종 폐위, 신종·희종·강종·고종 옹립]
	통치 질서 문란, 문벌 귀족 사회의 붕괴[개인의 능력 중시]
경제	전시과 체제 붕괴[지배층의 대토지 소유 확대], 농민 생활 약화[지배층의 수탈↑]
사회	지방 통제력 약화, 봉기 빈발 → 하극상 풍조[이의민 등 천민 출신의 권력자 등장]
문화	사상 : 유학 쇠퇴, 신앙 결사 운동 전개[불교계의 정화 운동]
	문학 : 패관 문학·은둔적 시조 발달[문신들이 은둔 생활을 하며 문학 활동 전개]

중석쌤의 기출오답 솔루션

- 김보당과 조위총은 최충헌의 집권에 항거하여 군사를 일으켰다. [2019. 서울시 9급(2월 시행)]
  → 정중부·이의방 등
- 만적은 공주 명학소에서 신분 차별에 반발하여 봉기를 일으켰다. [2018. 법원직 9급]
  → 망이·망소이[만적은 개경에서 봉기]

(3) 무신 정권기 사회의 동요

반무신의 난
└ 반(反) 무신 정권

- 김보당의 난(1173) : 최초의 반(反)무신 난(= 계사의 난), 동북면 병마사 김보당이 무신 정권 타도와 의종 복위 주장
- 조위총의 난(1174) : 서경 유수 조위총이 지방군 + 농민과 함께 중앙 무신들에게 저항
- 교종 승려들의 난 : 귀법사·흥왕사 등 교종 승려들이 무신 정권에 저항 → 무신들이 교종 탄압, 선종 지원
  └ 문신 귀족과 연결되어 있음

하층민의 봉기
- 배경 : 신분제의 동요[무신 정변으로 하극상 풍조 만연], 백성들에 대한 수탈 강화
- 망이·망소이의 난(1176) : 신분 차별 철폐 요구[특수 행정 구역], 공주 명학소가 충순현으로 승격됨[향·부곡·소가 소멸되는 계기]
- 전주 관노의 난(1182) : 경대승 집권기에 일어났으며, 한때 전주를 점령함
- 만적의 난(1198) : 신분 차별 철폐[노비] + 정권 탈취 목표[천민이 중심이 된 최초의 신분 해방 운동], 거사 전에 발각됨
  └ 최충헌의 사노비, "왕후장상의 씨가 따로 있느냐."

삼국 부흥 운동
- 김사미·효심의 난(1193) : 신라 부흥 표방, 경상도 전역 장악
  └ 운문(청도) └ 초전(울산)
- 최광수의 난(1217) : 서경에서 고구려 부흥을 목표로 봉기
- 이연년 형제의 난(1237) : 담양에서 백제 부흥을 목표로 봉기

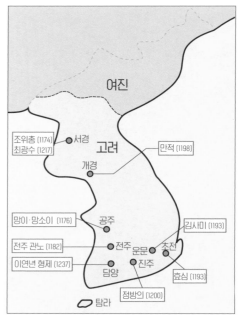

무신 집권기의 주요 반란 봉기지

시기별 반무신의 난과 하층민의 봉기

정중부 집권기			경대승 집권기	이의민 집권기	최충헌 집권기		최우 집권기
김보당의 난 (1173)	조위총의 난 (1174)	망이·망소이의 난 (1176)	전주 관노의 난 (1182)	김사미·효심의 난 (1193)	만적의 난 (1198)	최광수의 난 (1217)	이연년 형제의 난 (1237)

(1) 고려 초기 [거란의 침입과 격퇴]

거란의 침입

- **1차 침입**(993, 성종) : 고려의 친송 정책과 북진 정책 → 거란의 소손녕이 고려에 침입 → 서희의 외교 담판으로 강동 6주 획득[송과 외교 관계 단절 및 거란과의 수교 약속]
  └ 송과의 단교와 고구려의 옛 영토 요구
- **2차 침입**(1010, 현종) : 고려가 송과의 교류 유지, 강조의 정변(1009)을 구실로 거란이 침입 → 개경 함락 → 양규의 활약(흥화진 전투) → 현종의 입조를 조건으로 거란이 철수
  └ 강조가 목종 폐위, 현종 옹립　　　　　　　└ 현종은 나주로 피난　　　　　└ 하국의 왕이 상국에 문안 인사를 올리는 것
- **3차 침입**(1018, 현종) : 현종의 입조 약속 불이행 → 거란의 소배압이 고려에 침입 → **강감찬의 귀주대첩**(1019) → 거란 격퇴, 거란과의 사대 관계 강화 약속

영향

- 나성 축조(현종, 도성 수비 강화), <u>초조대장경 조판</u>, 『<u>7대실록</u>』 편찬(현종, 소실된 사료 복원), <u>천리장성 축조</u>[덕종 ~ 정종, 거란·여진의 침입에 대비]
  └ 개경의 외성　　　　　└ 불력으로 거란의 침입을 막기 위해　　　　　　　└ 압록강 ~ 도련포

(2) 고려 중기 [여진 정벌과 금의 사대 요구 수용]

여진 정벌

여진과의 1차 접촉에서 고려 패배 → **윤관이 별무반을 조직**(1104, 숙종) → 여진 정벌(1107, 예종) → 동북 9성 축조(1107) → 동북 9성 수비의 어려움 → 여진에 동북 9성 반환(1109)
　　　　　　　　　　　└ 신기군(기병), 신보군(보병), 항마군(승병)

금의 사대 요구

여진(아골타)이 금 건국(1115) → 금이 거란(요)을 멸망시킴(1125) → 금이 고려에 사대 요구 → 이자겸·척준경이 금의 사대 요구 수용(1126)

(3) 무신 집권기 [몽골의 침입과 항전]

배경

칭기즈칸이 몽골 제국 건설 + 금의 세력 약화 → <u>강동(성)의 역</u>(1219)을 계기로 몽골이 고려에 조공 요구, 몽골 사신 저고여가 피살된 사건(1225)을 계기로 몽골의 침입 시작
　　　　　　　　　　　└ 고려·몽골·동진 연합군이 거란족 소탕(몽골과의 첫 만남)

★ 몽골의 침입

- **1차 침입**(1231) : 몽골 장수 살리타가 고려에 침입하여 의주 점령 → 박서의 항전(귀주성 전투) → 강화 체결(다루가치 파견)
- **2차 침입**(1232) : 최우의 강화도 천도(1232) → 2차 침입 → 김윤후가 처인성 전투에서 적장 살리타 사살, 초조대장경 소실(대구 부인사)
- **3~6차 침입**(1235~1254) : [3차] 황룡사 9층 목탑 소실, 팔만대장경 조판 시작, [5차] 김윤후(방호별감)가 충주 전투에서 몽골군 격퇴, [6차] 충주 다인철소 주민들이 몽골에 대항
- **개경 환도**(1270) : 무신 정권의 붕괴로 고려는 몽골과 강화를 맺고 개경 환도(원종)
- **삼별초의 대몽 항쟁**(1270~1273) : [강화도] ──── 이동 ──── [진도] ──── 이동 ──── [제주도]

└ 고려 정부의 개경 환도에 반발	└ 용장성에서 배중손의 지휘 아래 항전	└ 애월에서 김통정의 지휘 아래 항전
└ 배중손 등이 승화후 온을 왕으로 추대	└ 일본에 국서를 보내 대몽 연합 제의	→ 여·몽 연합군에 진압됨(1273)
		→ 탐라총관부 설치

(4) 고려 말기 [홍건적과 왜구의 침입과 격퇴]

홍건적의 침입
[공민왕]

- **1차 침입**(1359) : 서경 함락 → 이승경, 이방실의 활약으로 서경 탈환·홍건적 격퇴
- **2차 침입**(1361) : 개경 함락 → 공민왕이 복주(안동)로 피난 → 정세운·이방실·이성계 등이 홍건적 격퇴

왜구의 침입
[우왕 ~ 창왕]

우왕
- **홍산 대첩**(1376) : 최영
- **진포 대첩**(1380) : 최무선(화통도감 설치 건의, 화포 제작) / **황산 대첩**(1380) : 이성계
- **관음포 대첩**(1383) : 정지, 최무선

창왕
- **쓰시마 섬 정벌**(1389) : 박위

→ 홍건적·왜구 격퇴 과정에서 **신흥 무인 세력이 성장**(최영, 이성계)

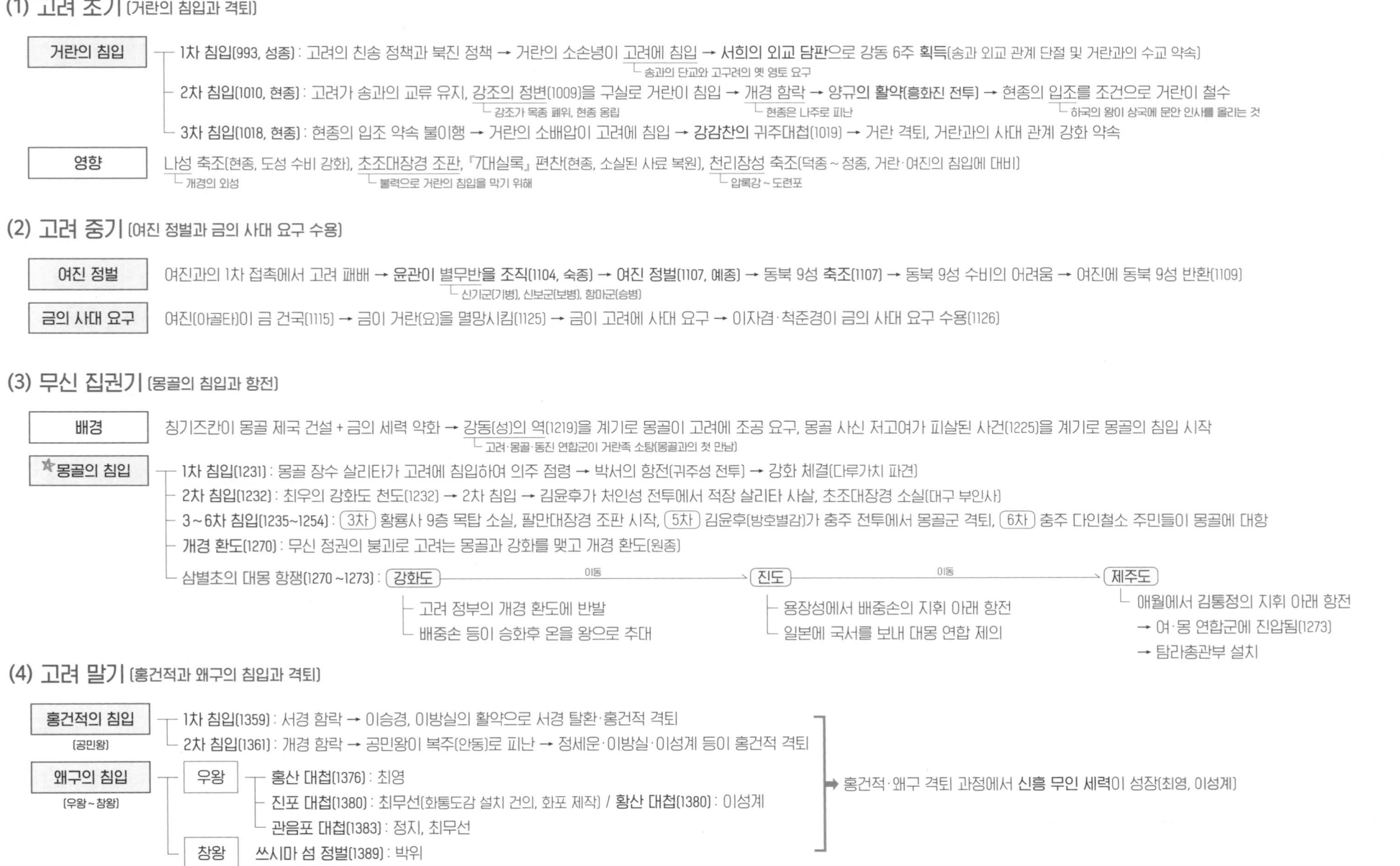

(1) 고려 말 원의 내정 간섭

일본 원정에 동원
두 차례 실시된 일본 원정에 강제로 동원됨 ─ 1차(1274) : 둔전경략사(물자 조달) 중심, 김방경 참전
└ 1차와 2차 모두 실패 └ 2차(1281) : 정동행성 중심

영토 상실
쌍성총관부(철령 이북), 동녕부(자비령 이북), 탐라총관부(제주, 목마장 운영)
└ 공민왕 때 무력 수복 └ 충렬왕 때 반환됨

관제의 개편
┌ 전리사(이부/예부), 판도사(호부), 군부사(병부), 전법사(형부)
중앙 관제 격하(중서문하성 + 상서성 ^{개편}→ 첨의부 / 6부 ^{개편}→ 4사 / 중추원 ^{개편}→ 밀직사)
왕실 용어 격하(묘호에 조·종 ^{개편}→ '충'자 사용 / 폐하 ^{개편}→ 전하 / 태자 ^{개편}→ 세자 등)

내정 간섭 기구
┌ 행정(좌우사), 군무(도진무사), 사법(이문소)
정동행성(일본 원정을 위해 충렬왕 때 설치된 기구, 원정 실패 이후 내정 간섭 기구로 존속, 부속 기구인 이문소를 중심으로 간섭)
순마소(반원 인사 색출, 개경의 치안 담당), 만호부(십진법으로 편제된 군사 제도), **다루가치**(감찰관) 파견(내정 간섭과 조세 징수)
└ 만호·천호·백호부 등 └ 충렬왕 때 폐지

강제 징발
공녀 징발(결혼도감 설치), 사냥용 매 징발(응방 설치), 특산물 수탈(금·은·인삼 등)

(2) 고려 말 왕들의 개혁 정치

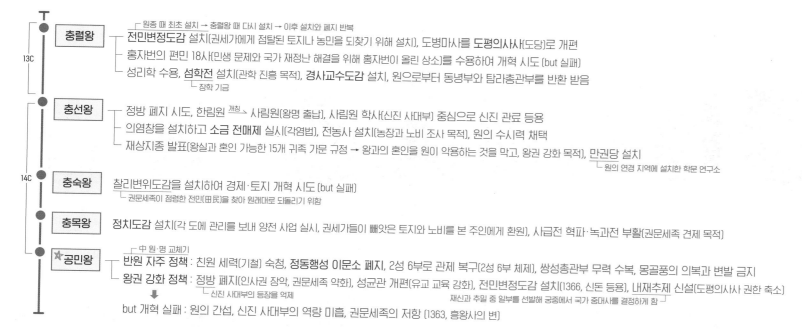

충렬왕 (13C)
┌ 원종 때 최초 설치 → 충렬왕 때 다시 설치 → 이후 설치와 폐지 반복
전민변정도감 설치(권세가에게 점탈된 토지나 농민을 되찾기 위해 설치), 도병마사를 **도평의사사**(도당)로 개편
홍자번의 편민 18사(민생 문제와 국가 재정난 해결을 위해 홍자번이 올린 상소를 수용하여 개혁 시도 (but 실패)
성리학 수용, **섬학전** 설치(관학 진흥 목적), **경사교수도감** 설치, 원으로부터 동녕부와 탐라총관부를 반환 받음
└ 장학 기금

충선왕
정방 폐지 시도, 한림원 ^{개칭}→ 사림원(왕명 출납), 사림원 학사(신진 사대부) 중심으로 신진 관료 등용
의염창을 설치하고 **소금 전매제** 실시(각염법), 전농사 설치(농장과 노비 조사 목적), 원의 수시력 채택
재상지종 발표(왕실과 혼인 가능한 15개 귀족 가문 규정 → 왕과의 혼인을 원이 악용하는 것을 막고, 왕권 강화 목적), 만권당 설치
└ 원의 연경 지역에 설치한 학문 연구소

충숙왕 (14C)
찰리변위도감을 설치하여 경제·토지 개혁 시도 (but 실패)
└ 권문세족이 점령한 전민(田民)을 찾아 원래대로 되돌리기 위함

충목왕
정치도감 설치(각 도에 관리를 보내 양전 사업 실시, 권세가들이 빼앗은 토지와 노비를 본 주인에게 환원), 사급전 혁파·녹과전 부활(권문세족 견제 목적)

★공민왕
┌ 中 원·명 교체기
반원 자주 정책 : 친원 세력(기철) 숙청, **정동행성 이문소 폐지**, 2성 6부로 관제 복구(2성 6부 체제), 쌍성총관부 무력 수복, 몽골풍의 의복과 변발 금지
왕권 강화 정책 : 정방 폐지(인사권 장악, 권문세족 약화), 성균관 개편(유교 교육 강화), 전민변정도감 설치(1366, 신돈 등용), 내재추제 신설(도평의사사 권한 축소)
↓   └ 재신과 추밀 중 일부를 선발해 궁중에서 국가 중대사를 결정하게 함 ┘
└ 신진 사대부의 등장을 억제
but 개혁 실패 : 원의 간섭, 신진 사대부의 역량 미흡, 권문세족의 저항 (1363, 흥왕사의 변)

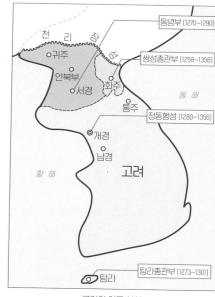

동녕부 (1270~1290)
쌍성총관부 (1258~1356)
귀주
안북부
서경 / 회주
동 해
용주
정동행성 (1280~1356)
개경
남경
고려
황 해
천 리 장 성
탐라
탐라총관부 (1273~1301)

고려의 영토 상실

10 ▷ 고려의 토지 제도 ★★★

(1) 전시과 시행

| 의미 | 관리를 18등급으로 나누어 전지(농경지)와 시지(임야·땔감) 지급 |

| 특징 | 수조권만 지급(소유권×), 전국적 토지 분급, 세습 불가의 원칙(죽거나 관직에서 물러나면 반납) |

★ 정비 과정

구분	시행	지급 대상	기준	특징
역분전	태조(940)	공신	개국 공신	논공행상(인품, 공로)에 따라 지급, 전시과의 모체
시정 전시과	경종(976)	전 + 현직 관리	인품, 관품	• 전시과 시작, 4색 공복(자·단·비·녹)에 따라 등급을 나누어 지급
개정 전시과	목종(998)	전 + 현직 관리 (현직 우대)	관직(18등급)	• 문관 우대, 한외과 설치, 군인전 제정 └ 18과 이내에 들지 못한 세력에게 전지만 17결 지급 • 토지 지급량 축소, 16과 이하로는 시지 지급×
경정 전시과	문종(1076)	현직 관리	관직	• 산직이 전시의 지급 대상에서 배제됨 • 공음전·구분전·한인전 지급, 별정 전시과(별사전, 무산계 전시) 정비 • 전시과 체제 완비, 무관 대우 상승, 한외과 소멸 • 토지 지급량 축소, 15과 이하로는 시지 지급×

토지의 분류
• 소유권 기준 ┬ 공전(公田)
　　　　　　　└ 민전(民田)
　　　　　　　　└ 상속·매매·임대 가능한 사유지 조세 부담(1/10)
• 수조권 기준 ┬ 공전(公田)
　　　　　　　└ 사전(私田)

녹봉제 실시(1076, 문종)
• 전시과와 함께 관리들에게 지급
• 관리를 47등급으로 나누어 현물 녹봉(쌀·보리, 베·비단) 지급 (1등급 400석 ~ 47등급 10석)
• 1년에 2회 지급(1월, 7월)
• 관리들이 녹패를 제시하고 현물 수령

* ⬭ : 세습 가능한 토지(영업전)

종류

공전(公田)	공해전	중앙과 지방의 각 관청에 지급
	둔전	군대에 지급(군인 개개인×)

사전(私田)	과전	문·무 관리에게 수조권 지급(세습 불가)
	구분전	하급 관리와 군인의 유가족에게 지급(1대까지 세습 가능)
	별사전	승려와 지리업 종사자(풍수가)에게 지급
	한인전	6품 이하 관리의 자제 중 관직에 오르지 못한 무관직자에게 지급(1대까지 세습 가능)
	기타	탐라의 왕족, 여진 추장, 노병, 악공 등 무산계 소지자에게 무산계전시 지급

내장전	왕실 경비 충당
공음전	5품 이상 관리와 관리의 가족에게 지급(세습 가능)
공신전	공을 세운 관리(공신)에게 지급(세습 가능)
군인전	2군 6위의 직업 군인(중앙군)에게 지급(세습 가능)
외역전	향리에게 지급(직역 계승하면 세습 가능)
사원전	사원에 지급(면세·면역 특권)

└ 전정연립(田丁連立): 전시과에서 군인·향리 등 직역을 담당하는 자는 직역의 세습과 함께 전정(田丁)도 세습 (예) 군인전, 외역전

(2) 전시과 붕괴

무신 집권기에 귀족들이 토지 독점·세습↑ → 분배 가능한 수조지 부족, 자영농 몰락 → 전시과 제도 붕괴 → 일시적으로 녹과전⬭ 지급

⬭ 녹과전
• 고려 후기 고종·원종 때 일시적 지급
• 국가 재정 악화로 녹봉 대신 지급
• 경기 8현의 토지를 대상으로 수조권 지급

(3) 과전법 시행 (1391, 공양왕)

국가 재정 확보와 신진 사대부의 경제적 기반 마련을 목적으로 지급, 경기에 한정하여 전지(토지)만 지급 (수조권 재분배)

(1) 경제 정책

중석쌤의 기출오답 솔루션

- 고려 시대에 밭농사에는 2년 3작의 윤작법이 전가부터 일반화되었다. [2010. 지방직 9급]
  → 보급(일반화×)

중농 정책	개간 장려(개간한 땅에 대해 일정 기간 세금 감면), 농번기에 잡역 동원 금지
민생 안정책	재해 시 세금 감면(재면법, 성종), 고리대의 이자 제한

수취 체제

- **조세**
  - 토지 비옥도에 따라 3등급(상·중·하)으로 나누어 부과(차등 징수)
  - 결부제에 따라 토지 면적 산출
    └ 수확량 기준
  - ┌ 국유지는 1/4 징수, 사유지는 1/2 징수
  - 생산량의 1/10 징수(민전) [주의] 소작농은 조세 의무 없음 → 지대(소작농이 지주에게 납부하는 소작료)만 납부
  - 지방에서 거둔 조세는 '조창'에 보관 → 조운을 통해 개경의 경창(좌·우창)으로 운반
- ┌ 인구와 장정의 많고 적음
- **공납** 집집마다 특산물 징수(인정의 다과에 따라 9등호로 나누어 징수), 조세보다 더 부담되는 세금, 상공(정기 납부)과 별공(수시 납부)이 있음
- **역** 16 ~ 60세 정남(丁男) 대상(인구의 다과에 따라 9등호로 나누어 정남 징발), 군역(병역) + 요역(일반 노동력 제공)의 형태로 노동력 무상 동원
- **잡세** 어량세 및 어염세(어민), 상세(상인) 징수

국가 재정 운영
- 호부에서 양안(토지 장부)과 호적(호구 장부) 작성 → 양안·호적을 토대로 정부는 인구와 토지 파악·관리, 조세·공물·부역 등 부과
- 삼사에서 화폐와 곡식 출납에 대한 재정과 회계 담당 (but 실제 조세 수취와 집행은 각 관청의 향리가 담당)

(2) 경제 생활

귀족	공음전 혜택, 과전 징수(생산량의 1/10 수조), 녹봉(1년에 2번, 곡식 또는 비단으로 받음), 외거 노비의 신공 수취(곡식, 베, 노동력) → 화려·사치 생활
농민	민전 경작, 국·공유지나 다른 사람의 소유지 경작, 진전(황폐해진 경작지)이나 황무지 개간 시 일정 기간 소작료·조세를 감면 받음, 12C 이후에 간척 사업이 확대되어 경작지 확대

(3) 농업 기술의 발달

심경법의 일반화	소를 이용한 깊이갈이(심경법)의 일반화 → 생산력 증가
시비법 발달	녹비법(콩·작물을 심은 뒤 갈아엎어 비료로 사용) + 퇴비법(동물의 똥오줌을 비료로 이용) → 휴경지 감소 (but 일역전·재역전은 여전히 존재), 상경지 증가
	└ 소멸× └ 묵히지 않고 계속 농사 짓는 땅
윤작법 실시	2년 3작 윤작법(조, 콩, 보리를 2년 동안 돌려가며 재배)의 시작과 보급(일반화×) → 고려 후기~조선 전기에 널리 보급됨
이앙법 실시	비가 많이 오는 남부 지방 일부에 이앙법(모내기법) 실시 → 조선 후기에 이르러 전국적으로 보급됨
목화 전래	공민왕 때 문익점이 원에서 목화씨를 들여옴 → 의생활 변화, 정천익(문익점의 장인)이 재배에 성공하여 기술 보급
농서 보급	『농상집요』(충정왕 때 이암이 원에서 들여온 농서, 원의 화북 지방 농법 소개)

11 ▶ 고려의 경제 ② ★★

(4) 수공업의 발달

전기
- 관청 수공업 : 기술자를 공장안에 등록하여 중앙과 지방 관청에서 관수품 생산
- 소(所) 수공업 : 광산물·옷감·종이 등 전문적인 제품을 생산·납부

후기
- 민간 수공업 : 농촌 가내 수공업 중심, 삼베·모시·비단 등 생산
- 사원 수공업 : 승려들이 제지·직포 활동, 베·모시·술·소금 등 생산

(5) 상업의 발달

전기
- 도시
  - 시전 설치(개경·서경에 설치, 관청과 귀족이 주로 이용)
  - 경시서 설치(문종 때, 상행위 감독), 비정기 시장(도시 거주민이 일용품 매매)
  - 관영 상점 설치(개경·서경·동경 등 대도시에 설치, 서적점·약점·주점·차를 파는 다점 등)
- 지방 : 관아 근처에서 일용품 거래, 행상이 지방을 돌며 물품 판매, 사원의 상업 활동

후기
- 시전 규모가 확대되고 전문화됨, 벽란도와 같은 항구 상업 발달, 원의 발달
  - 예성강 하구   └ 국립 여관, 육상 교통로 개척
- 소금 전매제 실시(충선왕 때), 관청·관리·사원 등이 상업 활동에 개입

(6) 화폐 주조

목적
국가의 재정 확보와 경제 활동 장악·통제

발행 과정
건원중보(성종, 최초의 화폐-동전·철전)
→ 삼한통보·삼한중보·해동통보·해동중보·동국통보·동국중보(숙종, 동전),
  은병(= 활구, 숙종, 은 1근으로 만든 고액 화폐, 지배층 위주로 널리 유통)
  └ 은병 1개의 가치 = 포 100여 필
→ 쇄은(충렬왕)
  └ 은을 무게로 달아 사용
→ 소은병(충혜왕, 저품질 은병의 폐단 개선)
→ 지원보초, 중통보초 사용(원의 지폐)
→ 저화(공양왕, 고려 최초의 지폐, 유통되지 못하고 고려 멸망으로 회수됨)

한계
자급자족적 경제 활동과 귀족들의 반발로 화폐 유통 부진

(7) 고리대의 성행과 보의 발달

고리대의 성행
왕실, 귀족, 사원의 재산 축적 수단으로 활용됨
└ 예) 장생고 운영 : 사찰 운영을 위해 둔 일종의 금융 기관,
     후에 고리대금 금고로 변해 불교계 타락과 부패 초래

보의 발달⁺
일정한 기금을 모아 그 이자로 공적인 사업의 경비 충당
→ 후에 보가 고리대로 변질되어 농민에게 부담을 줌

✛ 보

○○보 ← 국가가 기금을 조성
춘대 → 농민 → 추납 (+ 이자) → 공적 사업 경비

- 학보(태조) : 장학 재단
- 경보(정종) : 불경 간행
- 광학보(정종) : 승려의 면학
- 제위보(광종) : 빈민 구제
- 금종보(현종) : 현화사 범종 주조
- 팔관보(문종) : 팔관회 경비

(8) 무역 활동

특징
공무역 중심, 벽란도가 국제 무역항으로 번성(대외 무역 발달)

전기
- 대송 무역 중심
  - 주로 조공 무역 형태, 대외 무역 중 가장 활발
  - 수출품 금, 은, 인삼, 종이, 붓, 먹 수입품 비단, 서적, 약재
  - 무역로 : [북송] 벽란도 → 옹진(장산곶) → 산둥 반도의 덩저우
            [남송] 벽란도 → 군산도·흑산도 → 양쯔강의 밍저우 → 남송과의 무역로가 더 활발
- 여진·거란과의 무역 : 수출품 농기구, 식량 수입품 모피, 은, 말
- 대일 무역 : 11C 후반부터 무역 활발, 사헌 무역 전개(정식 국교×),
  금주(김해)를 통해 교역,
  수출품 곡식, 인삼, 서적 수입품 유황, 수은, 감귤
- 아라비아와의 무역 : 벽란도를 통해 무역,
  수출품 금, 비단 수입품 수은, 향료, 산호,
  고려(Corea)라는 이름이 서방 세계에 알려짐

원 간섭기
공무역과 함께 사무역이 다시 활발해짐,
금·은·소·말 등이 지나치게 유출되어 사회적 혼란 야기

고려 전기 대외 무역

(1) 고려 사회의 특징

문벌 귀족 사회[신분제 사회], 개방적 사회[신분 이동 가능], 대가족 중심의 사회, 본관제 시행, 평민들도 성[姓]을 사용
└ 특정 지역을 본관으로 정해 그곳에 거주하게 함

중석쌤의 기출오답 솔루션

- 고려 시대 상층 향리는 과거로 중앙 관직에 진출할 수 없었다. [2021. 국가직 9급]
  → 있었다. [고려의 향리는 과거 응시 자격을 가짐]
- 향·부곡·소의 백성도 일반 군현민과 동일한 수준의 조세·공납·역을 부담하였다. [2015. 국가직 9급]
  → 보다 과중하게

(2) 고려 사회의 신분 구성 [4신분제 - 귀족, 중간 계층, 양민, 천민]

귀족
- 구성 : 왕족·공신 + 5품 이상 고위 관료
- 특권 : 음서[정치적 특권] + 공음전[경제적 특권] 혜택 보유
- 특징 : 왕실과 중첩 혼인, 문관 우대, 신라에 비해 다양한 가문 존재, 과거를 통해 귀족 가문으로 성장 가능
- 변화 : 호족[고려 초] → 문벌 귀족[성종 이후] → 무신[무신 집권기] → 권문세족[원 간섭기] → 신진 사대부[고려 말]
  └ '→'의 방향으로 변화하면서 관료적 성격도 강화됨

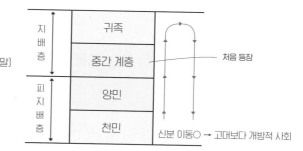

중간 계층
- 형성 : 통치 체제의 하부 구조를 맡아 중간층으로 자리 잡음
- 특징 : 직역 세습 + 국가로부터 토지[수조권]를 지급 받음[예) 외역전]
- 유형
  - 하급 관리 : 서리[중앙의 하급 관리], 잡류[중앙 관청의 말단 서리], 역리[지방의 역 관리]
  - 실무 관리 : 남반[궁중 실무 관리], 향리[지방 행정 실무 관리]
  - 기술 관리 : 역관, 의관 등의 잡과 출신
  - 직업 군인 : 군반[하급 장교]

  └ 향리의 종류 ┬ 호족 출신의 향리 상층 향리[호장, 부호장] : 지방의 실질적 지배층, 과거 응시 자격 가짐
  └ 하층 향리 : 말단 행정직, 행정 실무 담당

양민
- 유형 : 백정[일반 농민] + 상인 + 수공업자 + 특수 집단민
  - 백정[일반 농민] : 조세·공납·역의 의무 수행, 과거 응시에 법적 제한×
  - 특수 집단민 ┬ 구성 : 향·부곡민[농업 → 국공유지 경작], 소[所]민[광업 + 수공업 종사], 진촌민·역촌민[육로·수로 교통 종사], 장·처민[왕실 재정 담당]
    └ 특징 : 일반 양민보다 과중한 세금 부담, 거주지 이전 자유×
- 특징 : 주로 일반 주·부·군·현에 거주, 농업·상공업에 종사

천민
└ 대부분 노비
- 유형
  - 공노비 ┬ 입역 노비 : 궁중·관청에 소속, 급료 받음
    └ 외거 노비 : 지방에 거주하면서 농업에 종사, 수입 중 일부를 관청에 신공 납부 → 정로제[60세 이상 면역]
  - 사노비 ┬ 솔거 노비 : 주인 집에서 거주, 잡일 담당
    └ 외거 노비 : 주인과 떨어져 독립 생활, 주인에게 신공 납부, 토지·재산의 소유·증식 가능, 양민 백정과 비슷하게 독립된 경제생활
  - 기타 : 화척[양수척, 도살업 종사], 진척[뱃사공], 재인[광대], 염간[염부], 철간[광부] 등 → 부역×, 호적 등재×[가장 천시됨] → 신분 구분에 대한 학계 논란 多
- 노비의 특징 : 성[姓] 사용 불가, 매매·증여·상속의 대상[사노비만], 동색혼[같은 신분끼리 결혼], 신분 상승 가능[관직 진출은 불가]

고려의 노비 관련 법률

노비세전법 [태조]	부모 중 어느 한 쪽이 노비이면 노비의 신분을 대대로 세습시킴
천자수모법 [정종]	노비 자식은 어머니 소유주에게 귀속, 양천교혼 금지
일천즉천 [충렬왕]	부모 중 어느 한 쪽이 노비이면 그 자식은 무조건 노비

13 고려의 사회 ★

(1) 농민 공동 조직 - 향도(香徒)‡

└ 매향(埋香) 활동을 하는 무리
  └ 묻을 [매]

[전기] **불교 신앙 조직** ──→ [후기] **농민 공동 조직** [마을 공동체]

- 매향 활동
- 각종 불사에 동원됨
- 사원 건축·석탑 건립·불상 주조

- 혼례·상장례·마을 제사 등 마을 공동 노역 주도
- 조선 시대로 계승됨['상두꾼'도 향도에서 유래]
  └ 상여를 메는 사람

```
‡ 향도의 매향 활동

매향 활동 : 미륵을 만나 구원받고자 하는 염원에서 향나무를 땅에 묻는 활동

    매
    향
    비
            농민들의 염원 기록[→ 생활 모습 유추]
            埋香
            └ '국태민안'을 염원하는 불교 신앙
  바닷가
            미륵 신앙과도 관련
            미륵불[중생 구제 부처]
```

(2) 사회 제도

민생 안정책
- 농번기에 잡역 동원 금지, 이자가 원금을 넘지 않도록 제한
- 재면법 실시[재해 시 조·공납·역 면제]
  └ 40% 손실[조 면제], 60% 손실[조·공납 면제], 70% 손실[조·공납·역 면제]

농민 구휼책
- 흑창[태조] 개편→ 의창[성종] : 평상시 곡물 등을 저장하였다가 흉년에 빈민 구휼에 사용
- 제위보[광종] : 일정 기금을 만들어 그 이자로 빈민을 구제하는 기구

물가 조절 기구
- 상평창[성종] : 개경·서경·12목에 설치, 풍년이면 곡물을 사들여 값을 올리고 흉년이면 팔아서 값을 내림으로써 물가 조절

의료 기관
- 동·서 대비원[정종·문종, 개경에 설치, 음식 제공, 빈민 치료, 서경에 대비원 분사 설치]
  └ 조선 시대 동·서 활인서[한양]로 계승됨
- 혜민국[예종, 백성의 질병 치료를 위한 약 처방]
- 구제도감·구급도감[빈민 구제를 위한 임시 기구]
  └ 예종   └ 고려 후기

(3) 법률과 풍속

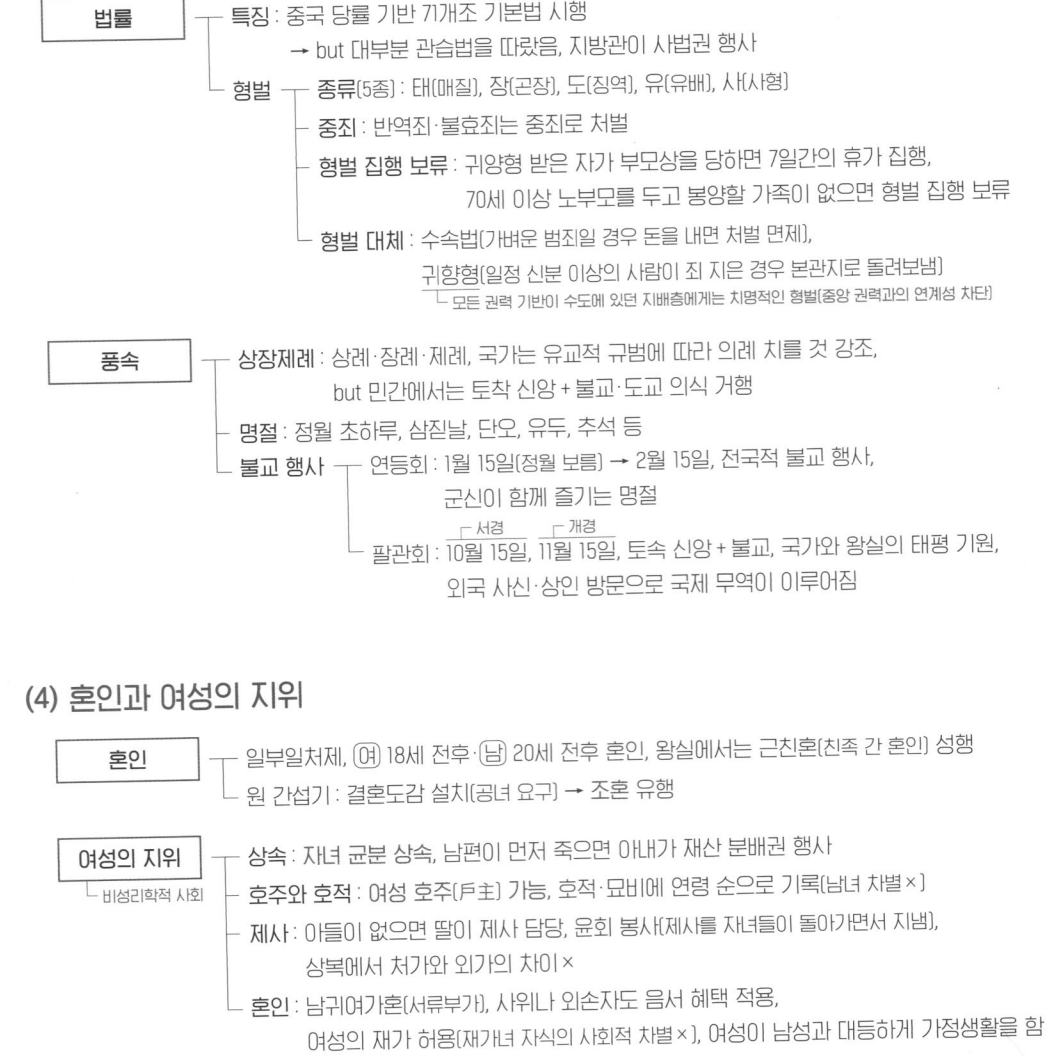

법률
- 특징 : 중국 당률 기반 71개조 기본법 시행
  → but 대부분 관습법을 따랐음, 지방관이 사법권 행사
- 형벌 ┬ 종류[5종] : 태[매질], 장[곤장], 도[징역], 유[유배], 사[사형]
       ├ 중죄 : 반역죄·불효죄는 중죄로 처벌
       ├ 형벌 집행 보류 : 귀양형 받은 자가 부모상을 당하면 7일간의 휴가 집행, 70세 이상 노부모를 두고 봉양할 가족이 없으면 형벌 집행 보류
       └ 형벌 대체 : 수속법[가벼운 범죄일 경우 돈을 내면 처벌 면제], 귀향형[일정 신분 이상의 사람이 죄 지은 경우 본관지로 돌려보냄]
         └ 모든 권력 기반이 수도에 있던 지배층에게는 치명적인 형벌[중앙 권력과의 연계성 차단]

풍속
- 상장제례 : 상례·장례·제례, 국가는 유교적 규범에 따라 의례 치를 것 강조, but 민간에서는 토착 신앙 + 불교·도교 의식 거행
- 명절 : 정월 초하루, 삼짇날, 단오, 유두, 추석 등
- 불교 행사 ┬ 연등회 : 1월 15일[정월 보름] → 2월 15일, 전국적 불교 행사, 군신이 함께 즐기는 명절
              │   ┌ 서경   ┌ 개경
              └ 팔관회 : 10월 15일, 11월 15일, 토속 신앙 + 불교, 국가와 왕실의 태평 기원, 외국 사신·상인 방문으로 국제 무역이 이루어짐

(4) 혼인과 여성의 지위

혼인
- 일부일처제, [여] 18세 전후·[남] 20세 전후 혼인, 왕실에서는 근친혼[친족 간 혼인] 성행
- 원 간섭기 : 결혼도감 설치[공녀 요구] → 조혼 유행

여성의 지위 [비성리학적 사회]
- 상속 : 자녀 균분 상속, 남편이 먼저 죽으면 아내가 재산 분배권 행사
- 호주와 호적 : 여성 호주[戶主] 가능, 호적·묘비에 연령 순으로 기록[남녀 차별×]
- 제사 : 아들이 없으면 딸이 제사 담당, 윤회 봉사[제사를 자녀들이 돌아가면서 지냄], 상복에서 처가와 외가의 차이×
- 혼인 : 남귀여가혼[서류부가], 사위나 외손자도 음서 혜택 적용, 여성의 재가 허용[재가녀 자식의 사회적 차별×], 여성이 남성과 대등하게 가정생활을 함

(1) 유학의 발달

초기
자주적·주체적
- 태조 : 최언위, 최응, 최지몽 등 6두품 계통 유학자들이 활동
- 광종 : 과거 제도를 실시하여 유학에 능숙한 사람을 관료로 등용
- 성종 : 유교 정치 사상 정비(최승로의 시무 28조·김심언의 봉사 2조 수용), 국자감 정비, 향교(향학) 설치

중기
보수적
- 최충(문종 때) : '해동공자'라 칭송됨, 사립 교육 기관으로 9재 학당(문헌공도) 설립, 고려의 훈고학적 유학에 철학적 경향을 첨가하였음
- 김부식(인종 때) : 보수적·현실적 성격의 유학을 대표하는 인물, 『삼국사기』 편찬

무신 집권기
유학 침체(무신 정변 이후 문벌 귀족 세력이 몰락했기 때문), 최씨 무신 집권기에 이규보, 최자 등 일부 유학자들이 관료로 등용됨

원 간섭기
- 성리학 : 남송의 주희(주자)가 정립한 신유학, 철학적 성격(인간의 심성과 우주의 원리를 철학적으로 탐구), 5경보다 4서 중시
  └ 『대학』, 『중용』, 『논어』, 『맹자』
- 성리학의 수용 배경 : 불교의 세속화, 고려 유학의 수준 향상, 신진 사대부들의 성장
- 성리학의 수용·발전 ─ 수용 : 충렬왕 때 안향이 원에서 『주자전서』를 도입하면서 성리학이 소개됨
  - 전수 : 백이정이 원에서 성리학을 배워 옴 ─전수→ 이제현·박충좌에게 전수
  - 전파 : 충선왕이 원의 연경(베이징)에 설치한 만권당에서 이제현이 원의 학자들과 교류하면서 성리학에 대한 이해 심화 → 귀국 후 이색 등에게 성리학 전파
  - 확산 : 공민왕 때 이색이 정몽주(포은)·권근(양촌)·정도전(삼봉) 등을 가르쳐 성리학을 확산시킴
    성균관 대사성 ┘ └ 동방이학의 조(祖)로 추대됨
- 성리학의 영향 : 개혁적·실천적 기능 강조(일상생활과 관계), 『소학』, 『주자가례』 중시, 불교 비판, 권문세족 비판 → 성리학이 새로운 국가 이념(조선 개창 이념)으로 등장

중석쌤의 기출오답 솔루션

- 안향은 정몽주, 권근, 정도전 등을 가르쳐 성리학을 더욱 확산시켰다. [2018. 지방직 7급]
  → 이색(안향은 고려에 성리학 소개)
- 정도전은 만권당에서 원의 학자들과 교류하였다. [2019. 지방직 9급]
  → 이제현
- 고려 안종은 국학에 처음으로 양현고를 설치하였다. [2020. 법원직 9급]
  → 예종

(2) 교육 기관

관학 정비 [초기]

- **국자감(중앙)** ─ 성종 때 설치
  ├ 유학부(9년) ┬ 자격 : 7품 이상 관리 자제 입학
  │ ├ 구성 : 국자학(유교 경전), 태학(정치·역사), 사문학(문학)
  │ │   └ 3품 이상 자제 입학 └ 5품 이상 자제 입학 └ 7품 이상 자제 입학
  │ └ 교육 내용 : 경서·문예·시정에 관한 내용, 『시경』·『서경』·『역경』·
  │   『춘추』·『예기』·『효경』·『논어』 등 교육
  └ 기술학부(6년) ┬ 자격 : 8품 이하 관리·평민 자제 입학
       └ 교육 내용 : 율학(법률)·서학(서예)·산학(산수)

- **향교(지방)** : 지방 관리와 서민 자제의 교육 담당
  └ 성종 때 설치, 인종 때 정비

사학 융성 [중기] ←대응→ ★**관학 진흥책 시행**

최충의 문헌공도(9재 학당)를
시작으로 **사학 12도** 융성
(9경과 3사를 교육)

→ 사학이 발달하면서 관학 위축

- **숙종** : 국자감에 서적포 설치(서적 간행 활성화)
- **예종** : 관학 7재 설치(전문 강좌, 무인 관료 양성을 위한 강예재 포함),
  양현고 설치(장학 재단),
  청연각·보문각 설치(학문 연구소)
- **인종** : 경사 6학 정비(유학부, 기술학부),
  7재에서 강예재 폐지, 향교를 정비하여 지방 교육 강화
- **충렬왕** : 국자감 → 국학으로 개칭, 문묘(공자 사당) 건립,
  섬학전(장학 재단, 양현고 보강 목적) 설치,
  경사교수도감 설치(경전·역사 교육)
- **충선왕** : 국학 → 성균감 → 성균관으로 개칭
- **공민왕** : 성균관에서 기술학부를 분리하여 성균관을 순수한 유교 교육 기관으로 개편

(1) 역사 서술 방식

기전체	본기(황제·왕), 세가(제후), 지(법률·풍속), 연표, 열전(인물)으로 분류하여 서술 (예)『삼국사기』(김부식),『고려사』(김종서·정인지),『해동역사』(한치윤)
편년체	연, 월, 일 순으로 사실의 발생 과정을 시대순으로 서술 (예)『고려사절요』,『조선왕조실록』,『동국통감』(서거정)
기사본말체	사건의 발생과 결과 등을 사건별로 서술 (예)『연려실기술』(이긍익)
강목체	강과 목으로 분류하여 서술 (예)『동사강목』(안정복)

└ 기전체·편년체·기사본말체를 강목체 형식으로 기술 가능

→ 강 (대강의 줄거리)
→ 목 (세부 내용)

(2) 시기별 대표 역사서

전기 ➡ **고구려 계승 의식**
└ 건국 초기

• 『7대실록』 : 거란의 침입으로 소실된 태조 ~ 목종(7대)까지의 기록을 현종 때 다시 편찬을 시작하여 덕종 때 황주량이 완성
• 『고려왕조실록』 : 『7대실록』 ~ 『공양왕실록』으로 구성, 임진왜란 때 소실(현존×)
• 기타 : 박인량의 『고금록』(현존×), 『가락국기』(금관가야의 역사, 현존×, 일부 내용이 『삼국유사』에 전함)

중기 ➡ **신라 계승 의식**

★『삼국사기』 ─ 인종 때 김부식이 편찬(1145), 현존하는 우리나라 **最古** 역사서
├ 기전체 서술 방식, 『구삼국사』를 토대로 서술, 신라에 대해 유리하게 서술(고조선·삼한·고구려·발해에 대해서는 소홀하게 서술)
└ 유교적 합리주의 사관에 기초 → 불교 관련 내용·민간 설화·신이한 내용에 대해 기록×(단군 신화 기록×)

후기 ➡ **민족적 자주 의식**

• 『동명왕편』 : 명종 때 이규보가 편찬(1193,『동국이상국집』에 수록), 고구려 동명왕의 업적을 칭송한 영웅 서사시, 체계성 미흡
• 『해동고승전』 : 고종 때 **각훈**이 편찬(1215), 삼국 시대 이래의 승려 30여 명의 전기를 기록(현재 일부만 남아 있음), 화엄종 중심으로 불교사 정리

★『삼국유사』 ─ 충렬왕 때 일연이 편찬(1281), 기이(신화·설화)·흥법(불교사) 등으로 분류
└ 고대의 민간 설화나 전래 기록을 수록, 우리 고유의 문화와 전통 중시, 신이(神異) 사관 반영 → 단군 신화 기록, 14수의 신라 향가 수록

• 『제왕운기』 ─ 충렬왕 때 **이승휴**가 편찬(1287), 단군 조선부터 고려 말까지의 역사를 노래 형식으로 정리, **발해사를 우리의 역사로 최초 기록**
└ 우리나라 역사(하권, 5언시)를 중국 역사(상권, 7언시)와 대등하게 파악

말기 ➡ **성리학적 유교 사관**
└ 정통 의식과
대의명분을 강조

• 『본조편년강목』 : 충숙왕 때 **민지**가 편찬(1317), 태조의 3대조부터 고종까지 고려 왕조 기록, 성리학적 역사 서술의 효시
• 『사략』 ─ 공민왕 때 **이제현**·백문보·이달충이 유교적 왕도 정치 이념을 반영하여 편찬(1357)
└ 태조 ~ 숙종까지 임금의 치적을 정리(현재 『사략』의 사론(사찬)만 전해짐)

* 고려 불교사의 구조적 이해 - 선종 불교를 중심으로!

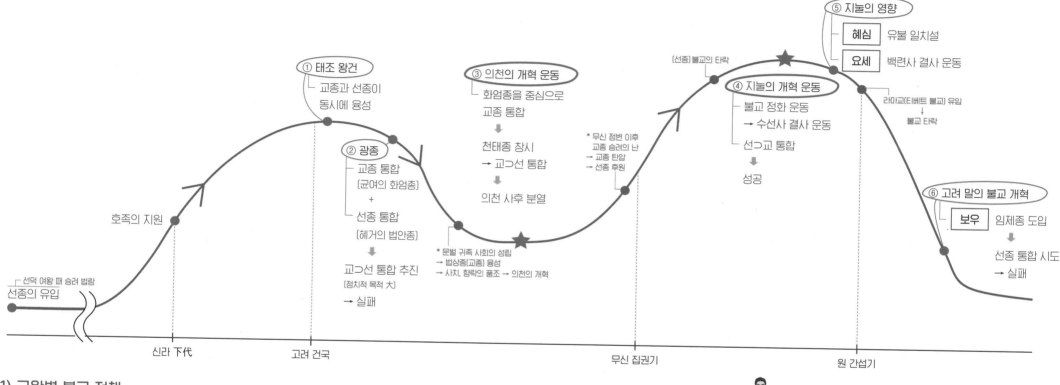

⑤ 지눌의 영향
- 혜심 : 유불 일치설
- 요세 : 백련사 결사 운동

[선종] 불교의 타락

① 태조 왕건
- 교종과 선종이 동시에 융성

③ 의천의 개혁 운동
- 화엄종을 중심으로 교종 통합
  ↓
- 천태종 창시
  → 교ㄱ선 통합
  ↓
- 의천 사후 분열

④ 지눌의 개혁 운동
- 불교 정화 운동
  → 수선사 결사 운동
- 선ㄱ교 통합
  ↓
- 성공

② 광종
- 교종 통합
  [균여의 화엄종]
  +
- 선종 통합
  [혜거의 법안종]
  ↓
- 교ㄱ선 통합 추진
  [정치적 목적 大]
  → 실패

* 무신 정변 이후
교종 승려의 난
→ 교종 탄압
→ 선종 후원

* 문벌 귀족 사회의 성립
→ 법상종[교종] 융성
→ 사치, 향락의 풍조 → 의천의 개혁

라마교[티베트 불교] 유입
불교 타락

⑥ 고려 말의 불교 개혁
- 보우 : 임제종 도입
  ↓
- 선종 통합 시도
  → 실패

호족의 지원

선덕 여왕 때 승려 법랑
선종의 유입

신라 下代 ｜ 고려 건국 ｜ 무신 집권기 ｜ 원 간섭기

(1) 국왕별 불교 정책

태조	숭불 정책 : 10개의 사찰 건립[개태사, 흥국사], 연등회·팔관회를 줄이지 말 것을 당부
광종	승과 제도 **실시**[합격자에게 승계[대덕] 수여], 국사·왕사 제도 실시[불교가 국교적 지위를 가짐] ㅡ 교종 통합[→ 귀법사 창건] + 선종 통합 → 교선 통합 추진 → 실패 　균여　　　　　　승려 혜거를 통해 中에서 법안종 수입　[中]에서 천태종 수입
성종	억불 정책 : 유교 정치 사상 확립, 연등회·팔관회 일시 폐지[최승로의 시무 28조]
현종	연등회·팔관회 부활, 현화사 등 건립
문종	흥왕사 건립, 승려에게 별사전 지급[경정 전시과]

 중석쌤의 기출오답 솔루션

- 고려 태조 대에 균여를 귀법사 주지로 삼아 불교를 정비하였다. [2021. 국가직 9급]
  → 광종
- 지눌은 참회 수행과 염불을 통한 백련사 결사를 주도하였다. [2020. 소방직]
  → 요세

(2) 시기별 불교의 특징과 승려

초기

- **특징** : 선종과 교종이 함께 유행
  └ 고려 건국의 사상적 기반

- **승려**
  - **균여**
    - 광종 때 승려, 귀법사의 주지
    - 북악을 중심으로 화엄종 통합
    - → 화엄종을 중심으로 법상종 등의 교종 통합(통합 이론 : **성상융회**)
    - 보살의 실천행 강조, 『보현십원가』 저술
  - **의통** 광종 때 중국에 파견되어 천태학을 전함, 중국 천태종의 16대 교조가 됨
  - **제관** 광종 때 중국에 파견되어 천태학을 전함, 천태종의 기본 교리를 정리한 『**천태사교의**』 저술

중기

- **특징** : 문벌 귀족 사회의 성립, 왕실과 귀족의 지원으로 교종 발달 → 화엄종·법상종의 융성
  └ 특히 귀족들이 애호함 → 사치·향락적으로 타락

- **승려** : **★의천**
  문종의 넷째 子
  - **교단 통합 운동 전개** [원효의 화쟁 사상을 토대로 진행]
    - **교종 통합** 흥왕사를 근거지로 삼고 **화엄종**을 중심으로 **법상종** 등 **교종 통합 시도**
      ↓
    - **교선 통합** 숙종 때 **국청사**를 창건하여 천태종 창시 → **교종** 중심으로 **선종 통합**
      - 교관겸수 : 이론의 연마(교종)와 실천(선종)을 아울러 강조
      - 내외겸전 : 내적인 공부(선종)와 외적인 공부(교종)를 모두 갖춤
      ↓
    - but, 의천 사후 교단 분열
    - **기타 업적**
      - 『신편제종교장총록』 제작 → 교장 [속장경] 간행
      - 화폐 사용 주장 → 숙종에게 주전도감 설치 건의

무신 집권기

- **특징** : 귀법사의 난을 계기로 교종 탄압·선종 후원 → 선종 불교의 타락 → 신앙 결사 운동 전개

- **승려**
  - **★지눌**
    [최충헌 집권기]
    - "승려들이여! 산에서 모임을 맺자"
    - 수선사 결사 운동 : 독경·선 수행·노동 등 승려 본연의 자세로 돌아가자는 개혁 운동,
      송광사[순천] 중심, 개혁적 승려와 지방민들이 활발하게 전개
      └ 길상사 → 수선사 → 송광사
    - 조계종 승려 : 선교 통합(선종 중심으로 교종 통합), 『**수심결**』 저술,
      돈오점수[단번에 깨닫고 꾸준히 실천]·정혜쌍수[선과 교학을 나란히 수행] 강조,
      간화선을 본격적으로 수용
      └ 선종의 수행 방법
  - **혜심**
    [최우 집권기]
    - 지눌의 제자, 유불 일치설 주장 + 인간의 심성 도야 강조
    - → 성리학 수용의 사상적 토대 마련
    - 최씨 무신 정권의 조계종 후원 : 최우·최항이 송광사에 입사(강화도에 송광사 분사 설치)
  - **요세**
    [최충헌~최우 집권기]
    - 천태종 승려, 원효의 정토 신앙 수용
    - 법화 신앙 중시 (자신의 행동에 대한 진정한 참회 강조)
    - → 백련사 결사 제창 (강진 만덕사, 지방민들의 호응↑, 항몽 투쟁 표방),
      └ 지방 토호·일반 민중
      백련사에서 보현도량 개설
      └ 보현보살을 모신 사당

말기

- **특징** : 불교계의 타락(불교가 귀족 세력과 연결되어 세속화됨), 결사 운동 쇠퇴,
  백련사가 왕실의 원찰인 묘련사와 밀착하면서 변질됨, 원을 통해 라마교(티벳 불교)의 유입
  └ 공주 마곡사 5층 석탑

- **승려** : **보우**
  - 공민왕 때 왕사, 우왕 때 국사를 지냄, 남경(한양) 천도 주장
  - 9산 선문의 **통합**을 위해 노력했으나 실패
  - 원으로부터 임제종 도입 → 조선 시대 선종 불교의 주류로 발전

(1) 여러 사상

도교
- 기능 : 불로장생과 현세 구복 추구, 나라와 왕실의 안녕과 번영을 기원
- 발전 : <u>초제</u> 거행, 복원궁 건립(예종 때 건립, 최초의 <u>도교 사원</u>), 팔관회 거행(도교 + 불교 + 민간 신앙, 명산대천에서 제사)
  - └ 도교 제사   └ 도관
- 한계 : 일관된 교리 체계 확립×, 교단 형성× → 민간 신앙으로만 전개

풍수지리설
- 기능 : 길흉화복을 예언하는 도참사상과 융합하여 크게 유행(『도선비기』 유포, 『해동비록』 등 편찬)
- 영향 ┬ 초기 : 개경 길지설·서경 길지설(북진 정책, 묘청의 서경 천도 운동에 영향을 줌)
  - └ 중기 이후 : <u>한양 명당설</u>(문종 때 한양을 남경으로 승격 → 숙종 때 남경개창도감 설치·남경에 궁궐 건설 → 공민왕·우왕 때 한양 천도 논의)
    - └ 남경 길지설

(2) 과학 기술의 발달

천문학
- 관측 : <u>사천대(서운관)</u> 설치, 개성 첨성대에서 관측 업무 수행(일식, 혜성, 흑점 등의 관측 내용을 풍부하게 기록)
  - └ 천문, 역법 담당 기관
- 역법 : <u>선명력</u>(당) → <u>수시력</u>(원 + 이슬람) → <u>대통력</u>(명)
  - └ 고려 초기   └ 충선왕   └ 공민왕

의학
- 태의감에서 의학 교육, 의원을 선발하는 의과 실시
- 『향약구급방』(고종) : 현존하는 最古 의서, 대장도감에서 편찬, 각종 질병에 대한 처방과 국산 약재 180여 종 소개
  - └ 최우 무신 집권기

★인쇄술
- 목판 인쇄술 : 단권의 책을 다량으로 인쇄 → 대장경 간행
  - 경(경전)·율(계율)·논(해설) 삼장으로 구성된 불교 경전 ┘
  - **초조대장경** : 거란 침입 격퇴 염원(현종), 대구 부인사에서 보관하던 중 2차 몽골 침입 때 소실됨
    - └ 호국 불교   └ 인쇄본 중 일부가 일본 난젠사에 보관됨
  - **교장(= 속장경)** : 교장도감에서 조판(의천), 『신편제종교장총록』(참조 서적 목록)을 만들어 불교 학설을 정리한 뒤 간행, 몽골 침입 때 소실
    - └ 고려·송·요·일본의 주석서를 모아 간행   └ 활자본의 일부가 송광사와 일본 도다이사 등에 보관됨
  - **재조대장경(= 팔만대장경)** ┬ 몽골 침입 격퇴 염원(고종), 강화도에 대장도감을 설치하여 조판(승려 수기가 교정 주도)
    - └ 합천 해인사에서 보관, 유네스코 세계 기록유산에 등재됨(2007)
- 활판 인쇄술 : 여러 권의 책을 소량으로 인쇄 ┬ 『상정고금예문』(1234, 고종) : 현존×, 『동국이상국집』(이규보)의 기록에 의하면 강화도 피난 시 금속 활자로 인쇄함
  - ┌ 12C 인종 때 최윤의 등이 지은 의례서
  - └ 『직지심체요절』(1377, 우왕) : 청주 흥덕사에서 조판, 현존 最古 금속 활자본(2001년 세계 기록유산에 등재), 현재 프랑스 국립 도서관에 보관됨

제지술
- 닥나무의 재배를 장려, 종이 제작을 전담하는 관청 설치, 우수성을 인정받아 (中)에 수출, 등피지·경면지 등으로 불림

화약 무기
- 최무선의 건의로 화통도감을 설치(1377)하여 화약·화포 제작 → 진포 대첩(1380)에서 최무선이 화포를 사용하여 왜구 격퇴

조선술
- 대형 범선 제작((송)과 해상 무역), 대형 조운선 등장, 전함(누전선)에 화포를 설치하여 왜구 격퇴에 활용

(1) 건축 · 석탑 · 승탑 · 불상

건축
- 전기 ─ 특징 : 궁궐과 사원을 중심으로 발전, 소수만 현존 ─[평지] ─ 계단식
  - 궁궐 : 개성 만월대 궁궐터[건물을 계단식으로 배치하여 웅장한 느낌] / 사원 : 현화사, 흥왕사[현존 ×]
- 후기 ─ 주심포 양식 ─ 공포가 기둥 위에만 있음, 배흘림 기둥 양식과 함께 사용[전기부터 제작], 13C 이후 지은 일부 건물이 현존
  - 안동 봉정사 극락전[현존 最古 목조 건물], **영주 부석사 무량수전**, 예산 수덕사 대웅전
  - 다포 양식 ─ 기둥 위와 기둥 사이에도 공포 배치[원의 영향을 받음], 웅장한 지붕을 얹거나 화려하게 건물을 꾸밀 때 사용
    - 황해도 사리원의 **성불사 응진전**, 석왕사 응진전

석탑
- 특징 : 다각 다층탑 유행, 안정감 부족, 지역에 따라 삼국의 전통을 계승한 석탑 조성
- 전기 : 개성 불일사 5층 석탑, 부여 무량사 5층 석탑, 익산 왕궁리 5층 석탑, 개성 현화사 7층 석탑
  - └ 고구려의 영향 └ 백제의 영향 └ 백제의 영향 └ 신라의 영향
- 중기 : **월정사 8각 9층 석탑**[송의 영향, 다각 다층탑을 대표]
- 후기 : 개성 경천사지 10층 석탑[원의 영향] → 조선 세조 때 만들어진 서울 원각사지 10층 석탑에 영향을 줌

승탑
여주 고달사지 원종 대사탑[보물 7호, 팔각 원당형 승탑], 충주 흥법 국사탑, 원주 법천사 지광국사탑
└ 신라 양식 계승

불상
- 대형 철불 : 하남 하사창동 철조 석가여래 좌상[광주 춘궁리 철불] ─┐
  - └ 신라 양식 계승   ├ 인체 비례 ×[균형미 부족]
- 대형 석불 : 논산 관촉사 석조 미륵보살 입상, 안동 이천동 마애여래 입상 ─┘
  - └ 길목에 조성, 지역 특색 반영
- 소조 불상 : 부석사 소조 아미타여래 좌상[균형미]
  - └ 신라 양식 계승

(2) 공예 · 글씨 · 그림 · 음악

공예
- 자기 공예 ─ 초기[10C] : 신라와 발해의 전통 기술 + 송의 자기 기술 수용
  - [청자]
  - 중기 ─ 순수 청자[11C] : 독자적 발전, 순수 비취색이 나는 청자, 고상한 무늬가 특징
    - 상감 청자[12C 중반 ~ 13C 중반] : 상감법 개발[자기 표면을 파내고 그 자리를 백토나 흑토 등으로 메워 무늬를 내는 방법]
  - 후기[원 간섭기] : 원의 가마 기술이 도입되며 청자의 빛깔 퇴조 → 소박한 분청사기로 변화[15C]
- 금속 공예 ─ 은입사 기술 발달[청동기 표면을 파내어 실처럼 만든 은을 채워 무늬를 만드는 기술] [대표작] 청동 은입사 포류수금문 정병
- 나전 칠기 ─ 옻칠한 바탕에 자개를 붙여 무늬를 나타냄 [작품] 경함, 문방구
  - └ 불경 보관함

글씨
왕희지체와 구양순체 유행[전기] → 송설체[조맹부체] 유행[후기]
└ 굵세고 힘찬 글씨체 └ 유려한 글씨체

그림
[전기] 예성강도[이령, 현존 ×] [후기] 천산대렵도[공민왕] / 왕실과 권문세족의 구복적 요구로 불화가 유행[양류관음도, 혜허]

음악
- 아악[궁중 음악] : 송에서 전래된 대성악이 궁중 음악으로 발전
- 향악[속악] : 당의 영향을 받아 발전, 동동·한림별곡·대동강·정과정·오관산 등이 유명

주심포 양식 / 다포 양식 / 공포

봉정사 극락전 / 부석사 무량수전 / 수덕사 대웅전 / 성불사 응진전
└ 맞배 지붕 └ 팔작 지붕 └ 맞배 지붕

불일사 5층 석탑 / 현화사 7층 석탑 / 월정사 8각9층 석탑 / 개성 경천사지 10층 석탑

하남 하사창동 철조 석가여래 좌상 / 관촉사 석조 미륵보살 입상 / 부석사 소조 아미타여래 좌상

고려 | 핵심 내용 확인하기

* 암기한 내용을 빈칸에 채워보세요. (정답은 하단에 있습니다.)

연도	주요 왕	정치	경제·사회·문화
918	태조	• 고려 건국, _____ 반포(왕권 강화책) • 대호족 정책: ___·___ 정책(호족 통합), ___·___ 제도(호족 견제) • 북진 정책: ___ 유민 수용, ___[평양] 중시, ___ 배척(만부교 사건)	• 취민유도 정책(조세 ___), ___[빈민 구제 기관] 설치, 역분전 지급 • 연등회·팔관회 강조, 『정계』, 『계백료서』 저술
949	광종	• 주현공부법 실시, _____ 실시, ___ 시행, 공복 제정, 외왕내제 체제, ___·___ 연호 사용	• 송과 교류 시작
981	성종	• 최승로의 _____를 수용하여 유교 정치 이념 확립 • 통치 체제 정비: __성 __부, ___ 설치(목사 파견) • 대외 정책: 거란의 1차 침입 → ___의 외교 담판 → _____ 획득	• ___[흑창 확대] 설치, 건원중보 발행, ___[국립 대학] 정비
1009	현종	• 지방 행정 개편: __도 양계, __도호부 __목 • 거란 격퇴: 2차, 양규 → 3차, 강감찬의 _____(_____ 조판, 나성 축조)	–
1046	문종	• 남경 설치	• 공음전 완비, ___ 전시과 실시, _____ 진흥
1095	숙종	• _____ 조직(윤관): 신기군, 신보군, 항마군	• 주전도감 설치, 해동통보 발행, ___ 설치(서적 간행)
1122	인종	• ___의 난(→ 진압), ___의 서경 천도 운동(→ 진압)	• 『삼국사기』(___) 편찬
1146	의종	• _____ 발발(1170)	–
1170	명종	• 무신 정권 수립, ___ 정치 실시, 최씨 무신 정권 성립(___ → _____과 ___을 통해 독재 정치 강화)	–
1213	고종	• 최우 집권기: ___·___ 설치, 대몽 항쟁 전개(___ 천도, _____ 조판)	–
1259	원종	• 무신 정권 붕괴, 개경 환도, __ 간섭기 시작	–
1274	충렬왕	• _____ 설치(왕권 강화책) → 권문세족의 반대로 폐지	• 쇄은 발행, 도병마사 → _____로 개편, 성리학 수용
1308	충선왕	• 관제 개편: 정방 폐지 시도, 한림원 → _____으로 개칭	• ___ 전매제 실시, 만권당 설치(___ 이해 심화)
1351	공민왕	• 반원 자주 정책: 친원파 숙청, _____ 폐지, _____ 무력 수복 • 왕권 강화 정책: ___ 폐지, 전민변정도감 설치(___), 신진 사대부 등용	• _____을 순수 유교 교육 기관으로 개편
1389	공양왕	• _____에게 양위 → 고려 멸망	• _____ 실시(수조권의 재분배)

[정답] 훈요 10조, 혼인, 사성, 사심관, 기인, 발해, 서경, 거란, 경감, 흑창 / 노비안검법, 과거제, 광덕, 준풍 / 시무 28조, 2, 6, 12목, 서희, 강동 6주, 의창, 국자감 / 5, 4, 8, 귀주 대첩, 초조대장경 / 경정, 사학 12도 / 별무반, 서적포 / 이자겸, 묘청, 김부식 / 무신 정변 / 중방, 최충헌, 교정도감, 도방 / 정방, 서방, 강화도, 팔만(재조)대장경 / 원 / 전민변정도감, 도평의사사 / 사림원, 소금, 성리학 / 정동행성 이문소, 쌍성총관부, 정방, 신돈, 성균관 / 이성계, 과전법

조선 | 시대 흐름 잡기

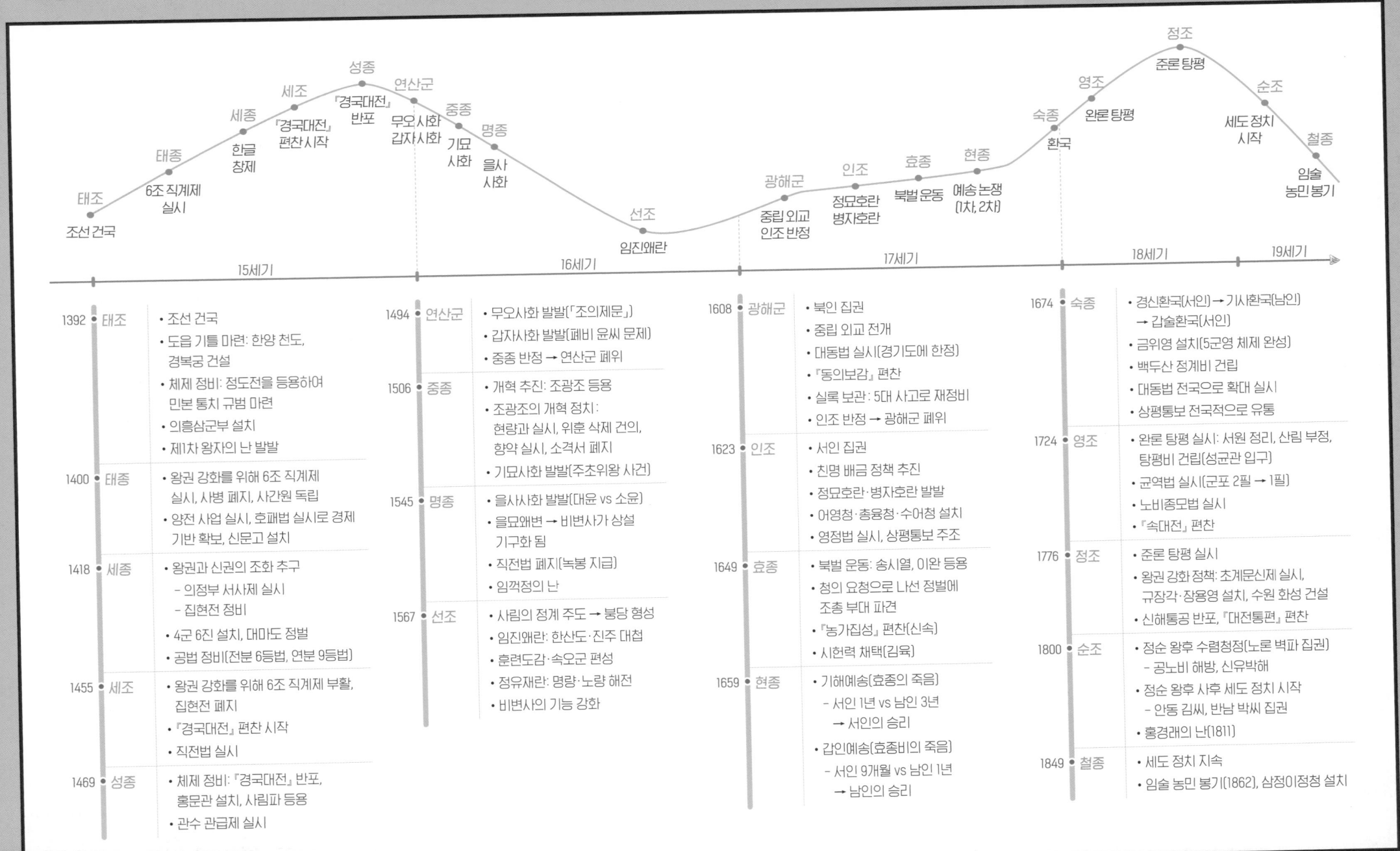

정조
준론 탕평

영조
완론 탕평

순조
세도 정치
시작

철종
임술
농민 봉기

정조

숙종
환국

현종
예송 논쟁
(1차, 2차)

효종
북벌 운동

인조
정묘호란
병자호란

광해군
중립 외교
인조 반정

선조
임진왜란

성종
『경국대전』
반포

연산군
무오사화
갑자사화

세조
『경국대전』
편찬 시작

세종
한글
창제

명종
을사
사화

중종
기묘
사화

태종
6조 직계제
실시

태조
조선 건국

15세기   16세기   17세기   18세기   19세기

1392	태조	• 조선 건국 • 도읍 기틀 마련: 한양 천도, 경복궁 건설 • 체제 정비: 정도전을 등용하여 민본 통치 규범 마련 • 의흥삼군부 설치 • 제1차 왕자의 난 발발
1400	태종	• 왕권 강화를 위해 6조 직계제 실시, 사병 폐지, 사간원 독립 • 양전 사업 실시, 호패법 실시로 경제 기반 확보, 신문고 설치

1418	세종	• 왕권과 신권의 조화 추구
		  – 의정부 서사제 실시
		  – 집현전 정비
		• 4군 6진 설치, 대마도 정벌
		• 공법 정비(전분 6등법, 연분 9등법)

1455	세조	• 왕권 강화를 위해 6조 직계제 부활, 집현전 폐지 • 『경국대전』 편찬 시작 • 직전법 실시
1469	성종	• 체제 정비: 『경국대전』 반포, 홍문관 설치, 사림파 등용 • 관수 관급제 실시

1494	연산군	• 무오사화 발발(「조의제문」) • 갑자사화 발발(폐비 윤씨 문제) • 중종 반정 → 연산군 폐위

1506	중종	• 개혁 추진: 조광조 등용
		• 조광조의 개혁 정치:
		  현량과 실시, 위훈 삭제 건의,
		  향약 실시, 소격서 폐지
		• 기묘사화 발발(주초위왕 사건)

1545	명종	• 을사사화 발발(대윤 vs 소윤) • 을묘왜변 → 비변사가 상설 기구화 됨 • 직전법 폐지(녹봉 지급) • 임꺽정의 난
1567	선조	• 사림의 정계 주도 → 붕당 형성 • 임진왜란: 한산도·진주 대첩 • 훈련도감·속오군 편성 • 정유재란: 명량·노량 해전 • 비변사의 기능 강화

1608	광해군	• 북인 집권 • 중립 외교 전개 • 대동법 실시(경기도에 한정) • 『동의보감』 편찬 • 실록 보관: 5대 사고로 재정비 • 인조 반정 → 광해군 폐위
1623	인조	• 서인 집권 • 친명 배금 정책 추진 • 정묘호란·병자호란 발발 • 어영청·총융청·수어청 설치 • 영정법 실시, 상평통보 주조
1649	효종	• 북벌 운동: 송시열, 이완 등용 • 청의 요청으로 나선 정벌에 조총 부대 파견 • 『농가집성』 편찬(신속) • 시헌력 채택(김육)

1659	현종	• 기해예송(효종의 죽음)
		  – 서인 1년 vs 남인 3년
		    → 서인의 승리
		• 갑인예송(효종비의 죽음)
		  – 서인 9개월 vs 남인 1년
		    → 남인의 승리

1674	숙종	• 경신환국(서인) → 기사환국(남인) → 갑술환국(서인) • 금위영 설치(5군영 체제 완성) • 백두산 정계비 건립 • 대동법 전국으로 확대 실시 • 상평통보 전국적으로 유통
1724	영조	• 완론 탕평 실시: 서원 정리, 산림 부정, 탕평비 건립(성균관 입구) • 균역법 실시(군포 2필 → 1필) • 노비종모법 실시 • 『속대전』 편찬
1776	정조	• 준론 탕평 실시 • 왕권 강화 정책: 초계문신제 실시, 규장각·장용영 설치, 수원 화성 건설 • 신해통공 반포, 『대전통편』 편찬

1800	순조	• 정순 왕후 수렴청정(노론 벽파 집권)
		  – 공노비 해방, 신유박해
		• 정순 왕후 사후 세도 정치 시작
		  – 안동 김씨, 반남 박씨 집권
		• 홍경래의 난(1811)

1849	철종	• 세도 정치 지속 • 임술 농민 봉기(1862), 삼정이정청 설치

(1) 조선의 건국 과정

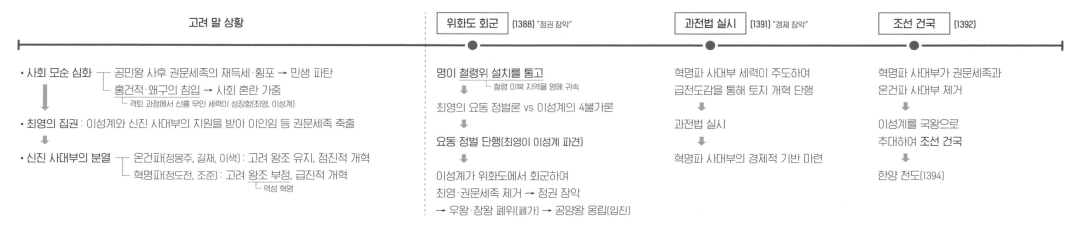

고려 말 상황	위화도 회군 [1388] "정권 장악"	과전법 실시 [1391] "경제 장악"	조선 건국 [1392]

고려 말 상황

• 사회 모순 심화
  ┌ 공민왕 사후 권문세족의 재득세·횡포 → 민생 파탄
  └ 홍건적·왜구의 침입 → 사회 혼란 가중
    └ 격퇴 과정에서 신흥 무인 세력이 성장함(최영, 이성계)

• 최영의 집권 : 이성계와 신진 사대부의 지원을 받아 이인임 등 권문세족 축출

• 신진 사대부의 분열
  ┌ 온건파(정몽주, 길재, 이색) : 고려 왕조 유지, 점진적 개혁
  └ 혁명파(정도전, 조준) : 고려 왕조 부정, 급진적 개혁
    └ 역성 혁명

위화도 회군

명이 철령위 설치를 통고
  └ 철령 이북 지역을 명에 귀속

최영의 요동 정벌론 vs 이성계의 4불가론
  ↓
요동 정벌 단행(최영이 이성계 파견)
  ↓
이성계가 위화도에서 회군하여
최영·권문세족 제거 → 정권 장악
→ 우왕·창왕 폐위(폐가) → 공양왕 옹립(입진)

과전법 실시

혁명파 사대부 세력이 주도하여
급전도감을 통해 토지 개혁 단행
  ↓
과전법 실시
  ↓
혁명파 사대부의 경제적 기반 마련

조선 건국

혁명파 사대부가 권문세족과
온건파 사대부 제거
  ↓
이성계를 국왕으로
추대하여 조선 건국
  ↓
한양 천도[1394]

(2) 조선의 국가 기틀 마련

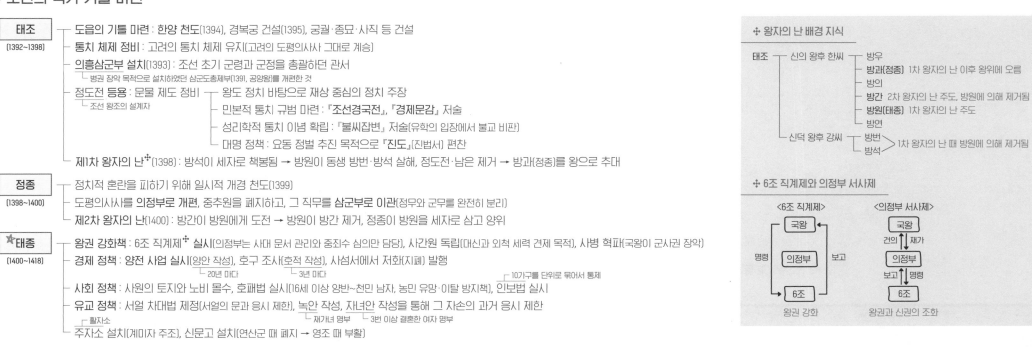

태조 [1392~1398]

- 도읍의 기틀 마련 : 한양 천도[1394], 경복궁 건설[1395], 궁궐·종묘·사직 등 건설
- 통치 체제 정비 : 고려의 통치 체제 유지(고려의 도평의사사 그대로 계승)
- 의흥삼군부 설치[1393] : 조선 초기 군령과 군정을 총괄하던 관서
  └ 병권 장악 목적으로 설치하였던 삼군도총제부[1391, 공양왕]를 개편한 것
- 정도전 등용 : 문물 제도 정비
  └ 조선 왕조의 설계자
    - 왕도 정치 바탕으로 재상 중심의 정치 주장
    - 민본적 통치 규범 마련 : 『조선경국전』, 『경제문감』 저술
    - 성리학적 통치 이념 확립 : 『불씨잡변』 저술(유학의 입장에서 불교 비판)
    - 대명 정책 : 요동 정벌 추진 목적으로 『진도』(진법서) 편찬
- 제1차 왕자의 난 ✛ [1398] : 방석이 세자로 책봉됨 → 방원이 동생 방번·방석 살해, 정도전·남은 제거 → 방과(정종)를 왕으로 추대

정종 [1398~1400]

- 정치적 혼란을 피하기 위해 일시적 개경 천도[1399]
- 도평의사사를 의정부로 개편, 중추원을 폐지하고, 그 직무를 삼군부로 이관(정무와 군무를 완전히 분리)
- 제2차 왕자의 난 [1400] : 방간이 방원에게 도전 → 방원이 방간 제거, 정종이 방원을 세자로 삼고 양위

★태종 [1400~1418]

- 왕권 강화책 : 6조 직계제 ✛ 실시(의정부는 사대 문서 관리와 중죄수 심의만 담당), 사간원 독립(대신과 외척 세력 견제 목적), 사병 혁파(국왕이 군사권 장악)
- 경제 정책 : 양전 사업 실시(양안 작성), 호구 조사(호적 작성), 사섬서에서 저화(지폐) 발행
  └ 20년 마다   └ 3년 마다   └ 10가구를 단위로 묶어서 통제
- 사회 정책 : 사원의 토지와 노비 몰수, 호패법 실시(16세 이상 양반~천민 남자, 농민 유망·이탈 방지책), 인보법 실시
- 유교 정책 : 서얼 차대법 제정(서얼의 문과 응시 제한), 녹안 작성, 자녀안 작성을 통해 그 자손의 과거 응시 제한
  ┌ 활자소   └ 재가녀 명부   └ 3번 이상 결혼한 여자 명부
- 주자소 설치(계미자 주조), 신문고 설치(연산군 때 폐지 → 영조 때 부활)

✛ 왕자의 난 배경 지식

```
태조 ┬ 신의 왕후 한씨 ┬ 방우
     │               ├ 방과(정종) 1차 왕자의 난 이후 왕위에 오름
     │               ├ 방의
     │               ├ 방간 2차 왕자의 난 주도, 방원에 의해 제거됨
     │               ├ 방원(태종) 1차 왕자의 난 주도
     │               └ 방연
     └ 신덕 왕후 강씨 ┬ 방번 ┐ 1차 왕자의 난 때 방원에 의해 제거됨
                     └ 방석 ┘
```

✛ 6조 직계제와 의정부 서사제

```
<6조 직계제>              <의정부 서사제>

    국왕                      국왕
                          건의 ↑↓ 재가
명령 ↑  ↑ 보고               의정부
    의정부                 보고 ↑↓ 명령
                              6조
    6조

   왕권 강화            왕권과 신권의 조화
```

★**세종**
(1418~1450)
- 유교 정치 : 의정부 서사제 **실시**(왕권과 신권의 조화), 집현전 **확대·개편**(유학 연구 + 경연·서연 담당)
  ┌ 국왕 ┌ 세자
- 대외 정책 : 북쪽 국경 지대에 4군(최윤덕) 6진(김종서) **개척** → 현재 국경선 확보(압록강~두만강), 대마도 정벌(이종무, 왜구 근절)
- 경제 정책 : 공법 제정 → 연분 9등법(풍흉 기준), 전분 6등법(토지 비옥도 기준)
- 민족 문화 향상 ┬ 한글 창제 : 훈민정음 창제 → 한글 서적 간행(『용비어천가』, 『월인천강지곡』)
  ├ 과학 기구 제작 : 측우기, 앙부일구(해시계), 자격루(물시계), 간의·혼천의 제작
  ├ 편찬 사업 : 『칠정산』 「내외편」, 『삼강행실도』, 『농사직설』, 『의방유취』, 『향약집성방』, 『총통등록』 간행
  └ 문화 정책 : 활자 주조(경자자, 갑인자), 아악 정리, 정간보(악보) 창안, 불교 교단 정리(선·교종 36본산제 실시)
    └ 전국 36개 사원을 제외한 나머지 사원 혁파

문종
건강 악화로 2년 만에 사망

단종
┌ 문종의 子
- 어린 나이에 즉위(12세) → 왕권 약화, 재상 중심의 정치(김종서, 황보인 등이 국정 주도)
- 수양 대군이 계유정난을 일으킴(1453) → 이징옥의 난(1453, 수양 대군에 맞서 일으킨 반란) → 수양 대군(세조)이 난 진압 후 단종 폐위
  └ 단종의 숙부 └ 명분 없는 쿠데타, 신숙주·한명회·권람(정난공신) 등이 난에 가담, 김종서·황보인·안평 대군 등이 숙청됨

세조
(1455~1468)
- 왕권 강화 : 6조 직계제 실시(강력한 왕권 행사), 종친 등용, 집현전 폐지, 경연·사가 독서 제도 폐지, 『경국대전』 편찬 시작(성종 때 완성)
  ┌ 『호전』, 『형전』 간행
  └ 젊은 문신들에게 휴가를 주어 독서에 전념할 수 있도록 한 제도
  └ 세종 때 실시 → 세조 때 중단 → 성종 즉위 후 부활 → 정조 때 규장각 설립과 함께 폐지
- 군사 제도 정비 : 보법 실시, 5위와 진관 체제 실시
- 직전법 실시(1466) : 현직 관료에게만 수조권 지급, 수신전·휼양전 폐지
- 인지의와 규형 발명 : 토지 측량 기구
- 유향소 폐지 : 이시애의 난(1467)을 유향소가 후원했다는 이유로 폐지(이후 유향소는 성종 때 부활)
  └ 함흥부 유향소의 별감, 세조의 중앙 집권 정책에 반발
- 불교 진흥 : 간경도감 설치(불경 번역·간행), 원각사와 원각사지 10층 석탑 건립

예종
1년 만에 사망

성종
(1469~1494)
┌ 세조의 비
- 어린 나이에 즉위(13세) → 정희 왕후의 수렴청정 → 왕권 약화, 훈구파 세력 강화
- 원상제 폐지 : 성종의 친정 시작(1476) → 왕명 출납과 서무 결재권 회수
  └ 어린 임금이 즉위할 경우 재상들이 임금을 보좌하는 제도
- 홍문관(옥당) 설치 : 집현전 계승, 홍문관 관원 모두가 경연관을 겸하게 함 → 경연 활성화
- 유교 정치 체제 정비 ┬ 사림파 등용 시작 → 훈구파 견제 목적
  ├ 유향소 부활 → 성리학적 향촌 질서 확립, 사림의 세력 기반이 됨
  └ 억불 정책 : 도첩제 폐지(승려의 출가 금지), 간경도감 폐지
- 『경국대전』 반포 : 조선 사회의 기본 통치 방향과 이념을 제시
- 관수 관급제 실시(1470) : 국가가 농민에게 직접 조세를 거둔 후에 수조권을 가진 관리들에게 지급하는 방식(→ 국가의 토지 지배권이 강화됨)
- 편찬 사업 : 『동국여지승람』, 『동국통감』, 『동문선』, 『악학궤범』, 『국조오례의』, 『삼국사절요』, 『해동제국기』 등 편찬
  └ 지리서 └ 역사서 └ 문학 모음집 └ 음악서 └ 왕실 예법서 └ 역사서 └ 일본 견문기(신숙주)

조선 시대의 법전

법전	편저자	시기
『조선경국전』	정도전	태조(1394)
『경제육전』	조준	태조(1397)
『속육전』	하륜	태종(1413)
『신찬경제속육전』	집현전, 황희	세종(1433)
『경국대전』	최항, 노사신	성종(1485)
『속대전』	김재로	영조(1746)
『대전통편』	김치인	정조(1785)
『대전회통』	조두순	고종(1865)

3 조선의 중앙 통치 체제 ★★

(1) 핵심 기구

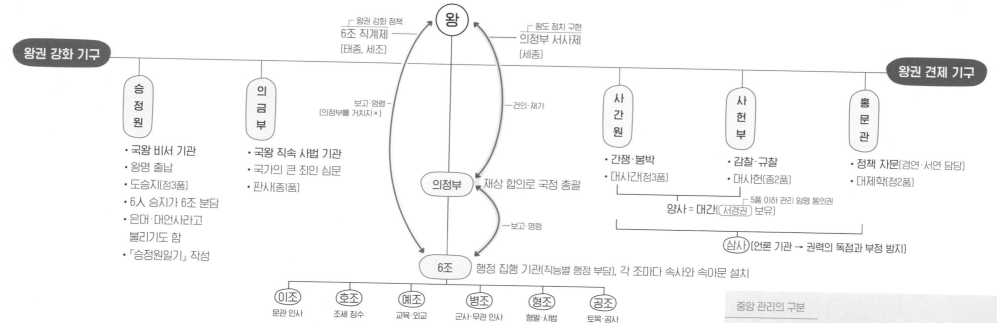

- **왕권 강화 기구**
- **왕권 견제 기구**

왕권 강화 정책
6조 직계제 [태종, 세조]

왕도 정치 구현
의정부 서사제 [세종]

보고·명령 (의정부를 거치지×)

건의·재가

승정원
- 국왕 비서 기관
- 왕명 출납
- 도승지(정3품)
- 6人 승지가 6조 분담
- 은대·대언사라고 불리기도 함
- 『승정원일기』 작성

의금부
- 국왕 직속 사법 기관
- 국가의 큰 죄인 심문
- 판사(종1품)

의정부 재상 합의로 국정 총괄

보고·명령

사간원
- 간쟁·봉박
- 대사간(정3품)

사헌부
- 감찰·규찰
- 대사헌(종2품)

홍문관
- 정책 자문(경연·서연 담당)
- 대제학(정2품)

양사 = 대간 (서경권 보유)

5품 이하 관리 임명 동의권

삼사 [언론 기관 → 권력의 독점과 부정 방지]

6조 행정 집행 기관(직능별 행정 부담), 각 조마다 속사와 속아문 설치

- **이조** 문관 인사
- **호조** 조세 징수
- **예조** 교육·외교
- **병조** 군사·무관 인사
- **형조** 형벌·사법
- **공조** 토목·공사

(2) 부수적 기구

춘추관
- 역사서 편찬·보관
- 영사(정1품, 영의정 겸직)

한성부
- 수도(서울)의 행정·치안
- 한성 판윤(정2품)

예문관
임금의 교지 작성
└ 명령서

교서관
- 서적 간행·관리
- 제사용 축문·인신(도장) 관장

승문원
외교 문서 작성

성균관
- 국립 대학(최고 교육 기관)
- 고등 문관 양성

4관 유교 정치의 수행을 위해 설치, 주의 춘추관은 4관에 포함×

중앙 관리의 구분

품계 제도	18품 30계(등급) ┌ 정1품 ~ 종6품 24등급(계)
	└ 관품은 12품 → 상·하계로 구분
	┌ 정7품 ~ 종9품 6등급(계)
	└ 관품은 6품 → 상·하계의 구분×
관직(관품) 기준	• 당상관 : 정3품 상계 이상, 정치의 중대사 논의
	└ 문관 통정대부, 무관 절충장군 이상
	• 당하관 : 정3품 하계 이하
	┌ 참상관(정3품 ~ 종6품) : 조회 참여, 실무 담당
	└ 참하관(정7품 ~ 종9품)
관계(품계) 기준	• 경관직 : 중앙 관직
	• 외관직 : 지방 관직

수령 임용 가능

행수제

- 목적 : 관계와 관직이 어긋나는 것을 방지
- 내용 ┌ 계고직비(관계↑, 관직↓) : 관직명 앞에 '행'
  └ 계비직고(관계↓, 관직↑) : 관직명 앞에 '수'

4 조선의 지방 행정 조직 ★★★

(1) 조선의 지방 행정 조직의 특징

- 전국을 8도로 나누고 그 아래에 330여 개 군현 설치 ─┐ 중앙 집권 체제 + 향촌 자치의 조화 추구
- 고을 크기에 따라 지방관 등급 조정 ─┘

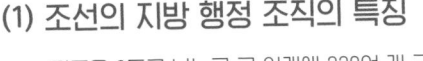

중석쌤의 기출오답 솔루션

- 조선 시대의 향리는 행정·사법·군사권을 행사하는 국왕의 대리인이다. [2018. 법원직 9급]
  → 수령
- 조선 시대에는 각 군현에 지방민의 자치를 허용하기 위해 경재소를 설치하였다. [2018. 서울시 7급(6월 시행)]
  → 유향소

(2) 지방 행정 조직도

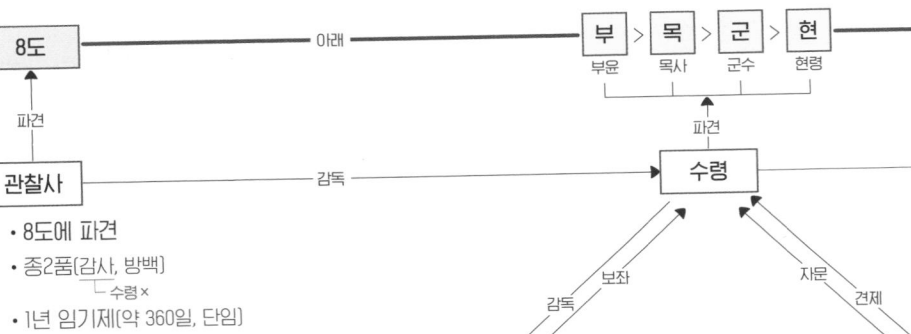

부 > 목 > 군 > 현
부윤 목사 군수 현령

1리 = 5통
면 > 리 > 통 (1통 = 5가구)
면장 이정 통수 5가작통법
수령이 선발

8도 ─파견→ **관찰사** ─감독→ **수령** ─아래→

수령
- 모든 군현에 파견
- 실제 행정 담당, 수령 7사 업무 수행 → 조세, 공납의 징수가 가장 중요한 임무
- 5년 임기제(약 1800일), 관찰사의 지휘·감독 받음
- 권한 강화 : 지방의 행정, 사법, 군사권 장악

관찰사
- 8도에 파견
- 종2품(감사, 방백) └ 수령×
- 1년 임기제(약 360일, 단임) 일부는 병마절도사, 수군절도사 겸직
- 감영에 상주, 수령 지휘·감독 └ 관찰사가 직접 파견되어 상주하는 관청
- 감찰, 행정, 사법, 군사권 보유

향리 (보좌/감독)
- 세습적 아전으로 격하(수령 보좌, 행정 실무)
- 6방에 배속(무보수)
- 고려 시대보다 향리 권한 약화

★유향소 (자문/견제)
- 재지 사족들의 향촌 자치 기구 └ 지방 유지, 전직 관리
- 수령 보좌, 향리 규찰, 풍속 교정, 백성 교화
- 향촌의 덕망 있는 인사들로 구성
- 좌수·별감을 임원으로 선출
- 향촌을 지배하여 지방민 통제
  - 향안 : 지방 사족 명단
  - 향회 : 권력 기구(향촌 규약 제정)
  - 향규 : 운영 규칙(자율적 규약)
- 변천 : 유향소 → 혁파 → 복립 → 재혁파 → 재복립 → 향청으로 변화 ┌이시애의 난 때
  [조선 초기] [태종] [세종] [세조] [성종] [선조]

경재소 ─견제→ 유향소
- 지방 출신의 중앙 고관을 책임자로 임명
- 유향소와 정부 사이 연락 담당, 유향소 임원(좌수·별감) 임명 → 유향소 감시·통제(중앙 집권 강화)
- 선조 때 혁파(1603) → 이후 수령이 좌수·별감 임명

지방관 파견 원칙
- 임기제 : 지방관의 임기 설정 (관찰사 1년, 수령 5년)
- 상피제 : 자기 출신지 지방관 임명 금지

경저리와 영저리
- 경저리 : 서울에 머무르는 지방 향리, 고려의 기인 제도 계승, 자기 군현의 원활한 군역 징발·공납 납부 목적
- 영저리 : 감영에 머무르는 지방 향리, 군현과 감영 간의 연락 사무, 재지 사족 견제

4도 유수부(특수 행정 구역)
- 개성, 강화, 광주(경기), 수원에 유수부 설치(정조 때 완비)
  세종 인조 숙종 정조
- 군사 요충지, 임기응변적 설치, 4도 유수 파견(국왕 직속 경관, 종2품)
- 관찰사의 지휘나 통제를 받지 않음

✧ 수령 7사
- 농업 장려 · 향리의 부정 방지
- 부역의 균등 · 호구의 확보
- 소송의 간결 · 학교의 진흥
- 군대의 정비

5 조선의 군사 제도 ★★

(1) 군역 제도 '누가 군대가나?'

원칙
- 양인 개병제 : 16세 ~ 60세의 양인 남성(천민 제외)이 대상 → **보법 제정** (15C, 세조)
  - 병농 일치제 : 평상시 농업 종사, 유사시 전쟁 참여
    - 실제로 군 복무를 하는 정군을 경제적으로 지원하기 위해 편성한 군역 제도
    - 정군으로 뽑지 않은 장정을 보인으로 삼아 정군의 군사 활동에 필요한 비용을 부담하게 함(정군 1명당 보인 2명 배정)
    - **구성**
      - 정군(정병) : 서울·국경 요충지에 배속, 1년에 2~3개월 군 복무, 복무 기간에 따라 품계 지급
      - 보인(봉족) : 정군의 군역 수행에 필요한 비용 부담(1년에 2필 정도의 군포 납부)
        └ 3결 이상의 토지 소유한 정군은 보인 배정 받지 않음

예외
 ┌ 성균관·향교 소속
 현직 관료(양반)·학생·향리·상공업자는 군역 면제, 왕족·공신·고급 관료의 자제는 고급 특수군(별시위 등)에 편제(→ 품계와 녹봉을 받음)

(2) 군사 조직

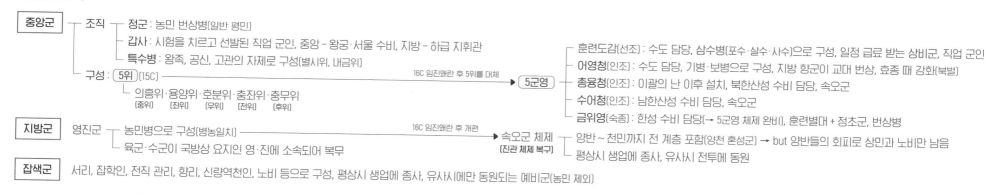

중앙군
- 조직
  - 정군 : 농민 번상병(일반 평민)
  - 갑사 : 시험을 치르고 선발된 직업 군인, 중앙 – 왕궁·서울 수비, 지방 – 하급 지휘관
  - 특수병 : 왕족, 공신, 고관의 자제로 구성(별시위, 내금위)
- 구성 : 5위 (15C) ── 16C 임진왜란 후 5위를 대체 ⟶ 5군영
  └ 의흥위·용양위·호분위·충좌위·충무위
     (중위) (좌위) (우위) (전위) (후위)
  - 훈련도감(선조) : 수도 담당, 삼수병(포수·살수·사수)으로 구성, 일정 급료 받는 상비군, 직업 군인
  - 어영청(인조) : 수도 담당, 기병·보병으로 구성, 지방 향군이 교대 번상, 효종 때 강화(북벌)
  - 총융청(인조) : 이괄의 난 이후 설치, 북한산성 수비 담당, 속오군
  - 수어청(인조) : 남한산성 수비 담당, 속오군
  - 금위영(숙종) : 한성 수비 담당(→ 5군영 체제 완비), 훈련별대 + 정초군, 번상병

지방군
- 영진군 ┌ 농민병으로 구성(병농일치) ── 16C 임진왜란 후 개편 ⟶ 속오군 체제 (진관 체제 복구)
         └ 육군·수군이 국방상 요지인 영·진에 소속되어 복무
  - 양반 ~ 천민까지 전 계층 포함(양천 혼성군) → but 양반들의 회피로 상민과 노비만 남음
  - 평상시 생업에 종사, 유사시 전투에 동원

잡색군
서리, 잡학인, 전직 관리, 향리, 신량역천인, 노비 등으로 구성, 평상시 생업에 종사, 유사시에만 동원되는 예비군(농민 제외)

(3) 지역 방어 체제의 변화 [지방 군사 조직 변화에 영향을 줌]

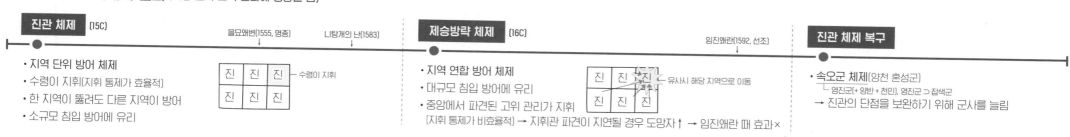

진관 체제 (15C) ─── 을묘왜변(1555, 명종) / 니탕개의 난(1583) ─── **제승방략 체제** (16C) ─── 임진왜란(1592, 선조) ─── **진관 체제 복구**

- 진관 체제 (15C)
  - 지역 단위 방어 체제
  - 수령이 지휘(지휘 통제가 효율적) ── 진 진 진 / 진 진 진 ← 수령이 지휘
  - 한 지역이 뚫려도 다른 지역이 방어
  - 소규모 침입 방어에 유리

- 제승방략 체제 (16C)
  - 지역 연합 방어 체제
  - 대규모 침입 방어에 유리
  - 중앙에서 파견된 고위 관리가 지휘 ── 진 진 진 / 진 진 진 ← 유사시 해당 지역으로 이동
    (지휘 통제가 비효율적) → 지휘관 파견이 지연될 경우 도망자↑ → 임진왜란 때 효과×

- 진관 체제 복구
  - 속오군 체제(양천 혼성군)
    └ 영진군(+ 양반 + 천민), 영진군 ⊃ 잡색군
    → 진관의 단점을 보완하기 위해 군사를 늘림

(4) 교통·통신 제도 [중앙 집권 강화 목적]

- 역·원제 : 역 전국 주요 교통 요지에 설치, 병조에서 관할, 역전(역에 속한 논밭 수조권) 지급 / 원 공공 여관, 공무 수행 중인 관민이 이용, 원전(원에 속한 논밭 수조권) 지급
- 봉수제 : 군사적인 위급 사태를 알리기 위해 시행, 낮에는 연기·밤에는 횃불로 연락을 취함 → 서울 목멱산(남산)이 최종 집결지
- 파발제 : 임진왜란 당시 역·원제가 붕괴되자 공문 급송을 위해 시행(1597, 선조) ← 봉수제와 역·원제 보완

(1) 과거 제도 [과거제(문과)의 경우 교육 기관과 유기적인 관계를 맺고 있음]

문과 — 응시 금지
┕ 탐관오리 자제
┕ 서얼
┕ 재가한 여자의 자손

- **소과** ─ 응시 : 초등 교육 기관(서당)과 중등 교육 기관(4부 학당, 향교)을 졸업한 후 소과 응시
  ┕ 중앙 국립 ┕ 지방 국립
  ─ 종류 ─ 생원시 : 유교 경전 시험
  　　　　 ┕ 진사시 : 문예(논술) 시험
  ─ 절차 : 초시(700명, 각 도의 인구 비례로 뽑음) → 복시(생원·진사 각 100명 선발, 성적에 따라 선발)
  　　　　　　　　　　　　　　　　　　　　　　　　　┕ 합격 : 백패 지급

- 소과 급제자는 성균관(국립 대학) 입학
  ┕ 정원 200명, 특혜(알성시 응시 가능 → 성적 우수자는 대과 초시 면제)

- **대과** ─ 절차 : 초시(240명 선발 = 서울 90명 + 각 도 인구 비례 150명) → 복시(33명 선발, 성적 우수자, 최종 합격자) → 전시(순위 결정전)
  　　　　　　　　　┕ 성균관 50명, 한성시 40명, 향시 150명　　　　　　　　　　┕ 합격 : 홍패 지급
  - 갑과 : 3명(1등 : 장원 → 2·3등 : 방안, 탐화)
    ┕ 종6품　　　　　　　┕ 정7품
  - 을과 : 7명(정8품)
  - 병과 : 23명(정9품)

무과 ─ 소과(예비 시험) 없음, 바로 대과 실시, 주로 서얼·중간 계층이 응시
  ─ 대과(문과와 동일한 방식) : 초시(190명 선발) → 복시(28명 선발, 최종 합격자) → 전시(순위 결정전)
  　　　　　┕ 합격 : 홍패 지급·선달이라는 호칭 수여
  - 갑과 : 3명(종7품)
  - 을과 : 5명(종8품)
  - 병과 : 20명(종9품)
  ─ 시험 과목 : 무술 + 병서 + 경서

잡과 ─ 종류 : 역과(사역원 주관), 의과(전의감 주관), 율과(형조 주관), 음양과(관상감 주관)
  ─ 절차 : 초시(해당 관청에서 주관) → 복시(예조에서 주관)
  　　　　　　　　　　　　　　　　　┕ 합격 : 백패 지급

(2) 기타 시험 제도

음서 공신·2품 이상의 고관 자손·사위, 실직 3품 이상 관리의 자손 등을 대상으로 함, 문과 불합격 시 고위 관직으로 승진 불가
　　　┕ 고려(5품 이상)에 비해 제한됨

취재 간단한 시험을 거쳐 서리 또는 하급 관리로 선발, 고관 진출은 사실상 불가능, 산학(호조 주관)·화학(도화서 주관)·악학(장악원 주관)

천거 3품 이상 고관의 추천을 받은 관리 등용, 대개 기존 관리를 대상으로 실시(현량과가 대표적)
　　　┕ 문관 : 3품 이상, 무관 : 2품 이상　　　　　　　　　　　　┕ 중종 때 조광조의 건의로 실시

(3) 합리적 인사 관리 제도 [관료적 성격의 강화]

임기제 지방관의 임기 설정 (관찰사 360일, 수령 1800일)

상피제 가까운 친인척이 같은 관청에서 근무하지 못함, 자기 출신지 지방관 부임 금지

서경 제도 5품 이하 관리 임명 시 대간 (사간원, 사헌부)이 신분·경력 등을 조사한 뒤 그 가부를 승인

포폄제 근무 성적 평가제, 고관이 6개월 마다 하급 관리의 근무 성적을 평가, 승진·좌천의 자료로 사용

한품서용제 신분에 따른 승진의 품계 제한 (서얼·기술관 - 정3품 당하관, 토관·향리 - 정5품, 서리 - 정7품까지)

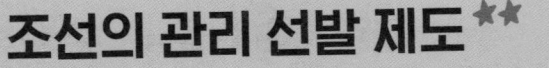

중석쌤의 기출오답 솔루션

• 문과(대과) 합격자에게는 합격 증서에 해당하는 백패를 수여했다. [2018. 서울시 7급(3월 시행)]
　→ 홍패

• 조선 전기에는 유교의 적서 구분에 의해 서얼에 대한 차별이 심했기 때문에 서얼은 관직에 진출하지 못하였다. [2018. 서울시 9급(6월 시행)]
　→ (무과·잡과 응시 가능)

과거 시험 시기

• 정기 시험 : 식년시(3년에 한 번씩 실시되는 시험)
• 부정기 시험(별시) : 증광시, 알성시, 춘당대시 등

조선 시대 승과

조선초 — 승과 실시
↓
중종 — 조광조에 의해 폐지(1507)
↓
명종 ┬ 문정 왕후 때 잠시 부활(1550)
　　　│　↓
　　　└ 문정 왕후 사후 다시 폐지(1566)

(1) 훈구·사림의 등장

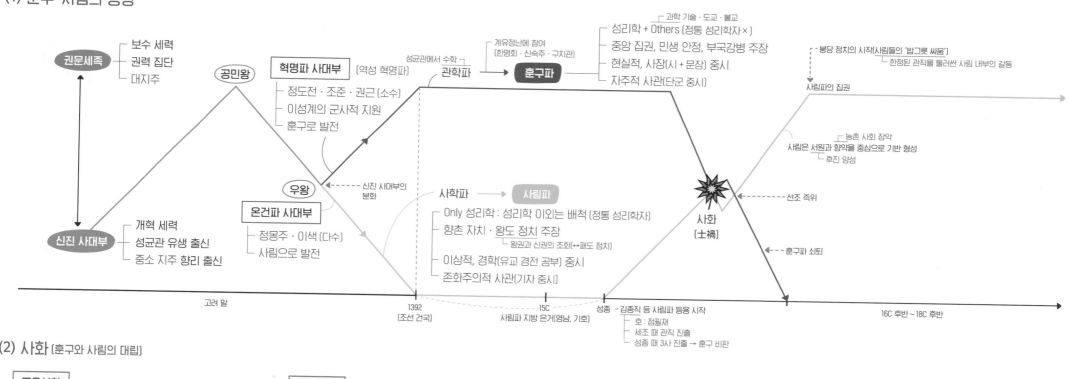

- 권문세족
  - 보수 세력
  - 권력 집단
  - 대지주

- 신진 사대부
  - 개혁 세력
  - 성균관 유생 출신
  - 중소 지주 향리 출신

- 공민왕

- 혁명파 사대부 [역성 혁명파]
  - 정도전·조준·권근 (소수)
  - 이성계의 군사적 지원
  - 훈구로 발전

- 우왕
- 온건파 사대부
  - 정몽주·이색 (다수)
  - 사림으로 발전

┌ 신진 사대부의 분화

┌ 성균관에서 수학
관학파

┌ 계유정난에 참여 (한명회·신숙주·구치관)

- 훈구파
  ┌ 과학 기술·도교·불교
  - 성리학 + Others [정통 성리학자 ×]
  - 중앙 집권, 민생 안정, 부국강병 주장
  - 현실적, 사장(시 + 문장) 중시
  - 자주적 사관(단군 중시)

- 사학파 → 사림파
  - Only 성리학 : 성리학 이외는 배척 [정통 성리학자]
  - 향촌 자치·왕도 정치 주장
    └ 왕권과 신권의 조화(↔패도 정치)
  - 이상적, 경학(유교 경전 공부) 중시
  - 존화주의적 사관(기자 중시)

- 사화 (士禍)

- 선조 즉위
- 훈구파 쇠퇴

┌ 봉당 정치의 시작 [사림들의 '밥그릇 싸움']
사림파의 집권
  └ 한정된 관직을 둘러싼 사림 내부의 갈등

┌ 농촌 사회 장악
사림은 서원과 향약을 중심으로 기반 형성
  └ 후진 양성

- 고려 말
- 1392 [조선 건국]
- 15C 사림파 지방 은거(영남, 기호)
- 성종 - 김종직 등 사림파 등용 시작
  - 호 : 점필재
  - 세조 때 관직 진출
  - 성종 때 3사 진출 → 훈구 비판
- 16C 후반 ~ 18C 후반

(2) 사화 [훈구와 사림의 대립]

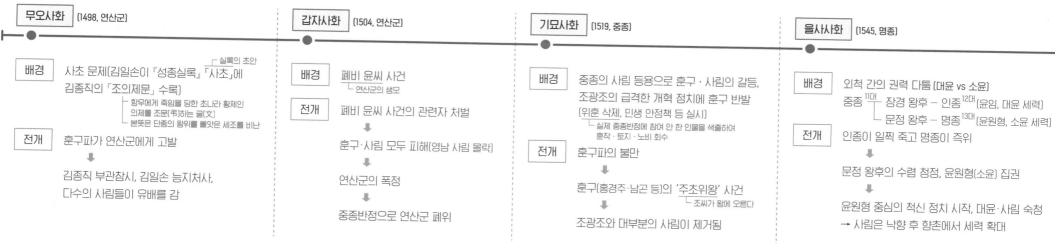

무오사화 [1498, 연산군]

| 배경 | 사초 문제[김일손이 『성종실록』 「사초」에 ┌ 실록의 초안
김종직의 「조의제문」 수록] |

┌ 항우에게 죽임을 당한 초나라 황제인 의제를 조문(弔)하는 글(文)
└ 본뜻은 단종의 왕위를 빼앗은 세조를 비난

| 전개 | 훈구파가 연산군에게 고발
↓
김종직 부관참시, 김일손 능지처사,
다수의 사림들이 유배를 감 |

갑자사화 [1504, 연산군]

| 배경 | 폐비 윤씨 사건
└ 연산군의 생모 |

| 전개 | 폐비 윤씨 사건의 관련자 처벌
↓
훈구·사림 모두 피해(영남 사림 몰락)
↓
연산군의 폭정
↓
중종반정으로 연산군 폐위 |

기묘사화 [1519, 중종]

| 배경 | 중종의 사림 등용으로 훈구·사림의 갈등,
조광조의 급격한 개혁 정치에 훈구 반발
[위훈 삭제, 민생 안정책 등 실시]
└ 실제 중종반정에 참여 안 한 인물을 색출하여
훈작·토지·노비 회수 |

| 전개 | 훈구파의 불만
↓
훈구(홍경주·남곤 등)의 '주초위왕' 사건
└ 조씨가 왕에 오른다
↓
조광조와 대부분의 사림이 제거됨 |

을사사화 [1545, 명종]

| 배경 | 외척 간의 권력 다툼 [대윤 vs 소윤]
중종 11대 ┌ 장경 왕후 - 인종 12대 (윤임, 대윤 세력)
└ 문정 왕후 - 명종 13대 (윤원형, 소윤 세력) |

| 전개 | 인종이 일찍 죽고 명종이 즉위
↓
문정 왕후의 수렴 청정, 윤원형(소윤) 집권
↓
윤원형 중심의 척신 정치 시작, 대윤·사림 숙청
→ 사림은 낙향 후 향촌에서 세력 확대 |

명과의 관계 - 사대 [조공·책봉 관계]

건국 직후 | 불편한 관계 [태조 때]

- 표전문 사건 : 명에서 정도전을 지목하여 압송 강요
  - 정도전이 명에 보낸 표문의 언사가 불손하다고 명이 트집을 잡은 사건
  - → 이에 반발하여 정도전이 요동 정벌 추진
- 종계·변무 문제 : 중국 측 기록에 이성계가 이인임 아들로 잘못 기록된 것을 수차례 수정 요청 [선조 때 해결]
- 고명·금인 문제 : 명에서 태조의 즉위 승인을 미룸
- 여진과의 관계 문제 : 명이 조선으로 넘어온 여진인 송환 요구
  - → 조선이 이를 거절 [불편한 관계]

태종 이후 | 친선 관계

- 원칙적 사대 관계, but 명의 구체적 내정 간섭 ×
- 자주적 실리 외교 전개 : 왕권 안정 + 국제적 지위 확보
  - 조공품 < 회사품 ┘ ┖ 명으로부터 왕위를 인정받음
- 정기·부정기적으로 명에 사신 파견, 사신을 통한 무역 전개
  - ┖ 사행 무역

  명 →[회사품 : 서적, 약재, 문방구 등] 조선
  명 ←[조공품 : 토산물(마필, 인삼), 모피 등] 조선

16세기 | 사림 집권 후 존화주의로 인해 지나친 친명 정책으로 변화
  - ┖ 중국(중화)을 존경·숭상하는 사상

조선 초 동남아시아와의 관계

- 류큐(오키나와), 시암(태국), 자와(자바, 인도네시아)와 교류
- 조공 또는 진상의 형식으로 거래
- 조선의 선진 문물 전파 : 불경, 유교 경전, 범종, 부채 등을 전해 주어 류큐 문화 발전에 기여

여진과의 관계 - 교린 [화전 양면책]
└ 강경책 + 회유책

회유책

- 여진족 귀순 장려 : 귀순 시 관직·토지·주택 제공
- 한성에 북평관(사신 유숙소) 설치 : 조공 무역 허용
- 무역소 설치 : 태종 때 경성·경원에 무역소를 두고 국경 무역 허용

  여진 →[마필, 해동청, 산삼 등] 조선
  여진 ←[면, 마, 종이, 염장 등] 조선

강경책

- 태조 : 두만강 지역 개척
- 세종 : 4군(최윤덕) 6진(김종서) 개척

  (지도)
  6진
  4군
  압록강 ~ 두만강을 경계로 ‡ 하는 오늘날의 국경선 확보
  삼남 지방민 이주

  북방 사민 정책 + 토관 제도 시행‡

‡ 역대 국경선 변화

- 삼국 통일 : 대동강 ~ 원산만
- 고려 태조 : 청천강 ~ 영흥만
- 고려 천리장성 : 압록강 ~ 도련포
- 고려 공민왕 : 압록강 중류 ~ 함남
- 조선 세종 : 압록강 ~ 두만강

‡ 북방 사민 정책 [태종~중종]

- 목적 : 국토의 균형 발전
- 내용 : 삼남 지방민을 북방으로 이주시킴
- 토관 제도 시행 : 북방에 이주한 지역 토착민을 토관으로 임명

일본과의 관계 - 교린 [화전 양면책]
└ 강경책 + 회유책

회유책

- 3포 개항[1426, 세종] : 부산포·제포·염포 개항 → 왜관 설치
  - ┖ 동래 ┖ 진해 ┖ 울산
- 계해약조 체결[1443, 세종] : 제한된 범위 내에서 무역 허용
  - ┖ 세견선 50척, 세사미두 200석

  일본 →[구리, 황, 향료, 약재 등] 조선
  일본 ←[쌀, 인삼, 무명, 삼베, 서적 등] 조선

강경책 | 세종 때 이종무가 쓰시마 섬(대마도) 정벌[1419]
  - → 왜구 근절

왜란 전·후의 대일 관계

16C	중종	삼포왜란[1510] : 비변사 설치[1511, 임시 기구]
		임신약조[1512] : 제포만 개항, 세견선 25척, 세사미두 100석
		사량진왜변[1544] : 교역 중단
	명종	정미약조[1547] : 규정 위반에 대한 벌칙 강화, 세견선 25척
		을묘왜변[1555] : 국교 일시 단절, 비변사 상설 기구화
	선조	임진왜란[1592] : 비변사 최고 권력 기구화
		정유재란[1597]
17C	광해군	기유약조[1609] : 부산포만 개항, 세견선 20척, 세사미두 100석

중석쌤의 기출오답 솔루션

- 명종 때 삼포에서 4~5천 명의 일본인이 난을 일으켰다. [2020. 지방직 9급]
  → 중종
- 비변사는 왜구의 침입에 대비하여 16세기 초 상설 기구로 설치되었다. [2019. 경찰직(1차)]
  → 임시 기구 [상설 기구화된 것은 16세기 중엽]

전란 이전 상황

조선
- 양인 개병제의 붕괴와 군적 수포제의 모순으로 ┌ 방납의 폐단
- 국방력 약화(군사적 공백 상태)
- 국론 분열(조선 통신사의 입장 차이)
  - 서인(황윤길) : 日과의 전쟁 발발 가능성○
    → 日 침략 가능성에 대비하자!
  - 동인(김성일) : 日과의 전쟁 발발 가능성×

일본
- 도요토미 히데요시가 일본 통일(전국 시대 종결)
- 정명가도를 명분으로 대륙 침략 준비
  └ 명을 치는 데 필요한 길을 빌려 달라고 조선에 요구

여진
- 니탕개의 난(1583) : 신립, 이순신 등이 격퇴

임진왜란 발발 [1592]

- 왜군의 20만 대군이 조선 침략[1592. 4.]
  - 부산진 함락(정발 死)
  - 동래성 함락(송상현 死)
- 충주 탄금대 전투 패배[신립 死]
- 선조의 피난(광해군의 분조 활동)
  - 개성 → 평양 → 의주
- 왜군이 20여일 만에 한양 함락
- 明의 원군이 조선에 도착
  - 1차 파병 : 조승훈
  - 2차 파병 : 이여송

조선 수군의 승리 이순신의 활약!

- 5月 옥포 해전 승리, 사천포 해전 승리[거북선 최초 이용]
- 6月 당포·당항포 해전 승리
- 7月 한산도 대첩 승리[학익진 전법]
- 전라도 곡창 지대를 보호하고, 왜군의 수륙 병진 작전을 좌절시킴
  └ 육군은 빠르게 북상하고, 수군은 남해와 서해를 돌아 물자를 조달할 계획

의병의 항쟁

- 조직 : 전국 각지에서 자발적으로 조직
- 구성 : 의병 대부분이 농민 + 의병장(양반 유생 + 승려)
- 활동 : 향토 지리에 밝은 이점을 활용하여 왜군 타격, 이후 관군에 편입되어 활약
- 대표적 의병장
  - 경상도 : 곽재우, 정인홍
  - 전라도 : 고경명, 김천일, 김덕령
  - 충청도 : 조헌
  - 함경도(길주) : 정문부(북관대첩비)
  - 금강산 : 사명 대사(유정) ┐ 승병
  - 묘향산 : 서산 대사(휴정) ┘

조선의 반격 [전란 극복]

- 1592. 10. 진주 대첩 승리[김시민 지휘]
- 1593. 1. 조·명 연합군의 평양성 탈환
- 1593. 2. 행주 대첩 승리[권율 지휘]
- 휴전 협상 (명과 왜 사이, 3년 간 진행)
- 조선의 전열 정비
  - 훈련도감 설치[삼수병 양성, 1593] ┌ 포수·사수·살수
  - 지방군 편제를 속오군으로 개편

정유재란 발발 [1597]

- 1月 왜군의 재침입
- 7月 칠천량 해전 패배[원균의 지휘부 전멸], 조·명 연합군의 직산 전투 승리
  - 이순신의 재등장
- 9月 명량 해전 승리[진도 울돌목]
- 1598 도요토미 히데요시의 죽음, 왜군 철수
- 11月 노량 해전 승리[왜군과의 마지막 해전, 이순신 死]
- 왜군 완전 철수

전란 이후 상황 [왜란의 영향]

조선
- 비변사의 최고 기구화
- 농토의 황폐화, 인구 감소, 양안(토지 대장)·호적 소실
  - → 국가 재정 감소 → 납속책 실시·공명첩 발급 ─결과→ 신분제 동요)
- 담배, 고추, 호박, 토마토 등이 전래됨
- 문화재 소실(불국사, 경복궁, 서적, 3대 사고의 실록 등)

일본
- 문화 발전(도자기, 활자, 성리학) ← 조선의 많은 문화재와 기술자들을 약탈해 갔기 때문
- 도쿠가와의 에도 막부 성립 : 조선에 적극적 친교 요청, 사명 대사 파견(포로 송환)
  → 조선과 국교 재개
- 조선 통신사 파견[1607], 기유약조[1609, 광해군] 체결
  - 1607~1811, 총 12회 파견
  - 제한된 범위 내 교류 재개(부산포 개항, 세견선 20척, 세사미두 100석)

중국
- 明의 국력 약화, 북방의 여진족이 급성장하여 후금(청) 건국 → 명·청 교체

10 호란 ★★

(1) 호란의 발발과 전개

1623 인조반정
- 원인 ── 광해군의 중립 외교 정책에 대한 서인의 반발
  └ 광해군의 실정 : 폐모살제(인목 대비 폐위, 영창 대군 살해)
- 전개 : 서인(이귀, 김자점, 이괄 등)이 반정 도모
- 결과 : 서인의 정권 장악(인조 즉위)

1627 정묘호란
- 원인 ── 서인 정권의 친명 배금 정책 ──┐ 후금 자극
  └ 명 모문룡의 가도 사건(1623) ──┘
    └ 명나라 장수 모문룡의 군대가 후금에 쫓겨 가도에 진을 치고 후금과 대결(후금이 조선을 적대시)
  └ 이괄의 난(1624) : 인조반정 후 논공행상에 대한 불만을 품은 이괄이 난을 일으킴
    → 잔당들이 후금과 내통하여 조선 침입을 종용함
- 전개 ── 후금의 침입(황주·평산까지 침입, 일부는 가도의 모문룡 공격) → 인조가 강화도로 피난
  └ 정봉수(철산 용골산성), 이립(의주) 등이 의병을 일으켜 후금에 대항
- 결과 : 후금과 형제 관계 체결(최명길의 수락), 후금에 조공, 중강 및 회령 개시 허용, 명과 후금 사이에서 중립 유지 약속
  └ 공무역 허용

1636 병자호란
- 원인 : 후금이 조선에 군신 관계 요구 + '청'으로 국호를 고치고 조선의 왕자들과 척화 주전론자들을 볼모로 요구
- 전개 ── 청의 요구를 두고 조선 내 국론 분열 ── 주화론(최명길) : 군신 관계 수용 (외교적 해결 추구)
  └ 척화 주전론(3학사, 김상헌) : 군신 관계 거절 (전쟁 주장)
  └ 척화 주전론이 우세해지자 청이 조선에 침입 → 인조가 남한산성으로 피난 → 결국 항복
- 결과 : 청과 군신 관계 체결(삼전도의 굴욕), 두 왕자(소현 세자, 봉림 대군)와 척화론자들(3학사 등)이 볼모로 청에 압송됨
  └ 삼배구고두례   └ 효종   └ 홍익한, 윤집, 오달제

- 병자년에 청군이 서울을 점령하자 인조는 강화도로 피난하여 항전하였다. [2015. 사회복지직 9급]
  → 남한산성(강화도 피난은 정묘호란)
- 숙종 때 청의 요구에 따라 조총 부대를 영고탑으로 파견하였다. [2020. 지방직 9급]
  → 효종

광해군과 서인의 외교 정책 비교 (= 친선 ↔ 대립)

광해군의 중립 외교 정책 (대의명분 < 실리)	인조(서인)의 친명 배금 정책 (대의명분 > 실리)

(후금 1616, 누르하치 / 명 / 조선 관계도: 강홍립 출병 상황에 따라 대처, 파병 요청)

(2) 호란의 영향 – 북벌론 대두

└ 척화 주전론 = 친명 배금 = 대의명분

- 배경 : 청의 살육과 약탈로 국토의 황폐화 → 반청 의식 고조 → 청에 대한 적개심과 문화적 우월감으로 '청을 정벌하자'는 **북벌론** 대두(효종 때 절정)
- 북벌 추진 ── 효종의 북벌(실질적) : 어영청의 군사력 강화, 남한산성 복구, 하멜(귀화인)을 훈련도감에 배치하여 신식 무기 제조(조총, 화포 등), 서인 등용 ──┐ **북벌 실패**(서인 정권 유지·강화)
  └ 서인의 북벌(표면적) : 서인들은 북벌을 정권 유지 수단으로 이용(명에 대한 의리, 치욕 설욕 명분) ──┘
    └ 송시열, 송준길
  └ 숙종 때 북벌 : 청의 정세 변화(← 삼번의 난)를 계기로 윤휴·허적(남인) 등이 중심이 되어 북벌 시도(but 좌절됨)
    └ 청나라 한족 장군인 오삼계·상지신·경정충 등의 삼번이 청에 대항하여 일으킨 반란
- 나선 정벌 : 효종 때 러시아가 남하하여 청과 조선을 자극 → 조선은 청의 원병 요청으로 두 차례에 걸쳐 **조총 부대 파견** ── 1차 파병(변급, 1654)
  └ 청을 도와 러시아를 정벌(irony!)   └ 2차 파병(신유, 1658)

(1) 붕당의 의미와 성격

| 붕당의 의미 | 비슷한 학통과 정치적 성향을 가진 사대부들이 모여 학문적·정치적 입장을 공유하는 정치 집단 |

붕당의 성격
- 정파적 성격 + 학파적 성격(← 붕당은 정치적 이념과 학문적 성향에 따라 결집된 것)
- 신권 우위 정치 강조 : 붕당은 신하들끼리 정파를 이룬 것이기 때문에 왕권이 강하였던 조선 초기에는 형성될 수 없었음
  - → 16세기부터 왕권이 약화되면서 붕당이 출현

(2) 붕당 정치의 기능과 한계

| 기능 | 상호 비판과 견제를 통한 합리적 정책 제시, 부정부패 견제, 권력 독점 방지 |

| 한계 | 백성들의 의견보다는 지배층의 의견만 수렴, 붕당 대립의 격화로 정치 기강의 문란과 왕권 약화를 가져옴 |

(3) 붕당 정치의 구조적 이해

붕당 정치의 출현	붕당 정치의 전개	붕당 정치의 변질	붕당 정치의 파탄
선조	인조 → 효종 → 현종	숙종 → 영조 → 정조	순조 → 헌종 → 철종
• 학풍 차이 인정 → 상대당 인정 　[정치적 파트너] • 동인과 서인의 갈등 　[이조 전랑 자리 다툼, 척신 정치 청산 문제]	• 학풍 차이 인정 → 상대당 인정 • 권력 구도 : 6(서인) vs 4(남인) 　　　　　　　└집권　└참여 • 긍정적 기능↑ 　┌ 산림의 여론 주재[정책에 여론 반영] 　└ 상호 비판·견제를 통한 책임 정치 전개	• 학풍 차이 인정 → 상대당 인정 × • 일당 전제화 추세 • 3사와 이조 전랑 기능 변질 • 산림의 존재 부정 • 사사(賜死) 빈번 　└왕이 죄인(신하)에게 독약을 내려 죽게 하는 것	• 세도 가문에 의한 정치 • 일문 독재화 : 10 vs 0 　└하나의 가문(외척 세력) • 권력의 독점 　→ 삼정의 문란·매관매직

정치 참여 폭의 축소 ✛

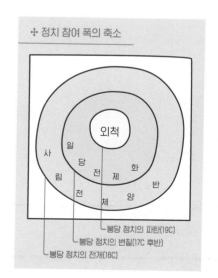

✛ 정치 참여 폭의 축소

외척 / 일당 전제화 / 사림 / 반양 / 전체

└ 붕당 정치의 파탄(19C)
└ 붕당 정치의 변질(17C 후반)
└ 붕당 정치의 전개(16C)

12 붕당 정치의 전개 ① ★★★

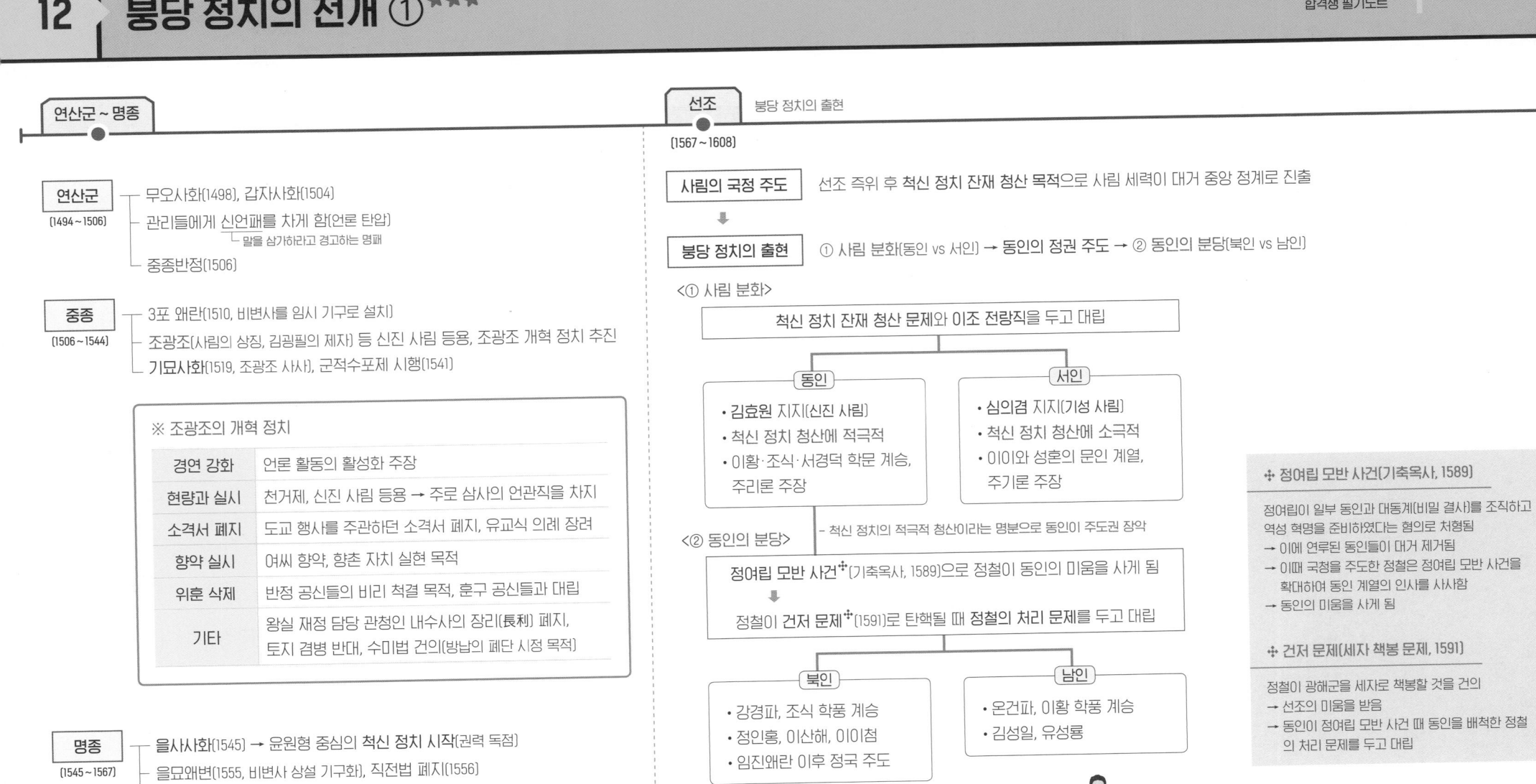

연산군 ~ 명종

연산군 (1494 ~ 1506)
- 무오사화(1498), 갑자사화(1504)
- 관리들에게 신언패를 차게 함(언론 탄압)
  - └ 말을 삼가하라고 경고하는 명패
- 중종반정(1506)

중종 (1506 ~ 1544)
- 3포 왜란(1510, 비변사를 임시 기구로 설치)
- 조광조(사림의 상징, 김굉필의 제자) 등 신진 사림 등용, 조광조 개혁 정치 추진
- 기묘사화(1519, 조광조 사사), 군적수포제 시행(1541)

※ 조광조의 개혁 정치

경연 강화	언론 활동의 활성화 주장
현량과 실시	천거제, 신진 사림 등용 → 주로 삼사의 언관직을 차지
소격서 폐지	도교 행사를 주관하던 소격서 폐지, 유교식 의례 장려
향약 실시	여씨 향약, 향촌 자치 실현 목적
위훈 삭제	반정 공신들의 비리 척결 목적, 훈구 공신들과 대립
기타	왕실 재정 담당 관청인 내수사의 장리(長利) 폐지, 토지 겸병 반대, 수미법 건의(방납의 폐단 시정 목적)

명종 (1545 ~ 1567)
- 을사사화(1545) → 윤원형 중심의 척신 정치 시작(권력 독점)
- 을묘왜변(1555, 비변사 상설 기구화), 직전법 폐지(1556)
- 척신 정치로 부정부패 만연, 방납의 폐단 극심
  - → 민생 파탄, 임꺽정의 난(1559)

선조 붕당 정치의 출현
(1567 ~ 1608)

사림의 국정 주도 선조 즉위 후 척신 정치 잔재 청산 목적으로 사림 세력이 대거 중앙 정계로 진출

↓

붕당 정치의 출현 ① 사림 분화(동인 vs 서인) → 동인의 정권 주도 → ② 동인의 분당(북인 vs 남인)

<① 사림 분화>

척신 정치 잔재 청산 문제와 이조 전랑직을 두고 대립

동인
- 김효원 지지(신진 사림)
- 척신 정치 청산에 적극적
- 이황·조식·서경덕 학문 계승, 주리론 주장

서인
- 심의겸 지지(기성 사림)
- 척신 정치 청산에 소극적
- 이이와 성혼의 문인 계열, 주기론 주장

<② 동인의 분당> ─ 척신 정치의 적극적 청산이라는 명분으로 동인이 주도권 장악

정여립 모반 사건‡(기축옥사, 1589)으로 정철이 동인의 미움을 사게 됨

↓

정철이 건저 문제‡(1591)로 탄핵될 때 정철의 처리 문제를 두고 대립

북인
- 강경파, 조식 학풍 계승
- 정인홍, 이산해, 이이첨
- 임진왜란 이후 정국 주도

남인
- 온건파, 이황 학풍 계승
- 김성일, 유성룡

✣ 정여립 모반 사건(기축옥사, 1589)

정여립이 일부 동인과 대동계(비밀 결사)를 조직하고 역성 혁명을 준비하였다는 혐의로 처형됨
→ 이에 연루된 동인들이 대거 제거됨
→ 이때 국청을 주도한 정철은 정여립 모반 사건을 확대하여 동인 계열의 인사를 사사함
→ 동인의 미움을 사게 됨

✣ 건저 문제(세자 책봉 문제, 1591)

정철이 광해군을 세자로 책봉할 것을 건의
→ 선조의 미움을 받음
→ 동인이 정여립 모반 사건 때 동인을 배척한 정철의 처리 문제를 두고 대립

중석쌤의 기출오답 솔루션

- 명종 때 동인과 서인의 붕당이 형성되었다. [2020. 지방직 9급]
  → 선조
- 명종 때 조광조가 내수사 장리의 폐지, 소격서 폐지 등을 주장하였다. [2020. 지방직 9급]
  → 중종

광해군 (1608~1623)

북인 집권
- 임진왜란 때 다수의 의병장 배출(의리·절개 강조)
- 임진왜란 이후 정권 주도

대내 정책
- 양전 사업 실시 : 양안(토지 대장)·호적 작성
- 대동법 실시(1608, 경기 지역에 한정)
- 『동의보감』 편찬(허준), 5대 사고 정비

대외 정책 중립 외교 정책 전개
- 명의 원군 요청 → 강홍립 파병(사실상 거절)
- 후금과 친선 관계 유지
  ↓
- 서인의 반발(대의명분에 어긋나기 때문)

북인 몰락
- 북인의 권력 독점(서인과 남인 배제)
  → 명분 : 회퇴변척
      └ 정인홍이 스승 조식을 변호하기 위해
        이언적(회재), 이황(퇴계)을 비판하며 배척함
  ↓
- 사림의 지지 상실,
  광해군의 실정 : 폐모살제
      └ 인목대비 유폐, 영창 대군 사살
  ↓
- 인조반정(1623) : 서인 주도 + 남인 참여
  ↓
- 북인 정권 몰락, 인조 즉위, 서인 정권 성립

인조 ~ 현종

인조 (1623~1649)
- 서인 주도 + 남인 공존, 6 : 4의 권력 구도 지향
    └ 서인(주도 붕당) └ 남인(참여 붕당)
- 친명 배금 정책 실시 → 정묘·병자호란 발발
- 영정법 실시(토지 1결당 전세 4두로 고정)

효종 (1649~1659)
- 서인 중심
- 산림 등용(송시열·송준길 등)
- 북벌 추진 ┬ 서인의 북벌론 주장, 남인의 북벌 반대
           └ 어영청의 군사력 강화
  ↓
- 북벌 실패 : 서인의 권력 기반으로 이용됨

현종 (1659~1674) 예송 논쟁
- 논점 : 인조의 계비인 자의 대비의 상복 착용 기간
        └ 장렬 왕후 조씨(효종의 의붓 어머니)
- **기해예송** [1659, 1차 예송] : 효종 사후 발생 → 서인 승리

서인(송시열)	남인(윤휴)
1년설(기년설)	3년설
왕과 사대부는 같은 예법을 따라야 함, 체이부정 강조 └ 효종은 왕위를 계승하였으나 장자는 아님! 신권 강화론	왕과 사대부는 다른 예법을 따라야 함 ↓ 왕권 강화론

- **갑인예송** [1674, 2차 예송] : 효종비 사후 발생 → 남인 승리

서인	남인
9개월설(대공설)	1년설(기년설)

- 결과 : 남인(허적)의 정권 장악 → 6(남인) : 4(서인)

숙종 (1674~1720) 붕당 정치의 변질

환국 명목상 탕평책 → 실제 편당적인 인사 조치 → 일당 전제화 추세
                                            └ 허적이 허락 없이 왕실 천막을 사용한 사건
- **경신환국** [1680] ┬ 원인 : 남인인 허적의 유악 사건 + 허견(허적의 서자)의 역모 사건
                    └ 결과 : 남인 축출(경신대출척), 서인 집권 → 노론·소론으로 분화 ✛
  ↓
- **기사환국** [1689] ┬ 원인 : 장희빈의 子 세자 책봉 문제
                    └ 결과 : 송시열(서인) 처형, 장희빈이 정비 됨, 남인 집권
  ↓
- **갑술환국** [1694] ┬ 원인 : 숙빈 최씨, 김춘택 등이 인현 왕후 복위 운동을 전개
                                        └ 서인의 영수
                    └ 결과 : 인현 왕후 복위 → 장희빈 폐비, 남인 몰락, 서인 재집권

- 금위영을 설치하여 5군영 완비(1682)
- 대동법을 전국적으로 확대 실시(1708)
- 백두산 정계비 건립(1712), 대보단 건립(1704)
                          └ 임진왜란 때 원병을 보내준 명나라 신종의 은혜를 기리기 위해 쌓은 제단
- 단종과 사육신 복권, 을지문덕·강감찬·이순신 등의 사우에 호를 내림
                                        └ 제사를 지내는 사당

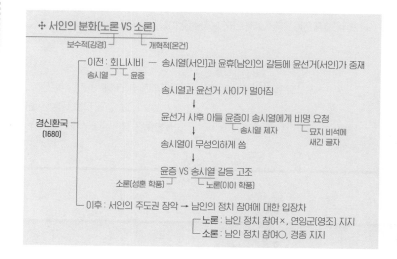

✛ 서인의 분화(노론 VS 소론)
                    보수적(강경) ┬ ┬ 개혁적(온건)
- 이전 : 회니시비 ─ 송시열(서인)과 윤휴(남인)의 갈등에 윤선거(서인)가 중재
      송시열 ┬┴ 윤증   ↓
                송시열과 윤선거 사이가 멀어짐
                      ↓
                윤선거 사후 아들 윤증이 송시열에게 비명 요청
                      ┌ 송시열 제자   └ 묘지 비석에
                송시열이 무성의하게 씀   새긴 글자
                      ↓
  경신환국   윤증 VS 송시열 갈등 고조
  [1680]   소론(성혼 학풍) ┴ 노론(이이 학풍)
- 이후 : 서인의 주도권 장악 → 남인의 정치 참여에 대한 입장차
      ┬ 노론 : 남인 정치 참여×, 연잉군(영조) 지지
      └ 소론 : 남인 정치 참여○, 경종 지지

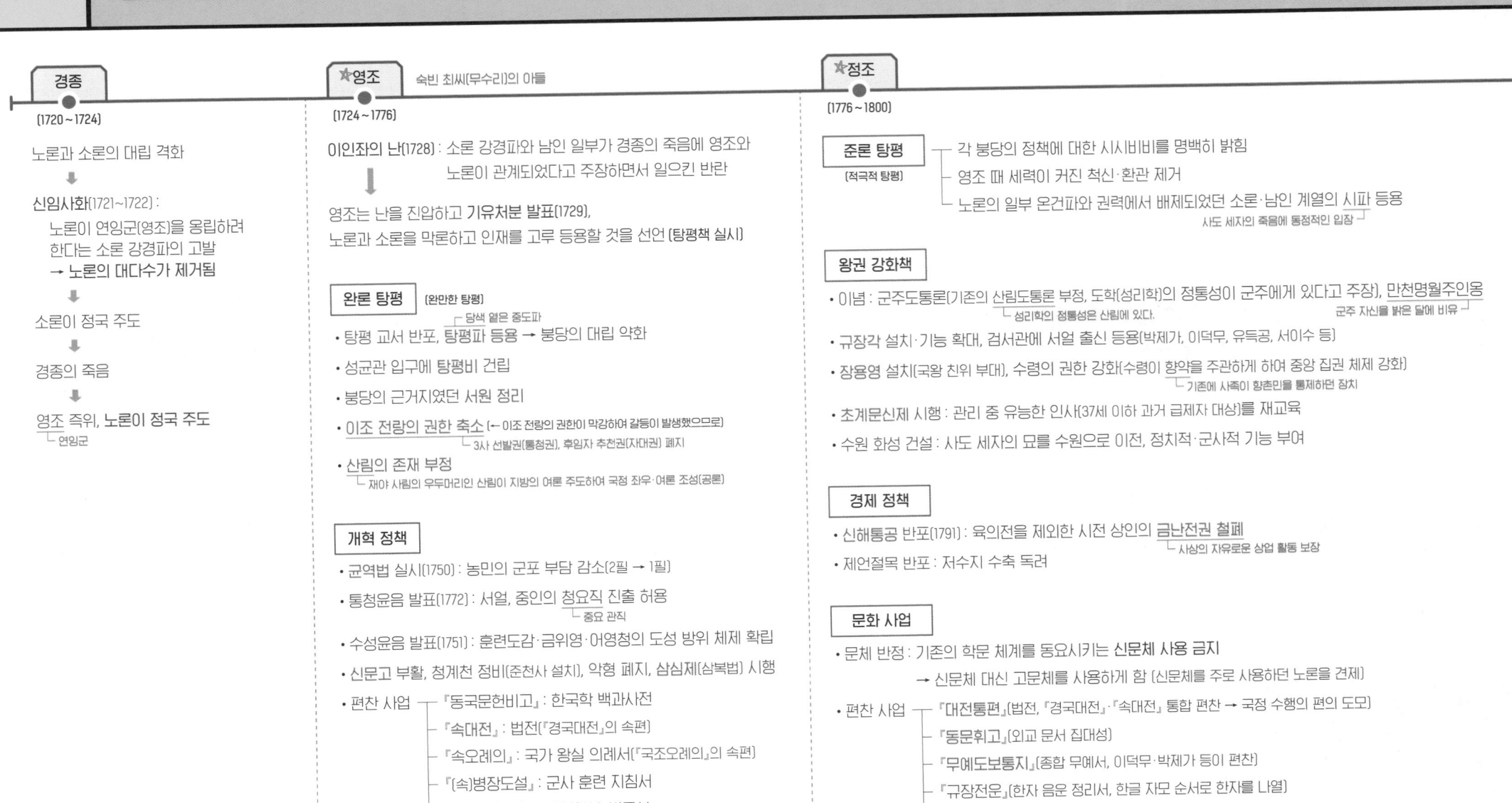

경종 (1720~1724)

노론과 소론의 대립 격화
↓
신임사화(1721~1722) :
　노론이 연잉군(영조)을 옹립하려
　한다는 소론 강경파의 고발
　→ 노론의 대다수가 제거됨
↓
소론이 정국 주도
↓
경종의 죽음
↓
영조 즉위, 노론이 정국 주도
　└ 연잉군

★영조 (1724~1776)　숙빈 최씨(무수리)의 아들

이인좌의 난(1728) : 소론 강경파와 남인 일부가 경종의 죽음에 영조와
　　　　　　　　노론이 관계되었다고 주장하면서 일으킨 반란
↓
영조는 난을 진압하고 기유처분 발표(1729),
노론과 소론을 막론하고 인재를 고루 등용할 것을 선언 (탕평책 실시)

완론 탕평 (완만한 탕평)
　　　　　└ 당색 옅은 중도파
• 탕평 교서 반포, 탕평파 등용 → 붕당의 대립 약화
• 성균관 입구에 탕평비 건립
• 붕당의 근거지였던 서원 정리
• 이조 전랑의 권한 축소 (← 이조 전랑의 권한이 막강하여 갈등이 발생했으므로)
　　└ 3사 선발권(통청권), 후임자 추천권(자대권) 폐지
• 산림의 존재 부정
　　└ 재야 사림의 우두머리인 산림이 지방의 여론 주도하여 국정 좌우·여론 조성(공론)

개혁 정책
• 균역법 실시(1750) : 농민의 군포 부담 감소(2필 → 1필)
• 통청윤음 발표(1772) : 서얼, 중인의 청요직 진출 허용
　　　　　　　　　　　└ 중요 관직
• 수성윤음 발표(1751) : 훈련도감·금위영·어영청의 도성 방위 체제 확립
• 신문고 부활, 청계천 정비(준천사 설치), 악형 폐지, 삼심제(삼복법) 시행
• 편찬 사업 ┬ 『동국문헌비고』: 한국학 백과사전
　　　　　├ 『속대전』: 법전(『경국대전』의 속편)
　　　　　├ 『속오례의』: 국가 왕실 의례서(『국조오례의』의 속편)
　　　　　├ 『(속)병장도설』: 군사 훈련 지침서
　　　　　└ 『(증수)무원록』: 법의학서, 법률서
　　　　　　　└ 원통함을 없애라

★정조 (1776~1800)

준론 탕평 (적극적 탕평)
┬ 각 붕당의 정책에 대한 시시비비를 명백히 밝힘
├ 영조 때 세력이 커진 척신·환관 제거
└ 노론의 일부 온건파와 권력에서 배제되었던 소론·남인 계열의 시파 등용
　　　　　　　　　　　　　　　　└ 사도 세자의 죽음에 동정적인 입장

왕권 강화책
• 이념 : 군주도통론(기존의 산림도통론 부정, 도학(성리학)의 정통성이 군주에게 있다고 주장), 만천명월주인옹
　　　　　└ 성리학의 정통성은 산림에 있다.　　　　　　　　　　　　　　└ 군주 자신을 밝은 달에 비유
• 규장각 설치·기능 확대, 검서관에 서얼 출신 등용(박제가, 이덕무, 유득공, 서이수 등)
• 장용영 설치(국왕 친위 부대), 수령의 권한 강화(수령이 향약을 주관하게 하여 중앙 집권 체제 강화)
　　　　　　　　　　　　　　　　└ 기존에 사족이 향촌민을 통제하던 장치
• 초계문신제 시행 : 관리 중 유능한 인사(37세 이하 과거 급제자 대상)를 재교육
• 수원 화성 건설 : 사도 세자의 묘를 수원으로 이전, 정치적·군사적 기능 부여

경제 정책
• 신해통공 반포(1791) : 육의전을 제외한 시전 상인의 금난전권 철폐
　　　　　　　　　　　　　　　　└ 사상의 자유로운 상업 활동 보장
• 제언절목 반포 : 저수지 수축 독려

문화 사업
• 문체 반정 : 기존의 학문 체계를 동요시키는 신문체 사용 금지
　　　　　　→ 신문체 대신 고문체를 사용하게 함 (신문체를 주로 사용하던 노론을 견제)
• 편찬 사업 ┬ 『대전통편』(법전, 『경국대전』·『속대전』 통합 편찬 → 국정 수행의 편의 도모)
　　　　　├ 『동문휘고』(외교 문서 집대성)
　　　　　├ 『무예도보통지』(종합 무예서, 이덕무·박제가 등이 편찬)
　　　　　├ 『규장전운』(한자 음운 정리서, 한글 자모 순서로 한자를 나열)
　　　　　├ 『탁지지』(호조에서 발생한 일을 모은 사례집), 『추관지』(형조에서 일어난 소송을 모은 사례집)
　　　　　├ 『홍재전서』(정조의 개인 시문집)
　　　　　└ 중국으로부터 『고금도서집성』(중국의 백과사전) 수입

(1) 세도 정치의 출현 [정조 사후]

| 형태 | 소수의 가문(세도 가문)에 권력이 집중되는 정치 형태 |

중석쌤의 기출오답 솔루션

- 안동 김씨와 풍양 조씨 등에 의한 세도 정치 시기에 비변사의 기능이 크게 약화되었다. [2019. 경찰직(1차)]
  → 강화

| 문제점 | ┌ 삼정의 문란 심화(전정·군정·환곡), 정2품 이상의 고위 관리만 정치적 기능 보유, 언관 기능 상실 |
| | └ 비변사에 권력 집중(의정부·6조 체제 유명무실화), 매관매직 성행, 과장(과거장)의 폐단 |

(2) 세도 정치의 전개 과정

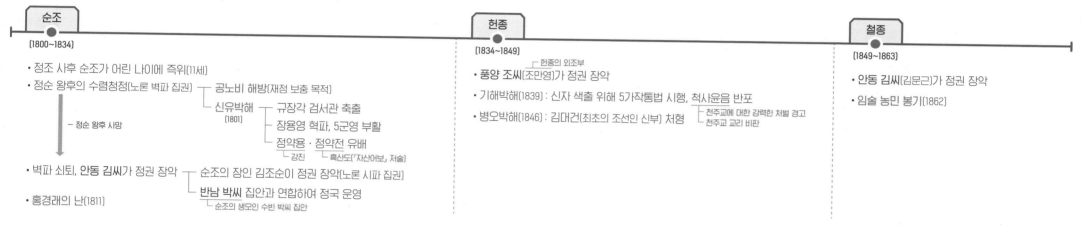

순조 [1800~1834]

- 정조 사후 순조가 어린 나이에 즉위[11세]
- 정순 왕후의 수렴청정(노론 벽파 집권) ┬ 공노비 해방(재정 보충 목적)
  - 정순 왕후 사망
  ├ 신유박해 ┬ 규장각 검서관 축출
  [1801] ├ 장용영 혁파, 5군영 부활
  └ 정약용·정약전 유배
  └ 강진 └ 흑산도(『자산어보』 저술)
- 벽파 쇠퇴, 안동 김씨가 정권 장악 ┬ 순조의 장인 김조순이 정권 장악(노론 시파 집권)
- 홍경래의 난[1811] └ 반남 박씨 집안과 연합하여 정국 운영
  └ 순조의 생모인 수빈 박씨 집안

헌종 [1834~1849]

┌ 헌종의 외조부
- 풍양 조씨[조만영]가 정권 장악
- 기해박해[1839] : 신자 색출 위해 5가작통법 시행, 척사윤음 반포
  ┌ 천주교에 대한 강력한 처벌 경고
- 병오박해[1846] : 김대건(최초의 조선인 신부) 처형
  └ 천주교 교리 비판

철종 [1849~1863]

- 안동 김씨[김문근]가 정권 장악
- 임술 농민 봉기[1862]

(3) 사회 변혁의 움직임 [민중의 주도]

- 의식의 성장(서당의 보급, 장시 발달)
  └ 정보 교류 장소

- 삼정의 문란 심화 → 자극 → 농민의 저항 움직임 → 소극적 저항 → 적극적 저항
  └ 전정·군정·환곡 [농민 봉기]
- 가뭄·홍수·전염병 등 각종 재해

- 비기·도참 사상(예언 사상) 유행
  [→ 『정감록』: 새 왕조의 건국 예언]
- 무격 신앙·미륵 신앙 유포
- 서학(천주교)·동학의 영향으로 평등 사상 확산

소극적 저항
- 소청 운동
- 벽서 운동
- 괘서 유포

홍경래의 난 [1811]
┌ 상공업이 발달한 지역이라 농본주의 사회인 조선에서는 중요도가 떨어졌음
- 원인 : 서북민에 대한 차별 대우(중앙 관직 진출 제한, 상공업 활동 억압, 소외 지역)
- 중심 세력 : 홍경래(몰락 양반) 지휘 + 중소 상인 + 광산 노동자 + 영세 농민 합세
- 전개 : 가산을 시작으로 정주성 등 청천강 이북 지역 장악 → 관군에 진압됨

임술 농민 봉기 [1862]
- 원인 : 경상 우병사 백낙신의 수탈
- 중심 세력 : 유계춘(몰락 양반) 중심으로 전개
- 전개 : 단성 지역에서 시작(흰 수건 사용, 아전 처형) → 진주 민란 이후 전국으로 확산
  └ '백건적의 난'이라고도 함
- 정부의 대책 ┬ 박규수를 안핵사로 파견
  [이봉책] └ 삼정이정청 설치 : 삼정 개혁 기구, but 2개월 만에 폐지되면서 근본적 해결책 마련 ×

(1) 토지 제도

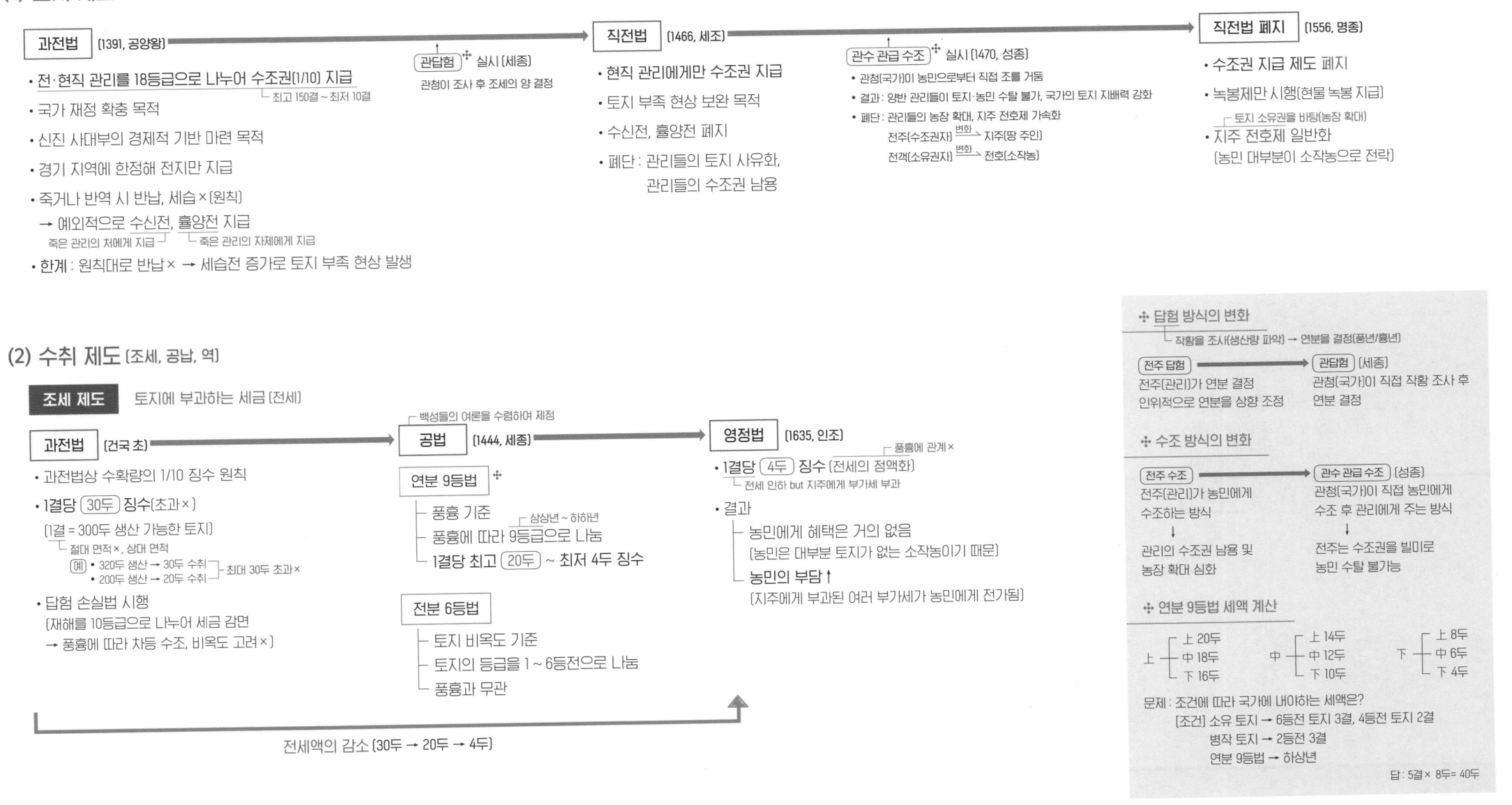

과전법 [1391, 공양왕]
- 전·현직 관리를 18등급으로 나누어 수조권(1/10) 지급
  └ 최고 150결 ~ 최저 10결
- 국가 재정 확충 목적
- 신진 사대부의 경제적 기반 마련 목적
- 경기 지역에 한정해 전지만 지급
- 죽거나 반역 시 반납, 세습×[원칙]
  → 예외적으로 수신전, 휼양전 지급
    └ 죽은 관리의 처에게 지급　└ 죽은 관리의 자제에게 지급
- 한계 : 원칙대로 반납× → 세습전 증가로 토지 부족 현상 발생

관답험 ‡ 실시 [세종]
관청이 조사 후 조세의 양 결정

직전법 [1466, 세조]
- 현직 관리에게만 수조권 지급
- 토지 부족 현상 보완 목적
- 수신전, 휼양전 폐지
- 폐단 : 관리들의 토지 사유화,
　　　　관리들의 수조권 남용

관수 관급 수조 ‡ 실시 [1470, 성종]
- 관청(국가)이 농민으로부터 직접 조를 거둠
- 결과 : 양반 관리들이 토지·농민 수탈 불가, 국가의 토지 지배력 강화
- 폐단 : 관리들의 농장 확대, 지주 전호제 가속화
　　전주(수조권자) ─변환→ 지주(땅 주인)
　　전객(소유권자) ─변환→ 전호(소작농)

직전법 폐지 [1556, 명종]
- 수조권 지급 제도 폐지
- 녹봉제만 시행 [현물 녹봉 지급]
  └ 토지 소유권을 바탕[농장 확대]
- 지주 전호제 일반화
  [농민 대부분이 소작농으로 전락]

(2) 수취 제도 [조세, 공납, 역]

조세 제도　토지에 부과하는 세금 [전세]

과전법 [건국 초]
- 과전법상 수확량의 1/10 징수 원칙
- 1결당 [30두] 징수[초과×]
  [1결 = 300두 생산 가능한 토지]
  └ 절대 면적×, 상대 면적
  [예] · 320두 생산 → 30두 수취 ┐
  　　 · 200두 생산 → 20두 수취 ┘ 최대 30두 초과×
- 답험 손실법 시행
  [재해를 10등급으로 나누어 세금 감면
  → 풍흉에 따라 차등 수조, 비옥도 고려×]

백성들의 여론을 수렴하여 제정 ┐
공법 [1444, 세종]

연분 9등법 ‡
- 풍흉 기준
- 풍흉에 따라 9등급으로 나눔 ─ 상상년 ~ 하하년
- 1결당 최고 [20두] ~ 최저 4두 징수

전분 6등법
- 토지 비옥도 기준
- 토지의 등급을 1 ~ 6등전으로 나눔
- 풍흉과 무관

영정법 [1635, 인조]
　　　　　　┌ 풍흉에 관계×
- 1결당 [4두] 징수 [전세의 정액화]
  └ 전세 인하 but 지주에게 부가세 부과
- 결과
  ┌ 농민에게 혜택은 거의 없음
  │ [농민은 대부분 토지가 없는 소작농이기 때문]
  └ 농민의 부담↑
    [지주에게 부과된 여러 부가세가 농민에게 전가됨]

전세액의 감소 [30두 → 20두 → 4두]

---

‡ 답험 방식의 변화
　　└ 작황을 조사[생산량 파악] → 연분을 결정[풍년/흉년]
전주 답험　　　　　　　　**→**　　**관답험** [세종]
전주[관리]가 연분 결정　　　　관청[국가]이 직접 작황 조사 후
인위적으로 연분을 상향 조정　　연분 결정

‡ 수조 방식의 변화
전주 수조　　　　　　**→**　　**관수 관급 수조** [성종]
전주[관리]가 농민에게　　　　관청[국가]이 직접 농민에게
수조하는 방식　　　　　　　　수조 후 관리에게 주는 방식
　　↓　　　　　　　　　　　　　　↓
관리의 수조권 남용 및　　　　　전주는 수조권을 빌미로
농장 확대 심화　　　　　　　　농민 수탈 불가능

‡ 연분 9등법 세액 계산

	┌ 上 20두			┌ 上 14두			┌ 上 8두	
上	─ 中 18두		中	─ 中 12두			─ 中 6두	
	└ 下 16두			└ 下 10두			└ 下 4두	

문제 : 조건에 따라 국가에 내야하는 세액은?
　[조건] 소유 토지 → 6등전 토지 3결, 4등전 토지 2결
　　　　병작 토지 → 2등전 3결
　　　　연분 9등법 → 하상년
　　　　　　　　　　　　　　　답 : 5결× 8두= 40두

공납 제도

유형 : 상공(정기적), 별공(부정기적), 진상(지방관이 국왕에게 상납)

공납 (15C)

- 가구당 지역의 특산물 징수
- 현물 부과가 원칙
- 문제점 ─ 불산공물 부과
　　　　　(생산되지 않은 특산물의 공납을 강요)
　　　　├ 빈부 격차 고려 × (지역 가호 단위 부과)
　　　　└ 생산량 고려 ×
　　　　　→ 횡간에 따라 할당량 제정
　　　　　└ 국가의 지출 명세서
- ➡ 농민에게는 전세보다 더 큰 부담이 됨

방납 (16C)

공물 납부의 어려움
⬇
상인·아전이 공납을 대신 납부하고 그 대가를 받음
　　　　　　　　　　　└ 10배 이상의 차익을 챙김
⬇
방납의 폐단 발생(농민의 수탈↑, 국가 재정↓)
⬇
농민 유망의 가속화
(→ 명종 때 임꺽정 등의 도적이 등장)
⬇
미봉책으로 호패법·5가작통법 강화

(수미법) 주장
- 공납을 '쌀'로 수취
- 조광조·이이·유성룡 주장
  but 제대로 시행되지×

★대동법 (17~18C)

- 내용 ─ 공납 대신 토지 결수에 따라 쌀·삼베·동전 등 납부
　　　　└ 토지 1결당 12두 납부
- 시행 : 경기도 → 강원도 → 충청도, 전라도 → 전국적 시행
　　　　(1608, 광해군) (인조)　　　(효종)　　　(1708, 숙종)
- 특징 : 선혜청에서 담당, 공인이 물품 조달

선혜청
쌀 ─ 구매 →　공인 (쌀을 공납품으로 바꿔주는 상인)
쌀 ← 현물 ─
공인 ─ → 장시 ←

- 결과 ─ 지주의 부담↑, 농민의 부담↓ (일시적) 대동미 전가
　　　　　　　　　　　　　　└ 농민(소작농)에게
　　　├ 공인의 등장 → 상품 화폐 경제 발달
　　　├ 지방 장시·자유 상공업 활성화(관영 < 민영)
　　　└ 조세의 금납화 → 화폐 유통 활성화
- 한계 ─ 상공에만 적용됨, 별공·진상은 존속
　　　　└ 지방 재정 악화 → 수령의 농민 수탈 심화
　　　　　└ 상납미↑, 유치미↓

공납의 전세화 (현물 징수 → 쌀·삼베·동전 징수)

군역 제도

양인 개병제 (15C)

- 16 ~ 60세까지 양인 남자는
  누구나 군역 의무 수행
　　└ 양반, 서리, 향리 등은 군역 면제
- 보법에 따라 정군 1명 + 보인 2명 구성
　　├ 정군 : 군 복무(서울, 국경 요충지에 배속)
　　└ 보인 : 군역 수행에 필요한 경비 부담

(군역의 요역화)
농민들의 요역 기피로 군인을 요역에 동원
(군역을 지면 요역까지 부담하게 됨)
⬇
군역 기피 현상↑
├ 대립 : 다른 사람을 사서 군역을 대신하게 함
└ 방군수포 : 군포를 내고 군역을 면제받음
⬇
농민 유망의 가속화, 군사의 질 저하

군적수포제 (16C, 중종)

- 군역 의무자 모두 군포만 내게 함
  (군역의 조세화)
- 1년마다 군포 2필 징수
⬇
국방력 약화
(군사 제도 자체의 붕괴)

임진왜란 이후 양반 수↑, 군역 대상자 수↓

군포의 폐단(← 군적 문란)
├ 인징 : 이웃에게 징수
├ 족징 : 친족에게 징수
├ 백골징포 : 죽은 자에게 징수
└ 황구첨정 : 갓난 아이에게 징수
⬇
농민 생활 파탄
⬇
양역 변통론 대두
├ 농병일치제로의 환원(유형원의 주장) ─ 실패
└ 호포론(양반에게도 군포 부과)
　└ 19C 흥선 대원군 때 호포제로 시행됨

★균역법 (18C, 영조)

"역을 균등하게"
양반
걷고
농민 ───── 균역법
멸고
군역

- 1년에 군포 2필 경감 1필(군포 부담↓)
- 군포 부족분 보충
　├ 결작 징수 : 지주에게 1결당 2두 징수
　├ 선무군관포 : 지방 상류층에게 1년에 군포 1필 징수
　└ 잡세 : 어(장)세, 염세, 선박세 수입을 국고로 전환
- 결과 : 지주의 부담↑, 농민의 부담↓ (일시적)
　　　　　　　　　　└ 소작농에게 결작 전가

(1) 농업의 변화

★**이앙법의 확산** [직파법 → 이앙법 : 생산력 증대]
- 모내기법

직파법 → 이앙법

- 볍씨를 뿌림[중구난방]
- 잡초가 중구난방으로 자람

- 벼를 반듯하게 재배
- 잡초 나오는 곳이 정해짐 → 잡초 제거 수월

볍씨를 모판에 심음 / 옮겨 심음

보리 재배 — 보리 수확[타작] — 보리 재배 시작
1月 ——————————————— 12月
벼 수확[타작]

- 장점 ┌ 제초에 드는 노동력 절감[1/5 정도] → 1인당 생산 가능한 경작 단위 증가
       └ 이모작[벼·보리] 가능 → 단위 면적당 생산량 증가, 보리는 수취 대상×
         └ 농민에게 이득

- 단점 : 가뭄에 취약[→ 이런 이유로 정부가 이앙법을 금지했으나 오히려 농민은 저수지·보 축조]

- '생산력 증대'는 사회·경제 구조를 변화시킴[← Marx의 유물 사관]

견종법의 확산 [농종법 → 견종법 : 생산력 증대]

그늘진 지대
이랑 / 고랑 / 이랑
이랑에 씨 뿌림 = 농종법
고랑에 씨 뿌림 = 견종법

- 고랑이 음지이기 때문에 지표수 증발↓ [항상 촉촉]
  → 영양분 많아 생산력 증가
- 윤작법의 일반화 : 2년 3작[조·보리·콩 돌려 짓기]
- 상품 작물[담배, 약초 등] · **구황 작물**[감자, 고구마] 재배
- 시비법[거름] 발달 : 조선 전기 이후 상경화 확산
  └ 땅을 묵히지 않고 계속 농사짓는 것

지대 방식의 변화 [타조법 → 도조법]
                          └ 소작료 납부 방식

[전기] 타조법 ———→ [후기] 도조법

- 정률 지대
  → 병작 반수제[1/2]
- 지주의 영농 간섭 심화

- 정액 지대[약 1/3]
  └ 계약 관계
- 지주의 영농 간섭×[= 자유 영농]
- 소작인이 도지권 행사
  └ 소작농들이 지주의 땅을 개간할 경우 가지게 되는 부분적인 소유권

전호권 성장
[이앙법으로 생산력이 증가했기 때문]
→ 지주 수입 증대, 전호 권한 강화

사회·경제 구조의 변화

이앙법의 확산

농촌 인구 200명 → 40명

160명 ┌ 농사× ┌ 흥부
      └ 농촌 이탈 [토지 결박 상태에서 탈피]

임노동자 로 변화 ———
  └ 농민의 계층 분화 : 고공[머슴], 수공업자, 상인, 광산 노동자, 도적, 화전민, 난전

광작 ┌ 놀부
     경영형 부농 등장 ———
  └ 쌀의 상품화로 밭을 논으로 바꾸는 현상 증가[저수지 축조 확산], 상품 작물 재배 활성화[쌀, 목화, 채소, 약초, 담배 등]

빈부 격차 발생 → 자본주의 태동[맹아]

(2) 수공업의 변화

관영 수공업 ——→ **민영 수공업** ——→ **선대제 수공업** [17C 중·후반] ——→ **독립 수공업** [18C 후반]
                                                                              └ 상인 자본으로부터 독립

통제 / 부역 동원
공장안 ┈┈ 관청
장인 동원

- 경공장[중앙], 외공장[지방]으로 구성
- **공장안 작성**[국가가 수공업 통제]
- 국가는 장인을 공장안에서 확인하고 데려와 물건을 만들게 한 뒤 관청에서 사용 [보조 인력은 부역으로 동원]

- 공장안 등록 기피 현상 발생 [만든 물건을 시장에서 파는 것이 더 큰 이익이었기 때문]
- 부역제 해이[토지 떠나는 백성 증가]

- 자유 수공업[납포장]
  장인세[포] 납부하면 수공업 가능

- 자금과 원료를 상인으로부터 미리 받아 물품 생산

상인 ⇄ 수공업
① 원료, 품삯[자본] / ② 제품
└ ③ 판매 담당

- 상인의 수공업 지배[자본주의 태동]

- 자본을 축적한 수공업자가 직접 생산 + 판매
- 공장안 폐기[정조]

(3) 광업의 변화

국가 경영 광산 ——————→ **민영 광산**

- 국가가 독점 채굴[사채 금지]
- 부역 동원
  └ 민간인들이 자유롭게 채굴하는 형식

┌ 청과의 무역 증대 : 은[교역 수단] 수요 증가
└ 국가에서 광산 채굴이 어려워 은의 가치 상승

┌ 국가가 채굴 허락, 대신 세금 내!
- [17C] 설점수세제 실시[효종] : 사채를 허용하고 세금을 거둠, 호조의 별장이 세금 징수 관리
- [18C] 수령수세제 실시[영조] : 수령에게 신고·세금 납부하고 광물 채굴 → 민영 광산 증가, 잠채[몰래 채굴] 성행
                                                              └ 광산 개발이 이득이 컸기 때문
- 광산 경영 전문화 : 덕대[광산 경영자]가 물주[투자자]의 자본을 바탕으로 혈주[전문 채굴업자]를 고용하여 광산 채굴
  → 분업을 토대로 한 협업화로 생산력 증가

17 상업의 발달 ★

해커스공무원 이중석 맵핑 한국사
합격생 필기노트 | 조선 - 경제

(1) 조선 전기의 상업 [침체 ← 중농억상 정책, 자급자족적 농업 경제, 화폐 유통 부진 때문]

중앙 ─ 시전 ┬ 왕실이나 관청에 물품을 공급하는 대신에 **독점 판매권**을 부여 받음
　　　　　　├ 국가가 종로에 시전 설치하여 장사 허용 → 세금[점포세·상세] 징수, 육의전 번성
　　　　　　└ 경시서를 통해 불법 상행위 감독하고 물가 조절[세조 때 평시서로 개편됨]

지방 ─ 장시 발달 : 15C 후반 전라도 지역에서 등장 → 16C 중엽 **전국적으로 확대**[보부상들이 전국을 무대로 활동]
　　　　　　　　　　　└ 보상[보따리 장수, 귀족의 사치품 거래] + 부상[등짐 장수, 농민 생필품 유통]

중석쌤의 기출오답 솔루션

- 정조 때 신해통공을 반포하여 육의전의 금난전권을 폐지하였다. [2019. 국가직 9급]
　　　　　　　　　　　　　　　→ 육의전을 제외한 시전 상인
- 조선 시대에 명과의 교류에서 중강 개시와 책문 후시가 전개되었다. [2021. 국가직 9급]
　　　　　　　　　　　　　　　　→ 청

(2) 조선 후기의 상업

★ 사상의 성장

- **배경** : 상품 화폐 경제 발달로 사상의 활동이 활발
　　　　+ 신해통공 반포[육의전을 제외한 다른 시전 상인들의 금난전권 철폐]
　　　　→ 사상의 자유로운 상업 활동이 보장됨
- **활동 영역** : 이현[동대문]·칠패[남대문]·송파와 개성·평양·의주·동래
- **활동** : 지방의 장시들을 연결하고 물화를 교역
- **도고의 성장** : 사상을 비롯한 공인[어용 상인]은 독점적 도매 상인인 도고로 성장
- **대표 사상**

송상	개성[송도] 중심, 전국에 지점[송방] 설치, 인삼 재배·판매로 성장, 청과 일본 간 중계 무역[의주의 만상과 동래의 내상]에 관여
경강 상인	한강을 중심으로 서남 연해안을 오가며 미곡·소금·어물 등의 운송·판매, 선박의 건조 등 생산 분야에 진출
기타	유상[평양], 만상[의주, 대청 무역 참여], 내상[동래, 대일 무역 참여]

장시 발달

- **증가** : 18세기 중엽 전국적으로 확대
- **특징** : 지방민의 교역 장소, 인근 장시와 연계하여 하나의 지역적 시장권 형성
- **대표 장시** : 송파장[광주], 강경장[은진], 원산장[덕원], 마산포장[창원] 등
- **보부상 활동** : 장시를 연결하여 하나의 **유통망 형성**, 생산자와 소비자를 이어주는 역할,
　　　　　　　　자신들의 이익을 지키기 위해 보부상단 결성

포구 상업

- **발달** : 18C 상업의 중심지로 성장, **장시의 상거래보다 큰 규모**
- **대표적 포구** : 칠성포, 강경포, 원산포
- **포구 상인** ┬ 선상 : 각 지방에서 구입한 물품을 포구에서 처분, **경강 상인**이 대표적
　　　　　　　└ 객주·여각 : 선상이 가져온 상품의 매매·중개, 운송·보관·숙박·금융업 종사

대외 무역

- **대청 무역** ┬ 17C 중엽부터 활발하게 전개, 의주의 **만상**이 주도
　　　　　　　├ 공무역인 개시[중강 개시]와 사무역인 후시[중강 후시, 책문 후시] 활발
　　　　　　　└ [수출품] 은·종이·무명·인삼　[수입품] 비단·약재·문방구
- **대일 무역** ┬ 17C 이후 관계가 점차 정상화되면서 성행, 동래의 **내상**이 주도
　　　　　　　├ 왜관 개시를 통한 공무역과 왜관 후시를 통한 사무역 전개
　　　　　　　└ [수출품] 인삼, 쌀, 무명　[수입품] 은·구리·황·후추

화폐 유통　　[상공업 발달 → 교환의 매개로서 동전이 전국적 유통]
　　　　　　　　　　　　　└ 상평통보

- **상평통보의 주조·유통** ┬ 인조 때 상평청에서 동전[조선통보, 상평통보 등] 주조, 개성 등을 중심으로 통용
　　　　　　　　　　　　　├ → 효종 때 서울 및 일부 지방에서 유통
　　　　　　　　　　　　　├ → 숙종 때 상평통보를 법화로 채택하여 전국적으로 유통 확대
　　　　　　　　　　　　　└ 18C 후반 세금과 소작료를 동전으로 납부하는 비중↑[조세의 금납화]
- **전황의 발생** ┬ 원인 : 지주나 대상인들이 화폐를 고리대나 재산 축적 수단으로 이용
　　　　　　　　├ 전개 : **시중에 동전이 부족해지는 현상인 전황 발생** → 화폐 가치↑, 물가↓
　　　　　　　　│　　　 → 조세 및 소작료의 금납화로 농민 부담 가중
　　　　　　　　└ 여론 분열 : 이익의 폐전론[화폐를 없애자], 박지원의 용전론[화폐를 사용하자]
- **신용 화폐 등장** : 상품 화폐 발달 → 환·어음 등의 신용 화폐 보급 → 대규모의 상거래에 이용됨

(1) 신분제

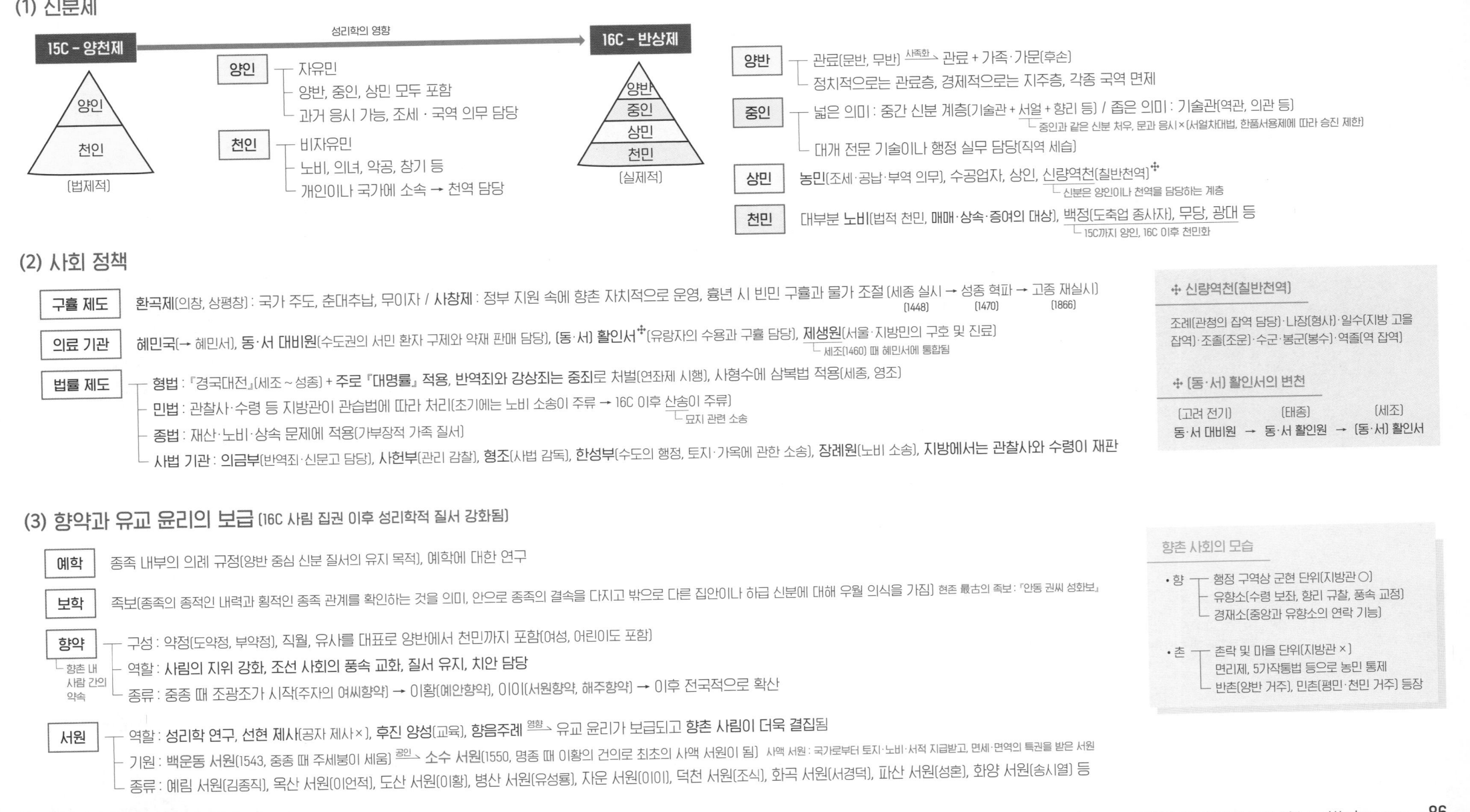

15C - 양천제 ──성리학의 영향──→ 16C - 반상제

양인 (법제적): 양인 / 천인

양인
- 자유민
- 양반, 중인, 상민 모두 포함
- 과거 응시 가능, 조세·국역 의무 담당

천인
- 비자유민
- 노비, 의녀, 악공, 창기 등
- 개인이나 국가에 소속 → 천역 담당

16C - 반상제 (실제적): 양반 / 중인 / 상민 / 천민

양반 ┬ 관료(문반, 무반) ─사족화→ 관료 + 가족·가문(후손)
      └ 정치적으로는 관료층, 경제적으로는 지주층, 각종 국역 면제

중인 ┬ 넓은 의미 : 중간 신분 계층(기술관 + 서얼 + 향리 등) / 좁은 의미 : 기술관(역관, 의관 등)
      │   └ 중인과 같은 신분 처우, 문과 응시×[서얼차대법, 한품서용제에 따라 승진 제한]
      └ 대개 전문 기술이나 행정 실무 담당(직역 세습)

상민 ─ 농민(조세·공납·부역 의무), 수공업자, 상인, 신량역천(칠반천역)✛
         └ 신분은 양인이나 천역을 담당하는 계층

천민 ─ 대부분 노비(법적 천민, 매매·상속·증여의 대상), 백정(도축업 종사자), 무당, 광대 등
         └ 15C까지 양인, 16C 이후 천민화

(2) 사회 정책

구휼 제도
환곡제(의창, 상평창) : 국가 주도, 춘대추납, 무이자 / 사창제 : 정부 지원 속에 향촌 자치적으로 운영, 흉년 시 빈민 구휼과 물가 조절 [세종 실시(1448) → 성종 혁파(1470) → 고종 재실시(1866)]

의료 기관
혜민국(→ 혜민서), 동·서 대비원(수도권의 서민 환자 구제와 약재 판매 담당), [동·서] 활인서✛(유랑자의 수용과 구휼 담당), 제생원(서울·지방민의 구호 및 진료)
└ 세조(1460) 때 혜민서에 통합됨

법률 제도
- 형법 : 『경국대전』(세조 ~ 성종) + 주로 『대명률』 적용, 반역죄와 강상죄는 중죄로 처벌(연좌제 시행), 사형수에 삼복법 적용(세종, 영조)
- 민법 : 관찰사·수령 등 지방관이 관습법에 따라 처리(초기에는 노비 소송이 주류 → 16C 이후 산송이 주류)
  └ 묘지 관련 소송
- 종법 : 재산·노비·상속 문제에 적용(가부장적 가족 질서)
- 사법 기관 : 의금부(반역죄·신문고 담당), 사헌부(관리 감찰), 형조(사법 감독), 한성부(수도의 행정, 토지·가옥에 관한 소송), 장례원(노비 소송), 지방에서는 관찰사와 수령이 재판

> **✛ 신량역천(칠반천역)**
>
> 조례(관청의 잡역 담당)·나장(형사)·일수(지방 고을 잡역)·조졸(조운)·수군·봉군(봉수)·역졸(역 잡역)
>
> **✛ [동·서] 활인서의 변천**
>
> | [고려 전기] | [태종] | [세조] |
> |---|---|---|
> | 동·서 대비원 | → 동·서 활인원 | → [동·서] 활인서 |

(3) 향약과 유교 윤리의 보급 [16C 사림 집권 이후 성리학적 질서 강화됨]

예학
종족 내부의 의례 규정(양반 중심 신분 질서의 유지 목적), 예학에 대한 연구

보학
족보(종족의 종적인 내력과 횡적인 종족 관계를 확인하는 것을 의미, 안으로 종족의 결속을 다지고 밖으로 다른 집안이나 하급 신분에 대해 우월 의식을 가짐) 현존 最古의 족보 : 『안동 권씨 성화보』

향약 ┬ 구성 : 약정(도약정, 부약정), 직월, 유사를 대표로 양반에서 천민까지 포함(여성, 어린이도 포함)
(향촌 내 │ 역할 : 사림의 지위 강화, 조선 사회의 풍속 교화, 질서 유지, 치안 담당
사람 간의 └ 종류 : 중종 때 조광조가 시작(주자의 여씨향약) → 이황(예안향약), 이이(서원향약, 해주향약) → 이후 전국적으로 확산
약속)

서원 ┬ 역할 : 성리학 연구, 선현 제사(공자 제사×), 후진 양성(교육), 향음주례 ─영향→ 유교 윤리가 보급되고 향촌 사림이 더욱 결집됨
      ├ 기원 : 백운동 서원(1543, 중종 때 주세붕이 세움) ─공인→ 소수 서원(1550, 명종 때 이황의 건의로 최초의 사액 서원이 됨) 사액 서원 : 국가로부터 토지·노비·서적 지급받고, 면세·면역의 특권을 받은 서원
      └ 종류 : 예림 서원(김종직), 옥산 서원(이언적), 도산 서원(이황), 병산 서원(유성룡), 자운 서원(이이), 덕천 서원(조식), 화곡 서원(서경덕), 파산 서원(성혼), 화양 서원(송시열) 등

> **향촌 사회의 모습**
>
> • 향 ┬ 행정 구역상 군현 단위(지방관○)
>   ├ 유향소(수령 보좌, 향리 규찰, 풍속 교정)
>   └ 경재소(중앙과 유향소의 연락 기능)
>
> • 촌 ┬ 촌락 및 마을 단위(지방관×)
>   ├ 면리제, 5가작통법 등으로 농민 통제
>   └ 반촌(양반 거주), 민촌(평민·천민 거주) 등장

(1) 사회 구조의 변동

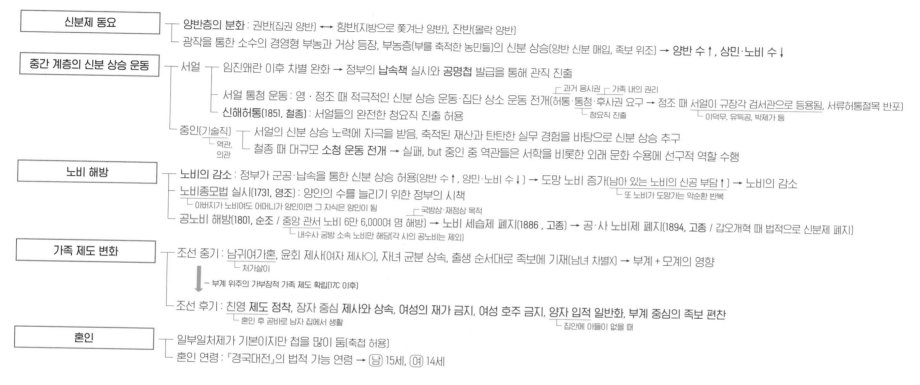

신분제 동요
- 양반층의 분화 : 권반(집권 양반) ↔ 향반(지방으로 쫓겨난 양반), 잔반(몰락 양반)
- 광작을 통한 소수의 경영형 부농과 거상 등장, 부농층(부를 축적한 농민들)의 신분 상승(양반 신분 매입, 족보 위조) → 양반 수↑, 상민·노비 수↓

중간 계층의 신분 상승 운동
- 서얼 ┬ 임진왜란 이후 차별 완화 → 정부의 **납속책** 실시와 **공명첩** 발급을 통해 관직 진출
  - 서얼 통청 운동 : 영 · 정조 때 적극적인 신분 상승 운동·집단 상소 운동 전개(허통·통청·후사권 요구 → 정조 때 서얼이 규장각 검서관으로 등용됨, 서류허통절목 반포)
    - └ 과거 응시권 └ 가족 내의 권리
    - └ 청요직 진출 └ 이덕무, 유득공, 박제가 등
  - └ 신해허통(1851, 철종) : 서얼들의 완전한 청요직 진출 허용
- 중인(기술직) ┬ 서얼의 신분 상승 노력에 자극을 받음, 축적된 재산과 탄탄한 실무 경험을 바탕으로 신분 상승 추구
  - └ 역관, └ 철종 때 대규모 **소청 운동** 전개 → 실패, but 중인 중 역관들은 서학을 비롯한 외래 문화 수용에 선구적 역할 수행
  - 의관

노비 해방
- 노비의 감소 : 정부가 군공·납속을 통한 신분 상승 허용(양반 수↑, 양민·노비 수↓) → 도망 노비 증가(남아 있는 노비의 신공 부담↑) → 노비의 감소
  - └ 또 노비가 도망가는 악순환 반복
- 노비종모법 실시(1731, 영조) : 양인의 수를 늘리기 위한 정부의 시책
  - └ 아버지가 노비여도 어머니가 양인이면 그 자식은 양인이 됨
  - └ 국방상·재정상 목적
- 공노비 해방(1801, 순조 / 중앙 관서 노비 6만 6,000여 명 해방) → 노비 세습제 폐지(1886, 고종) → 공·사 노비제 폐지(1894, 고종 / 갑오개혁 때 법적으로 신분제 폐지)
  - └ 내수사 궁방 소속 노비만 해당(각 사의 공노비는 제외)

가족 제도 변화
- 조선 중기 : 남귀여가혼, 윤회 제사(여자 제사O), 자녀 균분 상속, 출생 순서대로 족보에 기재(남녀 차별X) → 부계 + 모계의 영향
  - └ 처가살이
  - ↓ – 부계 위주의 가부장적 가족 제도 확립(17C 이후)
- 조선 후기 : 친영 제도 정착, 장자 중심 제사와 상속, 여성의 재가 금지, 여성 호주 금지, 양자 입적 일반화, 부계 중심의 족보 편찬
  - └ 혼인 후 곧바로 남자 집에서 생활 └ 집안에 아들이 없을 때

혼인
- 일부일처제가 기본이지만 첩을 많이 둠(축첩 허용)
- 혼인 연령 : 『경국대전』의 법적 가능 연령 → 남 15세, 여 14세

(2) 향촌 질서의 변화 (17C 사림 집권 이후)

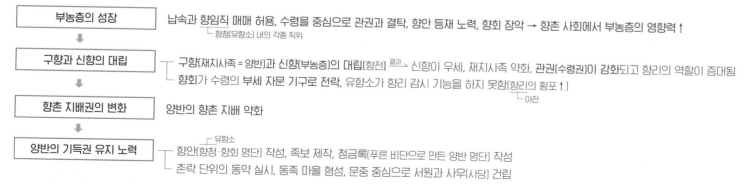

부농층의 성장
↓
- 납속과 향임직 매매 허용, 수령을 중심으로 관권과 결탁, 향안 등재 노력, 향회 장악 → 향촌 사회에서 부농층의 영향력↑
  - └ 향청(유향소) 내의 각종 직위

구향과 신향의 대립
↓
- 구향(재지사족 = 양반)과 신향(부농층)의 대립(향전) ^{결과} 신향이 우세, 재지사족 약화, 관권(수령권)이 강화되고 향리의 역할이 증대됨
- 향회가 수령의 부세 자문 기구로 전락, 유향소가 향리 감시 기능을 하지 못함(향리의 횡포↑)
  - └ 아전

향촌 지배권의 변화
↓
양반의 향촌 지배 약화

양반의 기득권 유지 노력
- ┌ 유향소
- 향안(향청·향회 명단) 작성, 족보 제작, 청금록(푸른 비단으로 만든 양반 명단) 작성
- 촌락 단위의 동약 실시, 동족 마을 형성, 문중 중심으로 서원과 사우(사당) 건립

사회 불안 심화
- 정치 기강 문란 : 세도 정치의 폐단(매관매직), 탐관오리의 횡포↑ → 농민 생활 악화
- 사회 동요 : 신분제 동요 → 지배층과 농민층의 갈등 심화 / 지배층의 수탈 심화(삼정의 문란✥) → 농민 생활 파탄
- 도적의 출현 ┬ 화적 : 수십 명씩 무리 지어 지방의 토호·부상 공격
　　　　　　 └ 수적 : 배를 타고 강·바다를 무대로 조운선·상선 약탈
- 불안 고조 : 비기, 도참설 유행, 이양선 출몰 → 민심 불안
- 농민 의식 성장 : 괘서·벽서(소극적 운동) → 항거 운동(적극적 운동)

예언 사상 대두
『정감록』 유행(조선의 이씨 왕조가 망하고 정씨가 새로운 왕조를 건국한다), **무격 신앙·미륵 신앙 유행**

천주교 전파
- 전파 : 17C 광해군 때 中에 다녀온 우리나라 사신들에 의해 학문(서학)으로 유입(이수광의 『지봉유설』: 「천주실의」 소개) ┌ 마테오 리치
- 확산 : 18C 후반 남인 계열 실학자(정약종, 이승훈)에 의해 신앙으로 수용 → 백성들 사이에서 점차 확산
- 탄압 ┬ 신해박해(1791, 정조) : 진산 사건을 일으킨 윤지충, 권상연 처형(대대적인 박해는 이루어지지 않음)
　　　　└ 윤지충이 모친의 신주를 불사르고 천주교식 장례를 치른 사건
　　　├ 신유박해(1801, 순조) ┬ 노론 벽파가 남인 시파 탄압 목적으로 정약용·정약전 형제를 비롯한 약 400명 유배 보냄
　　　│　　　　　　　　　　 └ 황사영 백서 사건으로 박해는 더욱 심화됨
　　　│　　　　　　　　　　　 └ 황사영이 프랑스人 주교에게 군대를 동원하여 조선에서 신앙의 자유를 확보해 줄 것을 요구하려다 발각된 사건
　　　├ 기해박해(1839, 헌종) : 신자 색출을 위해 5가작통법 시행, 척사윤음 반포, 정하상과 프랑스 신부들이 희생됨
　　　│　　　　　　　　　　　 └ 천주교에 대한 강력한 처벌 경고
　　　├ 병오박해(1846, 헌종) : 김대건 처형(최초의 조선인 천주교 신부)
　　　└ 병인박해(1866, 고종) : 남종삼 등 수천 명 순교, 병인양요의 원인이 됨

동학 발생
- 창시 : 철종 때 경주 지역 잔반 출신 최제우가 창시(1860)
- 사상 : 유교 + 불교 + 도교 + 천주교의 일부 교리 + 민간 신앙 융합, 평등 사상(시천주, 인내천 사상), 보국안민(반외세), 후천개벽(반봉건)
　　　　　　　　　　　　　　　　　　 └ 주문·부적 └ 사람=하늘 └ 일본·서양 세력 경계 └ 조선 왕조 부정
- 확산 : 민중들의 지지 → 삼남 지방을 중심으로 확산(경상도, 충청도, 전라도 일대)
- 탄압 : 정부의 금지령 선포, 혹세무민이라는 죄목으로 1대 교주 최제우 처형(1864)
　　　　 └ "세상을 어지럽히고 백성을 현혹한다"
- 교세 확장 : 2대 교주 최시형이 『동경대전』, 『용담유사』를 간행하여 교리 정리, 교단 조직 정비(포접제)
　　　　　　 └ 한자 경전 └ 한글 가사집

농민의 항거
- 배경 : 19C 세도 정치 아래 탐관오리의 부정과 탐학↑, 삼정의 문란(전정·군정·환곡의 문란)
- 저항 : 소극적 형태(소청, 벽서, 괘서 등) → 적극적 형태(농민 봉기)
- 농민 봉기 ┬ 홍경래의 난(1811, 순조) ┬ 배경 : 평안도 지역에 대한 차별 대우(중앙 진출 제한, 상공업 활동 억압)
　　　　　　│　　　　　　　　　　　　├ 중심 세력 : 몰락 양반 홍경래의 지휘 + 영세 농민, 중소 상인, 광산 노동자 합세
　　　　　　│　　　　　　　　　　　　└ 전개 : 처음 가산에서 봉기 → 청천강 이북 지역 장악 → 5개월 만에 관군에 의해 진압됨
　　　　　　└ 임술 농민 봉기(1862, 철종) ┬ 배경 : 삼정의 문란(특히, 환곡의 폐단) + 경상 우병사 백낙신의 수탈
　　　　　　　　　　　　　　　　　　　　 ├ 중심 세력 : 몰락 양반 유계춘 중심
　　　　　　　　　　　　　　　　　　　　 ├ 전개 : 경상도 단성에서 봉기 시작 → 진주 민란을 계기로 전국적 확산(함흥 ~ 제주) → 최대 규모의 민란
　　　　　　　　　　　　　　　　　　　　 └ 정부의 대책 : 안핵사·암행어사 파견, 삼정이정청 설치(1862, 박규수의 건의) → 곧 폐지됨(근본적 해결책 마련 실패)

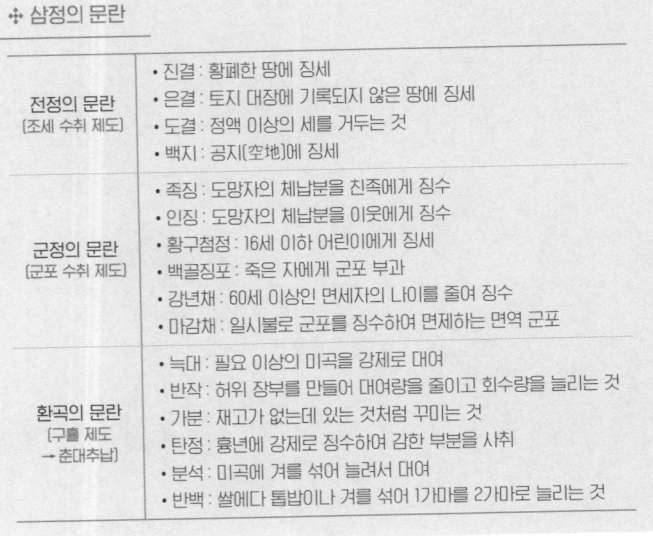

✥ **삼정의 문란**

전정의 문란 (조세 수취 제도)	· 진결 : 황폐한 땅에 징세 · 은결 : 토지 대장에 기록되지 않은 땅에 징세 · 도결 : 정액 이상의 세를 거두는 것 · 백지 : 공지(空地)에 징세
군정의 문란 (군포 수취 제도)	· 족징 : 도망자의 체납분을 친족에게 징수 · 인징 : 도망자의 체납분을 이웃에게 징수 · 황구첨정 : 16세 이하 어린이에게 징세 · 백골징포 : 죽은 자에게 군포 부과 · 강년채 : 60세 이상인 면세자의 나이를 줄여 징수 · 마감채 : 일시불로 군포를 징수하여 면제하는 면역 군포
환곡의 문란 (구휼 제도 → 춘대추납)	· 늑대 : 필요 이상의 미곡을 강제로 대여 · 반작 : 허위 장부를 만들어 대여량을 줄이고 회수량을 늘리는 것 · 가분 : 재고가 없는데 있는 것처럼 꾸미는 것 · 탄정 : 흉년에 강제로 징수하여 강한 부분을 사취 · 분석 : 미곡에 겨를 섞어 늘려서 대여 · 반백 : 쌀에다 톱밥이나 겨를 섞어 1가마를 2가마로 늘리는 것

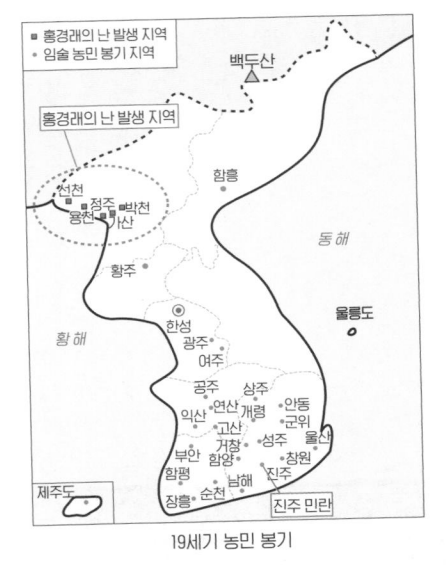

19세기 농민 봉기

(1) 한글 창제 [한글 = 훈민정음, 세종]

└ 민족 문화의 꽃 → 한글의 우수성 '쉬운 문자 + 과학적 문자'

배경 고유 문자의 부재 [한자, 이두 또는 향찰 사용 → 문자의 필요성 대두], **피지배층의 도덕적 교화** [양반 중심 사회를 원활하게 유지할 목적], **농민의 사회적 지위 상승** [의사소통의 필요성 증가]
└ 위민·애민

반포 집현전에 정음청 설치 → 훈민정음 창제 [1443] → 반포 [1446]

보급 ┬ 한글 서적 보급 : 「용비어천가」 [왕실 조상의 덕을 찬양], 「월인천강지곡」 [부처님의 덕을 기림], 「동국정운」 [한자 음운서], 「석보상절」 [세종 대 수양 대군, 석가의 전기를 엮음], 「월인석보」 [세조], 「훈몽자회」 [중종 대 최세진]
   └ 행정 실무에 이용 : 서리 선발 시 훈민정음 시험 도입   └ 한자 표준음을 한글로 정리   └ 한자 학습서

의의 고유 문자의 소유, 서민의 문자 생활 가능, 민족 문화의 기반 확립
└ 문학 작품

(2) 교육 기관 [문과(과거제)와 유기적인 관계망을 맺고 있음]

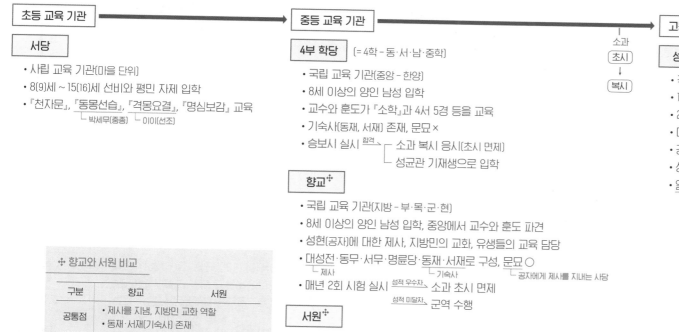

초등 교육 기관 ➡ **중등 교육 기관** ➡ **고등 교육 기관**

소과
초시
↓
복시

대과 [문과]
초시
↓
복시
↓
전시

서당
- 사립 교육 기관 [마을 단위]
- 8(9)세 ~ 15(16)세 선비와 평민 자제 입학
- 「천자문」, 「동몽선습」, 「격몽요결」, 「명심보감」 교육
  └ 박세무 [중종] └ 이이 [선조]

4부 학당 [= 4학 - 동·서·남·중학]
- 국립 교육 기관 [중앙 - 한양]
- 8세 이상의 양인 남성 입학
- 교수와 훈도가 「소학」과 4서 5경 등을 교육
- 기숙사 [동재, 서재] 존재, 문묘 ×
- 승보시 실시 ^{합격} ┬ 소과 복시 응시 [초시 면제]
                              └ 성균관 기재생으로 입학

향교 ✚
- 국립 교육 기관 [지방 - 부·목·군·현]
- 8세 이상의 양인 남성 입학, 중앙에서 교수와 훈도 파견
- 성현(공자)에 대한 제사, 지방민의 교화, 유생들의 교육 담당
- 대성전·동무·서무·명륜당·동재·서재로 구성, 문묘 ○
  └ 제사   └ 기숙사   └ 공자에게 제사를 지내는 사당
- 매년 2회 시험 실시 ^{성적 우수자} 소과 초시 면제
                    ^{성적 미달자} 군역 수행

서원 ✚
- 사립 교육 기관 [지방 - 군·현], 백운동 서원이 시초 [주세붕, 1543]
- 선현(선대의 훌륭한 유학자들) 제사, 성리학 연구, 봄·가을에 향음주례, 향촌 사회 교화 담당
- 강당·동재와 서재·사당으로 구성

성균관
- 국립 교육 기관 [한양], 최고 학부 기관 [9년]
- 15세 이상의 생원·진사 [소과 합격자] 입학
- 200명 정원 [→ 후에 100명으로 감소]
- 대과 준비, 300일 이상 기숙하며 공부
- 공관(등교 거부), 권당(단식 투쟁), 집단 상소 등의 활동 보장
- 성적 우수자는 대과(문과) 초시 면제
- 알성시 [비정기 시험] 실시
  └ 문과(only 전시), 무과만 실시

✚ 향교와 서원 비교

구분	향교	서원
공통점	• 제사를 지냄, 지방민 교화 역할 • 동재·서재(기숙사) 존재	
차이점	• 국립 교육 기관 • 성현(공자) 제사 • 교수·훈도 파견○	• 사립 교육 기관 • 선현 제사 • 교수·훈도 파견×

교육 기관별 문묘 有[○] / 無[×]

4부 학당	향교	성균관	서원
×	○	○	×

(1) 역사서

건국 초기
- 특징 : 왕조의 정통성에 대한 명분을 밝히고, 성리학적 통치 규범을 정착시키기 위해 역사서 편찬
- 『고려국사』(태조) : 정도전 등이 편찬, 고려의 역사를 편년체로 정리, 조선 건국의 정당성 강조(현존x)
- 『동국사략』(태종) : 권근 등이 편찬(1403), 단군 조선에서 삼국 시대까지 정리한 편년체 통사

↓

15C 중엽 ~ 16C
- 특징 : 국가의 위신 향상·문화 향상을 위해 역사서 편찬
- 『고려사』(세종 ~ 문종) : 김종서·정인지·신숙주 편찬, 고려의 역사를 자주적 입장에서 기전체로 서술
- 『고려사절요』(문종) : 김종서 등이 편찬, 고려 역사를 자주적 입장에서 편년체로 서술
- 『삼국사절요』(성종) : 서거정·노사신 등이 편찬, 편년체로 서술, 단군 조선에서 삼국 멸망까지 기록
- 『동국통감』(세조 ~ 성종) : 서거정 등이 편찬, 편년체 통사, 고조선부터 고려의 역사 기록[「외기」·「삼국기」·「신라기」·「고려기」로 구성], 유교적 명분론에 입각하여 서술 └ 단군 조선 ~ 삼한
- 『동몽선습』(중종) : 박세무가 저술한 아동 교육서로, 중국과 우리나라의 역사를 약술함
- 『기자실기』(선조) : 이이가 편찬, 존화주의적 역사관을 바탕으로 기자를 추앙

중석쌤의 기출오답 솔루션

- 성종 때 편찬된 『삼강행실도』는 모범적인 효자·충신·열녀를 다룬 윤리서이다. [2019. 국가직 9급]
→ 세종

『조선왕조실록』
- 편찬
  - 왕의 사후 춘추관 내에 설치된 실록청(임시)에서 편찬
  - 태조~철종까지 편년체로 서술(『고종·순종실록』은 일제 강점기에 이왕직에서 편찬)
  - 사초·『시정기』(춘추관에서 등록을 모아 편찬한 기록)·『승정원일기』·『비변사등록』 등을 통합하여 편찬
  - 국왕의 실록 열람 제한 → 후대 왕들에게 본보기로 남겨주기 위해 『국조보감』 편찬 (역대 왕들의 훌륭한 언행을 뽑아 기록)
- 보관
  세종 때부터 4대 사고에 보관(춘추관·성주·충주·전주 사고)
  → 임진왜란 때 소실(전주 사고에 있던 실록만 제외)
  → 광해군 때 5대 사고로 옮김(춘추관·오대산·태백산·마니산·묘향산 사고)
  → 인조 때 재정비(춘추관·오대산·태백산·적상산·정족산 사고)

(2) 지도와 지리서 [중앙 집권과 국방 강화 목적으로 집필]

지도
- 혼일강리역대국도지도✚(태종) : 김사형·이회·이무가 제작한 우리나라 최초의 세계 지도(1402) 현존하는 동양 최고(最古)의 세계 지도
- 팔도도(태종·세종) : 태종 때 이회가 전국 지도 제작, 세종 때 정척이 북방 영토를 실측하여 전국 지도 제작
- 동국지도(세조) : 양성지 등이 전국의 실측 지도를 모아 제작, 압록강 이북까지 기록 영향→ 조선방역지도(명종) : 8도별로 다른 색 표시, 만주·대마도를 우리 영토로 표시

지리서
- 『신찬팔도지리지』(세종) 축소·편찬→ 『세종실록』「지리지」(단종) : 우산(독도)과 무릉(울릉도) 명시
- 『팔도지리지』(성종) : 『동국여지승람』 편찬에 활용, 현존 ×
- 『동국여지승람』(성종) : 노사신·강희맹 등 저술, 군현의 연혁·지세·인물·풍속·산물·교통 등을 기록, 단군 신화 수록
  증보→ 『신증동국여지승람』(중종) : 울릉도·독도 표기

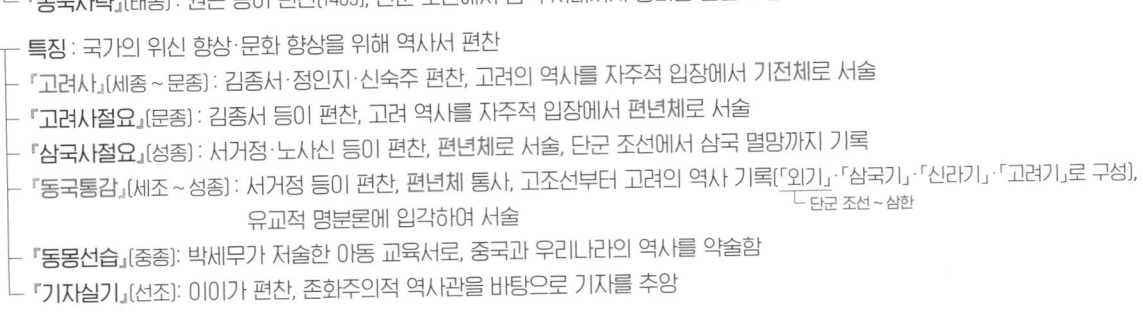

✚ 혼일강리역대국도지도
- 아라비아 지도학의 영향을 받은 원나라 세계 지도를 참고하여 한반도와 일본을 덧붙임
- 중화 사상에 입각하여 중국과 조선을 실제보다 크게 그렸고, 유럽 및 아프리카를 매우 작게 표현

(3) 윤리·의례서와 법전 [유교적 통치 질서 확립, 통치 규범의 성문화 목적으로 집필]

윤리·의례서
- 15C
  - 『삼강행실도』(세종) : 모범이 될만한 충신·효자·열녀 등의 행적을 그림으로 그리고 설명을 붙임
  - 『국조오례의』(성종) : 신숙주·정척 등이 편찬, 국가의 여러 행사에 필요한 의례(군례, 빈례, 길례, 가례, 흉례) 정비
- 16C
  - 『이륜행실도』(중종) : 김안국 저술, 연장자와 연소자(장유유서)·친구 사이(붕우유신)에서 지켜야 할 윤리 강조
  - 『동몽수지』 : 송나라 주자가 저술한 아동 교육용 윤리서로 사림들이 적극 간행

법전
└ 정도전이 저술(사찬) / └ 조준이 저술
『조선경국전』(태조, 6전 체제)·『경제문감』(태조, 정치 체제 초안) ➡ 『경제육전』(태조, 최초의 관찬 성문 법전)
└ 조종성헌(『경국대전』의 뼈대)
➡ 『경국대전』(세조~성종, 이·호·예·병·형·공전의 6전으로 구성, 유교적 통치 질서 완성)
└ 『속육전』(태종 때 하륜)

(1) 성리학의 발달

성리학의 정착 (15C)
- 관학파(훈구파): 혁명파 사대부 학풍 계승(정도전, 권근), 『주례』를 국가의 통치 이념으로 중시, 타 사상에 포용적, 한문학·시무책 등을 중시
- 사학파(사림파): 온건파 사대부 학풍 계승(정몽주, 길재), 왕도 정치 강조 → 형벌보다는 교화 강조, 성리학적 명분론 강조(성리학 이외의 학문 비판), 경학 중시 └ 유학 자체를 연구

중석쌤의 기출오답 솔루션
- 어□□는『주자서절요』를 저술하였다. [2020. 소방직]
  → 이황

성리학의 융성 (16C)
- 배경: 16C 사림은 도덕성과 수신을 중시, 인간 심성에 대한 관심 증대
- 성리학 연구의 선구자
  - 화담 서경덕: 주기론 주장(기가 스스로 작용하여 만물을 존재하게 한다), 불교와 노장 사상에 개방적 → '기' 일원론 제시
  - 남명 조식: 노장 사상에 개방적, 경과 의를 토대로 학문의 실천성 강조, 절의와 기개 중시(→ 조식의 문하인 곽재우·정인홍 등이 왜란 때 의병장으로 활약)
  - 회재 이언적: 주리론 주장(이는 기가 존재할 수 있는 근거, 운동 법칙이다), 중종에게 「일강십목소」를 바침
- 계승 → ★이황과 이이

구분	퇴계 이황 (주리론) ← 이언적의 사상 계승	율곡 이이 (주기론) ← 서경덕의 사상 계승
주장	• 이기이원론: 이와 기는 의존적이지만 섞일 수 없음 • 이기호발설: 이가 움직이면 기는 따라가고, 기가 발하면 이가 타서 조종한다. └ 이발이기수지 └ 기발이이승지	• 일원론적 이기이원론: 이와 기는 분리될 수 없음 • 기발이승일도설: 기는 발하고 이가 탄다. └ 이는 기의 도움을 받아야 움직일 수 있음 • 이통기국론: 이는 통하고 기는 국한된다.
성격	근본적, 이상주의적	현실적, 개혁주의적(경장론) 중쇠기로 파악 └ 당시를 나라가 쇠퇴하는
저서	『주자서절요』, 『성학십도』, 『전습록논변』 └ 군주 스스로 성학 이루기	『동호문답』, 『성학집요』, 『격몽요결』 └ 현명한 신하의 도움 받기
붕당	영남 학파 → 동인	기호 학파 → 서인
영향	위정척사 사상, 일본 성리학에 영향	실학 사상 → 개화 사상으로 연결

(2) 기타 여러 사상

불교 정책
- 억불 정책: 태조(도첩제 실시 → 승려의 수 제한), 태종(사원의 토지·노비 몰수), 세종(교단 정리, 선·교종을 합하여 36개 사찰만 인정), 성종(도첩제·간경도감 폐지), 중종(승과 폐지) └ 승려 신분증
- 불교 명맥 유지: 세조(간경도감 설치, 불교 경전 간행·보급, 원각사지 10층 석탑 건립), 명종(승려 보우 중용, 승과 일시적 부활) └ 문정 왕후의 불교 지원

도교 — 강화도 마니산 참성단에서 초제 거행, 소격서 설치(초제를 주관하는 관청), 원구단 설치 └ 중종 때 조광조가 혁파 주장 → 선조 때 폐지

풍수지리설 — 조선 초기 이래로 매우 중시됨, 한양 천도에 반영, 양반 사대부들의 묘지 선정에도 영향을 줌(산송 발생의 원인)

민간 신앙 — 무격 신앙, 산신 신앙, 촌락제(촌락에서 지내는 제례) 유행

세시 풍속 — 유교 이념과 융합, 조상 숭배 의식과 촌락의 안정 기원

국조 숭배 사상 — 환인·환웅·단군의 삼신을 국조로 모시는 삼성사 설치, 단군 사당 건립(평양, 세종)

성리학
태어날 때부터 고정된 불변의 가치
$性 理 學 → 性 即 理$
성 리 학   성 즉 리   우주 만물의 질서(이치)
: 성에 의해 우주 만물의 질서가 이루어진다.
↓
우주 만물은 이·기로 차별적으로 구성된다.

$理$ vs $氣$
속성(관념적)   구성 재료(현상적)
└ 형이상학   └ 형이하학
(예) 컵: 종이컵이 기(氣) vs 물을 담아 먹는 것은 이(理)

→ 주기론을 개혁론에 적용
(예) 살아 있는 모든 것에는 물(理)이 있음
 → 물을 연구해야 하는데 이를 위해서는 담을 그릇(氣)이 필요
 → 물은 담는 그릇에 따라 모양이 달라짐

 → 현실에서는 그릇이 사회 제도, 법률
 → 사회 제도, 법률을 바꾸면 이상 세계를 만들 수 있어요!

사단 칠정 논쟁   사단과 칠정은 이에 속하는가? 기에 속하는가?

이황: 사단은 이가 발함에 기가 따른 것, 칠정은 기가 발함에 이가 탄 것 → 이기이원론(→ 이기호발설)
VS
기대승: 사단과 칠정은 모두 기가 발하고 이가 탄 것 (사단과 칠정은 분리해서 볼 수 없음)
 → 이이: 기대승의 학설 지지(주기론, 일원론적 이기이원론)

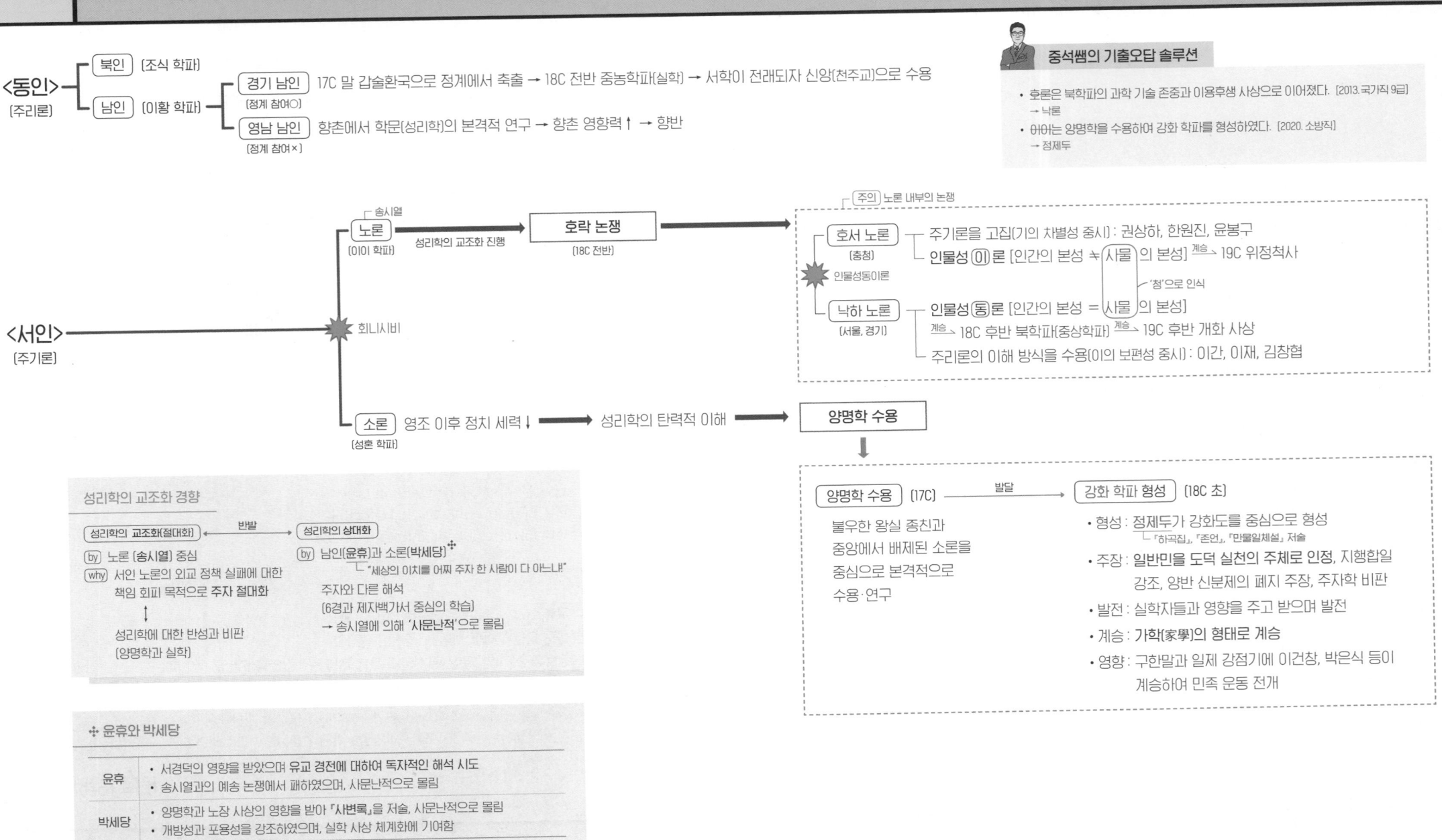

〈동인〉
[주리론]

북인 (조식 학파)

남인 (이황 학파) ── 경기 남인 [정계 참여○] — 17C 말 갑술환국으로 정계에서 축출 → 18C 전반 중농학파(실학) → 서학이 전래되자 신앙(천주교)으로 수용

영남 남인 [정계 참여×] — 향촌에서 학문(성리학)의 본격적 연구 → 향촌 영향력↑ → 향반

중석쌤의 기출오답 솔루션

• 후론은 북학파의 과학 기술 존중과 이용후생 사상으로 이어졌다. [2013. 국가직 9급]
  → 낙론
• 어어는 양명학을 수용하여 강화 학파를 형성하였다. [2020. 소방직]
  → 정제두

〈서인〉
[주기론]

노론 (이이 학파) — 성리학의 교조화 진행 → **호락 논쟁** [18C 전반]

⭐ 회니시비

소론 (성혼 학파) — 영조 이후 정치 세력↓ → 성리학의 탄력적 이해 → **양명학 수용**

[주의] 노론 내부의 논쟁

호서 노론 (충청) — 주기론을 고집(기의 차별성 중시): 권상하, 한원진, 윤봉구
— 인물성 [이]론 [인간의 본성 ≒ 사물 의 본성] ─계승→ 19C 위정척사
  '청'으로 인식

⭐ 인물성동이론

낙하 노론 (서울, 경기) — 인물성 [동]론 [인간의 본성 = 사물 의 본성] ─계승→ 18C 후반 북학파(중상학파) ─계승→ 19C 후반 개화 사상
— 주리론의 이해 방식을 수용(이의 보편성 중시): 이간, 이재, 김창협

양명학 수용 [17C] ── 발달 → **강화 학파 형성** [18C 초]

불우한 왕실 종친과
중앙에서 배제된 소론을
중심으로 본격적으로
수용·연구

• 형성: 정제두가 강화도를 중심으로 형성
  『하곡집』, 『존언』, 『만물일체설』 저술
• 주장: 일반민을 도덕 실천의 주체로 인정, 지행합일
  강조, 양반 신분제의 폐지 주장, 주자학 비판
• 발전: 실학자들과 영향을 주고 받으며 발전
• 계승: 가학(家學)의 형태로 계승
• 영향: 구한말과 일제 강점기에 이건창, 박은식 등이
  계승하여 민족 운동 전개

성리학의 교조화 경향

성리학의 **교조화**(절대화) ── 반발 → 성리학의 **상대화**

by 노론 (송시열) 중심
why 서인 노론의 외교 정책 실패에 대한
책임 회피 목적으로 주자 절대화
↓
성리학에 대한 반성과 비판
(양명학과 실학)

by 남인(윤휴)과 소론(박세당)✚
"세상의 이치를 어찌 주자 한 사람이 다 아느냐"
주자와 다른 해석
(6경과 제자백가서 중심의 학습)
→ 송시열에 의해 '사문난적'으로 몰림

✚ 윤휴와 박세당

윤휴	• 서경덕의 영향을 받았으며 유교 경전에 대하여 독자적인 해석 시도 • 송시열과의 예송 논쟁에서 패하였으며, 사문난적으로 몰림
박세당	• 양명학과 노장 사상의 영향을 받아 『사변록』을 저술, 사문난적으로 몰림 • 개방성과 포용성을 강조하였으며, 실학 사상 체계화에 기여함

(1) 실학의 등장

배경 양반 사회의 모순 개혁, 서양의 과학 지식과 (청) 고증학의 영향
└ 성리학의 형이상학적 측면에 반발 → 학문의 실용성, 객관성 중시

성격 실사구시[實事求是]의 학문 → 실용적·개혁적
└ 사실을 기반으로 진리를 탐구한다는 뜻

선구자 — 이수광 : 『지봉유설』 저술(최초의 백과사전, 마테오 리치의 『천주실의』 소개, 여러 문명권 소개 → 문화 인식의 폭 확대에 기여)
(17C)
— 한백겸 : 『동국지리지』 저술(우리 역사를 치밀하게 고증, 고대 지명을 새롭게 고증)
— 허균 : 호민론(경제적으로 여유가 있는 호민이 국정 주도) 주장, 서얼에 대한 차별 철폐 주장(『홍길동전』 저술)
— 허목 : 『기언』에서 왕과 6조의 기능 강화 주장(붕당 정치 비판), 상공업 억제를 통한 중농 정책 강화, 난전 금지, 부세 완화 등을 주장
     → 농촌의 자급자족적 경제 지향

(2) 농업 중심의 개혁론 – 중농학파 (경세치용학파)

특징 경기 남인 출신, 농업 중심 개혁·지주 전호제 혁파 주장, 토지 제도의 개혁 중시 → 자영농 육성 목적(분배 강조)
                    └ 농민에게 토지 분배

★**대표 학자** — **유형원** — 저서 : 『반계수록』, 『동국여지지』
     (반계)
          — 균전론 주장 : 공전제 실시(토지 국유화) → 국가가 신분(관리 - 선비 - 농민)에 따라 차등 있게 토지 재분배
          — 경무법 : 결부법(수확량 단위)이 아닌 경무법(면적 단위) 사용 주장
          — 양반 문벌 제도·과거 제도·신분 제도 모순 지적, 노비 세습제 폐지 주장, 병농 일치제·사농일치 교육 제도 주장
                         └ 신분제 혁파 주장은 아님

— **이익** — 저서 : 『성호사설』(천지·만물·경사·인사·시문의 5개 부문으로 구분하여 조선과 중국 문화 소개, 백과사전식으로 정리),
  (성호)   『곽우록』(국가 제도 전반에 대한 의견·한전론 제시)
          — 성호 학파 형성(학문 연구·제자 육성)
          — 한전론 주장 : 영업전(한 가정이 생계 유지를 위해 필요로 하는 최소한의 땅) 매매 금지, 그 외 토지 매매 허용 → 토지 소유의 하한선 설정
          — 6좀 지적(노비 제도·과거 제도·양반 문벌 제도·미신·승려·게으름), 폐전론 주장(화폐의 폐단 지적), 붕당론 주장

— **정약용** — 저서 : 『경세유표』(중앙 통치 체제 개혁, 정전론 제시), 『목민심서』(지방 행정 조직 개혁, 목민관의 자세 제시), 『흠흠신서』(형옥 관련 법률서),
  (다산)   『여유당전서』(정약용 저서 총정리한 문집)✝   └ 지방관
                    └ 1934년 조선학 운동의 일환으로 정인보·안재홍 등이 간행
          — 여전론 주장 : 마을 단위 공동 경작(1여 = 30가구) → 여장의 통제 아래 노동량에 따라 수확물 차등 분배(현실성 ×)
                    → 현실성이 없으므로 이후 타협안으로 정전론 주장
          — 과학 기술 중시 : 거중기(화성 축조에 사용)·주교(배다리) 등 제작

중석쌤의 기출오답 솔루션

• 유형원은 신분 차별 없이 모든 사람에게 균등한 토지 분배를 강조하였다. [2018. 법원직 9급]
  → 신분에 따라 차등을 둠(균전론)

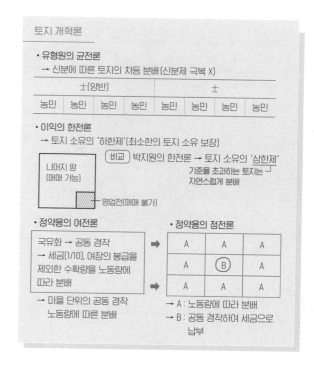

토지 개혁론

• 유형원의 균전론
  → 신분에 따른 토지의 차등 분배(신분제 극복 X)

士(양반)				士			
농민	농민	농민	농민	농민	농민	농민	농민

• 이익의 한전론
  → 토지 소유의 '하한제'(최소한의 토지 소유 보장)

나머지 땅
(매매 가능)

영업전(매매 불가)

비교 박지원의 한전론 → 토지 소유의 '상한제'
기준을 초과하는 토지는
자연스럽게 분배

• 정약용의 여전론
국유화 → 공동 경작
→ 세금(1/10), 여장의 봉급을
제외한 수확량을 노동량에
따라 분배
→ 마을 단위의 공동 경작
  노동량에 따른 분배

• 정약용의 정전론

A	A	A
A	Ⓑ	A
A	A	A

→ A : 노동량에 따라 분배
→ B : 공동 경작하여 세금으로
     납부

✝ 정약용의 3논설 → 『여유당전서』에 담겨 있는 정약용의 사회 개혁 논설

• 「탕론」 : 민본적 왕도 정치론
• 「원목」 : 이상적인 지방관상 제시
• 「전론」 : 토지 제도 개혁론

(3) 상업 중심의 개혁론 – 중상학파 (이용후생학파)

특징 — 서울의 일부 노론 출신 중심, 토지 생산성 증대 + 상공업 활성화 주장(효율성 강조), 청 문물 적극 수용
  └ 인물성동론(낙론)

★대표 학자

유수원 (농암)
 ├ 소론 출신, 상공업 중심 개혁론의 선구자
 ├ 저서: 『우서』
 ├ 상공업 진흥과 기술 혁신 강조
 ├ 사농공상의 직업적 평등화와 전문화‡ 강조 → 양반의 농·공·상으로의 전업
 └ 토지 제도의 개혁보다는 농업의 상업적 경영과 기술 혁신을 통해 생산성을 높일 것 강조

홍대용 (담헌)
 ├ 저서 : 『임하경륜』(성인 남성에게 2결의 토지 지급과 병농 일치제 주장, 기술 혁신과 문벌 제도 철폐 주장),
 │   『의산문답』(실옹과 허자의 대화집, 지전설·무한 우주론 주장)
 │   └ 지구가 우주의 중심이 아니라 무수한 별 중 하나라는 이론 → 중화 사상 타파
 └ 부국강병을 위한 기술의 혁신, 문벌 제도 철폐, 성리학 극복 등 강조, 중국 중심의 세계관 비판

   ┌ 노론 명문가 출신   ┌ 한문 소설
박지원 (연암)
 ├ 양반 문벌 제도의 비생산성 비판(『양반전』, 『호질』, 『허생전』)
 ├ 저서 : 『열하일기』(기행문, 청의 문물 소개 및 상공업 진흥 강조, 선박·수레 이용 및 화폐 유통의 필요성 주장)
 │   『과농소초』(농업 생산력 증대 방안 제시) + 『한민명전의』(한전론에 대해 설명 : 토지 소유의 상한선 설정, 그 이상의 토지 소유 금지)
 │   └ 『과농소초』의 부록

박제가 (초정)
 ├ 서얼 출신(정조 때 규장각 검서관으로 등용)
 ├ 저서 : 『북학의』(청과의 통상 강화 → 무역선 파견 등 무역 증대 주장, 신분 차별 타파, 생산과 소비의 관계를 우물에 비유하여 소비 권장)
 └ 절약보다 소비 중시(우물론‡), 수레와 선박의 이용 주장, 서양 문물·기술 수용 주장

중석쌤의 기출오답 솔루션

- 『북학의』는 박자원의 저술이다. [2020. 지방직 9급]
  → 박제가
- 홍태용은 『우서』에서 상업적 경영을 통해 농업 생산성을 높여야 한다고 주장하였다. [2017. 국가직 9급(4월 시행)]
  → 유수원
- 박제가의 사상은 농촌 사회의 모순을 중점적으로 해결하려는 경세치용론이었다. [2016. 경찰간부후보생]
  → 이용후생론(상업 중심의 개혁론)

‡ 유수원의 직업 평등론

상공업을 두고 천한 직업이라 하지만 본래 부정하거나 비루한 일은 아니다. 그것은 스스로 재간 없고 덕망 없음을 안 사람이 관직에 나가지 않고 스스로의 노력으로 물품 교역에 종사하면서 남에게서 얻지 않고 자기 힘으로 먹고 사는 것이다. 어찌 천하거나 더러운 일이겠는가.
– 『우서』

‡ 박제가의 우물론

대체로 재물은 비유하건대 샘과 같은 것이다. 퍼내면 차고 버려두면 말라 버린다. 그러므로 비단 옷을 입지 않아서 나라에 비단을 짜는 사람이 없게 되면 기예가 망하게 되며, 농사가 황폐해져서 그 법을 잃게 되므로 사·농·공·상의 4민이 모두 곤궁하여 서로 구제할 수 없게 된다.
– 『북학의』

(4) 실학의 성격과 한계

- 성격 및 영향 : 실증적, 민족적, 근대 지향적 → **서유구, 이규경, 최한기**를 거쳐서 19세기 후반에 **개화 사상**으로 계승
   └ 『임원경제지』 저술, 둔전론 주장
- 한계 : 재야 학자 중심으로 연구가 이루어짐 → **실제 정책에 반영 ×**

(1) 역사 연구

배경 — 실사구시 학풍의 영향으로 민족의 전통과 현실에 대한 관심 고조 → 국학 연구 발달

18C

이익 『성호사설』
— 실증적·비판적인 역사 서술 중시 + 기존의 성리학적 도덕 중심 사관 비판
— 역사를 움직이는 동력을 '시세(時勢) – 행운·불행 – 시비' 순으로 파악함
— → 역사가는 시세를 정확하게 파악하는 것이 중요함을 강조
　　└ 현재 상황 파악
— 중국 중심의 역사관 탈피 → 우리 역사의 체계화를 주장함

안정복 ┌ 남인 계열, 천주교에는 부정적(『천학고』, 『천학문답』)
　　　 └ 『동사강목』✢
　　　　— 고조선 ~ 고려 말까지의 역사를 편년체 통사 + **강목체**로 서술
　　　　— 이익의 역사 의식 계승(민족 역사의 체계화)
　　　　— → 독자적인 삼한(마한) 정통론 제시(단군 조선 → 기자 조선 → 마한 → 통일 신라 → 고려)
　　　　　　　　　└ 성리학적 화이사관 부정　　　　└ 삼국 시대는 무통(신라, 고구려, 백제 동등)으로 처리
　　　　— 의의 및 한계 : 고증 사학의 토대 마련, 발해사 기록(but 말갈 역사로 봄)
　　　 └ 『열조통기』 : 조선 태조 ~ 영조 때까지의 국왕별 기록

18C 후반 ~ 19C

이긍익 『연려실기술』
— **기사본말체**로 서술
— 조선 시대의 정치와 문화를 객관적·실증적으로 서술한 야사 총서(4000여 종의 야사 참고)
　└ 태조 ~ 숙종

유득공 『발해고』✢ : 발해의 역사를 체계적으로 정리, 최초로 남북국 시대 용어 사용 ┐
이종휘 『동사』 ┬ 고조선과 삼한, 부여·고구려 계통의 역사와 문화를 **기전체**로 서술 ┤─ 의의 : 고대사 연구의 시야를 만주 지방까지 확대
　　　　　 └ 발해를 고구려를 계승한 나라로 봄(고구려사 강조) ┘
한치윤 『해동역사』 : 고조선 ~ 고려 말까지의 통사, **기전체**로 서술, 540여 종의 중국·일본 자료 참고 → 민족사 인식의 폭 확대에 기여
김정희✢ 『금석과안록』 : 북한산비·황초령비를 판독하여 진흥왕 순수비임을 고증

중석쌤의 기출오답 솔루션

- 안정복은 『동사강목』을 저술하여 조선 시대의 정치와 문화를 야사를 중심으로 정리하였다. [2016. 경찰직(1차)]
  → 이긍익은 『연려실기술』
- 한치윤은 『해동역사』에서 마한을 중시하고 삼국을 무통으로 보는 입장에서 우리 역사를 체계화하였다. [2018. 지방직 9급]
  → 안정복은 『동사강목』

17~18세기 초의 역사서

- **『동사찬요』**(오운) : 신라와 고려 역사를 기전체로 서술
- **『여사제강』**(유계) : 고려사를 편년체·강목체로 서술, 북벌 주장
- **『동사』**(허목) : 기전체 서술, 단군 조선 ~ 삼국까지 서술
- **『동국통감제강』**(홍여하) : 기자 조선과 마한 강조
- **『동국역대총목』**(홍만종) : 편년체 서술, 단군 정통성 강조
- **『동사회강』**(임상덕) : 삼국 ~ 고려사 기록, 강목체 형식의 편년체

✢ 안정복의 『동사강목』

삼국사에서 신라를 으뜸으로 한 것은 신라가 가장 먼저 건국되었고, 뒤에 고구려와 백제를 통합하였으며, 고려는 신라를 계승하였으므로 편찬한 것이 모두 신라의 남은 문적을 근거로 하였기 때문이다. …… 고구려의 강대하고 현저함은 백제에 비할 바가 아니며, 신라가 차처한 땅의 일부는 남쪽에 불과할 뿐이다. 그러므로 김씨는 신라사에 쓰여진 고구려 땅을 근거로 했을 뿐이다.

✢ 유득공의 『발해고』

부여씨가 망하고 고씨가 망하자 김씨가 그 남쪽을 영유하였고, 대씨가 그 북쪽을 영유하여 발해라 하였다. 이것이 남북국이라 부르는 것으로, 마땅히 남북국사가 있어야 했음에도 고려가 이를 편찬하지 않은 것은 잘못된 일이다. 무릇 대씨가 누구인가? 바로 고구려 사람이다. 그가 소유한 땅은 누구의 땅인가? 바로 고구려 땅이다.

✢ 추사 김정희의 활동

- 박제가의 제자로, 청나라 고증학자들과 교류
- 『금석과안록』 저술
- 고금의 필법을 연구하여 추사체 창안
- 세한도, 묵란도 등의 문인화 작품을 그림

(2) 지리 연구

지리서 ┬ 역사 지리서 ┬ 『동국지리지』(한백겸, 광해군) : 고대 지명을 새롭게 고증, 북방계 정통론 제시 ← 고구려의 발상지가 만주 지방임을 최초로 고증
　　　　　　　　　└ 『아방강역고』(정약용, 순조) : 백제의 수도가 한성이고 발해의 중심지가 백두산 동쪽임을 고증
　　　└ 인문 지리서 ── 『택리지』(이중환, 영조) : 각 지역의 자연 환경과 물산·풍속·인심 등을 분석 → 가거지(사람이 살기 좋은 곳)의 조건 제시
　　　　　　　　　　　　　　　　　　　　　　　　　　　　　　　　　　　　└ 지리, 생리, 인심, 산수

지도 ┬ 중국에서 곤여만국전도가 전래 / 방안(모눈)을 활용한 정밀한 지도 제작(거리·위치 파악 용이)
　　　├ 동국지도(정상기, 영조) : 최초로 100리 척 사용 → 정확하고 과학적인 지도 제작에 공헌
　　　└ 대동여지도(김정호, 철종) ┬ 목판 지도, 22첩으로 된 분첩 절첩식 지도(휴대가 편리함)
　　　　　　　　　　　　　　　　　└ 10리마다 눈금 표시, 범례를 이용하여 산맥·하천·포구·도로망을 정밀하게 표시

(3) 국어 연구

음운 연구서 ── 『경세정운』(최석정), 『훈민정음운해』(신경준✛), 『언문지』(유희) → 훈민정음 연구

어휘집 ── 『대동운부군옥』(권문해), 『고금석림』(이의봉, 우리나라의 방언과 해외 언어 정리), 『아언각비』(정약용, 한국어의 속어 중 와전되거나 어원이 모호한 것을 고증)

(4) 백과 사전 편찬 (실학의 발달, 문화 인식의 폭 확장 등으로 다수의 백과사전류 서적 편찬)

• 『지봉유설』(이수광, 광해군) : 백과사전류의 효시, 마테오 리치의 『천주실의』 소개, 문화 인식의 폭 확대

• 『동국문헌비고』✛(홍봉한, 영조) : 역대 우리나라의 문물을 총정리한 관찬 한국학 백과사전
　　　　　　　　　　　　　└ 영조의 명으로 관청에서 편찬

• 『성호사설』(이익, 영조) : 천지·만물·경사·인사·시문의 5개 부문으로 정리 → 우리나라와 중국 문화에 대해 백과사전식으로 소개

• 『청장관전서』(이덕무, 정조) : 이덕무의 시문 전집으로 ⊕ 역사·인물·사상 등 소개
　　　　　　　　　　└ 서얼 출신

• 『임원경제지』(서유구, 헌종) : 농촌 생활 백과사전

• 『오주연문장전산고』(이규경, 헌종) : 중국과 우리나라 고금의 사물에 대한 서적을 탐독하여 천문·역사 등 1,400여 항목을 고증적 방법으로 설명

대동여지도

✛ 신경준의 저술

• 『강계고』: 영조 때의 역사 지리서, 울릉과 우산(독도)이 두 개의 섬임을 지적
• 『도로고』: 전국 각 지역의 육로·수로 교통과 중국·일본과의 교통로를 기록

✛ 『동국문헌비고』

• 정조 때 『증보동국문헌비고』로 증보됨
• 대한 제국 시기인 1903~1908년에 개찬되어 『증보문헌비고』로 간행됨

천문학
- 천체 관측 기구 : 혼천의·간의 제작, 간의대(천문대) 설치(경복궁 경회루) + 규표 설치 ┌ 태양의 방향과 고도 측정
- 시간 측정 기구 : **자격루**(물시계, 자동 시보 장치, 노비 출신 장영실이 제작, 보루각 위치), **앙부일구**·현주일구·천평일구(해시계)
- 강수량 측정 기구 : 측우기(1441, 세계 최초 강우량 측정기), 수표(청계천 수위 측정)
- 토지 측량 기구 : **인지의·규형**(세조 때 제작, 토지 측량과 지도 제작에 활용)
- 천문도 제작 : 천상열차분야지도 제작(태조 때 제작, 고구려의 천문도를 바탕으로 석각)
  └ 독자적인 천하관 → 자주성 ↑

역법
- ★『칠정산』(세종) ─ 「내편」(원의 수시력 + 명의 대통력 참조) + 「외편」(아라비아의 회회력 참조)
  - 우리나라 역사상 최초로 한양을 기준으로 천체 운동을 정확하게 계산한 자주적인 역법서
  - 오늘날의 달력과 거의 비슷하게 설명되어 있음

의학
- 『향약집성방』(세종) : 중국의 의서 참고 + 전통 의약법 종합, 우리나라 풍토에 맞는 약재와 치료 방법을 개발·정리
- 『의방유취』(세종) ✚ : 동양 의학 집대성, 의학 백과사전(중국과 우리나라의 의서를 총망라)

활자 인쇄술
- 금속 활자 개량 : 태종 때 주자소를 설치하고 계미자 주조 → 세종 때 경자자·갑인자·병진자·경오자 주조
- 인쇄 기술 발전 : 세종 때 밀랍 대신 식자판 조립 방법 **창안** → 2배 정도 인쇄 능률 향상

제지술
- 세종(세조) 때 **조지서** 설치(종이를 전문적으로 생산하는 관청) → 다양한 종이를 대량으로 생산
  └ 태종 때 조지소가 개칭됨

농서
- 『농사직설』(세종) : 정초가 편찬, 우리 실정에 맞는 독자적인 농법 정리, 농민들이 실제 경험한 농법을 종합하여 간행
- 『양화소록』(세조) : 강희안이 편찬, 화초 재배법과 이용법 소개
- 『금양잡록』(성종) : 강희맹이 편찬, 금양(경기 시흥) 지역의 농법 소개, 소농 경제 안정에 비중을 둠

병서
- 『진법서(진도)』(태조) : 요동 정벌을 위해 정도전이 편찬, 독특한 전술과 부대 편성 방법 정리
- 『총통등록』(세종) : 화약 및 화포의 제조법·사용법 정리
- 『동국병감』(문종) : 김종서 편찬, 고조선 ~ 고려 말의 전쟁사 정리
- 『병장도설』 : 군사 훈련 지침 교본, 화포의 제작과 사용법 수록

무기 제조
- 화약 무기 제조(태종 때 **최해산**이 큰 활약), 화포(사정 거리 최대 1000보)·화차(신기전) 제작
  └ 최무선의 아들   └ 화살 100개 연속 발사

병선 제조
- 태종 때 **거북선**(돌격용 배)·비거도선 제작 → 수군의 전투력 향상에 기여

중석쌤의 기출오답 솔루션

- 태종 대 토지 측량 기구인 인지의(印地儀)와 규형(窺衡)을 제작하였다. [2014. 지방직 7급]
  → 세조
- 강희맹은 성종 때 『양화소록』을 저술하여 화초 재배법을 소개하였다. [2017. 경찰직(1차)]
  → 강희안 → 세조
- 성종 때 편찬된 『동국병감』은 고조선에서 고려 말까지의 전쟁을 정리한 병서이다. [2019. 국가직 9급]
  → 문종

✚ 세종 때 편찬된 의학서

의학서	특징
『향약채취월령』	우리나라의 자생 약재 소개
『향약집성방』	국산 약재 소개, 질병 치료와 예방법 소개
『태산요록』	임산부의 임신·출산 전후의 대응법 소개
『신주무원록』	시체 부검에 대한 법의학서
『의방유취』	동양 의학 집대성한 의학 백과사전

(1) 서양 문물의 전래

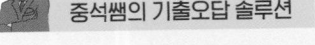
중석쌤의 기출오답 솔루션

- 자석영은 서양 의학의 성과를 토대로 서구의 종두법을 최초로 소개하였다. [2012.국가직 9급]
  → 정약용

┌ 지도, 화포, 망원경, 자명종 등

수용
- 17C 경부터 청나라를 왕래하던 **사신·서양 선교사**들을 통해 서양 문물이 전래됨
- 이익과 그의 제자들 + 북학파 실학자들이 서양 문물의 수용에 대한 관심↑

서양인의 표류
- 벨테브레 : 인조 때 제주에 표류한 후 조선에 귀화, 박연으로 개명, 무과에 급제, **훈련도감에 소속되어 서양식 대포(홍이포) 제조법과 조종법 전수**
- 하멜 : 효종 때 제주에 표류, 『하멜표류기』 저술(조선의 사정을 서양에 최초로 소개)

(2) 과학 기술의 발달

천문학
지전설 주장
- 이익이 서양 천문학에 큰 관심을 가지고 연구
- 김석문(우리나라 **최초로 지전설 주장**, 『역학도해』 저술)·홍대용✛(지전설 주장, 『의산문답』 저술, 무한 우주론 주장 → 중화 사상에 입각한 성리학적 세계관 비판)
- 최한기(19C) : 서양 과학 이론 적극 소개, 『지구전요』(코페르니쿠스의 지구 자전설과 공전설 소개), 『명남루총서』(기 철학·경험 철학·만유인력설 소개) 저술
  └ 서양 과학 기술 도입의 선구적 역할

역법✛
- 시헌력 도입 : 김육의 노력으로 효종 때 청나라 선교사 **아담 샬**이 제작한 **시헌력 도입**
- 천세력 간행 : 역법 연구 심화 → 정조 때 우리나라 사정에 맞는 천세력 간행

수학
- 『기하원본』(마테오 리치가 유클리드의 『기하학서』를 한문으로 번역) 도입, 『구수략』(최석정), 『이수신편』(황윤석, 전통 수학을 집대성)
- 『주해수용』(홍대용, 우리나라·중국·서양 수학의 연구 성과 정리)

지도
곤여만국전도 전래 : 과학적이고 정밀한 세계 지도, 선조 때 **이광정**이 중국으로부터 들여옴, 조선인의 세계관 확대에 기여

의학
- 『동의보감』(허준) : 17C 초 광해군 때 우리나라 전통 한의학을 체계적으로 정리, 중국·일본에서도 번역되어 간행, 유네스코 세계 기록유산에 등재(2009)
- 『침구경험방』(허임) : 침구술 집대성
  ┌ 주의 지석영은 종두법을 최초로 실시함
- 『마과회통』(정약용) : 마진(홍역)에 대한 연구, 부록 : 「종두방서」(정약용·박제가) → 제너의 우두종두법을 최초로 소개
- 『방약합편』(황도연·황필수) : 한의학의 한약 처방을 사용하기 쉽고 간략하게 기술, 한글로 약재 소개 → 한의학의 대중화에 기여
- 『동의수세보원』(이제마) : 고종 때 사상 의학 체계 확립(태양인·태음인·소양인·소음인으로 구분하여 치료)
  └ 현재까지 한의학계에서 통용됨

농서
- 『농가집성』(신속) : 효종 때 편찬, 벼농사 중심의 농법 소개, 이앙법의 보급에 공헌, 『농사직설』 + 『금양잡록』 + 『사시찬요초』 + 『구황촬요』 등의 농서 집대성
- 『색경』(박세당) : 숙종 때 편찬, 과수, 축산, 원예 등에 관한 농법 소개 / 『산림경제』(홍만선) : 숙종 때 편찬, 농촌 생활 백서
- 『해동농서』(서호수) : 정조 때 편찬, 중국의 농서 참고하여 남북의 농법 종합
- 『임원경제지』(서유구) : 농촌 생활 백과사전 / 『의상경계책』(서유구) : 둔전 설치 주장
- 『감저보』(강필리, 영조), 『감저신보』(김장순, 순조) : 고구마 재배 및 이용 방법 정리

기술 개발
- 『기예론』(정약용) : 인간이 동물보다 뛰어난 것은 기예(기술) 때문이라는 것을 강조 → 거중기 제작(『기기도설』을 참고하여 제작, 수원 화성 건설에 공헌),
  배다리(주교) 설치(한강을 안전하게 건너기 위한 목적, 선박의 건조, 총포와 병차의 제조 등 새로운 지식 보급에 기여)
- 『자산어보』(정약전) : 신유박해로 유배된 정약전이 흑산도 바다의 155종 어류 생태 조사·정리

홍대용의 성리학적 세계관 비판

천체가 운행하는 것이나 지구가 자전하는 것은 그 세가 동일하니, 분리해서 설명할 필요가 없다. 생각건대 9만 리의 둘레를 한 바퀴 도는 데 이처럼 빠르며, 저 별들과 지구와의 거리는 겨우 반경(半徑) 밖에 되지 않는데도 오히려 몇 천만 억의 별들이 있는지 알 수가 없다. 하물며 은하계 밖에도 또 다른 별들이 있지 않겠는가!
– 『의산문답』

우리나라에서 사용한 역대 역법 순서

선명력 → 수시력 → 대통력 → 시헌력 → 태양력
(고려 초기) (충선왕) (공민왕) (조선 효종) (을미개혁)

(1) 문학

악장	「용비어천가」(정인지, 왕조의 창업 찬양), 「**월인천강지곡**」(세종, 석가모니를 찬양)
한문학	『동문선』: 성종 때 서거정 등이 삼국 시대 ~ 조선 초까지 시와 산문 중 뛰어난 작품을 선별하여 편찬, 우리나라 글에 대한 자주 의식 표명
설화 문학	『필원잡기』(서거정), 『용재총화』(성현)
한문 소설	『금오신화』(김시습), 『원생몽유록』(임제)
시조	길재와 원천석의 시조, 김종서와 남이의 시조, 황진이의 시조
가사	「관동별곡」·「사미인곡」·「속미인곡」(정철), 「면앙정가」(송순)
풍자 문학	서얼 출신 어숙권의 『패관잡기』(문벌 제도와 적서 차별 비판)
여류 문인	신사임당(시·글씨·그림에 두루 능함), 허난설헌(한시로 유명)

(2) 건축

15세기

공공 건축 (한양 건설)	궁궐	• **경복궁** : 태조 때 창건, 정도전이 이름을 지음, 이칭은 북궐, 근정전, 교태전, 선원전 등으로 구성, 경회루, 보루각과 간의대 등이 있음 • **창덕궁** : 태종 때 창건, 이칭은 동궐, 왜란 때 소실되어 광해군 때 중건 • **창경궁** : 세종 때 지은 수강궁을 성종 때 수리·확장 • **경희궁** : 광해군 때 창건, 이칭은 서궐
	4대문	흥인지문(동대문), 돈의문(서대문), 숭례문(남대문), 숙정문(북대문)
	4소문	혜화문(동북 동소문), 광희문(동남 남소문), 창의문(서북 북소문), 소의문(서남 서소문)
	종묘와 사직	• **종묘** : 조선의 왕과 왕비의 신주를 모시고 제사를 지내는 유교 사당 • **사직** : 땅의 신과 곡식의 신에게 제사 지내는 사당 → 경복궁 기준 좌측(동쪽)에는 종묘, 우측(서쪽)에는 사직 위치(좌묘우사)
사원 건축		강진 무위사 극락전, 합천 해인사 장경판전

16세기 | 서원 건축이 활발하였으며, 대표적으로 경주의 옥산 서원, 안동의 **도산 서원**이 있음

(3) 예술

그림	15세기	몽유도원도(안견, 현실 세계와 이상 세계를 표현), **고사관수도**(강희안)
	16세기	• 산수화·사군자 유행 : 송하보월도(이상좌), 초충도(신사임당), 모견도(이암), 한림제설도, 동자견려도(김시) • 시·서·화에 능한 3절 : 이정은 대나무(풍죽도), 황집중은 포도(묵포도도), 어몽룡은 매화(월매도)를 잘 그리기로 유명
공예	15세기	분청사기(청자에 백토의 분을 바른 것, 소박하고 천진스러운 무늬)
	16세기	순백자(담백하며 고상한 분위기, 선비들의 유교적 취향에 적합)
음악	15세기	아악의 체계화(박연), 여민락 작곡, 「정간보」 창안(세종), 『악학궤범』(성종 때 성현, 음악 이론서)
	16세기	당악과 향악 → 속악으로 발전(서민 음악)

몽유도원도(안견)

분청사기 (철화 어문병)

분청사기 (물고기무늬 편병)

순백자

중석쌤의 기출오답 솔루션

• 세종 때 우리나라 역대 문장의 정수를 모은 『동문선』을 편찬하였다. [2021. 국가직 9급]
→ 성종
• 태종은 창덕궁과 창경궁을 새로 건설하였다. [2018. 국가직 7급]
→ (창경궁은 성종 때 창건)
• 조선 시대 경복궁의 동쪽에 사직이, 서쪽에 종묘가 배치되었다. [2017. 지방직 9급(6월 시행)]
→ 종묘   → 사직

중석쌤의 기출오답 솔루션

• 김정희는 우리의 정서와 개성을 추구하는 단아한 글씨의 동국진체를 완성하였다. [2011. 사회복지직 9급]
→ 추사체

(1) 서민 문화 발달

| 배경 | 상공업 발달과 농업 생산력의 증대, 서당 교육의 보급으로 서민의 의식 성장, 서민의 경제적·신분적 지위 향상 |

| 특징 | 인간의 감정을 적나라하게 표현, 양반의 위선 풍자, 사회의 부정과 비리 고발 |

| 종류 |

- 한글 소설 : 「홍길동전」[허균, 서얼에 대한 차별 철폐, 이상 사회 묘사], 「춘향전」[신분 차별의 비합리성 표현], 「토끼전」[집권층의 수탈 비판]
- 사설시조 : 서민의 감정을 솔직하게 표현, 남녀 간의 사랑이나 현실에 대한 비판, 몰락 양반·서리·기생들이 저술
- 한문학 : 양반층 중심, 부조리한 현실을 비판, 박지원의 「양반전」·「허생전」·「호질」 등의 한문 소설, 정약용의 한시[애절양]
- 시사(詩社) 조직 : 중인층과 서민층의 시인 모임, 천수경의 옥계 시사, 최경흠의 직하 시사 등이 있음 → 활발한 문예 활동 전개[시인들의 시를 모아 시집 간행]
- 판소리
  - 창 + 사설 + 추임새로 구성, 감정 표현이 직접적이고 솔직함, 조선 후기 서민 문화의 중심으로 성장
  - 신재효가 판소리 사설을 창작하고 정리[「춘향가」·「심청가」·「흥보가」·「적벽가」·「수궁가」 → 유네스코 세계 무형유산]
- 탈놀이 : 마을 굿의 일부, 사회적 모순에 대한 해학적 폭로와 풍자
- 산대놀이 : 가면극이 민중 오락으로 정착, 도시의 상인·중간층의 지원으로 성행

(2) 회화와 서예

| 회화 |

- 진경 산수화 : 우리의 자연을 사실적으로 표현, 정선의 인왕제색도와 금강전도[바위산은 선으로 묘사, 흙산은 묵으로 묘사]
- 풍속화
  - 당시 사람들의 생활과 일상을 생동감 있게 표현
  - 김홍도[서민의 생활을 소탈하고 익살스럽게 묘사], 신윤복[양반·부녀자의 생활, 남녀 사이의 애정 등을 해학적으로 묘사], 김득신[김홍도와 화풍 비슷]
- 민화 : 호랑이·까치 등을 소재로 삼아 그림, 민중의 미적 감각 표현, 기복적 염원, 서민 문화의 수준이 급진적으로 발전함을 보여줌
- 기타 : 김정희[세한도 등의 문인화 작품을 남김], 강세황[서양화 기법을 동양화에 접목, 영통동구도], 장승업[강렬한 필법과 채색법 사용]
    └ 원근법

| 서예 | 추사체[김정희], 동국진체[이광사] |

인왕제색도[정선]

금강전도[정선]

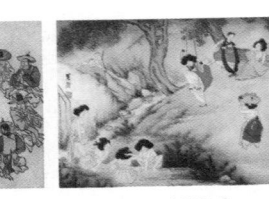

무동[김홍도]

단오풍정[신윤복]

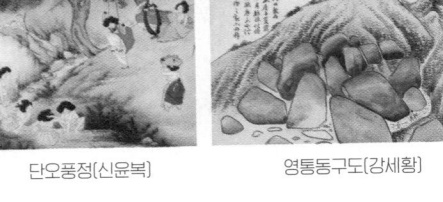

영통동구도[강세황]

(3) 건축의 변화

| 17C | 양반 지주층의 경제적 성장 반영, 다층 건물이지만 내부는 하나로 통하는 구조, 거대한 규모, 불교의 사회적 지위 반영[금산사 미륵전, 화엄사 각황전, 법주사 팔상전] |

| 18C | 부농·상인의 지원을 받음, 강한 장식성[논산 쌍계사, 부안 개암사, 안성 석남사], 수원 화성[유네스코 세계 문화유산, 1997] |

| 19C | 경복궁 근정전, 경회루 → 흥선 대원군이 왕실의 권위 과시 목적으로 재건 |

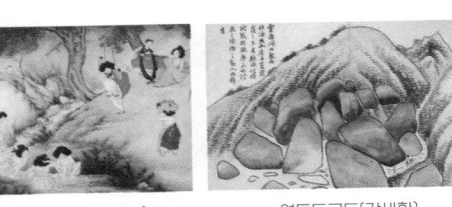

법주사 팔상전[17C]

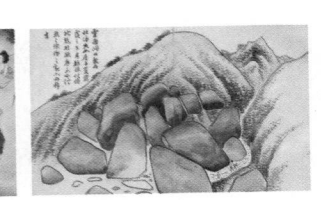

쌍계사 대웅전[18C]

(4) 공예와 음악

| 공예 |

- 자기 공예 : 백자가 민간에까지 널리 사용, 청화 백자 유행[주로 양반들이 애호 ↔ 서민들은 옹기 사용]
- 기타 공예 : 화각 공예, 목공예[(예) 장롱, 책상, 문갑, 소반, 의자, 필통 등]

| 음악 | 음악의 향유층이 확대됨 → 양반층은 가곡·시조, 서민층은 민요 애창, 광대·기생들이 판소리·산조·잡가 등을 창작·발전 |

조선 | 핵심 내용 확인하기

* 암기한 내용을 빈칸에 채워보세요.[정답은 하단에 있습니다.]

1392 태조
- 조선 건국, _____ 천도·_____ 건설[도읍 기틀 마련]
- _____을 등용하여 민본 통치 규범 마련, 의흥삼군부 설치

1400 태종
- 왕권 강화 정책: _____ 실시, _____ 혁파, _____ 독립
- 양전 사업 실시, _____ 실시, 신문고 설치

1418 세종
- 왕권과 신권의 조화 추구: _____ 실시, _____ 정비
- 대외 정책: 4군 6진 설치, _____ 섬 정벌, _____ 개항, 계해약조 체결
- 전분 __등법·연분 __등법 실시, _____ 창제

1455 세조
- 왕권 강화 정책: _____ 부활, 집현전 폐지
- _____ 편찬 시작, _____ 실시

1469 성종
- 『경국대전』 반포, _____ 설치, _____ 등용, 관수 관급제 실시
- 『동국여지승람』, _____, 『동문선』, 『악학궤범』 등 간행

1494 연산군
- _____ 발발[「조의제문」], _____ 발발[폐비 윤씨 사건]
- 중종 반정 → 연산군 폐위

1506 중종
- 개혁 추진: _____ 등용
- 조광조의 개혁 정치: _____ 실시, _____ 삭제 건의, _____ 폐지
- _____ 발발[주초위왕 사건]

1545 명종
- _____ 발발[대윤 vs 소윤], _____ 발발[→ 비변사가 상설 기구화 됨]
- _____ 폐지[녹봉 지급], 임꺽정의 난

1567 선조
- 사림의 정계 주도[_____ 형성]
- 왜란 발발, _____의 기능 강화, _____·_____ 편성

1608 광해군
- _____ 집권, _____ 외교 정책 전개, _____ 실시[경기도에 한정]
- _____[허준] 편찬, 실록 보관: _____로 재정비
- 인조 반정 → 광해군 폐위

1623 인조
- _____ 집권, _____ 정책 추진, 정묘 호란·병자 호란 발발
- 어영청·총융청·수어청 설치, _____ 실시, 상평통보 주조

1649 효종
- _____ 운동: 송시열, 이완 등용
- 청의 요청으로 _____ 정벌에 조총 부대 파견
- 『농가집성』[신속] 편찬, _____[달력] 채택

1659 현종
- _____[효종의 죽음]: 서인 1년 vs 남인 3년 → _____ 승리
- _____[효종비의 죽음]: 서인 9개월 vs 남인 1년 → _____ 승리

1674 숙종
- 경신환국[_____ 집권] → 기사환국[_____ 집권] → 갑술환국[_____ 집권]
- _____ 설치[5군영 체제 완성], _____ 건립
- 대동법 전국으로 확대 실시, _____ 전국적으로 유통

1724 영조
- _____ 탕평 실시: _____ 정리, 산림 부정, _____ 건립[성균관 입구]
- _____ 실시[군포 2필 → 1필], _____ 실시, 신문고 부활, _____[법전] 간행

1776 정조
- _____ 탕평 실시: 적극적인 탕평책 전개
- 왕권 강화 정책: _____ 실시, _____·장용영 설치, 화성 건설
- 신해통공 반포, _____, 『무예도보통지』 간행

1800 순조
- 정순 왕후의 수렴청정 → 노론 벽파 집권
- 정순 왕후 사후 → 안동 김씨 일파의 _____ 시작
- _____ 해방, 신유박해, _____ 발발[1811]

1849 철종
- 세도 정치 지속
- _____ 발발[1862], _____ 설치

[정답] 한양, 경복궁, 정도전 / 6조 직계제, 사병, 사간원, 호패법 / 의정부 서사제, 집현전, 쓰시마, 3포, 6, 9, 훈민정음 / 6조 직계제, 『경국대전』, 직전법 / 홍문관, 사림파, 『동국통감』 / 무오사화, 갑자사화 / 조광조, 현량과, 위훈, 소격서, 기묘사화 / 을사사화, 을묘왜변, 직전법 / 붕당, 비변사, 훈련도감, 속오군 / 북인, 중립, 대동법, 『동의보감』, 5대 사고 / 서인, 친명 배금, 영정법 / 북벌, 나선, 시헌력 / 기해예송, 서인, 갑인예송, 남인 / 서인, 남인, 서인, 금위영, 백두산 정계비, 상평통보 / 완론, 서원, 탕평비, 균역법, 노비종모법, 『속대전』 / 준론, 초계문신제, 규장각, 『대전통편』 / 세도 정치, 공노비, 홍경래의 난 / 임술 농민 봉기, 삼정이정청

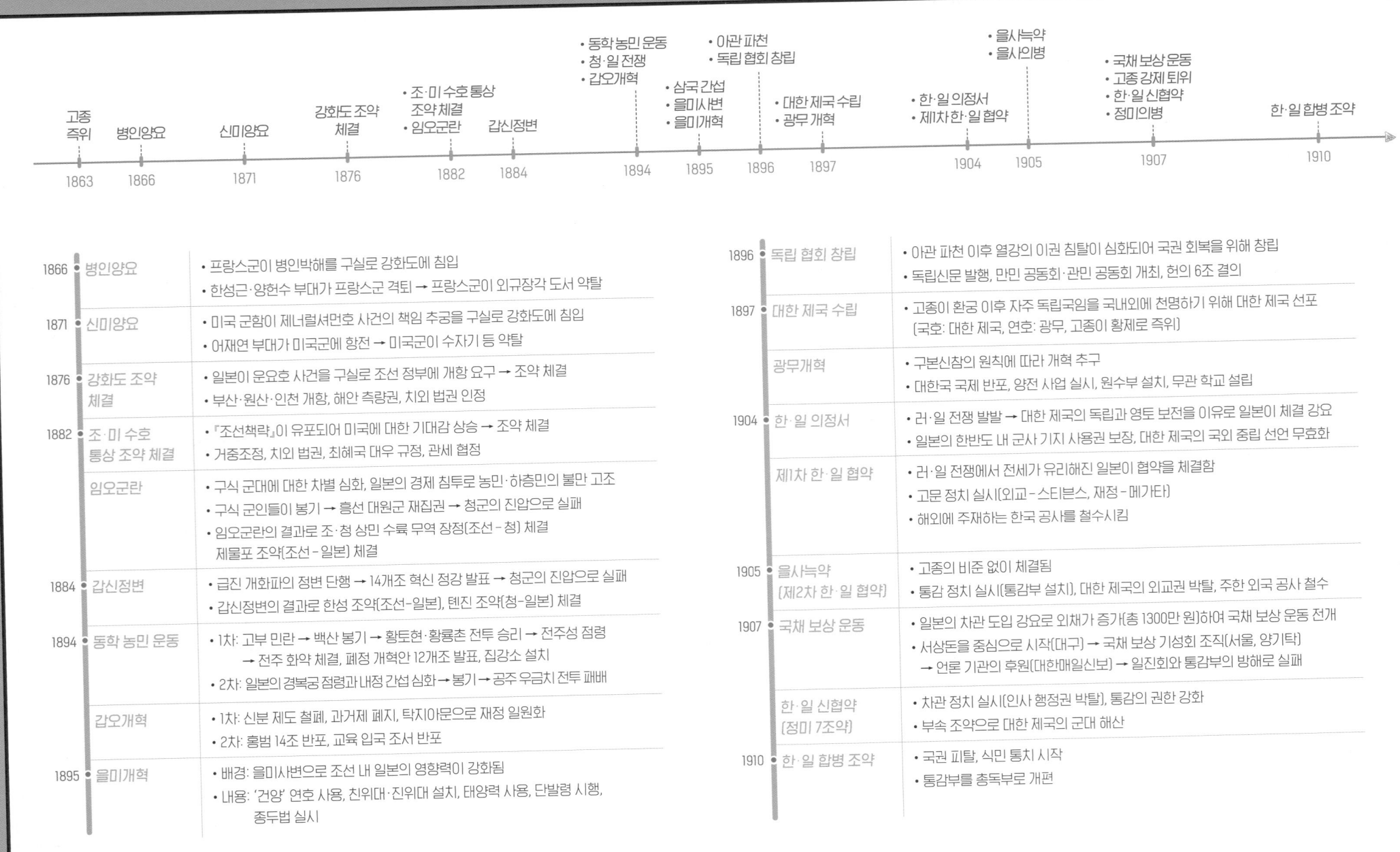

타임라인 상단:
- 고종 즉위 (1863)
- 병인양요 (1866)
- 신미양요 (1871)
- 강화도 조약 체결 (1876)
- 조·미 수호 통상 조약 체결 / 임오군란 (1882)
- 갑신정변 (1884)
- 동학 농민 운동 / 청·일 전쟁 / 갑오개혁 (1894)
- 삼국 간섭 / 을미사변 / 을미개혁 (1895)
- 아관 파천 / 독립 협회 창립 (1896)
- 대한 제국 수립 / 광무 개혁 (1897)
- 한·일 의정서 / 제1차 한·일 협약 (1904)
- 을사늑약 / 을사의병 (1905)
- 국채 보상 운동 / 고종 강제 퇴위 / 한·일 신협약 / 정미의병 (1907)
- 한·일 합병 조약 (1910)

연도	사건	내용
1866	병인양요	• 프랑스군이 병인박해를 구실로 강화도에 침입 • 한성근·양헌수 부대가 프랑스군 격퇴 → 프랑스군이 외규장각 도서 약탈
1871	신미양요	• 미국 군함이 제너럴셔먼호 사건의 책임 추궁을 구실로 강화도에 침입 • 어재연 부대가 미국군에 항전 → 미국군이 수자기 등 약탈
1876	강화도 조약 체결	• 일본이 운요호 사건을 구실로 조선 정부에 개항 요구 → 조약 체결 • 부산·원산·인천 개항, 해안 측량권, 치외 법권 인정
1882	조·미 수호 통상 조약 체결	• 『조선책략』이 유포되어 미국에 대한 기대감 상승 → 조약 체결 • 거중조정, 치외 법권, 최혜국 대우 규정, 관세 협정
	임오군란	• 구식 군대에 대한 차별 심화, 일본의 경제 침투로 농민·하층민의 불만 고조 • 구식 군인들이 봉기 → 흥선 대원군 재집권 → 청군의 진압으로 실패 • 임오군란의 결과로 조·청 상민 수륙 무역 장정(조선-청) 체결 제물포 조약(조선-일본) 체결
1884	갑신정변	• 급진 개화파의 정변 단행 → 14개조 혁신 정강 발표 → 청군의 진압으로 실패 • 갑신정변의 결과로 한성 조약(조선-일본), 톈진 조약(청-일본) 체결
1894	동학 농민 운동	• 1차: 고부 민란 → 백산 봉기 → 황토현·황룡촌 전투 승리 → 전주성 점령 → 전주 화약 체결, 폐정 개혁안 12개조 발표, 집강소 설치 • 2차: 일본의 경복궁 점령과 내정 간섭 심화 → 봉기 → 공주 우금치 전투 패배
	갑오개혁	• 1차: 신분 제도 철폐, 과거제 폐지, 탁지아문으로 재정 일원화 • 2차: 홍범 14조 반포, 교육 입국 조서 반포
1895	을미개혁	• 배경: 을미사변으로 조선 내 일본의 영향력이 강화됨 • 내용: '건양' 연호 사용, 친위대·진위대 설치, 태양력 사용, 단발령 시행, 종두법 실시
1896	독립 협회 창립	• 아관 파천 이후 열강의 이권 침탈이 심화되어 국권 회복을 위해 창립 • 독립신문 발행, 만민 공동회·관민 공동회 개최, 헌의 6조 결의
1897	대한 제국 수립	• 고종이 환궁 이후 자주 독립국임을 국내외에 천명하기 위해 대한 제국 선포 (국호: 대한 제국, 연호: 광무, 고종이 황제로 즉위)
	광무개혁	• 구본신참의 원칙에 따라 개혁 추구 • 대한국 국제 반포, 양전 사업 실시, 원수부 설치, 무관 학교 설립
1904	한·일 의정서	• 러·일 전쟁 발발 → 대한 제국의 독립과 영토 보전을 이유로 일본이 체결 강요 • 일본의 한반도 내 군사 기지 사용권 보장, 대한 제국의 국외 중립 선언 무효화
	제1차 한·일 협약	• 러·일 전쟁에서 전세가 유리해진 일본이 협약을 체결함 • 고문 정치 실시(외교-스티븐스, 재정-메가타) • 해외에 주재하는 한국 공사를 철수시킴
1905	을사늑약 (제2차 한·일 협약)	• 고종의 비준 없이 체결됨 • 통감 정치 실시(통감부 설치), 대한 제국의 외교권 박탈, 주한 외국 공사 철수
1907	국채 보상 운동	• 일본의 차관 도입 강요로 외채가 증가(총 1300만 원)하여 국채 보상 운동 전개 • 서상돈을 중심으로 시작(대구) → 국채 보상 기성회 조직(서울, 양기탁) → 언론 기관의 후원(대한매일신보) → 일진회와 통감부의 방해로 실패
	한·일 신협약 (정미 7조약)	• 차관 정치 실시(인사 행정권 박탈), 통감의 권한 강화 • 부속 조약으로 대한 제국의 군대 해산
1910	한·일 합병 조약	• 국권 피탈, 식민 통치 시작 • 통감부를 총독부로 개편

(1) 근대 개관 ⇒ 우리나라의 정치·경제·사회·문화를 근대적으로 바꾸고자 했던 사람들과 사건들을 자세히 알아두는 것이 중요!

[근대란?]

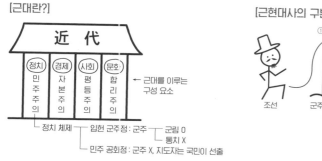

近 代

정치 | 경제 | 사회 | 문화
민주주의 | 자본주의 | 평등주의 | 합리주의 → 근대를 이루는 구성 요소

┌ 정치 체제 ─┬─ 입헌 군주정 : 군주 ┬─ 군림 O
│   │   └─ 통치 X
│   └─ 민주 공화정 : 군주 X, 지도자는 국민이 선출

[근현대사의 구분]

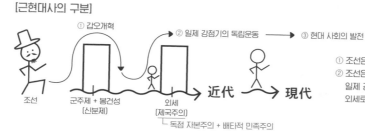

① 갑오개혁 → ② 일제 강점기의 독립운동 → ③ 현대 사회의 발전

조선 → 군주제 + 봉건성 [신분제] → 외세 [제국주의] → 近代 → 現代
└ 독점 자본주의 + 배타적 민족주의

① 조선은 갑오개혁을 통해 봉건성 탈피
② 조선은 외세(일본)의 침략으로
   일제 강점기를 겪지만 독립운동을 통해
   외세로부터 벗어나려는 노력 전개

[조선 근대의 방향성]

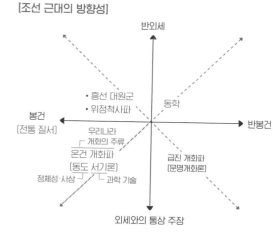

반외세

흥선 대원군 · 위정척사파 / 동학

봉건 [전통 질서] ←─────────→ 반봉건

우리나라 개화의 주류
온건 개화파 [동도 서기론]
정체성·사상 ─ 과학 기술

급진 개화파 [문명개화론]

외세와의 통상 주장

(2) 19세기 후반의 세계

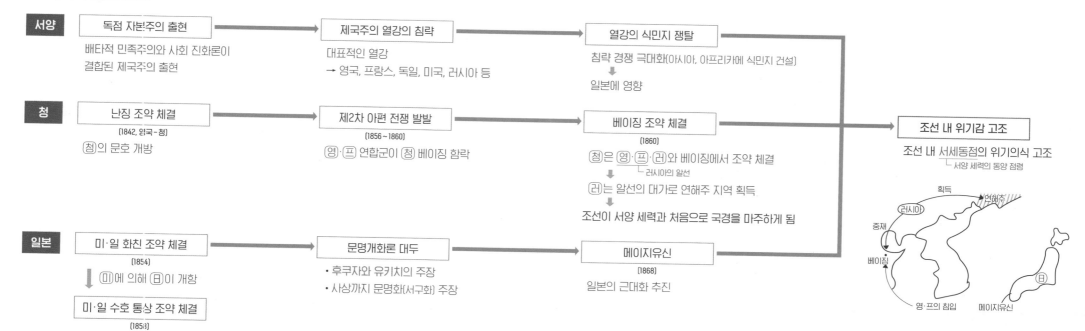

서양 | 독점 자본주의 출현 → 제국주의 열강의 침략 → 열강의 식민지 쟁탈

독점 자본주의 출현
배타적 민족주의와 사회 진화론이 결합된 제국주의의 출현

제국주의 열강의 침략
대표적인 열강
→ 영국, 프랑스, 독일, 미국, 러시아 등

열강의 식민지 쟁탈
침략 경쟁 극대화(아시아, 아프리카에 식민지 건설)
↓
일본에 영향

청 | 난징 조약 체결 → 제2차 아편 전쟁 발발 → 베이징 조약 체결

난징 조약 체결
[1842, 영국-청]
청의 문호 개방

제2차 아편 전쟁 발발
[1856~1860]
영·프 연합군이 청 베이징 함락

베이징 조약 체결
[1860]
청은 영·프·러와 베이징에서 조약 체결
└ 러시아의 알선
↓
러는 알선의 대가로 연해주 지역 획득
↓
조선이 서양 세력과 처음으로 국경을 마주하게 됨

조선 내 위기감 고조
조선 내 서세동점의 위기의식 고조
└ 서양 세력의 동양 점령

일본 | 미·일 화친 조약 체결 → 문명개화론 대두 → 메이지유신

미·일 화친 조약 체결
[1854]
↓ 미에 의해 일이 개항
미·일 수호 통상 조약 체결
[1858]

문명개화론 대두
• 후쿠자와 유키치의 주장
• 사상까지 문명화(서구화) 주장

메이지유신
[1868]
일본의 근대화 추진

2 흥선 대원군의 정책 ★★★

(1) 19세기 후반의 정세

국내	세도 정치 ┬ 세도 가문의 정권 장악, 매관매직 성행 → 왕권 약화, 통치 질서 붕괴 ↔ 왕권 강화책
	└ 삼정의 문란(민생 파탄) → 농민 봉기 ↔ 삼정의 개혁, 민생 안정책

국외	이양선의 잦은 출몰 + 천주교의 확산 + 서양의 통상 수교 요구 ↔ 통상 수교 거부 정책
	└ 최초 : 1832년 (영) 로드 암허스트호

(2) ✻흥선 대원군의 정책 [1863 ~ 1873]

왕권 강화책 ┬ 세도 정치의 중심인 안동 김씨 세력 축출, 비변사 축소·폐지 (정무는 의정부, 군무는 삼군부에서 담당), 법전 편찬(『대전회통』, 『육전조례』)
                                                                                                 └ [비교] 『대전통편』은 정조 때 편찬
├ 경복궁 중건 사업 ┬ 원납전 징수 (강제로 기부금 징수 → 양반의 반발 심화)
  [1865~1868]   ├ 당백전 발행 (실제로는 상평통보의 5 ~ 6배 가치로 유통 → 화폐 가치 하락, 물가 상승), 청전 유통 (당백전 발행 중단 이후 청전 수입하여 유통)
                 │   └ 상평통보보다 액면 가치 100배의 화폐   └ 서민 경제 악화   └ 청나라 동전
                 └ 백성들을 경복궁 중건 공사에 동원 (경복궁 타령의 유래), **양반들의 묘지림 벌목**, 결두전(토지세) 징수, 도성의 4대문을 통과하는 물품들에 대해 통행세(성문세) 징수
                      → 【결과】 양반과 백성들의 불만 초래   └ 경복궁 중건에 필요한 목재 조달 목적   └ 1결당 1백문(= 10전 = 1냥)

민생 안정책 ┬ 삼정의 문란 시정 ┬ 【전정】 → 양반의 토지 겸병 금지, 양전 사업 실시 (은결 색출)
                              ├ 【군정】 → 호포법(동포제) 실시 (집집마다 군포 징수 → 양반에게도 군포 징수, but 현직 관료는 면제)
                              └ 【환곡】 → 사창제 시행 (마을 창고를 두고 향촌민들이 자치적으로 운영)
            └ 서원 철폐 : 만동묘✢ 철폐 (만동묘는 최익현·이항로 등의 상소로 다시 부활), 서원을 47개만 남기고 철폐
                 → 【결과】 서원의 토지와 노비가 국가에 귀속됨 → 국가의 재정 확충, 양반들의 거센 반발 (복합 상소 운동)

통상 수교 거부 정책 [쇄국 정책]

1866. 1.	1866. 7.	1866. 9.	1868. 4.	1871. 5.	1871
병인박해	**제너럴셔먼호 사건**	**병인양요**	**오페르트 도굴 사건**	**신미양요**	**척화비✢ 건립**
흥선 대원군은	(미) 상선 제너럴셔먼호가	병인박해를 구실로 (프)가 침입	독일 상인 오페르트가	제너럴셔먼호 사건을 구실로	신미양요 이후 전국 각지에 건립
(프) 이용(천주교 허용)하여	평양 대동강 하구 진입하여 횡포	(로즈 제독, 강화도)	통상 요구를 거절 당함	(미)가 침입	(1882년 임오군란 이후 철거)
(러) 견제하려 했으나 실패	↓	↓	↓	(로저스 제독, 강화도)	
↓	당시 평안도 관찰사 박규수와	문수산성의 한성근,	흥선 대원군 父 남연군 묘를	└ 초지진 → 덕진진 → 광성보 공격	
천주교 박해	평양 군민이 제너럴셔먼호 소각	정족산성의 양헌수 부대가 (프) 격퇴,	도굴하려다 실패	↓	
├ (프) 선교사 9명 처형		(프) 퇴각 중 외규장각 도서 약탈	↓	어재연이 항전	
└ 신자 8,000여 명 처형		(『의궤』 등)	조선 내 반외세 감정 고조	└ 전사, 쌍충비각	
└ 절두산 순교 사적지		└ 2011년 영구 임대 형식으로 반환됨		↓	
				(미) 퇴각 중 어재연의 수(帥)자기 약탈	
				└ 2007년 장기 대여 방식으로 반환됨	

(1) 강화도 조약 체결 [개항, 1876]

성격 최초의 근대적 조약이자 불평등 조약

배경
- 통상 개화론 대두 : 흥선 대원군의 하야[1873] → 통상 개화파가 등장하여 개항을 주장
  └ 박규수, 오경석[역관], 유홍기[의관]
- 운요호 사건[1875] : 서계 사건✛을 계기로 일본 내 '정한론' 대두 → 日은 문호 개방을 목적으로 운요호 파견 → 조선이 경고 사격하자 무력 도발 감행
  └ "무력을 동원해서라도 조선을 정벌하여 개항시켜야 한다."

> ✛ 서계 사건[1868]
> 일본이 통상 수교를 요구하는 외교 문서[서계]를 조선에 전달
> → 흥선 대원군이 내용 불손을 이유로 수용 거부
> → 이를 계기로 일본 내 정한론 대두

전개

| ★강화도 조약 | → | 조·일 수호 조규 부록 | → | 조·일 무역 규칙 | → | 조·일 수호 조규 속약 | → ···개정→ | 조·일 통상 장정 |

★강화도 조약
[조·일 수호 조규, 1876.2.]
- 청의 종주권 부인 (= 조선은 자주국)
  → 일본의 침략 의도가 내포됨
- 수신사 파견[김기수, 김홍집]
- 부산 개항 → 원산·인천 추가 개항
  [1876]   [1880] [1883]
- 해안 측량권 허용, 치외 법권 인정

조·일 수호 조규 부록
[1876.7.]
- 일본 외교관의 내지 여행 허용
- 개항장에서의 일본 화폐 유통 허용
- 간행이정 설정[개항장 사방 10리]
  └ 일본 상인의 활동 범위

조·일 무역 규칙
[최초의 조·일 통상 장정, 1876.7.]
- 양곡 무제한 유출 허용
  → 쌀·잡곡의 유출 제한 無   [2無]
- 수출입 상품에 대한 관세 無

조·일 수호 조규 속약
[임오군란 결과, 1882.7.]
- 간행이정 확대[10리 → 50리]
  → 2년 후 100리까지 확대, 양화진 개시
- 일본 공사·영사와 그 가족의 자유 여행 허용

조·일 통상 장정
[1883.6.]
- 관세 규정, 최혜국 대우 규정
- 방곡령 규정[쌀 수출 금지령]
  → 방곡령 시행 1개월 전 통고해야 함

(2) ★조·미 수호 통상 조약 [1882]

성격 서구 열강과 맺은 최초의 근대적 조약이자 불평등 조약

배경 『조선책략』의 유포[2차 수신사로 일본에 다녀온 김홍집이 유포 → 국내의 미국에 대한 기대 상승], 청의 알선[조선에 대한 종주권 확인, 러시아·일본 견제 의도]
  └ 1880년

내용 치외 법권 인정[영사 재판권 허용], 최혜국 대우 규정, 관세 협정[조선·미국이 관세를 협정하여 적용], 거중조정 조항[양국 중 한 나라가 제3국의 위협을 받을 경우 서로 도움]
  └ 타국에 허용한 유리한 대우를 동일하게 받을 수 있는 권리   └[영향] 을사늑약[1905] 이후 미국에 특사[헐버트] 파견

영향 미국은 조선에 공사 푸트 파견, 조선은 미국에 보빙사[1883] 파견 → 보빙사 귀국 후 농무 목축 시험장 설치
  └ 민영익·유길준·홍영식   └ 미국의 농기구·가축 도입을 통해 품종 개량, 서구 농법 도입 시도

조선
위협 ↑ ↓ 도움
타국 ← 미국

강화도 조약과 조·미 수호 통상 조약 비교

구분	강화도 조약	조·미 수호 통상 조약
치외 법권	○	○
관세	×	○
해안 측량권	○	×
최혜국 대우	×	○

(3) 기타 열강과의 조약 체결 [대부분 청의 알선으로 체결]

영국 [1883] : 치외 법권, 최혜국 대우, 내지 통상권 허용

독일 [1883] : 내지 통상권, 최혜국 대우 허용

러시아 [1884] : 청·일의 견제로 체결 지연 → 독자적 체결, 최혜국 대우, 치외 법권 허용

프랑스 [1886] : 천주교 전래 문제로 체결 지연 → 최혜국 대우 적용, 천주교 포교 허용

> **중석쌤의 기출오답 솔루션**
> - 강화도 조약으로 부산에 이어 인천, 원산 순으로 개항되었다. [2017. 경찰직[1차]]
>   → 원산[1880], 인천[1883] 순
> - 1876년 채결된 조·일 통상 장정에서는 곡물 유출을 막는 방곡령 규정이 합의되었다. [2016. 국가직 9급]
>   → 1883년 개정된 조·일 통상 장정

(1) 개항과 개화의 이해

- (청) 양무운동
- (日) 메이지유신 → [문명개화론] ─영향→ **통상 개화론** [박규수·오경석·유홍기]
- 서계 사건 [정한론 대두] ─영향→ **운요호 사건** [1875]

통상 개화론, **운요호 사건** ─영향→ **개항** 강화도 조약[1876] ─────→ **서양 각국과 수교**
- (미)[1882] : 『조선책략』의 영향 ─→ 청의 알선 [종주권 유지, 러·일 견제 목적]
- (영)·(독)[1883]
- (러)[1884] : 독자적으로 교섭
- (프)[1886] : 천주교 포교 활동 인정

개화 정책 추진
- 통리기무아문 설치 : 개화 정책 추진 기구[1880, 군국 기밀과 일반 정치 총괄] → 그 아래 12사 설치
- 군제 개혁 : 신식 군대 별기군 창설[1881, (日)의 지원] → 구식 군대 5군영 축소 → 무위영·장어영(2영)
- 사절단 파견 ─ (日) ─ 수신사 ─[1차] 1876, 김기수[『일동기유』 저술]
                        [공식적] ─[2차] 1880, 김홍집[황쭌셴의 『조선책략』 들여와 유포]
                              └─[3차] 1882, 박영효[『사화기략』 저술, 태극기 게양], 김옥균 동행
                   └─ 조사 시찰단(신사 유람단, 1881) ─ 박정양[『문견사건』 저술], 홍영식 등 파견
                        [비공식적] └─ 일본의 산업 시찰을 위해 비밀리에 파견
              ─ (청) 영선사[1881] : 김윤식[텐진 기기국 시찰] + 유학생 파견 → 조기 귀국 → 기기창 설치[1883]
                                                        └─재정난   └─ 최초의 근대식 무기 제조 공장
              ─ (미) 보빙사[1883] : 민영익, 유길준 등 파견, 미국 대통령 접견 → 귀국 후 농무 목축 시험장 개설[1884]
                              └─『서유견문』 저술

(2) 개화 사상과 위정척사 사상의 흐름

1860년대 [흥선 대원군 집권기]	1870년대	1880년대	1890년대 이후

1860년대 [흥선 대원군 집권기]

개화 사상 ➡ **통상 개국론**
⇕ 반대
위정척사 사상 ➡ **척화 주전론**
- 서양과의 통상 수교 반대 운동 전개
- 『화서아언』에서 통상 반대 주장
- 유인석의 스승
- 이항로[화서], 기정진[노사] : 흥선 대원군의 대외 정책 지지

1870년대

통상 개화론
- 강화도 조약 체결 지지
⇕ 반대
개항 불가론·왜양 일체론
- 최익현, 유인석 : 개항 반대 운동 전개
- 최익현의 5불가소[지부복궐척화의소]

1880년대

개화론
- 정부의 개화 정책 추진 찬성
- 분화 : 온건 개화파 ↔ 급진 개화파
         [김홍집, 김윤식] [박영효, 김옥균, 홍영식]
⇕ 반대
개화 반대론
- 정부의 개화 정책 추진 반대
- 『조선책략』 비판·반대
- 이만손의 영남 만인소
- 홍재학의 만언 척사소

1890년대 이후

독립 협회·애국 계몽 운동
⇕ 대치
항일 의병 운동
- 을미사변, 단발령 시행에 대한 반발
- 유인석, 이소응, 문석봉
  → 항일 의병 운동 전개[을미의병]

(1) 배경

| 구식 군대 차별 |

┬ 군제 개혁(5군영 ^{축소}→ 2영)으로 인한 실직 군인 증가 + 별기군(신식 군대)과의 차별 대우
└ 군인 생활 기반 악화(난전 단속) + 13개월만에 돌이 섞인 급료 지급 → 구식 군인들의 불만 증가

| 곡물 부족 |

일본의 경제 침투 가속화 → 대량의 쌀이 일본으로 유출 → 쌀값 폭등 → 농민·하층민의 불만 증가

중석쌤의 기출오답 솔루션

• 조·청 상민 수륙 무역 장정은 갑신정변 이후 체결된 것이다. [2014. 지방직 9급]
→ 임오군란

(2) 전개

| 구식 군인들의 봉기 |

구식 군인들이 선혜청·민겸호 자택 습격 → 일본 공사관 습격, 별기군 훈련 교관 살해 → **하층민도 합세하여 궁궐 습격**(창덕궁 점령) → 민씨 세력 축출 → 민비 충주로 피신

┌ 구식 군인에게 급료를 지불하는 담당 관청
└ 선혜청의 곡식 배급 담당 책임자

↓

| 흥선 대원군 재집권 |

개화 정책 중단 → 5군영 부활, 통리기무아문과 별기군 폐지, 민비의 국장 선포(가짜 장례식)

↓

| 청의 개입 |

민씨 정권의 지원 요청 → ⑳ 군대 파견 → 군란 진압, 흥선 대원군을 ⑳으로 압송

↓

| 민씨 세력의 재집권 |

친청 정권 수립(친청 내각 수립 → 친청 정책 실시)

(3) 결과

| 조약 체결 |

┬ ⑪ 제물포 조약 체결(1882) : 일본 정부에 배상금 지불, 일본 공사관에 일본 경비병 주둔 허용(일본 군대가 조선에 공식적으로 주둔), 공사관 습격 책임자 처벌
├ ⑪ 조·일 수호 조규 속약 체결(1882) : 간행이정 확대(10리 → 50리, 2년 뒤 100리로 규정), 1년 뒤 양화진 개시(開市) + 내지 여행권 확보 → 사실상 ⑪ 상인의 내지 통상권 허용
└ ⑳ 조·청 상민 수륙 무역 장정✦ 체결(1882) : 조선을 '속방'으로 규정하여 종주권 확인, ⑳ 상인의 내지 통상권을 실질적으로 허용, 치외 법권(영사 재판권)

| 청의 내정 간섭 심화 |

위안스카이의 군대 주둔(3,000여 명), 내정 고문(마젠창)·외교 고문(묄렌도르프)을 조선에 파견
└ 독일인

| 개화파의 분열 |

임오군란 이후 개화파 일부가 청과의 사대 관계 청산 및 전면 개혁 주장 → 온건파 개화파와 급진 개화파로 분열

✦ 조·청 상민 수륙 무역 장정 내용

• 속방 규정: 청의 종주권 규정(명문화)
• 조선 국왕과 청나라의 북양 대신이 대등한 지위를 가짐
• 치외 법권 인정
• 청나라 사람의 조선 연안 어업권 보장
• 청나라 사람들이 서울 양화진에 점포를 개설할 수 있는 권리 인정
• 홍삼 무역 허용 및 저율 관세

(1) 개화파의 형성과 분화

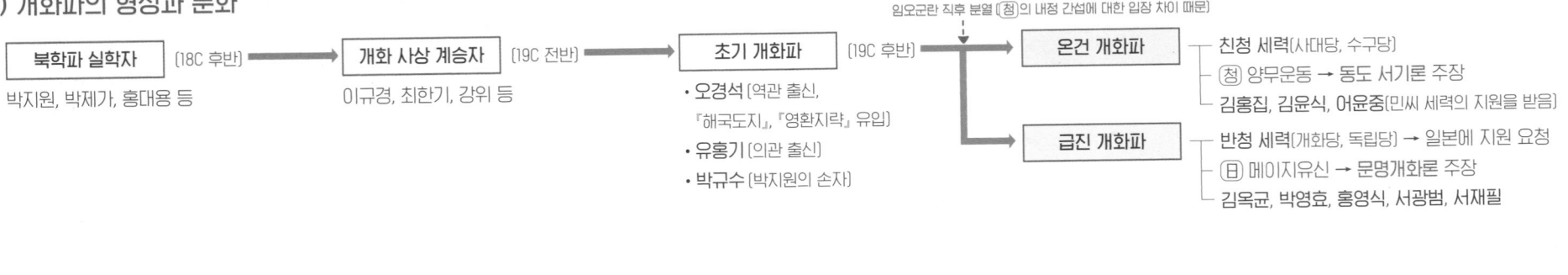

임오군란 직후 분열 ([청]의 내정 간섭에 대한 입장 차이 때문)

북학파 실학자	(18C 후반) →	개화 사상 계승자	(19C 전반) →	초기 개화파	(19C 후반) →

박지원, 박제가, 홍대용 등 → 이규경, 최한기, 강위 등 →
- 오경석 (역관 출신, 『해국도지』, 『영환지략』 유입)
- 유홍기 (의관 출신)
- 박규수 (박지원의 손자)

온건 개화파
- 친청 세력(사대당, 수구당)
- [청] 양무운동 → 동도 서기론 주장
- 김홍집, 김윤식, 어윤중(민씨 세력의 지원을 받음)

급진 개화파
- 반청 세력(개화당, 독립당) → 일본에 지원 요청
- [日] 메이지유신 → 문명개화론 주장
- 김옥균, 박영효, 홍영식, 서광범, 서재필

(2) ☆갑신정변(1884.10.)

배경
- 국내 : 임오군란 이후 청의 내정 간섭 심화, 온건 개화파가 급진 개화파 탄압 → 개화 정책 후퇴 → 급진 개화파의 불만 고조, 김옥균이 일본과의 차관 교섭 실패로 급진 개화파의 입지가 위축됨
- 국외 : 청·프 전쟁으로 조선 내 청의 군대가 일부 철수, 일본 공사가 정변 단행 시 재정 및 군사 지원 약속

전개
- 급진 개화파가 우정국 개국 축하연에서 정변 단행 → 민씨 정권 고관 살해 → 김옥균이 고종·명성 황후를 창덕궁에서 경우궁으로 옮기고 정권 장악(개화당 정부 수립)
  └ 초대 국장 홍영식
- 14개조 혁신 정강 발표
  - (정치) 청에 대한 조공 허례 폐지(청과의 사대 관계 청산), 문벌 폐지와 인민 평등의 권리 제정, 내시부 폐지(왕권 제한), 대신과 참찬은 의정소에 모여 의결(입헌 군주제 실시)
  - (경제) 지조법 개혁(국가 재정 확대), 환상미 영구 면제(환곡제 폐지), 혜상공국 혁파(특권적 상업 폐지), 모든 재정은 호조에서 관할(재정 일원화)
    └ 조세 제도 개혁
  - (사회·군사) 탐관오리 처벌, 순사 설치(경찰제 실시), 군제 개편(4영 축소→1영)

결과
- 청군의 개입과 실패 : [청]군이 정변 세력 진압(3일 천하) → **청의 내정 간섭 심화** / 홍영식 피살, 김옥균·박영효 등 일본으로 망명(급진 개화파 몰락) → 개화 운동 단절
- 조약 체결
  - 한성 조약(1884. 11. 조선 - [日]) : 일본 공사관 신축 비용을 조선이 부담, 일본에 배상금 지불
  - 톈진 조약(1885, [청] - [日]) : 조선 내 청·일 양군 공동 철수, 조선 파병 시 상대방 국가에 미리 알릴 것 규정(이후 청·일 전쟁의 원인이 됨)

(3) 갑신정변 이후 한반도 정세

- [러] 조·러 비밀 협약 추진 ─ [러]의 영흥만 조차에 합의 ─┐
- [러] 군사 교련단 파견 ─┘
- [러]에 군사권 부여 → [청]의 방해로 실패
- 세력 확대
- [청] 내정 간섭↑
- 경제 침탈↑ [日]
- 러시아의 남하 견제 목적
- [영] 거문도 불법 점령(1885 ~ 1887)

열강의 경쟁 심화 → **한반도 중립화론 대두**
- 부들러(독일 부영사) : 한반도 영세 중립화안
- 유길준 : 조선 중립화론 제안 → but 정책화×

중석쌤의 기출오답 솔루션
- 갑신정변 결과 일본은 배상금 지급 등을 내용으로 하는 제물포 조약의 체결을 강요하였다. [2018. 지방직 7급]
  → 한성 조약(제물포 조약은 임오군란 결과 체결)

(1) 동학의 교세 확장

동학의 확산
경주의 몰락 양반인 **최제우**가 동학 창시(1860) → 정부가 최제우를 '혹세무민' 죄로 처형(1864) → 2대 교조 **최시형**이 교세 확장(교리 정리, 포접제로 교단 정비, 『동경대전』·『용담유사』 간행)
└ 세상을 어지럽히고 백성을 속임
└ 인내천(사람 = 하늘), 후천개벽 등의 평등 사상
└ 동학의 경전
└ 포교 가사집(한글)

교조 신원 운동
├ 종교적 성격 : **삼례 집회**(최제우의 명예 회복, 동학 탄압 중지와 포교의 자유 요구), **한양 복합 상소**(교조 신원에 대한 복합 상소 운동)
│ └ 1892. 11.
│ └ 1893. 2.
└ 정치적 성격 : **보은 집회**(보국안민, 제폭구민, 척왜양창의 주장), **금구 집회**(서울 진공 계획) → 반봉건, 반외세 구호 등장
  └ 1893. 3.
  └ 1893. 3.

(2) *동학 농민 운동의 전개

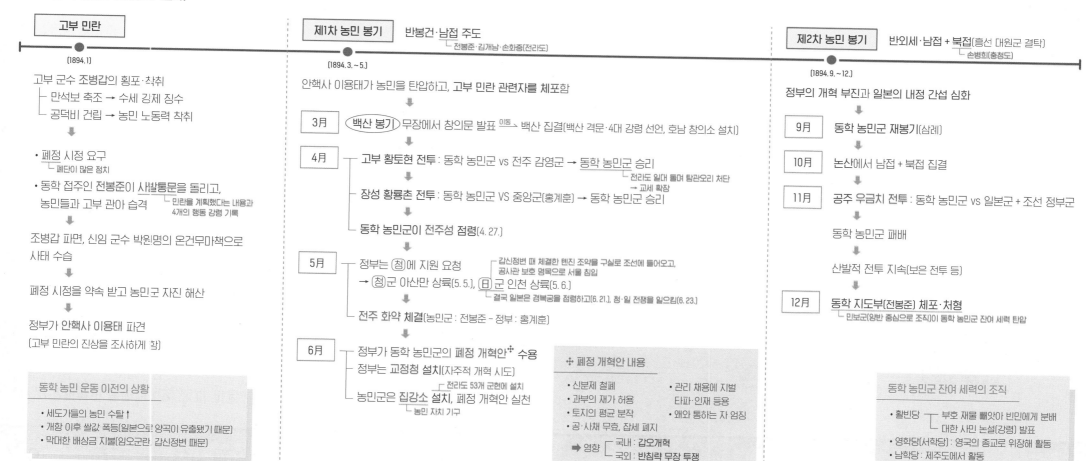

고부 민란
────●────
(1894. 1)

고부 군수 조병갑의 횡포·착취
├ 만석보 축조 → 수세 강제 징수
└ 공덕비 건립 → 농민 노동력 착취

• 폐정 시정 요구
  └ 폐단이 많은 정치
• 동학 접주인 전봉준이 사발통문을 돌리고,
  농민들과 고부 관아 습격
  └ 민란을 계획했다는 내용과 4개의 행동 강령 기록

조병갑 파면, 신임 군수 박원명의 온건무마책으로
사태 수습

폐정 시정을 약속 받고 농민군 자진 해산

정부가 안핵사 이용태 파견

[고부 민란의 진상을 조사하게 함]

동학 농민 운동 이전의 상황
• 세도가들의 농민 수탈↑
• 개항 이후 쌀값 폭등(일본으로! 양곡이 유출됐기 때문에)
• 막대한 배상금 지불(임오군란, 갑신정변 때문)

제1차 농민 봉기 반봉건·남접 주도
────●──── └ 전봉준·김개남·손화중(전라도)
(1894. 3. ~ 5.)

안핵사 이용태가 농민을 탄압하고, 고부 민란 관련자를 체포함
⬇
3月 **백산 봉기** 무장에서 창의문 발표 ^{이동}→ 백산 집결(백산 격문·4대 강령 선언, 호남 창의소 설치)
⬇
4月 ├ 고부 황토현 전투 : 동학 농민군 vs 전주 감영군 → 동학 농민군 승리
│ └ 전라도 일대 돌며 탐관오리 처단 → 교세 확장
│
├ 장성 황룡촌 전투 : 동학 농민군 VS 중앙군(홍계훈) → 동학 농민군 승리
│
└ 동학 농민군이 전주성 점령(4. 27.)
⬇
5月 ├ 정부는 청에 지원 요청 ─ 갑신정변 때 체결한 톈진 조약을 구실로 조선에 들어오고, 공사관 보호 명목으로 서울 침입
│ → 청군 아산만 상륙(5. 5.), 日군 인천 상륙(5. 6.)
│ └ 결국 일본은 경복궁을 점령하고(6. 21.), 청·일 전쟁을 일으킴(6. 23.)
│
└ 전주 화약 체결(농민군 : 전봉준 – 정부 : 홍계훈)
⬇
6月 ├ 정부가 동학 농민군의 폐정 개혁안✦ 수용
│ ├ 정부는 교정청 설치(자주적 개혁 시도)
│ │ └ 전라도 53개 군현에 설치
│ └ 농민군은 집강소 설치, 폐정 개혁안 실천
│   └ 농민 자치 기구

✦ 폐정 개혁안 내용
• 신분제 철폐
• 과부의 재가 허용
• 토지의 평균 분작
• 공·사채 무효, 잡세 폐지
• 관리 채용에 지벌 타파·인재 등용
• 왜와 통하는 자 엄징

➡ 영향 ├ 국내 : 갑오개혁
      └ 국외 : 반침략 무장 투쟁

제2차 농민 봉기 반외세·남접 + 북접(흥선 대원군 결탁)
────●──── └ 손병희(충청도)
(1894. 9. ~ 12.)

정부의 개혁 부진과 일본의 내정 간섭 심화
⬇
9月 동학 농민군 재봉기(삼례)
⬇
10月 논산에서 남접 + 북접 집결
⬇
11月 공주 우금치 전투 : 동학 농민군 vs 일본군 + 조선 정부군
⬇
동학 농민군 패배
⬇
산발적 전투 지속(보은 전투 등)
⬇
12月 동학 지도부(전봉준) 체포·처형
└ 민보군(양반 중심으로 조직)이 동학 농민군 잔여 세력 탄압

동학 농민군 잔여 세력의 조직
• 활빈당 ─ 부호 재물 빼앗아 빈민에게 분배 └ 대한 사민 논설(강령) 발표
• 영학당(서학당) : 영국의 종교로 위장해 활동
• 남학당 : 제주도에서 활동

8 갑오개혁과 을미개혁 ★★

(1) 갑오개혁과 을미개혁의 전개 과정

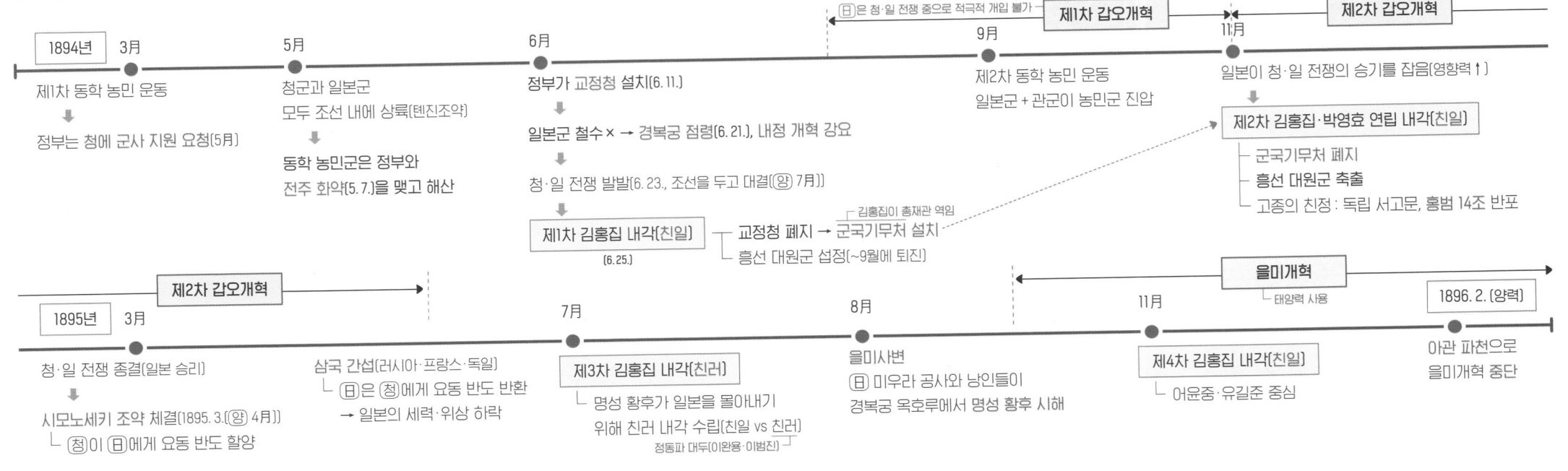

1894년

3月 · 제1차 동학 농민 운동 → 정부는 청에 군사 지원 요청(5月)

5月 · 청군과 일본군 모두 조선 내에 상륙(텐진조약) · 동학 농민군은 정부와 전주 화약(5. 7.)을 맺고 해산

6月 · 정부가 교정청 설치(6. 11.) · 일본군 철수× → 경복궁 점령(6. 21.), 내정 개혁 강요 · 청·일 전쟁 발발(6. 23., 조선을 두고 대결(양) 7月))

제1차 김홍집 내각(친일) (6. 25.)
└ 교정청 폐지 → 군국기무처 설치 (┌ 김홍집이 총재관 역임) └ 흥선 대원군 섭정(~9월에 퇴진)

제1차 갑오개혁 (⽇은 청·일 전쟁 중으로 적극적 개입 불가)

9月 · 제2차 동학 농민 운동 일본군 + 관군이 농민군 진압

제2차 갑오개혁

11月 · 일본이 청·일 전쟁의 승기를 잡음(영향력↑)

제2차 김홍집·박영효 연립 내각(친일)
├ 군국기무처 폐지
├ 흥선 대원군 축출
└ 고종의 친정 : 독립 서고문, 홍범 14조 반포
  └ 태양력 사용

1895년

제2차 갑오개혁

3月 · 청·일 전쟁 종결(일본 승리) → 시모노세키 조약 체결(1895. 3.(양) 4月)) └ 청이 ⽇에게 요동 반도 할양

삼국 간섭(러시아·프랑스·독일) └ ⽇은 청에게 요동 반도 반환 → 일본의 세력·위상 하락

을미개혁

7月 제3차 김홍집 내각(친러) └ 명성 황후가 일본을 몰아내기 위해 친러 내각 수립(친일 vs 친러) 정동파 대두(이완용·이범진)

8月 을미사변 ⽇ 미우라 공사와 낭인들이 경복궁 옥호루에서 명성 황후 시해

11月 제4차 김홍집 내각(친일) └ 어윤중·유길준 중심

1896. 2. (양력) 아관 파천으로 을미개혁 중단

(2) ★갑오개혁과 을미개혁의 내용

구분	정치	경제	사회
제1차 갑오개혁 └ 동학 농민 운동의 요구 일부 수용	• '개국' 기원 사용(중국 연호 폐지) • 왕실(궁내부)과 정부(의정부) 사무 분리, 6조를 80아문으로 개편 • 과거제 폐지 → 새로운 관리 임명 제도 정비 • 경무청 설치(경찰 업무 관장)	• 탁지아문으로 재정 일원화 • 조세의 금납화, 일본 화폐로 조세 납부 허용 • 은본위 화폐 제도 실시(신식 화폐 발행 장정 제정) • 도량형 개정·통일	• 공·사 노비 제도 폐지(신분 제도 철폐), 인신매매 금지 • 조혼 금지, 과부의 재가 허용 • 고문과 연좌제 등의 악습 폐지
제2차 갑오개혁	• 의정부와 80아문 체제를 내각과 7부로 개편 • 지방 체제 개편(전국 8도를 23부 337군으로 개편) • 훈련대·시위대 설치, 지방관 권한 축소(사법·군사권 배제)	탁지부 산하에 관세사·징세서 설치(조세 징수 업무 관장)	• 신식 재판소 설립(지방·한성·순회·고등 재판소) → 사법권의 독립 • 교육 입국 조서 반포 → 한성 사범 학교 설립, 외국어 학교 관제 공포
을미개혁	• '건양' 연호 사용 • 친위대(중앙군)·진위대(지방군) 설치	-	• 태양력 사용, 단발령 시행(아관 파천 이후 철회), 종두법 실시 • 소학교령 공포 → 소학교 설치

* 1895~1899년의 흐름

| 1895년 | | 1896년 | 독립신문 창간 | 독립 협회 결성 | 1897년 | | | 1898년 | 만민 공동회 개최 | 관민 공동회 개최 | 독립 협회 해산 | 1899년 |

11월(음 10월)
춘생문 사건
└ 고종의 (미) 공사관 피신 시도
→ 실패

2月
아관 파천

4月

7月

2月
고종의 환궁
(→ 경운궁)

10月
대한 제국 선포

3月 ~

10月 ~

12月

8月
대한국 국제
반포

(1) 독립 협회 [1896 ~ 1898]

배경
- 아관 파천(1896. 2.) 이후 열강의 이권 침탈 심화(특히 (러)의 이권 침탈이 심화됨) → 열강에 대한 반감↑
- 서재필이 정부의 지원을 받아 독립신문 창간(1896. 4. 7.) → 독립 협회 창립의 토대가 마련됨
  └ 최초의 민간 신문·한글 신문

창립
진보적 지식인(서재필, 윤치호, 남궁억, 이상재)과 정부 관료(안경수, 이완용)의 주도 + 진보적 유생 등이 참여하여 독립 협회 창립[1896. 7. 2.]
  └ 정동 구락부 세력(친미)

성격
자주 국권(이권 수호), 자유 민권(기본권, 참정권), 자강 개혁(의회 설립)

활동
- 영은문 자리에 독립문을 건립, 모화관을 독립관으로 개수
- 토론회·강연회 개최, 정부의 이권 양도 비판 → 정부 관료 이탈, 민중의 지지
- 이권 수호 운동 전개 : (러)의 절영도 조차 요구 저지, 한·러 은행 폐쇄 요구, (러) 재정 고문·군사 교련단 철수 요구,
  (러)의 목포·진남포 해안의 토지 매도 저지, (독)·(프)의 광산 채굴권 요구 저지
- 만민 공동회 개최 → 보수 세력 파면 요구 → 보수 세력 파면 성공, 박정양의 진보 내각 수립
  (1898. 3. ~, 종로)
- 의회 설립 운동 전개 : 관민 공동회 개최[헌의 6조✝ 결의] ─고종의 수용─→ 고종이 중추원 관제 반포
  (1898. 10. ~, 종로)   └ 입헌 군주제 강조, 의회 정치 주장   └ 의회 설립(정부 관료 25명 + 독립 협회 지도부 25명)

해산
- 중추원 관제 반포에 대한 보수 세력의 반발(익명서 사건) → 고종의 독립 협회 해산 명령 → 만민 공동회의 시위(해산 명령 철회 요구)
  └ 독립 협회가 공화정을 추구한다고 모함
- → 보수 세력이 황국 협회 동원 → 독립 협회와 황국 협회 충돌 → 고종이 독립 협회를 강제 해산시킴(1898. 12.)
  └ 보수적 보부상 단체

의의와 한계
- 의의 : 민중을 개화 운동과 결합시킨 자주적 근대화 운동(이후 애국 계몽 운동으로 계승됨)
- 한계 : 러시아에 국한되어 배척(친미·친일), 농민군·의병에 적대적
  └ 삼국 간섭과 아관 파천 이후 세력 강성

중석쌤의 기출오답 솔루션

• 독립 협회는 미국과 일본 등의 이권 요구에는 적극적으로 반대하였다. [2017. 경찰간부후보생]
  → 러시아(독립 협회는 친미, 친일)

✝ 헌의 6조

1. 외국인에게 의지하지 말고 전제 황권을 견고히 할 것
2. 외국과의 이권에 관한 조약은 각 대신과 중추원 의장이 합동 날인하여 시행할 것
3. 국가 재정은 탁지부에서 전관하고, 예산과 결산을 국민에게 공포할 것
4. 중대 범죄를 공판하되, 피고의 인권을 존중할 것
5. 칙임관을 임명할 때에는 정부에 그 뜻을 물어서 중의에 따를 것
6. 정해진 규정을 실천할 것

(2) 대한 제국(1897~1910)과 광무개혁

| 고종의 환궁 | 고종의 환궁을 요구하는 국민의 여론과 독립 협회의 환궁 운동 전개 → 고종이 1년 만에 경운궁으로 환궁(1897. 2.) └ 오늘날 덕수궁 |

⬇

| 대한 제국 선포 | 국호 '대한 제국', 연호 '광무', 왕을 '황제'로 호칭 변경(칭제 건원), 환구단(원구단)을 세우고, 황제 즉위식 거행(1897. 10.) |

⬇

| ★광무개혁 추진 | ┌ 경제(산업), 교육, 국방 등
구본 신참(舊本新參) → 점진적 개혁 + 복고적 개혁
└ 정치 체제 |

중석쌤의 기출오답 솔루션

- 러시아 공사관에 머물던 고종은 1897년 2월 경복궁으로 환궁하였다. [2018. 경찰직(1차)]
　→ 경운궁(덕수궁)
- 고종은 대한국 국제를 제정하여 황제권을 강화하고 입헌 군주제를 천명하였다. [2011. 지방직 7급]
　→ 전제 군주제

정치	경제	사회	외교
대한국 국제 반포 ┌ 교전소 설치(1897) │　↓ └ 법규교정소로 개편(1899) 　→ 대한국 국제 제정·반포(1899. 8.) 　　└ 황제권의 무한함을 강조 **지방 행정 구역 개편** ┌ 지방 행정 구역 개편 : 23부 → 13도 └ 평양을 서경으로 격상(풍경궁 건설) **군사력 증강** ┌ 시위대·친위대·진위대 군사 수 증강 │　└ 황실 호위 부대 └ 중앙 └ 지방 ├ 무관 학교 설립 └ 원수부 설치(황제가 육·해군 통솔)	**양전·지계 사업** ┌ 양지아문 설치(1898) → 양전 사업 실시 ├ 지계아문 설치(1901) → 지계 발급 │　　└ 근대적 토지 소유권 제도 확립 시도 │　　⬇ └ 러·일 전쟁으로 지계 발급 중단(1904) **식산 흥업 정책**　└ 한성 은행, 대한 천일 은행 등 ┌ 근대식 회사·공장 설립, 민족계 은행 지원 ├ 상무사 조직 → 보부상 지원 ├ 실업 학교 설립 ├ 평식원 설치 → 도량형 통일 ├ 황실 재정 확대 : **내장원 기능 강화**(담배, 홍삼 전매) ├ 양잠 사업 실시 : 잠업 시험장 설치 ├ 서북 철도국 설치 → 경의선 부설 시도, 실패 └ 금 본위제 실시 시도 → 실패	**교육 정책** └ 실업 학교, 상공 학교, 광무 학교 설립 **근대적 시설 설치** └ 교통(전차), 통신(전화), 의료(광제원), 　전기(한성 전기 회사) 등 **사법 개혁** ┌ 고등 재판소를 평리원으로 개칭 └ 순회 재판소 추가 설치	**대청 관계** └ 한·청 통상 조약 체결(1899) 　└ 청과 대등한 외교 관계 → 조·청 상민 수륙 무역 장정의 파기 **독도** └ 칙령 제41호 반포(1900), 울릉도를 군으로 승격 　→ 독도를 울릉도의 관할 구역에 포함 **간도 및 연해주** ┌ 간도 : 간도 시찰원 이범윤 파견(1902) │　　└ 북변 간도 관리사로 임명(1903) └ 연해주 : 해삼위 통상 사무관 설치 　　　　└ 블라디보스토크 **기타** └ 파리 만국 박람회(1900)에 대표 파견

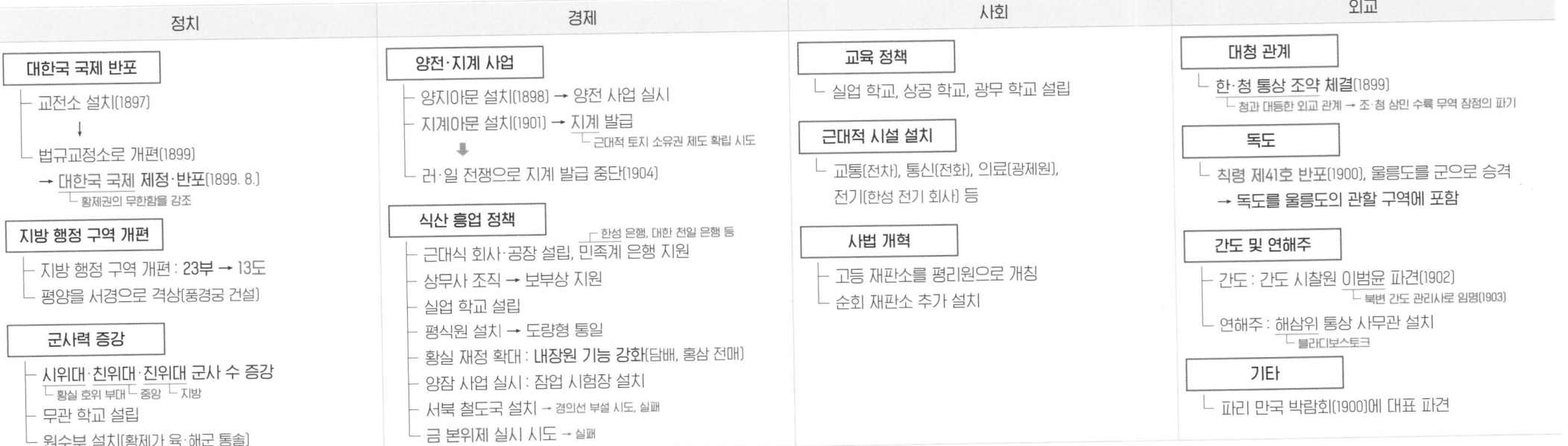

(3) 간도와 독도

간도	┌ **19세기**	간도 이주민 증가 → 백두산 정계비(1712, 숙종)의 해석 문제를 둘러싼 간도 귀속 문제 발생 → 서북 경략사 어윤중(1883), 토문 감계사 이중하(1885)
		┌ 서위압록 동위토문 └ 토문강을 둘러싼 해석 → 조선 송화강의 지류 　청 두만강
	└ **20세기**	**1902년** 간도 시찰원 이범윤 파견, **1907년** 일본이 간도 파출소 설치 ⟹ **1909년** 청·일 사이에 간도 협약 체결 ┌ 일 남만주 철도(안봉선) 부설권, 푸순 탄광 개발권 획득
		└ 을사늑약 체결 이후 └ 일본도 간도를 대한 제국 영토로 인식 └ 청 일본 정부로부터 간도 영유권을 인정 받음

| 독도 | ┌ **19세기** | 개항 후 일본 어민 침입 → 관리 파견, 이민 장려 / 일 태정관 지령(1877) : 일본 국가 최고 기관이 울릉도·독도가 일본과 관계 없음을 명시 |
| | └ **20세기** | **1900년** 고종이 칙령 제41호 반포 → 독도가 우리 영토임을 재확인 ⟹ **1905년** 시마네 현 고시 제40호 : 러·일 전쟁 중 일본이 독도를 시마네 현에 불법 편입 |

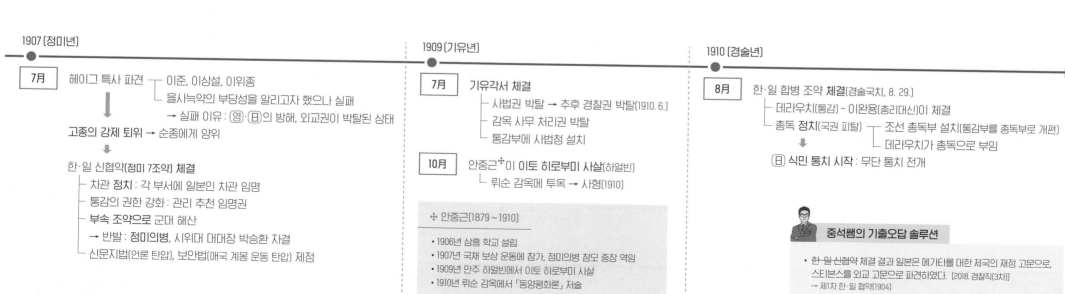

1903

용암포 사건(1903. 5.)
러의 용암포 불법 점령
↓
日의 대러 선전 포고

1904

1月 대한 제국(고종)의 국외 중립 선언

2月
• 러·일 전쟁 발발(용암포 사건을 계기로)
• 한·일 의정서 체결
  ├ 대한 제국의 독립과 영토 보전 명분
  ├ 대한 제국의 중립화 선언 무효화
  ├ 日은 군사 기지 사용권 획득(독도 불법 점령)
  │   └ 시마네 현 고시 제40호(1905. 2.)를 통해 불법 편입
  └ 대한 제국의 외교권 제한, 충고권
       └ 러·일 전쟁에서 日이 우세해짐

8月 **제1차 한·일 협약 체결**(한·일 협정서)
  ├ 고문 정치 ┬ 재정 : 메가타 → 화폐 정리 사업 실시(1905)
  │   └ 외교 : 스티븐스 → 샌프란시스코에서 전명운·장인환에 의해 사살됨(1908)
  └ 해외 주재 한국 공사 철수

1905 (을사년)

7月 **가쓰라·태프트 밀약**(미 - 日)
  ├ 미 필리핀 지배 ┐
  └ 日 한반도 지배 ┴→ 상호 인정

8月 **제2차 영·일 동맹** [비교 : 제1차 영·일 동맹(1902, 청·한국에 대한 상호 이권 인정)]
  ├ 영 인도 지배 ┐
  └ 日 한반도 지배 ┴→ 상호 인정

9月 **포츠머스 조약**(러 - 日)
  └ 러가 日의 한반도 지배 인정
  ↓

11月 **제2차 한·일 협약**(을사늑약) **체결**
  ├ 통감 정치 : 외교권 박탈, 통감부 설치(1906)
  ├ 통감부·각 지방에 이사청 설치
  │   └ 초대 통감 : 이토 히로부미
  └ 한국 주재 외국 공사 철수
       └ 미국에 있던 한국 공사관은 이때 철수

[을사늑약에 대한 저항]
  ├ 조약 파기 상소 운동 : 최익현, 이상설, 조병세, 민영환
  ├ 항일 순국 : 민영환, 조병세, 홍만식 자결
  ├ 항일 언론 : 고종의 을사늑약 무효 친서 발표(대한매일신보), 장지연의 시일야방성대곡 게재(황성신문, 대한매일신보(영문))
  │   └ 을사늑약의 체결 경위와 부당함을 알림
  ├ 5적 암살단 조직 : 나철·오기호가 5적 처단 시도
  │   └ 이완용, 이지용, 이근택, 박제순, 권중현
  ├ 미에 특사(헐버트) 파견 → 미의 외면
  │   └ 거중조정을 요구   └ 가쓰라·태프트 밀약 때문
  ├ 을사의병 전개
  └ 전명운·장인환의 스티븐스 사살, 이재명의 이완용 처단 시도

1907 [정미년]

7月 헤이그 특사 파견 ┬ 이준, 이상설, 이위종
  │ └ 을사늑약의 부당성을 알리고자 했으나 실패
  │   → 실패 이유 : 영·日의 방해, 외교권이 박탈된 상태
  ↓
고종의 강제 퇴위 → 순종에게 양위
  ↓
한·일 신협약(정미 7조약) 체결
  ├ 차관 정치 : 각 부서에 일본인 차관 임명
  ├ 통감의 권한 강화 : 관리 추천 임명권
  ├ 부속 조약으로 군대 해산
  │   → 반발 : 정미의병, 시위대 대대장 박승환 자결
  └ 신문지법(언론 탄압), 보안법(애국 계몽 운동 탄압) 제정

1909 [기유년]

7月 기유각서 체결
  ├ 사법권 박탈 → 추후 경찰권 박탈(1910. 6.)
  ├ 감옥 사무 처리권 박탈
  └ 통감부에 사법청 설치

10月 안중근✝이 이토 히로부미 사살(하얼빈)
  └ 뤼순 감옥에 투옥 → 사형(1910)

✝ **안중근**(1879~1910)
• 1906년 삼흥 학교 설립
• 1907년 국채 보상 운동에 참가, 정미의병 참모 중장 역임
• 1909년 만주 하얼빈에서 이토 히로부미 사살
• 1910년 뤼순 감옥에서 「동양평화론」 저술

1910 [경술년]

8月 한·일 합병 조약 체결(경술국치, 8. 29.)
  ├ 데라우치(통감) - 이완용(총리대신)이 체결
  └ 총독 정치(국권 피탈) ┬ 조선 총독부 설치(통감부를 총독부로 개편)
       │   └ 데라우치가 총독으로 부임
  ↓
日 식민 통치 시작 : 무단 통치 전개

중석쌤의 기출오답 솔루션
• 한·일 신협약 체결 결과 일본은 메가타를 대한 제국의 재정 고문으로, 스티븐스를 외교 고문으로 파견하였다. [2018. 경찰직(3차)]
  → 제1차 한·일 협약(1904)

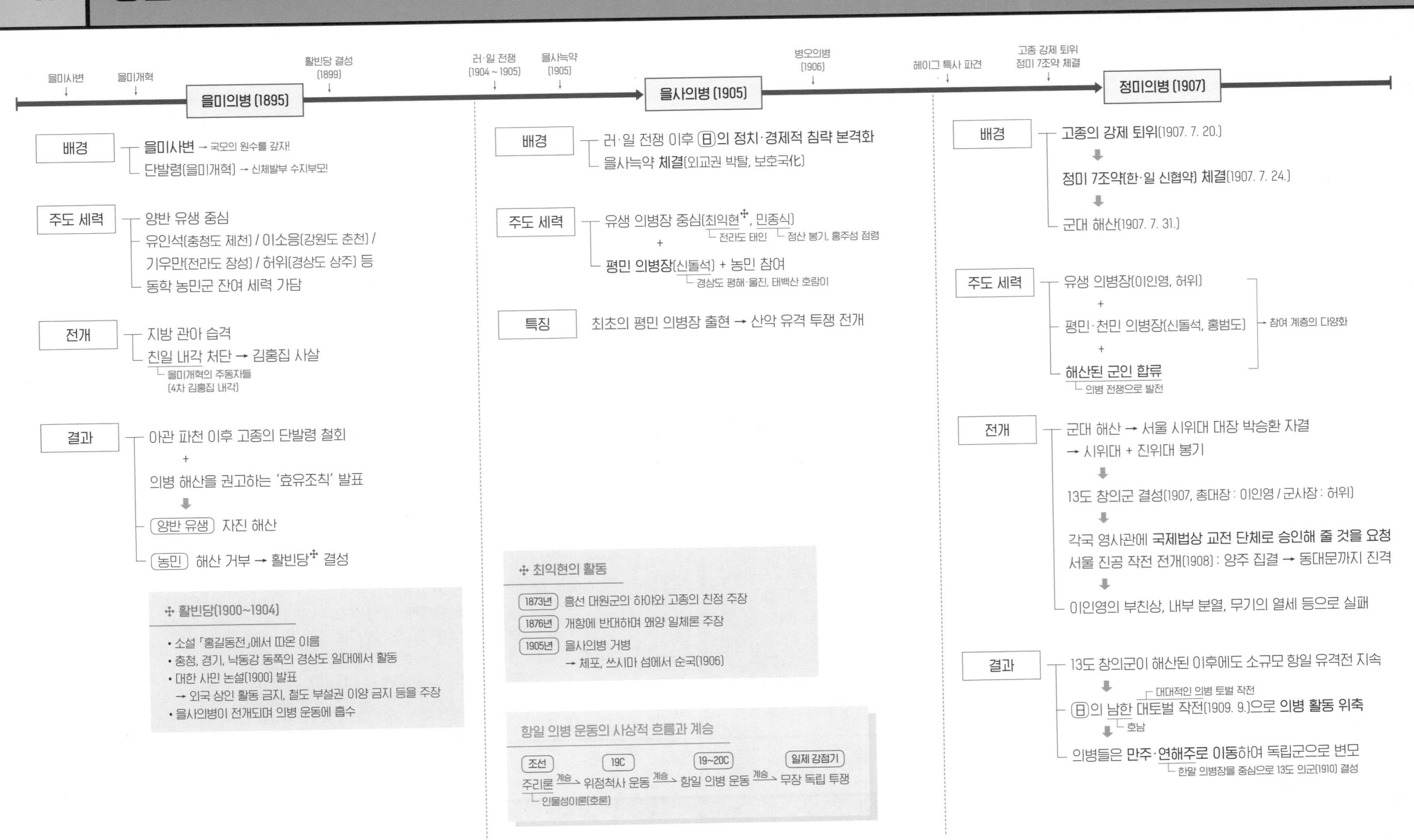

을미사변 │ 을미개혁 │ 활빈당 결성 (1899) │ 러·일 전쟁 (1904~1905) │ 을사늑약 (1905) │ 병오의병 (1906) │ 헤이그 특사 파견 │ 고종 강제 퇴위 정미 7조약 체결

을미의병 (1895) → **을사의병 (1905)** → **정미의병 (1907)**

을미의병 (1895)

배경
- 을미사변 → 국모의 원수를 갚자!
- 단발령(을미개혁) → 신체발부 수지부모!

주도 세력
- 양반 유생 중심
- 유인석(충청도 제천) / 이소응(강원도 춘천) / 기우만(전라도 장성) / 허위(경상도 상주) 등
- 동학 농민군 잔여 세력 가담

전개
- 지방 관아 습격
- 친일 내각 처단 → 김홍집 사살
  └ 을미개혁의 주동자들 (4차 김홍집 내각)

결과
- 아관 파천 이후 고종의 단발령 철회
  +
- 의병 해산을 권고하는 '효유조칙' 발표
  ↓
- 양반 유생 자진 해산
- 농민 해산 거부 → 활빈당✛ 결성

✛ **활빈당(1900~1904)**
- 소설 「홍길동전」에서 따온 이름
- 충청, 경기, 낙동강 동쪽의 경상도 일대에서 활동
- 대한 사민 논설(1900) 발표
  → 외국 상인 활동 금지, 철도 부설권 이양 금지 등을 주장
- 을사의병이 전개되며 의병 운동에 흡수

을사의병 (1905)

배경
- 러·일 전쟁 이후 日의 정치·경제적 침략 본격화
- 을사늑약 체결(외교권 박탈, 보호국化)

주도 세력
- 유생 의병장 중심(최익현✛, 민종식)
  + └ 전라도 태인 └ 정산 봉기, 홍주성 점령
- 평민 의병장(신돌석) + 농민 참여
  └ 경상도 평해·울진, 태백산 호랑이

특징
- 최초의 평민 의병장 출현 → 산악 유격 투쟁 전개

✛ **최익현의 활동**
1873년	흥선 대원군의 하야와 고종의 친정 주장
1876년	개항에 반대하며 왜양 일체론 주장
1905년	을사의병 거병 → 체포, 쓰시마 섬에서 순국(1906)

항일 의병 운동의 사상적 흐름과 계승
| 조선 | 19C | 19~20C | 일제 강점기 |
주리론 ──계승──→ 위정척사 운동 ──계승──→ 항일 의병 운동 ──계승──→ 무장 독립 투쟁
└ 인물성이론(호론)

정미의병 (1907)

배경
- 고종의 강제 퇴위(1907. 7. 20.)
  ↓
- 정미 7조약(한·일 신협약) 체결(1907. 7. 24.)
  ↓
- 군대 해산(1907. 7. 31.)

주도 세력
- 유생 의병장(이인영, 허위)
  +
- 평민·천민 의병장(신돌석, 홍범도) → 참여 계층의 다양화
  +
- 해산된 군인 합류
  └ 의병 전쟁으로 발전

전개
- 군대 해산 → 서울 시위대 대장 박승환 자결
  → 시위대 + 진위대 봉기
  ↓
- 13도 창의군 결성(1907, 총대장 : 이인영 / 군사장 : 허위)
  ↓
- 각국 영사관에 국제법상 교전 단체로 승인해 줄 것을 요청
- 서울 진공 작전 전개(1908) : 양주 집결 → 동대문까지 진격
  ↓
- 이인영의 부친상, 내부 분열, 무기의 열세 등으로 실패

결과
- 13도 창의군이 해산된 이후에도 소규모 항일 유격전 지속
  ↓ └ 대대적인 의병 토벌 작전
- 日의 남한 대토벌 작전(1909. 9.)으로 의병 활동 위축
  ↓ └ 호남
- 의병들은 만주·연해주로 이동하여 독립군으로 변모
  └ 한말 의병장을 중심으로 13도 의군(1910) 결성

(1) 애국 계몽 운동의 이해

이론적 배경	사회 진화론(약육강식, 적자생존, 우승열패)
	└ 제국주의 국가들이 식민지 지배를 정당화하던 이론

주요 활동	근대 교육 + 근대 산업 육성
	┌ 흥학회 설립 → 근대식 학교 설립
	└ 언론 활동 → 신문 발간

중석쌤의 기출오답 솔루션

- 대한 자강회는 일본의 황무지 개간에 대한 대중적인 반대 운동을 일으켜 이를 철회시키는 데 성공하였다. [2015. 지방직 9급]
  → 보안회
- 신민회는 국권 회복과 입헌 군주 체제의 국민 국가 건설을 목표로 삼은 비밀 조직이었다. [2015. 경찰직(1차)]
  → 공화 정치 체제

(2) 애국 계몽 운동 단체

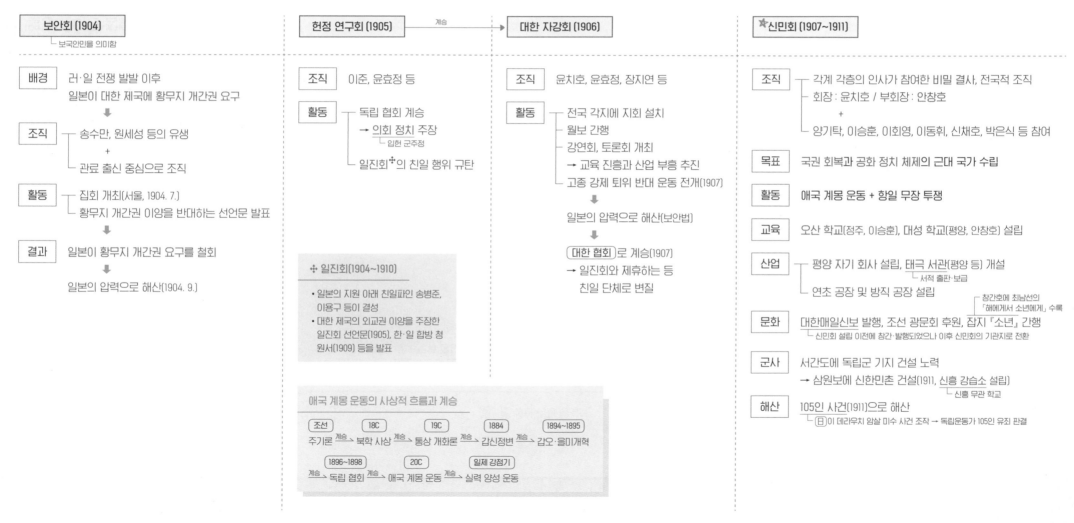

보안회 (1904)
└ 보국안민을 의미함

배경	러·일 전쟁 발발 이후
	일본이 대한 제국에 황무지 개간권 요구
	▼
조직	┌ 송수만, 원세성 등의 유생
	+
	└ 관료 출신 중심으로 조직
활동	┌ 집회 개최(서울, 1904. 7.)
	└ 황무지 개간권 이양을 반대하는 선언문 발표
	▼
결과	일본이 황무지 개간권 요구를 철회
	▼
	일본의 압력으로 해산(1904. 9.)

헌정 연구회 (1905) ─ 계승 → **대한 자강회 (1906)**

조직	이준, 윤효정 등
활동	┌ 독립 협회 계승
	└→ 의회 정치 주장
	└ 입헌 군주정
	└ 일진회✞의 친일 행위 규탄

✞ 일진회(1904~1910)

- 일본의 지원 아래 친일파인 송병준, 이용구 등이 결성
- 대한 제국의 외교권 이양을 주장한 일진회 선언문(1905), 한·일 합방 청원서(1909) 등을 발표

애국 계몽 운동의 사상적 흐름과 계승

조선	18C	19C	1884	1894~1895
주기론	→계승 북학 사상	→계승 통상 개화론	→계승 갑신정변	→계승 갑오·을미개혁

1896~1898	20C	일제 강점기
계승 독립 협회	→계승 애국 계몽 운동	→계승 실력 양성 운동

조직	윤치호, 윤효정, 장지연 등
활동	┌ 전국 각지에 지회 설치
	├ 월보 간행
	├ 강연회, 토론회 개최
	│ → 교육 진흥과 산업 부흥 추진
	└ 고종 강제 퇴위 반대 운동 전개(1907)
	▼
	일본의 압력으로 해산(보안법)
	▼
	대한 협회로 계승(1907)
	→ 일진회와 제휴하는 등 친일 단체로 변질

★신민회 (1907~1911)

조직	┌ 각계 각층의 인사가 참여한 비밀 결사, 전국적 조직
	├ 회장 : 윤치호 / 부회장 : 안창호
	+
	└ 양기탁, 이승훈, 이회영, 이동휘, 신채호, 박은식 등 참여
목표	국권 회복과 공화 정치 체제의 근대 국가 수립
활동	애국 계몽 운동 + 항일 무장 투쟁
교육	오산 학교(정주, 이승훈), 대성 학교(평양, 안창호) 설립
산업	┌ 평양 자기 회사 설립, 태극 서관(평양 등) 개설
		└ 서적 출판·보급
	└ 연초 공장 및 방직 공장 설립
문화	대한매일신보 발행, 조선 광문회 후원, 잡지 『소년』 간행
	└ 신민회 설립 이전에 창간·발행되었으나 이후 신민회의 기관지로 전환
	(창간호에 최남선의 「해에게서 소년에게」 수록)
군사	서간도에 독립군 기지 건설 노력
	→ 삼원보에 신한민촌 건설(1911, 신흥 강습소 설립)
	└ 신흥 무관 학교
해산	105인 사건(1911)으로 해산
	└ ⓑ이 데라우치 암살 미수 사건 조작 → 독립운동가 105인 유죄 판결

13 열강의 경제 침탈과 경제적 구국 운동 ①★★

(1) 청과 일본 상인의 침투 (개항 이후 본격화)

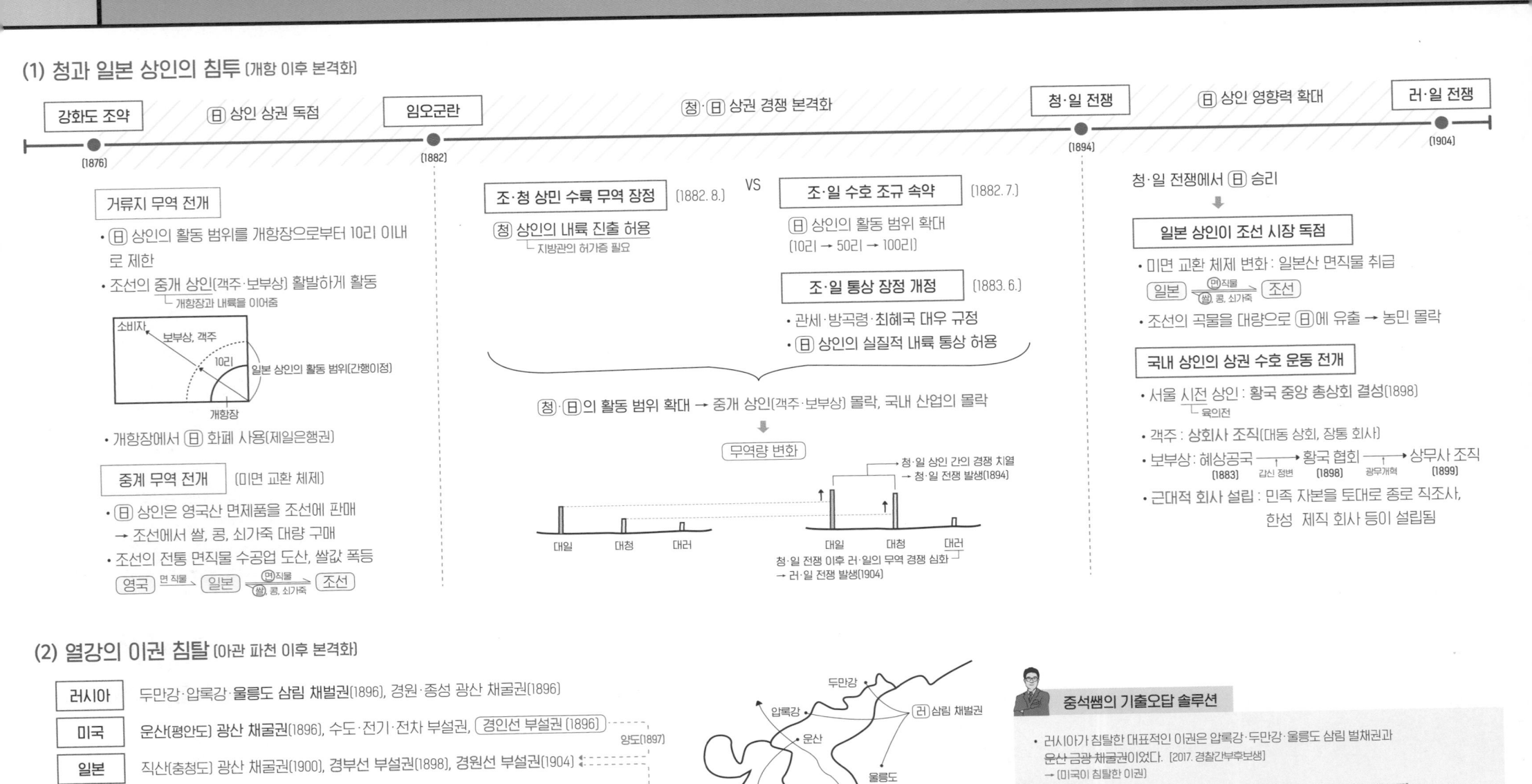

강화도 조약 (1876) — 日 상인 상권 독점 — 임오군란 (1882) — 청·日 상권 경쟁 본격화 — 청·일 전쟁 (1894) — 日 상인 영향력 확대 — 러·일 전쟁 (1904)

거류지 무역 전개

- 日 상인의 활동 범위를 개항장으로부터 10리 이내로 제한
- 조선의 중개 상인(객주·보부상) 활발하게 활동
  └ 개항장과 내륙을 이어줌

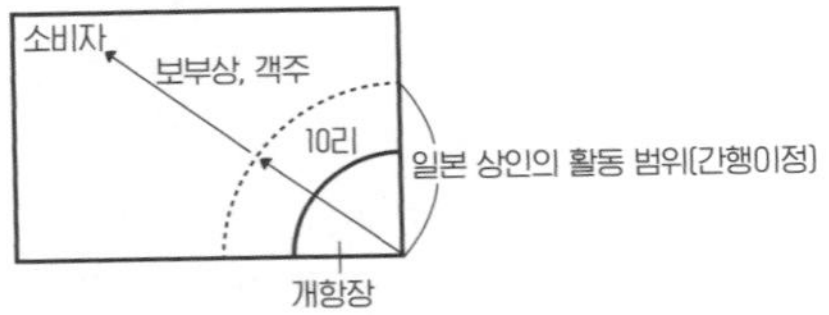

소비자
보부상, 객주
10리
일본 상인의 활동 범위(간행이정)
개항장

- 개항장에서 日 화폐 사용(제일은행권)

중계 무역 전개 (미면 교환 체제)

- 日 상인은 영국산 면제품을 조선에 판매
  → 조선에서 쌀, 콩, 쇠가죽 대량 구매
- 조선의 전통 면직물 수공업 도산, 쌀값 폭등
  영국 —(면 직물)→ 일본 —(면직물)→ 조선; 조선 —(쌀, 콩, 쇠가죽)→ 일본

조·청 상민 수륙 무역 장정 (1882. 8.) VS 조·일 수호 조규 속약 (1882. 7.)

- 조·청 상민 수륙 무역 장정: 청 상인의 내륙 진출 허용
  └ 지방관의 허가증 필요
- 조·일 수호 조규 속약: 日 상인의 활동 범위 확대 (10리 → 50리 → 100리)

조·일 통상 장정 개정 (1883. 6.)

- 관세·방곡령·최혜국 대우 규정
- 日 상인의 실질적 내륙 통상 허용

청·日의 활동 범위 확대 → 중개 상인(객주·보부상) 몰락, 국내 산업의 몰락

⬇

무역량 변화

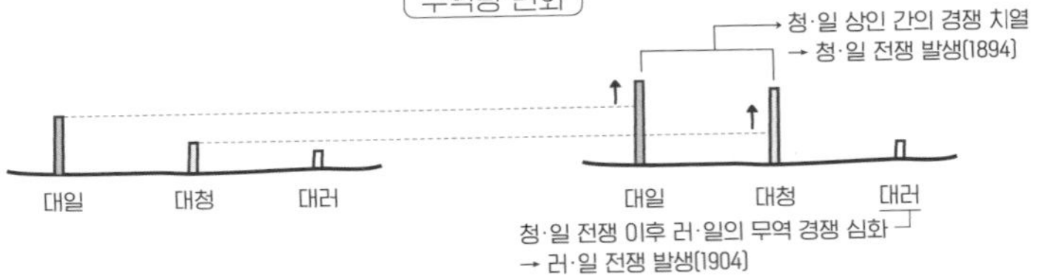

대일
대청
대러
대일
대청
대러
→ 청·일 상인 간의 경쟁 치열
→ 청·일 전쟁 발생(1894)
청·일 전쟁 이후 러·일의 무역 경쟁 심화
→ 러·일 전쟁 발생(1904)

청·일 전쟁에서 日 승리

⬇

일본 상인이 조선 시장 독점

- 미면 교환 체제 변화 : 일본산 면직물 취급
  일본 —(면직물)→ 조선; 조선 —(쌀, 콩, 쇠가죽)→ 일본
- 조선의 곡물을 대량으로 日에 유출 → 농민 몰락

국내 상인의 상권 수호 운동 전개

- 서울 시전 상인 : 황국 중앙 총상회 결성(1898)
  └ 육의전
- 객주 : 상회사 조직(대동 상회, 장통 회사)
- 보부상 : 혜상공국(1883) —갑신 정변→ 황국 협회(1898) —광무개혁→ 상무사 조직(1899)
- 근대적 회사 설립 : 민족 자본을 토대로 종로 직조사, 한성 제직 회사 등이 설립됨

(2) 열강의 이권 침탈 (아관 파천 이후 본격화)

국가	이권
러시아	두만강·압록강·**울릉도 삼림 채벌권**(1896), 경원·종성 광산 채굴권(1896)
미국	**운산(평안도) 광산 채굴권**(1896), 수도·전기·전차 부설권, 경인선 부설권 (1896) (양도(1897) → 일본)
일본	직산(충청도) 광산 채굴권(1900), 경부선 부설권(1898), 경원선 부설권(1904)
독일	당현(강원도) 광산 채굴권(1897)
영국	은산(평안도) 광산 채굴권(1900)
프랑스	경의선 부설권 (1896, 재정 부족으로 포기) (양도(1904) → 일본)

두만강
압록강
운산
러 삼림 채벌권
울릉도
日 철도 부설권
미 광산 채굴권

중석쌤의 기출오답 솔루션

- 러시아가 침탈한 대표적인 이권은 압록강·두만강·울릉도 삼림 벌채권과 ~~운산 금광 채굴권~~이었다. [2017. 경찰간부후보생]
  → (미국이 침탈한 이권)
- 국채 보상 운동은 ~~총독부~~의 탄압과 방해로 실패하였다. [2016. 사회복지직 9급]
  → 통감부
- 개항기에 조·청 무역 장정으로 청국에서의 무역 수입액이 ~~일본을 앞질렀다~~. [2021. 국가직 9급]
  → 증가하였다. (일본을 앞지르지는 못함)

(3) 일본의 토지 약탈 (러·일 전쟁 이후 본격화)

개항 초기 ●────── **청·일 전쟁** ●────── **러·일 전쟁** 토지 약탈 본격화(한·일 의정서)

고리 대금업을 통해 불법적 토지 소유 확대

일본의 대자본가들이
전라도 일대(전주, 나주, 군산)에 대농장 경영

• 군용지·철도 부지 확보 목적으로
  국유지와 역둔토 약탈
• 황무지 개간권 요구(→ 보안회가 저지)
  └ 명목 : 철도 정거장 건설 부지

• 토지 가옥 증명 규칙 제정
  (1906, 일본인의 토지 소유 합법화)
• 동양 척식 주식회사를 설립(1908)하여
  토지 수탈 자행

(4) 일본의 금융·재정 장악

메가타의 경제 정책 징세 기구를 개편하여 경제권 장악 목적, 식민지화 사업에 필요한 재원 마련을 위해 증세, 일본 은행의 국내 진출 증대(농공은행, 1906) ┌─ 1918년 조선 식산은행에 흡수됨

  └ **화폐 정리 사업**
     (1905~1909)
     └ 일본 제일은행의 성장 ─대한─ 국내 민족 은행 설립(조선·한성·대한천일은행)

  ├ 배경 : 백동화 남발로 인한 물가 상승
  ├ 내용 : 재정 고문 메가타의 주도, 백동화를 Ⓙ 제일은행권 화폐(본위 화폐)로 교환 → 교환 기준(갑종 : 2전 5리 / 을종 : 1전 / 병종 : 교환×), 전환국 폐지, Ⓙ 300만엔 차관 도입
  │   └ 일본 화폐 아님   └ 화폐 주조 담당
  └ 결과 ┌ 국내 상인 도산, 국가 재정 악화, 조선 민족 은행(한성은행, 대한천일은행)의 몰락 → Ⓙ 은행에 예속화
         ├ 어음·대부업의 현금 회수 증가로 전황(유통 화폐 부족 현상) 발생 → 일시적 경제 공황
         └ 제일은행권의 본위 화폐화(금본위 화폐 제도 실시, 1905)

(5) 경제적 구국 운동

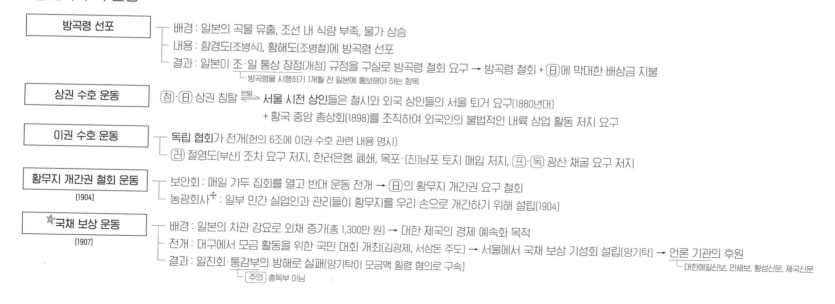

방곡령 선포
  ├ 배경 : 일본의 곡물 유출, 조선 내 식량 부족, 물가 상승
  ├ 내용 : 함경도(조병식), 황해도(조병철)에 방곡령 선포
  └ 결과 : 일본이 조·일 통상 장정(개정) 규정을 구실로 방곡령 철회 요구 → 방곡령 철회 + Ⓙ에 막대한 배상금 지불
           └ 방곡령을 시행하기 1개월 전 일본에 통보해야 하는 항목

상권 수호 운동
  Ⓒ·Ⓙ 상권 침탈 빨↗ 서울 시전 상인들은 철시와 외국 상인들의 서울 퇴거 요구(1880년대)
                    + 황국 중앙 총상회(1898)를 조직하여 외국인의 불법적인 내륙 상업 활동 저지 요구

이권 수호 운동
  ├ 독립 협회가 전개(헌의 6조에 이권 수호 관련 내용 명시)
  └ Ⓡ 절영도(부산) 조차 요구 저지, 한러은행 폐쇄, 목포·(진)남포 토지 매입 저지, Ⓕ·Ⓖ 광산 채굴 요구 저지

황무지 개간권 철회 운동
  (1904)
  ├ 보안회 : 매일 가두 집회를 열고 반대 운동 전개 → Ⓙ의 황무지 개간권 요구 철회
  └ 농광회사✢ : 일부 민간 실업인과 관리들이 황무지를 우리 손으로 개간하기 위해 설립(1904)

★국채 보상 운동
  (1907)
  ├ 배경 : 일본의 차관 강요로 외채 증가(총 1,300만 원) → 대한 제국의 경제 예속화 목적
  ├ 전개 : 대구에서 모금 활동을 위한 국민 대회 개최(김광제, 서상돈 주도) → 서울에서 국채 보상 기성회 설립(양기탁) → 언론 기관의 후원
  └ 결과 : 일진회·통감부의 방해로 실패(양기탁이 모금액 횡령 혐의로 구속)   └ 대한매일신보, 만세보, 황성신문, 제국신문
           └ 주의 총독부 아님

✢ **농광회사**(1904)
• 일본의 황무지 개간권 이양 요구에 대응하여 설립한 농업 회사
• 관리 + 민간 실업인 협력
  → 우리 땅을 우리 손으로 직접 개간하자!
• 개간 사업 이외에 관개 사업, 광산 사업 등 시도

(1) 근대 문물의 수용 [국민 생활이 편리해졌으나 열강의 이권 침탈 목적에 이용됨]

시설	• 전환국(1883, 화폐 주조) : 당오전(1883~1894), 백동화(1892~1904) 등을 발행 • 박문국(1883, 출판) • 광인사(1884, 최초의 민간 출판사) • 우정국(1884, 우편 사무 담당 → 갑신정변으로 중단, 1895년 우체사 설치, 우편 사무 재개)	철도	• 경인선(1899) : [미] 모스에 의해 최초 착공 → [日]이 완성 • 경부선(1905) : 러·일 전쟁 중 일본이 부설(군사적 목적) • 경의선(1906) : 프랑스가 부설권 획득 (포기) → 대한 철도 회사 등이 부설 시도(실패) → 러·일 전쟁 중 일본이 부설 • 경원선(1914) : 일본이 부설
전신	• 서울 ~ 인천(1885, 청에 의해 최초로 가설), 서울 ~ 의주(1885)	전화	• 경운궁(덕수궁)에 가설(1898) → 민가까지 확산(1902)
전등	• 경복궁 건청궁에 최초 설치(1887) • 한성 전기 회사가 서울에 가로등 설치(1900)	전차	• 서대문 ~ 청량리(1899, 한성 전기 회사(1898)가 설립) └ 황실과 [미] 콜브란의 합작
병원	• 광혜원(1885, 알렌과 조선 정부의 합작, 최초의 근대식 병원) 개칭└ 제중원(1885) 개편└ 세브란스 병원(1904) • 광제원(1900, 관립 신식 의료 기관) 개편└ 대한 의원(1907) • 자혜 의원(1909, 도립 병원)	건물	• 독립문(1897, [프] 개선문 모방), 명동 성당(1898, 중세 고딕 양식) • 덕수궁 중명전(1901, [러] 사바틴 설계 → 을사늑약 체결 장소) • 원각사(1908, 이인직, 최초의 서양식 극장, 신극 공연) • 덕수궁 석조전(1910, 르네상스식 건물, [영] 하딩·로벨 설계)

(2) 언론 기관의 발달

한성순보 (1883~1884)	• 최초의 신문, 순한문 신문 • 박문국에서 발행, 관보적 성격(정부의 개화 정책 홍보), 10일에 한 번씩 간행	제국신문 (1898~1910)	• 순한글 신문, 부녀자·민중 대상 • 이종일이 발행
한성주보 (1886~1888)	• 최초의 국한문 혼용 신문 • 박문국에서 발행 • 최초의 사설·상업 광고 게재, 관보적 성격	★대한매일신보 (1904~1910)	• 순한글·영문판·국한문 혼용체 • 베델·양기탁이 발행 • 강력한 항일 언론(항일 의병 운동에 호의적), 국채 보상 운동 후원 • 고종의 을사늑약 무효 친서 게재, 신민회 기관지 역할 • 총독부 기관지인 매일신보로 전락(1910)
독립신문 (1896~1899)	• 순한글·영문판 발행 • 최초의 민간 신문(초기에 정부 지원 받음) • 서재필, 독립 협회에서 발행, 독립 협회 해산 후 폐간	만세보 (1906~1907)	• 손병희·오세창이 발행 • 천도교 기관지, 아이와 여성의 인권 신장 강조, 이인직의 「혈의 누」 게재(1906) └ 최초의 신소설 • 이인직이 인수하여 대한신문으로 개편(친일화)
매일신문 (1898~1899)	• 최초의 일간 신문, 이승만이 참여 • 배재학당 학생들이 펴낸 협성회 회보 계승	경향신문 (1906~1910)	• 안세화 주도, 프랑스 신부가 간행한 것으로 내세움 • 천주교 기관지
황성신문 (1898~1910)	• 국한문 혼용체, 보수적 유림층 대상 • 남궁억이 발행, 장지연의 시일야방성대곡 게재(1905)	해외 신문	• 미국 : 신한민보 발행 • 연해주 : 해조신문·대동공보 발행

(1) 근대 교육

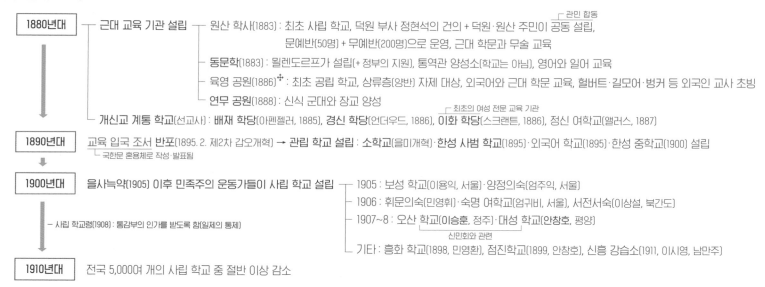

1880년대 ─ 근대 교육 기관 설립 ─ 원산 학사(1883) : 최초 사립 학교, 덕원 부사 정현석의 건의 + 덕원·원산 주민이 공동 설립, ┌ 관민 합동
문예반(50명) + 무예반(200명)으로 운영, 근대 학문과 무술 교육

├ 동문학(1883) : 묄렌도르프가 설립(+ 정부의 지원), 통역관 양성소(학교는 아님), 영어와 일어 교육

├ 육영 공원(1886)‡ : 최초 공립 학교, 상류층(양반) 자제 대상, 외국어와 근대 학문 교육, 헐버트·길모어·벙커 등 외국인 교사 초빙

└ 연무 공원(1888) : 신식 군대와 장교 양성

└ 개신교 계통 학교(선교사) : 배재 학당(아펜젤러, 1885), 경신 학당(언더우드, 1886), 이화 학당(스크랜튼, 1886), 정신 여학교(앨러스, 1887) ┌ 최초의 여성 전문 교육 기관

1890년대 ─ 교육 입국 조서 반포(1895. 2. 제2차 갑오개혁) → 관립 학교 설립 : 소학교(을미개혁)·한성 사범 학교(1895)·외국어 학교(1895)·한성 중학교(1900) 설립
└ 국한문 혼용체로 작성·발표됨

1900년대 ─ 을사늑약(1905) 이후 민족주의 운동가들이 사립 학교 설립 ─ 1905 : 보성 학교(이용익, 서울)·양정의숙(엄주익, 서울)

├ 1906 : 휘문의숙(민영휘)·숙명 여학교(엄귀비, 서울), 서전서숙(이상설, 북간도)

├ 1907~8 : 오산 학교(이승훈, 정주)·대성 학교(안창호, 평양)
└─────┬─────┘
신민회와 관련

├ 사립 학교령(1908) : 통감부의 인가를 받도록 함(일제의 통제)

└ 기타 : 흥화 학교(1898, 민영환), 점진학교(1899, 안창호), 신흥 강습소(1911, 이시영, 남만주)

1910년대 ─ 전국 5,000여 개의 사립 학교 중 절반 이상 감소

중석쌤의 기출오답 솔루션

• 육영공원은 관민이 합심하여 설립하였다. [2017. 법원직 9급]
→ 원산 학사

‡ 육영 공원의 편성

• 반 편성(두 반으로 구성)
 - 좌원(左院) : 문무 현직 관료 중에서 선발된 학생을 수용하는 반
 - 우원(右院) : 양반 자제에서 선발된 학생을 수용하는 반
• 학생 정원 : 35명

(2) 국학 연구

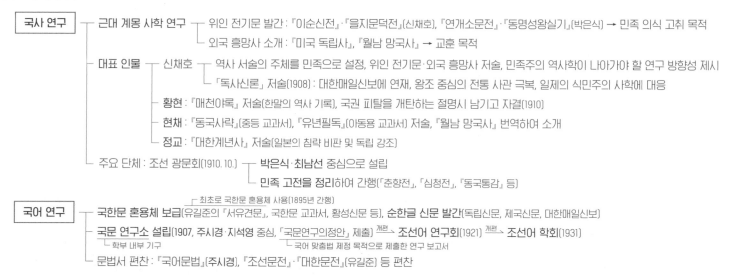

국사 연구 ─ 근대 계몽 사학 연구 ─ 위인 전기문 발간 : 『이순신전』·『을지문덕전』(신채호), 『연개소문전』·『동명성왕실기』(박은식) → 민족 의식 고취 목적

└ 외국 흥망사 소개 : 『미국 독립사』, 『월남 망국사』 → 교훈 목적

├ 대표 인물 ─ 신채호 ─ 역사 서술의 주체를 민족으로 설정, 위인 전기문·외국 흥망사 저술, 민족주의 역사학이 나아가야 할 연구 방향성 제시

└ 『독사신론』 저술(1908) : 대한매일신보에 연재, 왕조 중심의 전통 사관 극복, 일제의 식민주의 사학에 대응

├ 황현 : 『매천야록』 저술(한말의 역사 기록), 국권 피탈을 개탄하는 절명시 남기고 자결(1910)

├ 현채 : 『동국사략』(중등 교과서), 『유년필독』(아동용 교과서) 저술, 『월남 망국사』 번역하여 소개

└ 정교 : 『대한계년사』 저술(일본의 침략 비판 및 독립 강조)

└ 주요 단체 : 조선 광문회(1910. 10.) ─ 박은식·최남선 중심으로 설립

└ 민족 고전을 정리하여 간행(『춘향전』, 『심청전』, 『동국통감』 등)

국어 연구 ─ 국한문 혼용체 보급(유길준의 『서유견문』, 국한문 교과서, 황성신문 등), 순한글 신문 발간(독립신문, 제국신문, 대한매일신보) ┌ 최초로 국한문 혼용체 사용(1895년 간행)

├ 국문 연구소 설립(1907, 주시경·지석영 중심, 「국문연구의정안」 제출) ─개편→ 조선어 연구회(1921) ─개편→ 조선어 학회(1931)
└ 학부 내부 기구 └ 국어 맞춤법 제정 목적으로 제출한 연구 보고서

└ 문법서 편찬 : 『국어문법』(주시경), 『조선문전』·『대한문전』(유길준) 등 편찬

16 근대의 문예·종교 활동 ★

(1) 문예 활동

- **문학**
  - **신소설** : 이인직의 「혈의 누」(1906)·「은세계」(1908), 안국선의 「금수회의록」(1908), 이해조의 「자유종」(1910)
    └ 고전 소설에서 현대 소설로 가는 중간 단계의 소설
  - **신체시** : '해에게서 소년에게'(최남선, 최초의 신체시, 잡지 「소년」 창간호에 게재)
    └ 고전 시가에서 현대 시로 가는 중간 단계의 시
  - **외국 문학 번역** : 「성경」, 「천로역정」, 「이솝이야기」, 「로빈슨 표류기」, 「걸리버 여행기」

- **연극**
  - **신극** : 최초의 서양식 극장인 원각사(1908) 설립, 은세계·치악산(이인직, 친일적 성향의 작품) 공연
  - **판소리·민속 가면극** : 서민들 사이에서 유행, 판소리 분창 공연(창극) 유행
    └ 여러 명이 배역을 나누어 부름

- **음악**
  - **서양 음악의 도입** : 찬송가 도입
  - **창가 유행** ─ 외국 곡에 우리말 가사를 붙여 부른 노래, 독립 의식·민족 의식 높이는 데 이바지
    └ 「학도가」, 「권학가」, 「애국가」, 「독립가」 등이 유행

- **미술**
  - **서양 화풍 도입** : 서양식 유화가 그려지기 시작, 한국화 발전에 기여 → 일제 강점기에 나혜석·이중섭 등으로 계승
  - **한국화 전승·발전** : 안중식 등이 유명, 문인 화가들이 전통 회화 발전
  - **시사 만평** : 이도영이 일본의 침략과 친일 매국자 풍자·비판

(2) 종교 활동

- **천주교**
  - 조·프 수호 통상 조약(1886) 체결로 포교의 자유 획득
  - 고아원·양로원 설립, 경향신문(1906) 발간, 약현 학교 설립, **의민단 조직**(간도, 1919, 청산리 대첩에 참여)

- **개신교** ─ 한글 보급·미신 타파·평등 사상 전파 등에 공헌, 근대 교육과 근대 의료 발전에 기여

- **천도교**
  - 동학의 3대 교주 손병희가 친일✝ 세력(시천교)과 결별 후 동학을 개편(1905)
  - 보성 학교·동덕 여학교 설립, 만세보 발간(1906)

- **대종교**
  - 나철·오기호가 단군교 창시(1909), 대종교로 개칭(1910), 단군 신앙을 기반으로 함
    └ 5적 암살단, 항일 무장 단체 조직
  - 국권 피탈 후 해외 독립운동을 적극적으로 전개(중광단 ^{개편}↘ 대한 정의단 ^{개편}↘ 북로 군정서)

- **유교** ─ 박은식의 「유교구신론」✝, 박은식·장지연 등이 대동 사상 기반으로 대동교 창설

- **불교** ─ 한용운의 「조선불교유신론」(친일 불교에 대한 저항, 불교의 혁신과 자주성 회복 주장)

동학

일진회 침투
(이용구)

친일화

시천교 창시
(친일 세력)

이탈 → 천도교 창도
(손병희)

1866	병인양요	• 프랑스군이 _____를 구실로 강화도에 침입
		• _____ · _____ 부대가 프랑스군 격퇴 → 프랑스군이 외규장각 도서 약탈
1871	신미양요	• 미국 군함이 _____ 사건의 책임 추궁을 구실로 강화도에 침입
		• _____ 부대가 미국군에 항전 → 미국군이 _____ 등 약탈
1876	강화도 조약 체결	• 일본이 _____을 구실로 조선 정부에 개항 요구 → 조약 체결
		• ____ · ____ · ____ 개항, _____ 측량권, _____ 인정
1882	조·미 수호 통상 조약 체결	• _____이 유포되어 미국에 대한 기대감 상승 → 조약 체결
		• _____, 치외 법권, _____ 대우 규정, _____ 부과
	임오군란	• _____에 대한 차별 심화, 일본의 경제 침투로 농민·하층민의 불만 고조
		• 구식 군인들이 봉기 → _____ 재집권 → 청군의 진압으로 실패
		• 임오군란의 결과로 _____ [조선 – 청] 체결, _____ [조선 – 일본] 체결
1884	갑신정변	• _____ 개화파의 정변 단행 → 14개조 혁신 정강 발표 → 청군의 진압으로 실패
		• 갑신정변의 결과로 _____ [조선 – 일본], _____ [청 – 일본] 체결
1894	동학 농민 운동	• 1차: 고부 민란 → 백산 봉기 → 황토현·황룡촌 전투 승리 → 전주성 점령 → _____ 체결, _____ 12개조 발표, _____ 설치
		• 2차: 일본의 _____ 점령과 내정 간섭 심화 → 봉기 → _____ ___에서 패배
	갑오개혁	• 1차: _____ 철폐, 과거제 폐지, 탁지아문으로 재정 일원화
		• 2차: _____ 반포, 교육 입국 조서 반포
1895	을미개혁	• 배경: _____으로 조선 내 일본의 영향력이 강화됨
		• 내용: '_____' 연호 사용, 친위대·진위대 설치, _____ 사용, _____ 시행, _____ 실시

1896	독립 협회 창립	• 아관 파천 이후 _____이 심화되어 국권 회복을 위해 창립
		• _____ 발행, _____ · _____ 개최, _____ 결의
1897	대한 제국 수립	• 고종이 환궁 이후 자주 독립국임을 국내외에 천명하기 위해 대한 제국 선포 (국호: _____, 연호: _____, 고종이 _____로 즉위)
	광무개혁	• _____의 원칙에 따라 개혁 추구
		• _____ 반포, _____ 사업 실시, _____ 설치, 무관 학교 설립
1904	한·일 의정서	• 러·일 전쟁 발발 → 대한 제국의 독립과 영토 보전을 이유로 일본이 체결 강요
		• 일본의 한반도 내 _____ 보장, 대한 제국의 국외 중립 선언 무효화
	제1차 한·일 협약	• _____에서 전세가 유리해진 일본이 협약을 체결함
		• _____ 정치 실시(외교 – _____, 재정 – _____)
		• 해외에 주재하는 한국 공사를 철수시킴
1905	을사늑약 (제2차 한·일 협약)	• 고종의 비준 없이 체결됨
		• _____ 정치 실시(통감부 설치), 대한 제국의 _____ 박탈, 주한 외국 공사 철수
1907	국채 보상 운동	• 일본의 차관 도입 강요로 _____가 증가(총 1300만 원)하여 국채 보상 운동 전개
		• _____ 등을 중심으로 시작(_____) → _____ 조직 [서울, 양기탁] → _____의 후원 → 일진회와 통감부의 방해로 실패
	한·일 신협약 (정미 7조약)	• _____ 정치 실시(인사 행정권 박탈), _____의 권한 강화
		• 부속 조약으로 대한 제국의 _____ 해산
1910	한·일 합병 조약	• _____ 피탈, _____ 통치 시작
		• 통감부를 _____로 개편

[정답] 병인박해, 한성근, 양헌수 / 제너럴셔먼호, 어재연, 수자기 / 운요호 사건, 부산, 원산, 인천, 해안, 치외 법권, 『조선책략』, 거중조정, 최혜국, 관세 / 구식 군대, 흥선 대원군, 조·청 상민 수륙 무역 장정, 제물포 조약 / 급진, 한성 조약, 톈진 조약 /
전주 화약, 폐정 개혁안, 집강소, 경복궁, 공주 우금치 전투 / 신분 제도, 홍범 14조 / 을미사변, 건양, 태양력, 단발령, 종두법
열강의 이권 침탈, 독립신문, 만민 공동회, 관민 공동회, 헌의 6조 / 대한 제국, 광무, 황제 / 구본신참, 대한국 국제, 양전·지계, 원수부 / 군사 기지 사용권 / 러·일 전쟁, 고문, 스티븐스, 메가타 / 통감, 외교권 / 외채, 서상돈, 대구, 국채 보상 기성회, 언론 기관 / 차관, 통감, 군대 /
국권, 식민, 총독부

일제 강점기 | 시대 흐름 잡기

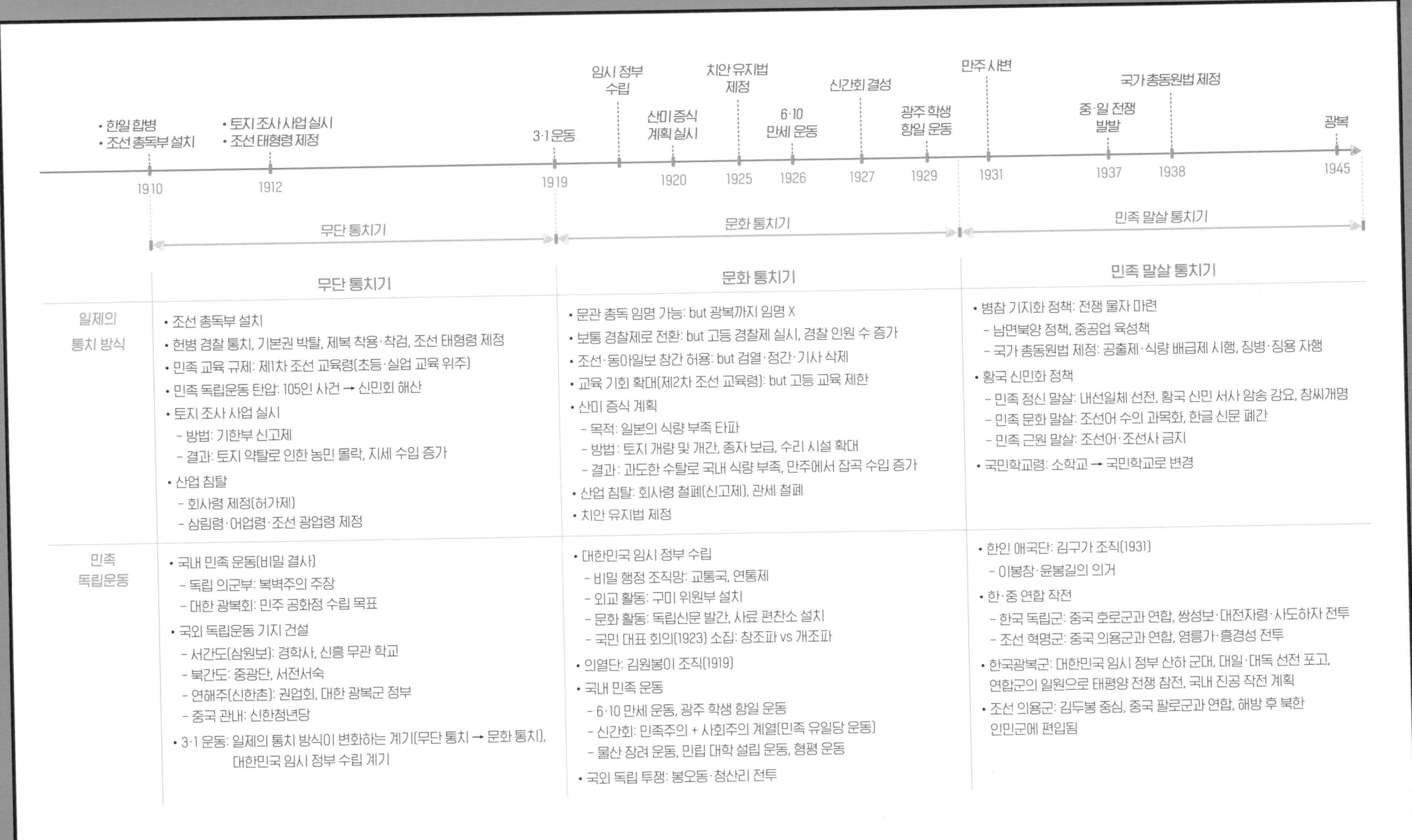

연표

- 한일 합병 / 조선 총독부 설치 — 1910
- 토지 조사 사업 실시 / 조선 태형령 제정 — 1912
- 3·1운동 — 1919
- 임시 정부 수립 — 1919
- 산미 증식 계획 실시 — 1920
- 치안 유지법 제정 — 1925
- 6·10 만세 운동 — 1926
- 신간회 결성 — 1927
- 광주 학생 항일 운동 — 1929
- 만주 사변 — 1931
- 중·일 전쟁 발발 — 1937
- 국가 총동원법 제정 — 1938
- 광복 — 1945

무단 통치기 | 문화 통치기 | 민족 말살 통치기

	무단 통치기	문화 통치기	민족 말살 통치기

일제의 통치 방식	• 조선 총독부 설치
	• 헌병 경찰 통치, 기본권 박탈, 제복 착용·착검, 조선 태형령 제정
	• 민족 교육 규제: 제1차 조선 교육령(초등·실업 교육 위주)
	• 민족 독립운동 탄압: 105인 사건 → 신민회 해산
	• 토지 조사 사업 실시
	  – 방법: 기한부 신고제
	  – 결과: 토지 약탈로 인한 농민 몰락, 지세 수입 증가
	• 산업 침탈
	  – 회사령 제정(허가제)
	  – 삼림령·어업령·조선 광업령 제정
		• 문관 총독 임명 가능: but 광복까지 임명 X
		• 보통 경찰제로 전환: but 고등 경찰제 실시, 경찰 인원 수 증가
		• 조선·동아일보 창간 허용: but 검열·정간·기사 삭제
		• 교육 기회 확대(제2차 조선 교육령): but 고등 교육 제한
		• 산미 증식 계획
		  – 목적: 일본의 식량 부족 타파
		  – 방법: 토지 개량 및 개간, 종자 보급, 수리 시설 확대
		  – 결과: 과도한 수탈로 국내 식량 부족, 만주에서 잡곡 수입 증가
		• 산업 침탈: 회사령 철폐(신고제), 관세 철폐
		• 치안 유지법 제정
			• 병참 기지화 정책: 전쟁 물자 마련
			  – 남면북양 정책, 중공업 육성책
			  – 국가 총동원법 제정: 공출제·식량 배급제 시행, 징병·징용 자행
			• 황국 신민화 정책
			  – 민족 정신 말살: 내선일체 선전, 황국 신민 서사 암송 강요, 창씨개명
			  – 민족 문화 말살: 조선어 수의 과목화, 한글 신문 폐간
			  – 민족 근원 말살: 조선어·조선사 금지
			• 국민학교령: 소학교 → 국민학교로 변경

민족 독립운동	• 국내 민족 운동(비밀 결사)
	  – 독립 의군부: 복벽주의 주장
	  – 대한 광복회: 민주 공화정 수립 목표
	• 국외 독립운동 기지 건설
	  – 서간도(삼원보): 경학사, 신흥 무관 학교
	  – 북간도: 중광단, 서전서숙
	  – 연해주(신한촌): 권업회, 대한 광복군 정부
	  – 중국 관내: 신한청년당
	• 3·1 운동: 일제의 통치 방식이 변화하는 계기(무단 통치 → 문화 통치),
	  대한민국 임시 정부 수립 계기
		• 대한민국 임시 정부 수립
		  – 비밀 행정 조직망: 교통국, 연통제
		  – 외교 활동: 구미 위원부 설치
		  – 문화 활동: 독립신문 발간, 사료 편찬소 설치
		  – 국민 대표 회의(1923) 소집: 창조파 vs 개조파
		• 의열단: 김원봉이 조직(1919)
		• 국내 민족 운동
		  – 6·10 만세 운동, 광주 학생 항일 운동
		  – 신간회: 민족주의 + 사회주의 계열(민족 유일당 운동)
		  – 물산 장려 운동, 민립 대학 설립 운동, 형평 운동
		• 국외 독립 투쟁: 봉오동·청산리 전투
			• 한인 애국단: 김구가 조직(1931)
			  – 이봉창·윤봉길의 의거
			• 한·중 연합 작전
			  – 한국 독립군: 중국 호로군과 연합, 쌍성보·대전자령·사도하자 전투
			  – 조선 혁명군: 중국 의용군과 연합, 영릉가·흥경성 전투
			• 한국광복군: 대한민국 임시 정부 산하 군대, 대일·대독 선전 포고,
			  연합군의 일원으로 태평양 전쟁 참전, 국내 진공 작전 계획
			• 조선 의용군: 김두봉 중심, 중국 팔로군과 연합, 해방 후 북한 인민군에 편입됨

→ 파리 강화 회의 개최 : 윌슨의 민족 자결주의 제창(민족의 일은 민족 스스로 결정)
→ 패전국 식민지에만 해당되었으나 세계적으로 큰 반향을 일으킴

→ 독일·이탈리아·일본 직격탄 맞음 → 파쇼 체제 대두(군국주의 + 독점 자본주의)
→ 제2차 세계 대전 발발(1939)

| 1910 - 국권 피탈 | 제국주의 시대 | 제1차 세계 대전 종전 1919 - 3·1 운동 | 민족 자결주의 | 경제 대공황 1931 - 만주 사변 | 일본은 전쟁 중 | 광복 1945 |

깡패! 무단 통치

- 공포감 조성 : 교사가 제복과 칼 착용
- 기본권 박탈 : 언론·출판·집회·결사의 자유 박탈
  └ 민족 신문 폐간   └ 일진회(친일 단체)도 해산
- 조선 총독부 설치
  ├ 일본 의회의 간섭·승인을 받지 않는 일왕 직속 기구 [일본의 헌법 적용X]
  └ 구성 ┬ 총독(일본군 현역 [대장] 중에서 임명)
         └ 정무총감(행정 담당), 경무총감(경찰 담당)
- 중추원✦ 설치
  ├ 총독부의 자문 기구, 명목상 한국인 임명(친일파 회유 목적)
  ├ 정무총감을 의장으로 하고 고문과 참의 등으로 구성
  │ └ 일본인   └ 모두 친일파로 구성
  └ 형식적 기구(3·1 운동 전까지 한 번도 소집되지 않음)
- 헌병 경찰 통치
  ├ 독립운동가 색출·처단 + 모든 행정 분야에 막강한 권한 행사
  ├ 범죄 즉결례(즉결 처분권)(1910), 조선 태형령(1912), 경찰범 처벌 규칙(1912)
  │ 제정   └ 조선인에게만 적용
- 민족 독립운동 탄압 : 105인 사건 → 신민회 해체(1911)
- 토지 조사 사업 실시 → 토지 약탈 목적

✦ 우리나라 역대 중추원의 기능

고려	군사 기밀과 왕명 출납 담당
조선	숙위, 경비 등 담당(군정은 병조가 장악)
근대	• 제1차 갑오개혁 : 내각 자문 기구 • 독립 협회 : 의회로의 개편 시도
일제 강점기	총독부 자문 기관

사기꾼! 문화 통치

- 3·1 운동과 악화된 국제 여론을 인식하여 식민 통치 방식 변화
- 목적 : 친일파 양성(독립운동 세력의 친일화) → 민족 분열 정책
- 문화 통치의 실상

겉 (방침)	속 (실상)
헌병 경찰 제도 폐지 → 보통 경찰 제도 실시	• 경찰 인원·유지비 3배 증가 • 고등 경찰제 실시
문관 총독 임명 규정	해방까지 문관이 총독에 임명된 적 없음
언론·출판·집회·결사의 자유 허용	조선·동아일보 간행 허용(1920) but 검열, 삭제, 정간, 폐간 자행
지방 행정에 조선인 참여 (부·면 협의회, 도 평의회 설치)	선거권 제한 (친일파 및 상층 자산가만 참여)
교육 기회의 확대	• 초등 교육과 기술 교육 위주 (지시에 잘 따르는 실용인 양성) • 경성 제국 대학 설립(1924) → 친일파 육성

- 치안 유지법 제정(1925) : 사회주의자·독립운동가를 탄압하려는 수단
- 산미 증식 계획 실시 → 미곡 약탈 목적

미친 군인!! 민족 말살 통치

- 병참 기지화 정책(전시 체제 돌입)
  └ ┬ 만주 사변(1931)
    ├ 중·일 전쟁(1937)
    └ 태평양 전쟁(1941)
- 황국 신민화 정책
  ├ 일본 동화 정책 실시
  │ └ 조선인을 전쟁에 동원하기 위해 조선과 일본이 같은 민족임을 선전
  ├ 내선일체 강조 (현황 →) 일선 동조론
  │ └ 일본 (내)와 조선 (선)은 하나다. └ 일본과 조선의 조상은 같다.
  ├ 신사 참배·궁성 요배 강요
  ├ 황국 신민 서사 암송 강요(1937)
  ├ 창씨개명 강요(1939, 조선 민사령 개정)
  └ 조선어·조선사 교육 금지(제4차 조선 교육령)
- 국가 총동원법 제정(1938)
  ├ 인적·물적 자원 수탈
  └ 강제 징용, 징병, 정신대, 공출제, 국방 헌금
- 국민 총력 운동(1940. 10.) : 국민 총력 조선 연맹 조직,
  └ 최하부 조직 : 애국반(10호를 1개의 조직으로 만들어 통제)
     황국 신민 정신의 고양, 징병 독려
- 민족 독립운동 탄압
  ├ 조선 사상범 보호 관찰령 제정(1936) : 독립운동가 감시 강화
  │ └ 사회주의, 무정부주의 사상을 가지고 체제 전복을 꾀하는 사람
  │   (독립운동가도 사상범으로 분류됨)
  ├ 조선 사상범 예방 구금령 제정(1941) : 독립운동가는 언제든지
  │   사상범으로 구금 가능
  └ 사상자 전향 단체 결성 : 사상 보국 연맹(1938), 대화숙(1941)
- 조선·동아일보 등의 한글 신문 폐간(1940)
- 소학교를 국민학교로 개칭(1941, 국민학교령)

(1) 일제의 경제 수탈

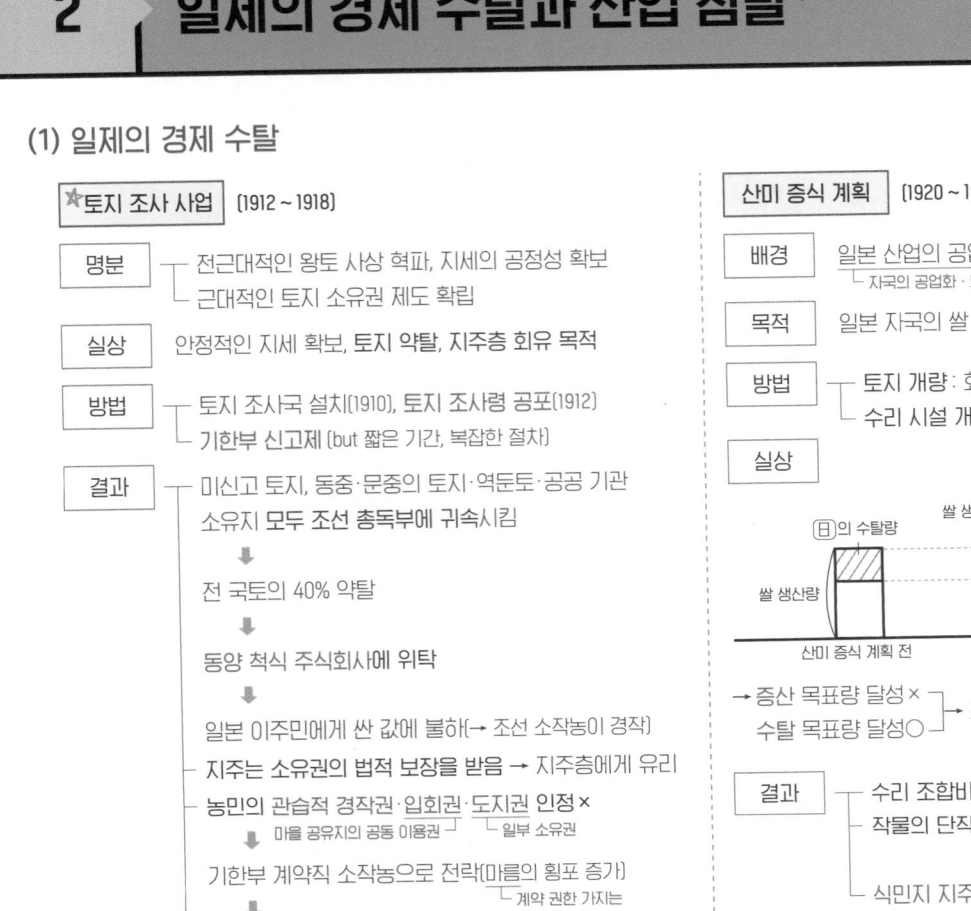

★토지 조사 사업 [1912~1918]

- **명분** ┬ 전근대적인 왕토 사상 혁파, 지세의 공정성 확보
  └ 근대적인 토지 소유권 제도 확립

- **실상** — 안정적인 지세 확보, **토지 약탈**, 지주층 회유 목적

- **방법** ┬ 토지 조사국 설치[1910], 토지 조사령 공포[1912]
  └ 기한부 신고제 [but 짧은 기간, 복잡한 절차]

- **결과** ┬ 미신고 토지, 동중·문중의 토지·역둔토·공공 기관
  │ 소유지 **모두 조선 총독부에 귀속시킴**
  │ ↓
  │ 전 국토의 40% 약탈
  │ ↓
  │ 동양 척식 주식회사에 위탁
  │ ↓
  │ 일본 이주민에게 싼 값에 불하[→ 조선 소작농이 경작]
  ├ 지주는 소유권의 법적 보장을 받음 → 지주층에게 유리
  ├ 농민의 관습적 경작권·입회권·도지권 인정 ×
  │   ↓ 마을 공유지의 공동 이용권   일부 소유권
  ├ 기한부 계약직 소작농으로 전락[마름의 횡포 증가]
  │   └ 계약 권한 가지는 중간 관리자
  ├ 농민 경제 파탄, 식민지 지주제 확립
  └ 총독부의 지세 수입 증가

산미 증식 계획 [1920~1934]

- **배경** — 일본 산업의 공업화에 따른 **일본 국내 식량 부족·쌀값 폭등**
  └ 자국의 공업화·도시화 촉진[이촌향도↑] → 농업 생산력↓ → 곡물 가격↑

- **목적** — 일본 자국의 쌀 값 안정화를 위해 **조선의 쌀 수입**

- **방법** ┬ 토지 개량 : 화학 비료 사용, 종자 개량 → 쌀 생산량 증대
  └ 수리 시설 개선 : 수리 조합 설립 → 농민들이 가입해 비용 납부
       └ 수리 시설을 만들기 위한 것[지역별로 설립]

- **실상**
  - ⽇의 수탈량 / 쌀 생산량 / 증산량만 더 가져가겠다 / ⽇의 실제 수탈량
  - 쌀 생산량 / [증산 목표량 달성 못했어도 계획[대로 쌀 수탈]]
  - 조선에 남은 쌀은 거의 × [쌀값 폭등]
  - 산미 증식 계획 전 / 산미 증식 계획 목표 / 실제 결과

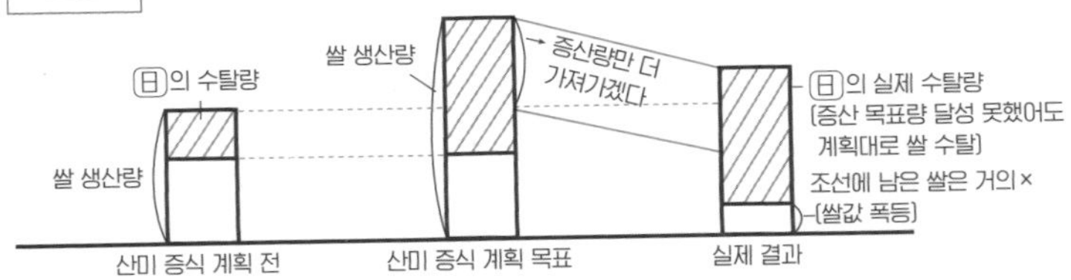

  → 증산 목표량 달성 × / 수탈 목표량 달성 ○ → 조선 내 쌀값 폭등 → ┬ 1인당 쌀 소비량 감소
                                                      └ 만주로부터 잡곡 수입 증가

- **결과** ┬ 수리 조합비 과다 징수[소작농에게 비용 부담 전가]
  ├ 작물의 단작화 : 쌀 중심의 단작형 농업 구조 형성[영농의 다각화 ×]
  │   → 만성적인 농촌 공황 초래
  └ 식민지 지주제 강화, 소작 쟁의 빈발, 농민의 해외 이주 증가
                                    └ 만주, 연해주 등

- **회유책** — 농촌 진흥 운동[1932]
  ├ 내용 : 조선 소작 조정령[1932], 조선 농지령[1934]
  └ 실상 : 농민 통제 강화를 위한 미봉책

전시 경제 체제 [1930년대 이후]

- **1931** ● 만주 사변
  - 조선 공업화 정책 : 대공황[1929]으로 세계적 보호무역 전개
                    → 조선을 공업화
  - 남면북양 정책 ┬ 남부 - 면화 재배
    [공업 원료 증산 정책] ├ 북부 - 양 사육
                        └ → 조선의 원료 공급지화

- **1937** ● 중·일 전쟁

- **1938** ● 국가 총동원법 제정
  - 병참 기지화 정책 : 조선을 군수 물자 생산 기지화
    [일본보다 조선에서 물자를 만들어 보급하는 것이 효율적이기 때문]
  - 인적 자원 수탈
    ┬ 징병 : 지원병령 → 학도 지원병령 → 징병령
    │   [1938]   [1943]   [1944]
    └ 징용 : 국민 징용령, 여자 정신대 근무령
              [1939]   [1944]
  - 물적 자원 수탈
    ┬ 산미 증식 계획 재개[1940, 군량미 확보 목적]
    ├ 쇠붙이·금붙이 공출제[놋그릇, 농기구]
    └ 식량 공출제, 식량 배급제 시행

- **1941** ● 태평양 전쟁 [일본의 진주만 기습]

- **1945** ● 광복

(2) 일제의 산업 침탈

1910년대 → **1920년대** → **1930년대 이후**

- 회사령 제정 ┬ 허가제[회사 설립 시 총독부의 허가를 받아야 함]
  [1910]   └ 목적 : 조선인의 회사 설립 방해 → 민족 자본의 설립 억제
- 산림령[1911], 어업령[1911], 조선 광업령[1915], 임야 조사령[1918]

- 회사령 철폐 ┬ 허가제 → 신고제로 전환[일본 기업의 국내 진출을 도움]
  [1920]   └ 결과 : 민족 기업의 설립[경성 방직 주식회사, 평양 메리야스·고무신 공장]
- 일본 상품에 대한 관세 철폐 → 물산 장려 운동 확산에 영향
  [1923]
- 신은행령 : 한국인 소유의 중소 규모 은행을 일본 은행에 강제 합병
  [1928]

국가 총동원법 제정 이후
각종 물자 공출 강행

(1) 국내의 비밀 결사 → 단체 구분 중요!

★독립 의군부 (1912)
- 조직 : 임병찬이 고종의 밀명을 받아 유림 세력을 규합하여 조직 (의병 운동 계승)
- 성향 : 복벽주의 (왕정 복고 → 고종 복위 주장)
- 활동 : 국권 반환 요구서를 총독부 등에 보내 한국 침략의 부당성을 알리고자 함 → 조직이 발각되어 해산
  → 전국적인 의병 봉기 계획 → 실패

★대한 광복회 (1915)
- 조직 ┬ 채기중 (의병 계열)   ─ 이시영 (애국 계몽 운동 계열)
  ├ 풍기 광복단 + 조선 국권 회복단
  └ 군대식 조직 : 박상진 (총사령관), 김좌진 (부사령관)
- 성격 : (민주) 공화정체 주장
- 활동 : 군자금을 모금하여 친일 부호 습격, 우편 마차 (현금 수송 마차) 습격, 만주에 무관 학교 설립 시도, 친일파 처단 (행형부)
  └ 국외 독립운동 기지 건설 자금 : 중광단에 보냄 → 북로 군정서 조직

기타 단체
- 송죽회 (1913, 평양 숭의 여학교 교사와 학생으로 구성), 조선 국민회 (1915, 대조선 국민군단 (미주)의 국내 지부)

(2) 국외의 독립운동 기지 (항일 독립 운동의 거점 마련, 무장 독립 전쟁의 준비) → 위치 중요!

만주
- 북만주 : 밀산부 한흥동 (1909) → 최초의 독립운동 기지 건설 (이상설, 이승희)
- 서간도 (남만주) ┬ 경학사 (1911, 민정 자치 기구, 이시영, 이회영 등) 경학사 해체 이후 조직 ▸ 부민단 (1912) 개편 ▸ 한족회 (1919) 개편 ▸ 서로 군정서 (1919, 군정부 기능)
  └ 삼원보 중심 ─ 신흥 강습소 (1911) 발전 ▸ 신흥 중학 (1913) 발전 ▸ 신흥 무관 학교 (1919, 독립군 양성)
- 북간도 ┬ 서전서숙 (1906, 이상설 설립), 명동 학교 (1908, 김약연 설립, 윤동주 졸업)
  ├ 중광단 (1911, 대종교 본사, 무오 독립 선언서 발표 주도) 개편 ▸ 북로 군정서 (1919, 김좌진)
  └ 간민회 (1913) 개편 ▸ 대한 국민회 (안무의 국민회군과 홍범도의 대한 독립군 등의 군사 조직으로 구성)
    └ 직할 부대   └ 재정 지원 부대

연해주 신한촌 (블라디보스토크)
- 13도 의군 (1910) : 한말 의병장 중심 (유인석·이범윤), 의병 조직, 국내 침투 작전, 망명 정부 수립 시도
- 성명회 (1910, 한·일 합병의 부당함을 각국 정부에 호소) 개편 ▸ 권업회 (1911, 권업신문 발간, 한민 학교·대전 학교 설립)
- 대한 광복군 정부 (1914) : 이상설 (정통령)·이동휘 (부통령)가 수립, 사관 학교 건립, 임시 정부의 탄생 계기가 됨, 제1차 세계 대전 때 해체됨
- 전로 한족 중앙 총회 (1917) 개편 ▸ 대한 국민 의회 (1919, 상하이 대한민국 임시 정부로 통합)

중국 관내 상하이 중심
- 동제사 (1912) : 박은식·신규식·조소앙이 결성한 비밀 결사 조직, 박달 학원을 설립하여 청년 교육에 주력함
- 신한 혁명당 (1915) : 초기에는 복벽주의에서 출발하였으나 이후 민주 공화정 주장, 대동 단결 선언 제창 (1917)
- 대동 보국단 (1915) : 신규식·박은식 등이 조직, 신한 혁명당과 연계하여 독립운동 전개, 잡지 『진단』 발간 ─ 신한청년당 때 김규식 파견, 김규식이 돌아오니 신한청년당이 임시 정부로 개편됨
- 신한청년당 (1918) : 여운형 중심, 『신한청년보』 발간, 김규식을 파리 강화 회의에 외교 특사로 파견해 독립 청원서 제출
  └ 파리 강화 회의에 제출 → 임시 정부 시기에 이 일이 문제가 됨

미주
- 대한인 국민회 (1910) : 박용만·이승만 중심, 『신한민보』 발행, 이승만이 위임 통치 청원서 제출
- 흥사단 (1913) : 안창호가 조직 (샌프란시스코), 미주 동포들이 애국 계몽 운동 전개, 국내에 수양 동우회 조직 (1926, 잡지 『동광』 발간)
- 대조선 국민 군단 (1914) : 박용만이 하와이에서 조직, 독립군 양성, 국내 지부로 조선 국민회 (1915) 설립
- 숭무 학교 (1910) : 멕시코에 설립, 독립군 양성

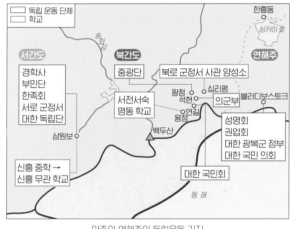

만주와 연해주의 독립운동 기지

(1) 3·1 운동 [1919] → 아시아 반제국주의 운동의 신호탄

배경
- 국외
  - 국제 정세 : ㉣ 레닌의 식민지 민족 해방 운동 지원 선언[1917, 러시아 혁명] + ㉠ 윌슨의 '민족 자결주의' 주창[1918, 파리 강화 회의]
  - 국외 독립운동
    - 파리 강화 회의 대표 파견[상하이] : 신한청년당이 김규식을 파리 강화 회의에 대표로 파견하여 독립 청원서 제출[실패]
    - 무오(대한) 독립 선언(만주) : 조소앙 집필, 중광단을 중심으로 무장 독립 전쟁을 통한 주권 회복 주장
    - 2·8 독립 선언(도쿄) : 이광수 집필, 조선 청년 독립단[일본의 한국인 유학생 중심]의 독립 선언서와 결의문 발표
- 국내
  - 무단 통치에 대한 저항 : 1910년 이후 10년 간 지속되던 무단 통치로 국민들의 반발 증대
  - 고종 독살설 유포 : 1919년 1월 서거한 고종이 일본인들에게 독살되었다는 소문이 퍼지며 국민들의 분노 자극

전개
- 종교 단체 대표 + 학생 단체 대표가 연합하여 독립운동 계획
  └ 기독교(이승훈), 불교(한용운), 천도교(손병희)
- 기미 독립 선언서 작성(최남선) + 공약 3장(한용운) → 전국 각지로 배부
- 고종의 인산일을 기점으로 3·1 운동 발발
  └ 장례식
    - 민족 대표 33인 중 29명이 태화관에서 독립 선언서 낭독 → 만세 부르고 자진 체포
    - 학생·시민들이 탑골 공원에서 독립 선언서 낭독 → 만세 시위 전개
- [1단계] 민족 대표자·학생 중심의 비폭력 만세 시위 → [2단계] 학생 중심, 지방 도시로 확산[노동자들의 호응] → [3단계] 농민 참여, 농촌 각지로 확산, 폭력 투쟁으로 변모 + 국외로 확산
- 일제의 탄압 : 화성 제암리 학살 사건(기독교인 30여 명을 교회 안에 가두고 방화 + 사격), 유관순 열사 순국(탑골 공원에서 체포되어 서대문 형무소에서 사망)

결과
- 일제 통치 방식의 변화[무단 통치 → 문화 통치], 대한민국 임시 정부 수립 계기[상해 임시 정부로 통합, 1919. 9.], 만주 무장 투쟁 활성화[봉오동 전투, 청산리 전투]
- 독립에 대한 국민들의 의식 전환[실력 양성 운동, 학생 운동 ↑], 반제국주의 운동의 신호탄[중국의 5·4 운동, 인도의 비폭력·불복종 운동에 영향을 미침]

(2) 대한민국 임시 정부의 수립 ← 3·1 운동 이후 독립운동의 구심체 역할을 수행할 단체의 필요성 자각

블라디보스토크 — **대한 국민 의회** [1919. 3.]
- 대통령 손병희, 국무총리 이승만
- 최초의 임시 정부

└ 통합 과정에서 임시 정부 위치를 두고 만주·연해주[무장투쟁론] VS 상하이[외교 독립론] 대립 → 상하이로 결정
통합 → **대한민국 임시 정부** [통합 임시 정부, 1919. 9.]
- 삼권 분립에 입각한 최초의 민주 공화정
  - 입법 : [임시] 의정원 ── 한성 정부의 법통 계승
    └ 한성 정부는 13도 대표 명의로 세워져 정통성을 인정 받음
  - 행정 : 국무원
  - 사법 : 법원 → 대한 국민 의회의 헌법 계승
- 대통령 이승만, 국무총리 이동휘

한성 정부 [1919. 4.]
- 집정관 총재 이승만, 국무총리 총재 이동휘✛
- 13도 대표가 만든 정부[서류상 존재, 실체 ×]
  └ 국민 대회 개최, 임시 정부 선언문 발표

상하이 임시 정부 [1919. 4.]
- 국무총리 이승만
- 임시 의정원 의장 이동녕
  └ 1919년 4월에 구성

✛ **이동휘**
- 무장 투쟁론자
- 강화 진위대 대장, 강화도에 보창 학교 설립
- 신민회 조직·참여, 대한 광복군 정부 수립
- 한인 사회당 조직[사회주의 단체, 하바로프스크] → 고려 공산당[상하이파]으로 개칭

(1) 대한민국 임시 정부의 초기 활동

독립운동 자금 모금	┌ 설렁탕 집으로 위장하여 활동

독립운동 자금 모금
- 연통제 : 국내외를 연결하는 비밀 연락 조직(각 도·군·면에 독판·군감·면감 등의 정부 연락 책임자 임명, 간도에 독판부 설치)
  └ 일종의 지방 자치 단체장
- 교통국 : 비밀 통신망(독립운동을 위한 군자금 모집, 정보 수집)
- 백산 상회(부산)·이륭 양행(만주) → 의연금 모금, 애국 공채 발행하여 군자금 마련, 군자금 전달

군사 활동
직할 부대로 광복군 사령부 창설(개편→ 광복군 총영), 남만주에 육군 주만 참의부 조직

외교 활동
파리 위원부(김규식), 구미 위원부(이승만) 설치

문화 활동
독립신문 발간(임시 정부의 기관지, 발행인 : 이광수), 사료 편찬소 설치(안창호·이광수가 설치, 『한·일관계사료집』 간행)

(2) 대한민국 임시 정부의 침체와 재정비 과정

1919
- 제1차 개헌 : 대통령 중심제(삼권 분립) [1919]
- 임시 정부 침체
  - 배경
    - 독립운동 방향의 차이(무장 투쟁 VS 외교)
    - 연통제·교통국 발각·해체 → 자금 단절
    - 군자금 모금액 감소
    - 이승만이 '위임 통치 청원서'를 제출(1919)
      → 독립운동가들의 분노 유발
    - 외교 독립운동의 성과 미흡 → 비판 여론 등장

1923
- 국민 대표 회의 개최 : 무장 투쟁론자들이 제안, [1923. 1.]
  독립운동 과정 평가·반성, 나아갈 방향 토론
  ↓
- 국민 대표 회의 전개 (의견 대립)
  - 창조파(신채호, 박용만) : 임시 정부 해체, 무력 항쟁 강조
  - 개조파(안창호) : 임시 정부 개혁
    └ 국민 대표 회의 실패 이후 의열단과 제휴
  - 현상 유지파(김구) : 임시 정부 유지
    └ 국민 대표 회의에 불참
  ↓
- 국민 대표 회의 결렬
  ↓
  임시 정부 존속, but 창조파·무장 투쟁론자 대거 이탈

1925 ~ 1927
- 이승만 탄핵 → 박은식 추대(제2대 대통령) [1925. 3.] └ 임시 의정원에서 의결
  ↓
- 제2차 개헌 : 국무령 중심의 내각 책임제로 개헌 [1925. 4.]
  └ 이상룡 → 홍진 → 김구
  ↓
- 제3차 개헌 : 국무 위원 중심의 집단 지도 체제로 개헌 [1927]
  └ 조소앙을 비롯한 국무 위원 10여 명

1931 - 만주 사변 발생 → 반일 감정을 바탕으로 한·중 연합
- 한인 애국단 조직(김구)
  ↓
- 이봉창·윤봉길의 의거(1932)
  ↓
- 임시 정부에 대한 日 탄압↑
  → 임시 정부가 상하이를 떠나 이동
- 중국 국민당 정부의 임정 후원

1940
- **5月** ┌ 임시 정부의 여당
  한국 독립당 결성
  한국 국민당(김구) + 조선 혁명당(지청천) + 한국 독립당(조소앙)
- **9月** 임시 정부 충칭 정착,
  한국광복군 창설(중국 국민당 정부의 지원을 받음)
  → 초기 한국광복군은 국민당의 명령에 따라 움직임
- **10月** 제4차 개헌 : 주석(김구) 중심의 단일 지도 체제로 개헌

1941
- **11月** 건국 강령 발표
  (조소앙의 삼균주의에 기반)
- **12月** 태평양 전쟁 발발 직후
  대일 선전 포고

1944
- 제5차 개헌 : 주석(김구)·부주석(김규식) [1944]
  지도 체제로 개헌
- 국내 진공 작전 계획(미국과 협력)
  ↓
  일본의 조기 항복으로 무산

1945
광복
↓
임시 정부 요인 귀국

(1) 의열단 [1919]

조직 만주 길림에서 김원봉, 윤세주 등이 조직

목표 ┌ 조선 총독부, 동양 척식 주식회사 등
5파괴(기관 파괴)와 7가살(요인 암살)
└ 조선 총독 이하 고관, 매국노, 친일파 등

지침 「조선혁명선언」[1923] ─┬─ 신채호가 김원봉의 요청을 받아 의열단의 지침서로 작성
└─ 무정부주의에 바탕, **민중의 직접 혁명 주장**, 외교론·자치론·문화 운동론·준비론[실력 양성론] 등 비판
└ 모든 민중이 독립운동가가 되자!

활동 [초기] 소수 의열사들의 개별 의열 투쟁 ──개별 의열 투쟁의 한계 인식──→ [방향 전환] **중국 세력과의 연대 도모**[1920년대 후반]

• 박재혁 : 부산 경찰서 투탄[1920]
• 최수봉 : 밀양 경찰서 투탄[1920]
• 김익상 : 조선 총독부 투탄[1921], 상하이 황포탄 의거[1922]
• 김상옥 : 종로 경찰서 투탄[1923]
• 김지섭 : 일본 도쿄 궁성 (이중교) 투탄[1924]
• 나석주 : 동양 척식 주식회사·조선식산은행 투탄[1926]

• 조직적 무장 투쟁 준비
• 단원들이 황포 군관 학교에 입교[1926] : 군사·정치 교육을 받음
└ 쑨원이 중국의 군 지휘관 양성을 위해 세운 학교[1926]
• **조선 혁명 간부 학교 설립**[1932, 난징] ← 중국 국민당 정부의 지원 받음
• 민족 혁명당 결성[1935, 난징] ─┬─ 중국 관내의 독립운동 단체 연합
│ [조선 혁명당·신한 독립당·한국 독립당 등 연합]
└─ 민족주의 계열과 사회주의 계열의 통합
[민족 유일당 운동의 일환]

(2) 한인 애국단 [1931]

조직 상하이에서 김구가 조직

배경 국민 대표 회의 결렬 이후 임시 정부의 침체, 독립운동 침체 → 임시 정부의 위상을 높이고 독립운동을 활성화시키기 위해 조직

활동 ┌ 이봉창 의거 ┬─ 내용 : 일본 도쿄에서 일왕 히로히토의 마차에 폭탄 투척 → 실패
│ [1932. 1.] ├─ 영향 : 이봉창의 의거 실패에 대해 중국 신문이 안타깝다고 보도 → 중국의 신문 보도를 문제 삼아 일본이 상하이 점령[상하이 사변]
│ └─ 의의 : 침체에 빠져 있던 임시 정부에 새로운 활기를 불어넣음
└ 윤봉길 의거 ┬─ 내용 : 상하이 사변에서 승리한 일본이 훙커우 공원에서 전승 축하식 거행 → 윤봉길의 폭탄 투척 → 일본군 장성과 고관들 살상
  [1932. 4.] ├─ 영향 : 만보산 사건[1931. 7.] 이후 나빠졌던 중국인과 한국인의 감정 완화
│ └ 수로 문제를 둘러싼 한국인 농민과 중국인 농민의 충돌 → 일본의 이간질 → 갈등 심화[유혈 사태]
└─ 결과 ┬ 임시 정부에 대한 일본군의 공격 강화 → 임시 정부가 상하이를 떠나 여러 차례 이동 후 충칭에 정착[1940]
└ 중국 국민당 정부의 임시 정부 지원, 중국 영토 내 무장 독립 투쟁 허용[중국 군관 학교 내에 한인 특별반 설치] → 한국광복군 창설 계기

중석쌤의 기출오답 솔루션

• 박은식은 의열단의 기본 정신이 나타난 「조선혁명선언」을 저술하였다. [2020. 소방직]
  → 신채호
• 의열단의 강우규는 사이토 총독에 폭탄을 투척하였다. [2015. 국가직 7급]
  → 노인 동맹단
• 의열단은 상하이 훙커우 공원 의거를 일으켰다. [2019. 소방직]
  → 한인 애국단의 윤봉길
• 박은식은 적극적인 의열 활동을 위해 한인 애국단을 만들었다. [2020. 지방직 9급]
  → 김구

3·1 운동 이후 독립운동의 방향

무장 투쟁론	이동휘·박용만
외교 독립론	이승만
실력 양성론[준비론]	안창호
계급 투쟁론	박헌영[1925, 조선 공산당]
자치론	이광수
무정부주의론	이회영·신채호

기타 의열 단체

노인 동맹단[1919]	강우규가 총독 사이토에게 투탄
다물단[1925]	김창숙이 친일파 밀정 김달하 암살
불령사[1923]	박열이 (日) 황태자 폭살 시도[실패]
병인 의용대[1925]	나창헌, 이유필, 박창세
남화 한인 청년 연맹[1930]	무정부주의 단체, (日) 공사 암살 시도
대한 애국청년당[1945]	경성 부민관 의거 결행

1920년대 | 1920 무장 투쟁의 승리

봉오동 전투
홍범도의 대한 독립군이 주축
[+ 안무의 국민회군, 최진동의 군무 도독부 연합]
독립군의 승리
┌ **훈춘 사건** : 만주 지역의 독립군 소탕을 위해
│   일본이 조작한 사건
└ 일본이 만주 마적대를 매수해 일본 관공서 습격 요청
     → 관공서 습격 → 독립군 소행으로 조작 → 일본이 만주로 출병

밀산부
봉오동
청산리

청산리 전투
(10. 21. ~ 26.)
┌ 김좌진의 북로 군정서군
│ [+ 홍범도의 대한 독립군 연합 부대]
└ 독립군의 대승(백운평·어랑촌·고동하·천수평 전투)

간도 참변
(경신참변)
┌ 일본의 보복(독립군 소탕 목적)
└ 만주의 한인들 학살, 한인 부락이 많이 사라짐

독립군 이동 : 북만주 밀산부(한흥동)로 이동
↓
통합 부대 결성 : 밀산부에서 대한 독립 군단 결성 (총재 : 서일)

1921 독립군의 시련

일본군의 추격으로 대한 독립 군단이
소련령으로 이동(자유시)
┌ 소련 내전 중(적색군 VS 백색군)
└ → 대한 독립 군단이 적색군의 용병이 됨
↓
독립군 내부의 지휘권 다툼
[상하이파 공산당 VS 이르쿠츠크파 공산당]
┌ 초기 주도권 장악   └ 적색군의 지원 받음
↓
적색군 + 이르쿠츠크파 공산당이
독립군의 무장 해제 요구
↓
독립군의 거부
↓
자유시 참변(1921. 6.)
↓
독립군 세력이 와해됨

1922 독립군의 재정비

대한 통군부 조직(서간도)
↓
대한 통의부로 개편
↓
분열(1923)
↓
통의부   의군부
↓
3부의 성립‡
[참의부] (1923) : 압록강 유역, 임시 정부 직할 부대
[정의부] (1924) : 남만주 일대
[신민부] (1925) : 북만주 일대

1925

┌ 재만 한인 단속 방법에 관한 협약
미쓰야 협정
[일제가 독립군 탄압 위해
만주 군벌과 체결]
└ [주의] 만주국 ✕ [만주국은 1932년에 수립됨]
↓
독립군 활동 위축

‡ **3부의 성격**
• 사실상 만주 지역을 나누어 통치한 3개의
  공화주의적 자치 정부
  → 군사 기관 + 민정 자치 기관
• 3권 분립 체제(행정·입법·사법부)

1926 ~ 1929 | **1930년대** | 1931   1933   1936

3부 통합 운동
[민족 유일당 운동의 일환]
↓
2개로 통합
┌────────┴────────┐
국민부   **혁신 의회**
(1929, 남만주)   (1928, 북만주)
↓ 조직   ↓ 조직
┌ 조선 혁명당   ┌ 한국 독립당
└ 조선 혁명군   └ 한국 독립군
  (양세봉)   (지청천)

한·중 연합 작전 전개
• 북만주 : 한국 독립군 + 중국 호로군
  → 쌍성보 전투(1932), 사도하자 · 동경성 · 대전자령 전투(1933)
• 남만주 : 조선 혁명군 + 중국 의용군
  → 영릉가 전투(1932), 흥경성 전투(1933)

[만주 사변] ----------------------

공산주의계 항일 투쟁

한·중 연합 작전 와해
• 한국 독립군의 지청천은 중국 관내로 이동
  └ 민족 혁명당 참여,
     중국 군관 학교 특별반 교관
• 조선 혁명군은 양세봉이 피살(1934)된 이후 세력 약화

추수·춘황 투쟁		**동북 인민 혁명군**		**동북 항일 연군**
소규모 항일 유격대	유격대 결성, 유격 투쟁 →	한인 항일 유격대 + 중국 공산당 유격대	→	• 조국 광복회 조직(1936)

• 보천보 전투(1937) : 국내 진공 시도(보천보 습격),
  동북 항일 연군의 김일성 부대가 전개

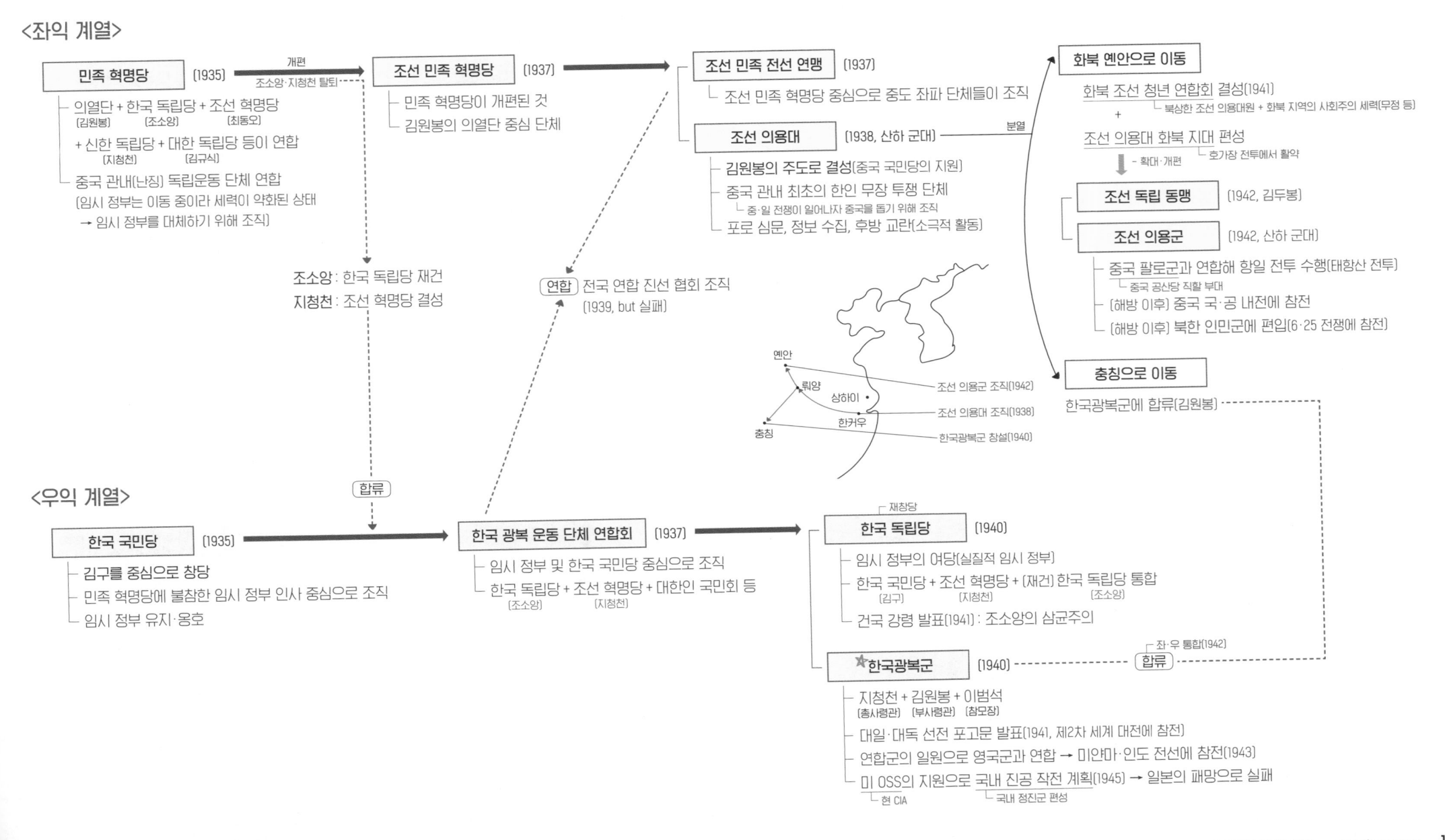

<좌익 계열>

민족 혁명당 [1935] ──개편──> **조선 민족 혁명당** [1937] ──> **조선 민족 전선 연맹** [1937]
조소앙·지청천 탈퇴
- 의열단 + 한국 독립당 + 조선 혁명당
  (김원봉)   (조소앙)   (최동오)
- + 신한 독립당 + 대한 독립당 등이 연합
  (지청천)   (김규식)
- 중국 관내(난징) 독립운동 단체 연합
  (임시 정부는 이동 중이라 세력이 약화된 상태
  → 임시 정부를 대체하기 위해 조직)

조선 민족 혁명당
- 민족 혁명당이 개편된 것
- 김원봉의 의열단 중심 단체

조선 민족 전선 연맹
- 조선 민족 혁명당 중심으로 중도 좌파 단체들이 조직

조선 의용대 [1938, 산하 군대] ──분열──>
- 김원봉의 주도로 결성(중국 국민당의 지원)
- 중국 관내 최초의 한인 무장 투쟁 단체
  └ 중·일 전쟁이 일어나자 중국을 돕기 위해 조직
- 포로 심문, 정보 수집, 후방 교란(소극적 활동)

조소앙 : 한국 독립당 재건
지청천 : 조선 혁명당 결성

(연합) 전국 연합 진선 협회 조직
[1939, but 실패]

화북 옌안으로 이동
화북 조선 청년 연합회 결성[1941]
  └ 북상한 조선 의용대원 + 화북 지역의 사회주의 세력(무정 등)
+
조선 의용대 화북 지대 편성
  └ 호가장 전투에서 활약
↓ 확대·개편
조선 독립 동맹 [1942, 김두봉]
조선 의용군 [1942, 산하 군대]
- 중국 팔로군과 연합해 항일 전투 수행(태항산 전투)
  └ 중국 공산당 직할 부대
- [해방 이후] 중국 국·공 내전에 참전
- [해방 이후] 북한 인민군에 편입(6·25 전쟁에 참전)

충칭으로 이동
한국광복군에 합류(김원봉)

(지도)
옌안
뤄양
상하이
충칭
한커우
─ 조선 의용군 조직[1942]
─ 조선 의용대 조직[1938]
─ 한국광복군 창설[1940]

<우익 계열>

한국 국민당 [1935] ──> **한국 광복 운동 단체 연합회** [1937] ──> **한국 독립당** [1940]
- 김구를 중심으로 창당
- 민족 혁명당에 불참한 임시 정부 인사 중심으로 조직
- 임시 정부 유지·옹호

(합류)

한국 광복 운동 단체 연합회
- 임시 정부 및 한국 국민당 중심으로 조직
- 한국 독립당 + 조선 혁명당 + 대한인 국민회 등
  (조소앙)   (지청천)

재창당
한국 독립당 [1940]
- 임시 정부의 여당(실질적 임시 정부)
- 한국 국민당 + 조선 혁명당 + (재건) 한국 독립당 통합
  (김구)   (지청천)   (조소앙)
- 건국 강령 발표[1941] : 조소앙의 삼균주의

좌·우 통합[1942]
★**한국광복군** [1940] ──────────(합류)
- 지청천 + 김원봉 + 이범석
  (총사령관) (부사령관) (참모장)
- 대일·대독 선전 포고문 발표[1941, 제2차 세계 대전에 참전]
- 연합군의 일원으로 영국군과 연합 → 미얀마·인도 전선에 참전[1943]
- 미 OSS의 지원으로 국내 진공 작전 계획[1945] → 일본의 패망으로 실패
  └ 현 CIA   └ 국내 정진군 편성

(1) 국내의 민족 독립운동의 방향

배경 ─ 3·1 운동 이후 사회주의 사상의 유입·확산, 민중들의 의식 성장 → 프롤레타리아트의 계급적 의식 발생
              └ 일반 민중들도 독립운동 전개

내용 ┬ 사회·경제적 민족 운동의 활성화 : 사회·경제적 약자들의 투쟁(부르주아 세력과 일본에 대항) → 독립운동의 한 방향이 됨
     │ └ 사회적 민족 운동 : 여성·청년·소년·형평(백정) 운동 / 경제적 민족 운동 : 농민·노동 운동
     └ 대립과 갈등 : 민족주의 노선과 사회주의 노선 간의 갈등 심화 → 독립운동에 방해가 됨 → 극복 노력 : 민족 유일당 운동 대두
             └ 민족 해방 추구   └ 민족 해방 + 계급 해방 추구

(2) 사회적 민족 독립운동

청년 운동 ┬ 특징 : 계몽 운동(강연회·토론회), 항일 투쟁(동맹 휴학·시위) 등의 형태로 표출
         └ 단체 : 조선 청년 연합회(1920, 물산 장려 운동 참여) 서울 청년회(1921, 사회주의 청년들이 조직), 조선 청년 총동맹(1924, 민족주의 + 사회주의)
                                                               └ 청년계의 민족 유일당 운동

소년 운동 ┬ 배경 : 아동 노동자 수 증가
         └ 단체 : 천도교 소년회(1921) 중심 → 방정환(회장), 어린이날 제정(1922. 5. 1.), 잡지 『어린이』 발간(1923)
                          ┌ 백정의 다른 명칭

형평 운동 ┬ 배경 : 백정에 대한 사회적 차별(백정 출신 호적에 '도한'이라고 기록하거나 붉은 점 표시, 보통학교 입학 통지서에 신분 기재)
         └ 단체 : 조선 형평사(1923) ┬ 활동 : 진주에서 이학찬이 조직, 전국 회원수 40만, 전국에 지부 설치, 사회적 차별 철폐를 요구하는 신분 해방 운동 전개
                               └ 변질 : 일제의 탄압 심화 → 대동사로 개칭(1935, 친일 단체로 변모)

여성 운동 ┬ 특징 : 1920년대 초반에는 계몽적 성격의 운동 → 1920년대 후반에는 여성의 지위 향상, 여성 노동자의 권익 옹호(사회주의 운동과 결합)
         └ 단체 : 조선 여자 교육회(1920), 조선 여성 동우회(1924, 사회주의 여성 단체), 근우회✝(1927, 여성계의 민족 유일당)

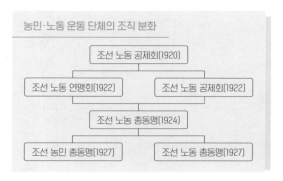

✝ 근우회

• 결성 : 신간회의 자매 단체, 김활란 중심
• 활동 : 기관지인 『근우』 발행, 강연회·토론회 개최, 여성 의식 계몽 운동 전개
• 해체 : 신간회 해소와 함께 해체됨

(3) 경제적 민족 독립운동 [1910년대에는 사회주의 사상이 들어오지 않아 계급 의식×, 회사령 제정으로 인하여 노동자 수 감소 → 농민·노동 운동이 전개되지 않음]

구분	1920년대	1930년대 이후
특징	생존권 투쟁(경제적 성격), 합법적 투쟁	반제국주의적 항일 투쟁(정치적 성격), 비합법적 투쟁
농민 운동	• 소작료 인하와 소작권 이전 반대 요구, 조선 농민 총동맹이 조직적인 쟁의 전개 • 암태도 소작 쟁의(1923) : 지주 문재철이 고율의 소작료를 받자 농민들이 반발 → 소작료 인하에 성공	• 일제의 식민지 수탈 정책에 저항 • 사회주의와 연계된 비합법적·혁명적 농민 조합 중심
노동 운동	• 임금 인상, 노동 시간 단축, 노동 환경 개선 등 요구, 조선 노동 총동맹(1927)이 조직적인 쟁의 전개 • 원산 노동자 총파업(1929) : 한 석유 회사의 일본인 감독이 조선인 노동자를 폭행한 사건을 계기로 발생	• 일본 기업 철폐 요구, 일본 자본가 타도 주장 • 사회주의와 연계된 비합법적·혁명적 노동 조합 중심

농민·노동 운동 단체의 조직 분화

```
        조선 노동 공제회(1920)
               │
   ┌───────────┴───────────┐
조선 노동 연맹회(1922)   조선 노동 공제회(1922)
   └───────────┬───────────┘
        조선 노농 총동맹(1924)
               │
   ┌───────────┴───────────┐
조선 농민 총동맹(1927)   조선 노동 총동맹(1927)
```

* 민족주의 계열의 실력 양성 운동 [애국 계몽 운동의 영향을 받음]
└ 근대 교육 육성 + 근대 산업 육성

★물산 장려 운동 [1920년대]
- **배경**
  - 회사령의 철폐[1920]로 일본 기업의 활발한 진출·일부 민족 기업 설립 증가
    └ 경성 방직 주식회사, 평양 메리야스·고무신 공장
  - 한·일 간 관세 철폐[1923]로 민족 자본의 위기감 고조
- **내용** — 국산품 애용 운동["우리 것 우리가 쓰자!"], 민족 산업 육성, 근검절약·금주·단연 운동으로 확대
- **전개**
  - 민족주의 계열의 자본가, 지주층 주도
  - **물산 장려회 조직**[1920, 평양에서 조직, 조만식 중심] → 전국 확산 → **조선 물산 장려회 조직**[1923, 서울에서 조직]
  - 자작회[1922, 학생 중심]·토산 애용 부인회[1923, 여성 중심 조직], 자작 자급회 등 전국적으로 다양한 단체 탄생
- **결과**
  - 국산품 수요 증가 → but 공급 미달 → 국산품 가격 상승으로 소비자가 피해를 입음, 자본가에게는 이익이 됨
  - **사회주의 계열의 맹렬한 비판**["자본가 계급만을 위한 운동이다."] → 민족주의·사회주의의 대립 심화

민립 대학 설립 운동 [1922~1924]
- **배경** — 제2차 조선 교육령 공포[1922] → 교육 유화 정책·일본의 교육에 대한 탄압↓, 대학 설립 규정○ → but 시행✕[초급·기술 교육만 실시]
- **내용** — 의무 교육제, 한국인 본위의 고등 교육 기관 설립 주장
- **전개** — 조선 교육회[1920, 이상재·한규설이 조직] 주도로 **조선 민립 대학 기성회 설립**[1923] → 모금 운동 주도, "한민족 1천만이 한 사람이 1원씩"[but 모금 잘 안 됨]
- **결과** — 일제의 탄압, 가뭄과 수해로 모금 활동 좌절 → 일제가 **경성 제국 대학 설립**[1924, 더 이상 대학 설립을 요구할 명분이 없어짐]

문맹 퇴치 운동‡ [1930년대]
- **배경** — 일제의 우민화 교육으로 한국인의 문맹률 증가 → 농촌 계몽 운동에 대한 관심 고조
- **내용**
  - **문자 보급 운동**[1929~1934] : 조선일보 주도, 『한글원본』 간행·보급, "아는 것이 힘, 배워야 산다!"
  - **브나로드 운동**[1931~1934] : 동아일보 주도, 학생 중심, 농촌 계몽 운동의 일환, "민중 속으로"
    └ 심훈의 「상록수」와 관련[브나로드 운동에 대한 소설]
  - **조선어 학회의 활동** : 문자 보급 운동의 교재 편집·보급, 한글 강습회 개최
- **중단** — 조선 총독부의 탄압으로 중단[1935]

의의와 한계
- **의의** — 자본주의 문명 사회로의 발전 추구
- **한계**
  - 사회 진화론에 입각 → 일제가 허용하는 범위 내에서 전개
  - 일부 세력은 자치 운동 주장 → 친일파로 변질
    └ 타협적 민족주의

🧑‍🏫 중석쌤의 기출오답 솔루션
- 물산 장려 운동은 회사령 제정과 일본 상품에 대한 관세 철폐 움직임에 대항하였다. [2015. 기상직 9급]
  → 폐지
- 물산 장려 운동은 사회주의자 주도로 전개되었다. [2014. 법원직 9급]
  → [사회주의자들에게 비판을 받음]

‡ 문맹 퇴치 운동

문맹 퇴치 운동		
사회주의 계열의 참여↑	야학	문자 보급 운동	브나로드 운동

- 동아일보가 주도
- 러시아어 : '민중 속으로'
- 학생 중심으로 보건 위생 교육, 문맹 퇴치
- 심훈의 「상록수」[농촌 계몽 운동]

- 조선일보가 주도
- 『한글원본』[한글 교육용 교재, 조선어 학회에서 제작] 배부

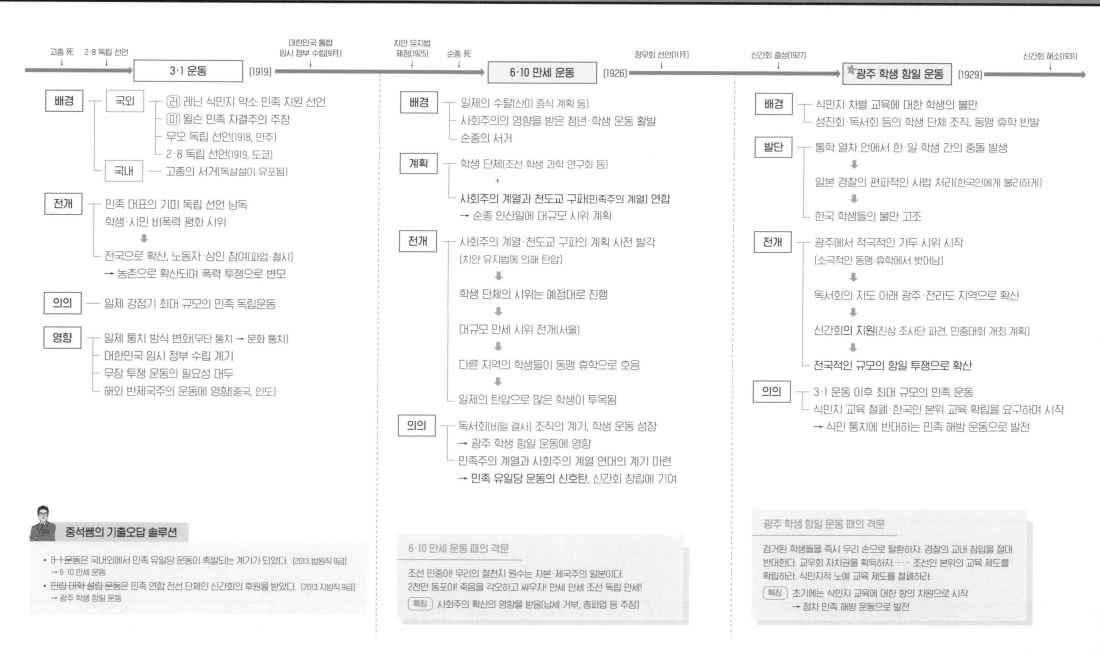

3·1 운동 [1919]

고종 死 | 2·8 독립 선언 | 대한민국 통합 임시 정부 수립[9月] | 치안 유지법 제정[1925] | 순종 死

배경 ┬ 국외 ┬ ㉔ 레닌 식민지 약소 민족 지원 선언
     │   ├ ㉤ 윌슨 민족 자결주의 주창
     │   ├ 무오 독립 선언[1918, 만주]
     │   └ 2·8 독립 선언[1919, 도쿄]
     └ 국내 ── 고종의 서거[독살설이 유포됨]

전개 ┬ 민족 대표의 기미 독립 선언 낭독
     │ 학생·시민 비폭력 평화 시위
     │ ↓
     └ 전국으로 확산, 노동자·상인 참여[파업·철시]
        → 농촌으로 확산되며 폭력 투쟁으로 변모

의의 ── 일제 강점기 최대 규모의 민족 독립운동

영향 ┬ 일제 통치 방식 변화[무단 통치 → 문화 통치]
     ├ 대한민국 임시 정부 수립 계기
     ├ 무장 투쟁 운동의 필요성 대두
     └ 해외 반제국주의 운동에 영향[중국, 인도]

6·10 만세 운동 [1926]

정우회 선언[11月]

배경 ┬ 일제의 수탈[산미 증식 계획 등]
     ├ 사회주의의 영향을 받은 청년·학생 운동 활발
     └ 순종의 서거

계획 ┬ 학생 단체[조선 학생 과학 연구회 등]
     │ +
     └ 사회주의 계열과 천도교 구파[민족주의 계열] 연합
        → 순종 인산일에 대규모 시위 계획

전개 ┬ 사회주의 계열·천도교 구파의 계획 사전 발각
     │ [치안 유지법에 의해 탄압]
     │ ↓
     ├ 학생 단체의 시위는 예정대로 진행
     │ ↓
     ├ 대규모 만세 시위 전개[서울]
     │ ↓
     ├ 다른 지역의 학생들이 동맹 휴학으로 호응
     │ ↓
     └ 일제의 탄압으로 많은 학생이 투옥됨

의의 ┬ 독서회[비밀 결사] 조직의 계기, 학생 운동 성장
     │ → 광주 학생 항일 운동에 영향
     └ 민족주의 계열과 사회주의 계열 연대의 계기 마련
        → **민족 유일당 운동의 신호탄**, 신간회 창립에 기여

★광주 학생 항일 운동 [1929]

신간회 결성[1927] | 신간회 해소[1931]

배경 ┬ 식민지 차별 교육에 대한 학생의 불만
     └ 성진회·독서회 등의 학생 단체 조직, 동맹 휴학 빈발

발단 ┬ 통학 열차 안에서 한·일 학생 간의 충돌 발생
     │ ↓
     ├ 일본 경찰의 편파적인 사법 처리[한국인에게 불리하게]
     │ ↓
     └ 한국 학생들의 불만 고조

전개 ┬ 광주에서 적극적인 가두 시위 시작
     │ [소극적인 동맹 휴학에서 벗어남]
     │ ↓
     ├ 독서회의 지도 아래 광주·전라도 지역으로 확산
     │ ↓
     ├ 신간회의 지원[진상 조사단 파견, 민중대회 개최 계획]
     │ ↓
     └ **전국적인 규모의 항일 투쟁으로 확산**

의의 ┬ 3·1 운동 이후 최대 규모의 민족 운동
     └ 식민지 교육 철폐·한국인 본위 교육 확립을 요구하며 시작
        → 식민 통치에 반대하는 민족 해방 운동으로 발전

중석쌤의 기출오답 솔루션

· 3·1운동은 국내외에서 민족 유일당 운동이 촉발되는 계기가 되었다. [2013.법원직 9급]
  → 6·10 만세 운동
· 민립 대학 설립 운동은 민족 연합 전선 단체인 신간회의 후원을 받았다. [2013.지방직 9급]
  → 광주 학생 항일 운동

6·10 만세 운동 때의 격문

조선 민중아! 우리의 철천지 원수는 자본·제국주의 일본이다.
2천만 동포야! 죽음을 각오하고 싸우자! 만세 만세 조선 독립 만세!
特징 사회주의 확산의 영향을 받음[납세 거부, 총파업 등 주장]

광주 학생 항일 운동 때의 격문

검거된 학생들을 즉시 우리 손으로 탈환하자. 경찰의 교내 침입을 절대 반대한다. 교우회 자치권을 획득하자.…… 조선인 본위의 교육 제도를 확립하라. 식민지적 노예 교육 제도를 철폐하라.
特징 초기에는 식민지 교육에 대한 항의 차원으로 시작
     → 점차 민족 해방 운동으로 발전

* 민족 유일당 운동의 구조적 이해

<우익> <좌익>

민족주의 계열 → 사회주의 계열

비타협적 민족주의 계열

[국외 영향] → 제1차 국공 합작(중국) (1924)

[국내 영향] → 치안 유지법 제정 (1925) / 6·10 만세 운동 (1926. 6.) / 조선 민흥회 결성 (1926. 7.) / 정우회 선언 (1926. 11.)

한국 독립 유일당 북경 촉성회 창립 (1926. 10, 안창호)

[일제와 타협]

타협적 민족주의 계열

• 주장 : 자치론 주장
• 대표 인물 : 이광수 ┬ 민족개조론⁺ 발표(1922, 개벽) : 자치권 획득 주장
                    └ 민족적 경륜 발표(1924, 동아일보)

1930년대 친일파 경향을 보이며 일제에 협력
⑩ 이광수 : 수양 동우회 사건(1937)으로 투옥된 이후 친일파로 전향

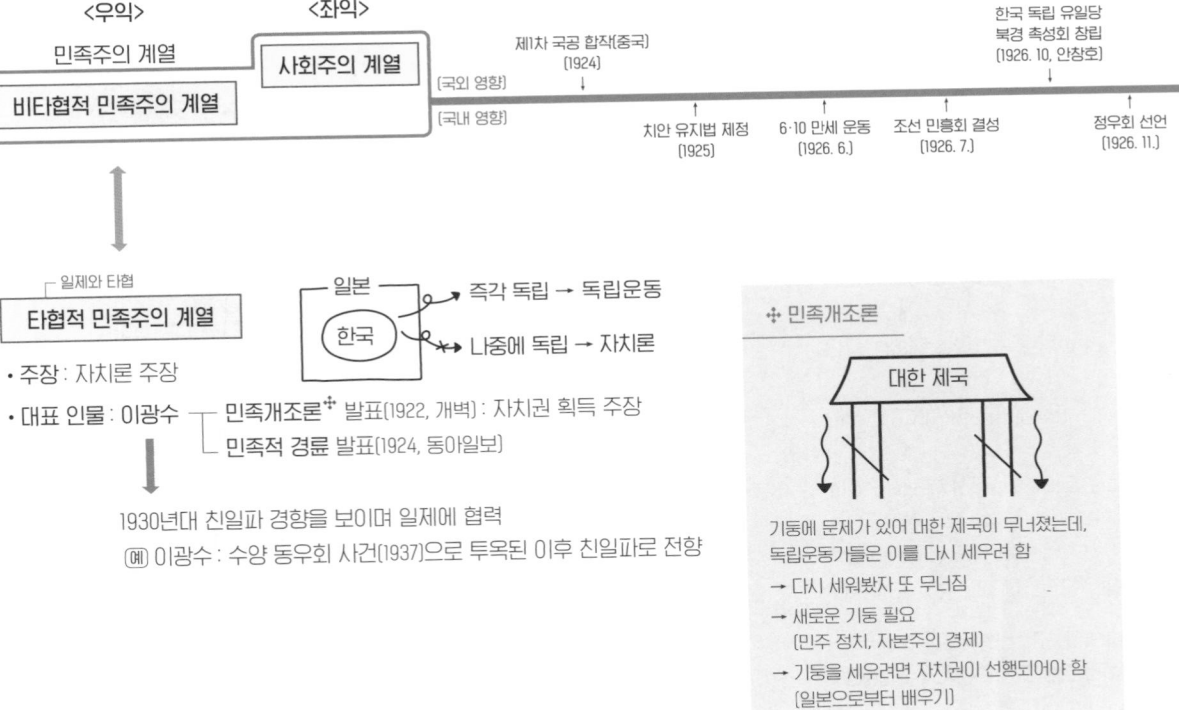

일본 / 한국
→ 즉각 독립 → 독립운동
→ 나중에 독립 → 자치론

✛ 민족개조론

대한 제국

기둥에 문제가 있어 대한 제국이 무너졌는데,
독립운동가들은 이를 다시 세우려 함
→ 다시 세워봤자 또 무너짐
→ 새로운 기둥 필요
  (민주 정치, 자본주의 경제)
→ 기둥을 세우려면 자치권이 선행되어야 함
  (일본으로부터 배우기)

★ 신간회 창립 [1927. 2.]

• 주도 세력 : 이상재(회장), 홍명희(부회장)

• 강령 : 민족 대단결, 기회주의자(자치론자) 배격, 정치·경제적 각성

• 활동 ┬ 전국에 140여 개의 지회 설치, 4만여 명의 회원 확보
       ├ 조선인 본위 교육 주장, 토론회·강연회 개최, 여성 차별 철폐 주장
       ├ 자치 운동 비판, 치안 유지법 철폐 주장, 동양 척식 주식회사 폐지 주장
       ├ 농민·노동 운동 지원(원산 노동자 총파업), 최저 임금제 요구, 수재민 지원
       └ 학생 운동 지원(광주 학생 항일 운동 → 전국적 규모로 확산)

• 해소 ┬ 타협적 민족주의자들의 신간회 합류로 신 집행부의 우경화
       │ → 좌익 세력의 반발로 내부 갈등 심화
       ├ 코민테른(국제 공산주의 연합)의 노선 변화 :
       │   ┌ 기존 노선 '민족주의자들과의 연합 가능'
       │   │   ↓
       │   └ 신간회 결성 후 사회주의자들의 농민·노동 운동 약화
       │
       ├ 12월 테제 발표 : '기존 단체를 해산하여 농민·노동 운동을 전개하라'는
       │   지령을 내림(연대보다는 계급 투쟁 중시)
       │   → 민족주의자들과의 통일 전선 운동 방침 폐기
       │
       └ 신간회 해소(1931)

• 의의 ┬ 3·1 운동 이후 사회주의 세력과 민족주의 세력의 연합 전선을 구축한
       │ 최초의 민족 유일당
       └ 일제 강점기 최대 규모의 합법적인 민족 운동 단체

중석쌤의 기출오답 솔루션

• ~~1920년대 중엽에는~~ 신간회가 해소되고 혁명적 농민 조합 운동이 격렬하게 전개되었다. [2014. 사회복지직 9급]
  → 1930년대에는

• ~~3·1 운동은~~ 신간회의 지원을 받아 전국으로 확산되었다. [2020. 소방직]
  → 광주 학생 항일 운동

• 신간회는 고등 교육 기관인 대학을 설립하고자 하였다. [2021. 소방직]
  → 조선 민립 대학 기성회

(1) 국내 생활 모습의 변화

의생활
- [1920년대] 대중 문화 형성, 모던 보이와 모던 걸의 등장, 단발머리 유행, 『신여성』·『별건곤』 등의 잡지에서 새로운 패션 소개
- [1940년대] 전시 체제 하에서 일제가 국민복(남성), 몸뻬(여성) 착용 강요

주거 생활
- 서울 : 청계천을 경계로 남쪽에 일본인 거주지(남촌), 북쪽에는 한국인 거주지(북촌) 형성
- 도시 외곽 : 빈민이 토막집을 짓고 모여 살며 토막촌 형성, 산미 증식 계획 이후 토막민 급증
- 주택의 변화
  - [1920년대] 개량 한옥(중류층) : 사랑채 생략, 대청 마루에 유리문 설치, 도시형 상품 주택
  - [1930년대] 문화 주택(상류층) : 2층 양옥, 복도·응접실·침실·아이방 등 개인 독립 공간 존재
  - [1940년대] 영단 주택(도시민·서민) : 서민의 주택난 해결을 위한 국민 연립 주택, 대규모 공공 주택, 집단 주거 형태
    → 일본식 다다미 + 한국식 온돌 등이 혼용

중석쌤의 기출오답 솔루션

- 일제 강점기에는 상류층이 한식 주택을 2층으로 개량한 영단 주택에 모여 살았다. [2018. 국가직 9급]
  → 서민   → 대규모 공공 주택인

> **1920년대의 패션**
>
> 혈색 좋은 흰 피부가 드러날 만큼 반짝거리는 엷은 양말에, 금방 발목이나 삐지 않을까 보기에도 조마조마한 구두 뒤로 몸을 고이고, 스커트 자락이 비칠 듯 말 듯한 정강이를 지나는 외투에 단발 혹은 미미가쿠시(당시 유행하던 머리 모양)에다가 모자를 푹 눌러 쓴 모양 … 분길 같은 손에 경복궁 기둥 같은 단장을 휘두르면서 두툼한 각테 안경, 펑퍼짐한 모자, 코높은 구두를 신고 …
>
> – 『별건곤』 모년 12월호

(2) 국외 이주 동포의 생활 (디아스포라)

만주
- 일제의 토지 조사 사업과 산미 증식 계획으로 농민의 이주 증가, 독립운동 기지 건설, 무장 투쟁 전개(봉오동 전투·청산리 전투)
- 시련 : 간도 참변(1920), 만보산 사건(1931)으로 한인들이 탄압을 받음

연해주
- 블라디보스토크의 신한촌을 중심으로 독립운동 전개, 독립운동 단체 조직(대한 광복군 정부, 대한 국민 의회)
- 시련 : 자유시 참변(1921), 스탈린의 강제 이주 정책(1937) → 중앙아시아로 강제 이주(까레이스키, 고려인)

미주
- 20세기 초 대한 제국 시기 공식 해외 이주(미국의 요청) → 하와이 사탕수수·파인애플 농장 노동자로 생활
- 직접적인 독립운동×, 재정 지원·외교 활동에 주력(대한인 국민회)

일본
- [19C 말] 유학생·정치적 망명자들의 이주 → [국권 피탈 이후] 농민들이 이주하여 산업 노동자로 취업
- 시련 : 관동 대지진(1923) 당시 일본 당국의 유언비어로 6천여 명의 재일 동포가 학살당함(관동 대학살), 중·일 전쟁(1937) 이후 한인들이 일본으로 강제 징용·징병 당함

(1) 일제의 식민지 교육 정책

1910년대
- 제1차 조선 교육령(1911) : 한국인 보통학교 수업 연한 단축(6년 → 4년), 실업·전문 교육만 실시, 대학 미설치 ⌐일본인은 6년
- 사립 학교 규칙(1911) : 일제가 사립 학교 교육 통제 → 학교의 설립 및 교원의 임용 등을 총독부에서 인가하도록 함
- 서당 규칙(1918) : 일제가 개량 서당 통제(서당 설립을 인가제에서 허가제로 바꾸어 탄압)

1920년대
- 제2차 조선 교육령(1922) : 보통학교 수업 연한 연장(4년 → 6년), 조선어 필수 과목화, 조선인의 교육 기회 확대 [but 실질적으로는 교육 차별 존재, 실업 교육에 치중] ⌐기술자 양성
- 경성 제국 대학 설립(1924) : 민립 대학 설립 운동을 방해하기 위함, 한국 거주 일본인의 고등 교육 목적

1930년대
- 제3차 조선 교육령(1938) : 보통학교·소학교를 (심상)소학교로 변경✛, 조선어 수의(선택) 과목화(사실상 폐지를 의미)

1940년대
- 국민학교령(1941) : (심상)소학교를 국민학교로 변경 ⌐'황국 신민 학교'라는 의미
- 제4차 조선 교육령(1943) : 수업 연한 4년으로 축소, 조선어·조선사 과목 폐지, 일본어 교육 강화, 전시 동원 체제 강화(교육을 전쟁 수행의 도구로 이용)

> 🧑‍🏫 **중석쌤의 기출오답 솔루션**
> - 1930년대에 들어와서 조선어를 선택 과목으로 규정하고, ~~최초의 대학 기관인 경성 제국 대학을 설립하였다.~~ [2014. 경찰직(2차)]
>   → (경성 제국 대학은 1924년에 설립)
> - ~~1930년대에~~ 일제는 한글 연구로 민족 의식이 고취되는 것을 막기 위해 조선어 학회를 강제로 해산시켰다. [2018. 경찰직(2차)]
>   → 1942년 (조선어 학회 사건)

> ✛ **학교 명칭 변경**
> 소학교(1895)
> ↓
> 보통학교(1906)
> ↓
> (심상)소학교(1938)
> ↓
> 국민학교(1941)
> ↓
> 초등학교(1996)

(2) 일제의 언론 탄압 정책

1910년대 → **1920년대** → **1930년대** → **1940년대**

- 1910년대 : 언론·출판·결사의 자유 박탈 (매일신보를 제외한 대부분의 신문 폐지) ⌐총독부의 기관지
- 1920년대 : 한글 신문 발간 허용(조선일보·동아일보 발행) → 실상 : 검열·삭제·정간·폐간 자행
- 1930년대 : 손기정 일장기 삭제 사건(1936, 동아일보) → 동아일보 탄압
- 1940년대 : 조선일보·동아일보 폐간(1940)

(3) 일제 강점기의 국어 연구

조선어 연구회 (1921)
- 임경재, 장지영, 최현배 등이 중심이 되어 조직, 국문 연구소(1907)를 계승
- 가갸날(한글날) 제정(1926), 잡지 『한글』 창간(1927), 강습회·강연회를 통해 한글 보급 운동 전개

↓ 개편

조선어 학회 (1931~1942)
- 한글 맞춤법 통일안 제정(1933)
- 「외래어 표기법 통일안」 발표(1940), 『우리말 큰사전』 편찬 시도(but 실패)
- 해산 : 조선어 학회 사건(1942, 일제가 조선어 학회를 독립운동 단체로 간주하여 조선어 학회 회원을 체포·투옥)을 계기로 강제 해산됨 → 해방 이후 한글 학회로 개편(1949)

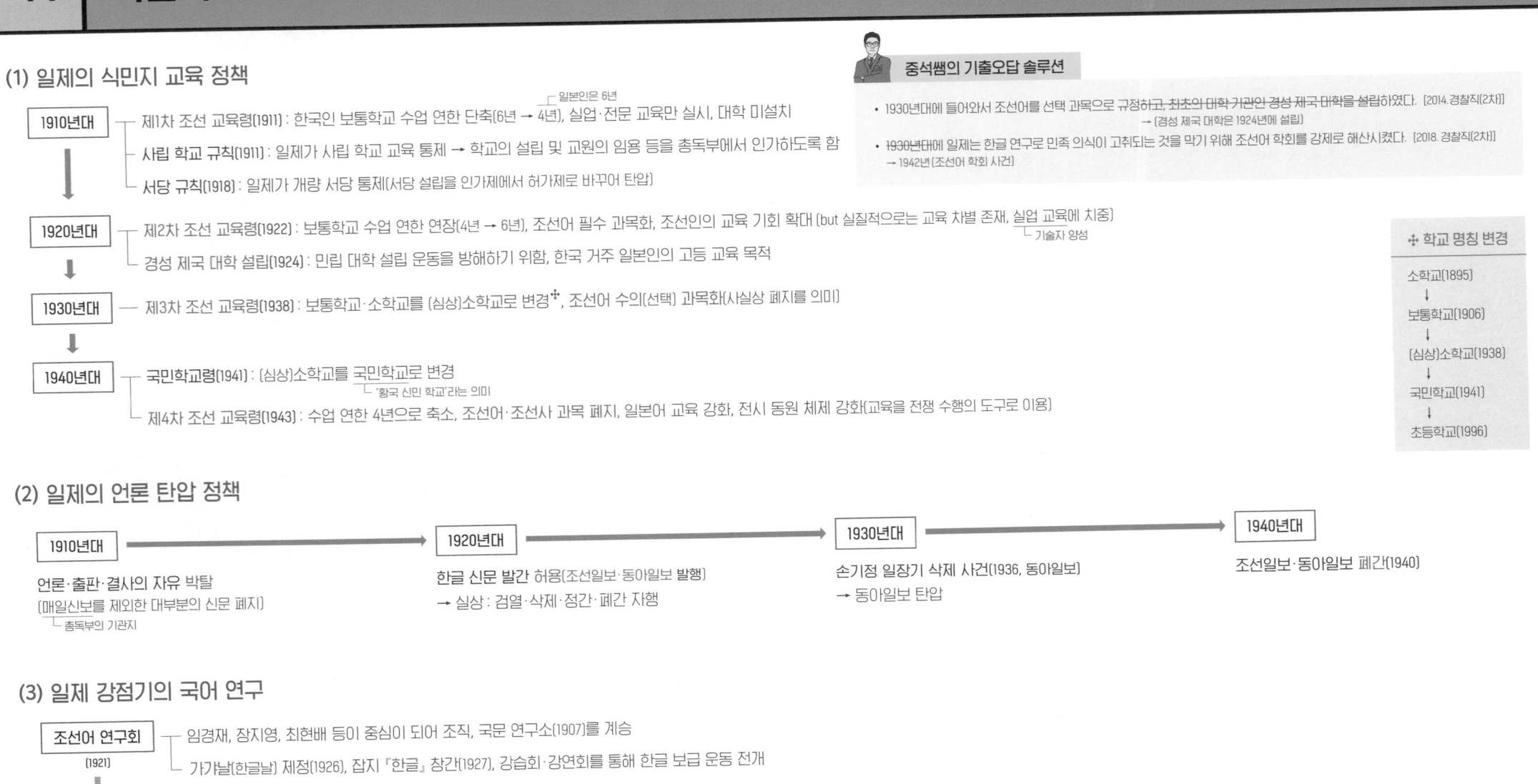

(1) 일제의 한국사 왜곡

식민 사관
└ 조선 식민지
　 지배 합리화

- 정체성론 : 한국사는 근대 사회로 이행하기 위해 거쳐야 할 필수 단계인 봉건 사회[중세]를 거치지 못하고 고대 사회 단계에 정체되었음
- 타율성론 : 반도인 한국은 외국의 침략을 받을 수밖에 없기 때문에 한국사는 외세의 간섭에 의해 타율적으로 전개되었음
- 당파성론 : 한국인은 분열성이 강한 민족이고, 오랜 당파 싸움으로 국력이 약화되어 결국 식민 지배를 받게 되었음

단체
- 조선사 편수회 조직(1925) : 총독부 산하 단체, 식민 사관을 토대로 『조선사』 편찬(1938)
- 청구 학회 조직(1930) ┬ 경성 제국 대학 교수와 조선사 편수회 간부가 중심이 되어 조직
　　　　　　　　　　　 └ 한국사 왜곡과 일제의 식민 사관 보급에 노력, 『청구학총』 발간

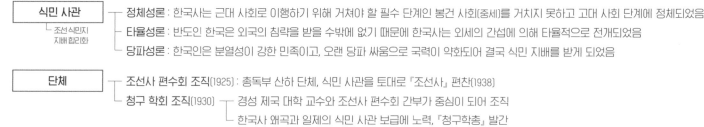

중석쌤의 기출오답 솔루션

- 신채호는 『한국통사』와 『한국독립운동지혈사』를 저술하였다. [2019. 소방직]
  → 박은식
- 박은식은 조선얼을 강조하며 조선학 운동을 펼쳤다. [2019. 국가직 9급]
  → 정인보
- 박은식은 실증 사학의 입장에서 연구하는 진단 학회를 조직하였다. [2020. 지방직 9급]
  → 이병도, 손진태 등

(2) 한국사 연구

민족주의 사학
└ 한국사의
　 주체적 발전 강조

★**신채호**
- 낭가 사상 강조[단군 신화에 초점을 둔 우리 고유 사상], 고대사 연구에 치중
- 『독사신론』(1908) : 민족주의 사학의 연구 방향 제시, 대한매일신보에 연재
- 『조선사연구초』(1924) : 묘청의 난을 '조선 역사 1천 년래 제1대 사건'으로 평가
- 『조선상고사』(1931) : 역사는 '我[아]'와 '非我[비아]'의 투쟁
　　　　　　　　　　　 └ 일제 시대의 투쟁을 두려워 말라[투쟁 통해 발전]

★**박은식**
- 민족 정신 : '혼' 강조[혼백 사상, 혼이 있어야 백이 발전]
　　　　　　　 └ 역사　　└ 기술·산업 등
- 『한국통사』(1915) : 나라는 '형'이요, 역사는 '신'이다. → 역사를 지키면 나라를 잃어도 다시 만들 수 있음
　　 └ 형체가 있어 없어지면 알 수 있음　　└ 없어지면 보이지 않고 잃어버리면 찾을 수 없음
- 『한국독립운동지혈사』(1920) : 국혼 강조, 3·1 운동의 과정 서술

정인보 - '얼' 강조 → 『5천 년간 조선의 얼』[우리 민족의 시조를 단군으로 설정], 『조선사연구』 저술[고대사 연구에 주력], 조선학 운동(1934)의 선구적 역할 담당, 광개토 대왕 비문 연구

문일평 - 민족 정신으로 '조선심' 강조, 『대미 관계 50년사』 저술, 역사 대중화를 위해 노력
　　　　　┬ 계기 : 정인보, 문일평, 안재홍 등이 정약용 서거 99주기를 기념하며 『여유당전서』 간행
　　　　　└ 전개 : 한글, 실학 등을 연구 → 민족 문화의 자주성 강조

실증 사학
- 랑케 사관에 바탕[실증법 강조], 역사적 사실을 실증적·객관적으로 밝힘
- 진단 학회(1934) ┬ 활동 : 청구 학회의 한국사 왜곡에 대항하기 위해 결성, 이병도·손진태 중심, 『진단학보』 발간, 민족주의 사관과 사회·경제 사학 비판[← 실증성이 결여되었기 때문]
　　　　　　　　　└ 한계 : 문헌 고증에 치중, 식민 사학에 소극적 대항[일제의 탄압을 별로 받지 않음]

사회·경제 사학
- 마르크스의 유물론적 사관에 기반 : 역사 발전 5단계설[원시 공산 사회 → 고대 노예 사회 → 중세 봉건 사회 → 근대 자본주의 사회 → 현대 공산주의 사회]
- 생산력 증대에 따른 역사 발전 강조, 한국사를 세계사의 보편적 발전 법칙 위에 체계화, 식민 사학의 정체성론 비판
　　　　　　　　　　　　　　　　　　　　　　　　　　　　　　　　　└ 세계사의 발전 방향에 맞춰 한국사가 발전함을 입증
- 백남운『조선사회경제사』, 『조선봉건사회경제사』 저술], 이청원[『조선사회사독본』 저술]

신민족주의 사학
- 민족주의 사학 계승[1940년대 연구 시작], 실증적 토대 위에 민족주의 사학과 사회·경제 사학의 방법을 수용, 민족 중심의 단결 도모, 해방 전후 좌·우 합작 운동에 기여
- 손진태[『조선민족사개론』 저술], 안재홍[『조선상고사감』 저술], 「신민족주의와 신민주주의」 발표

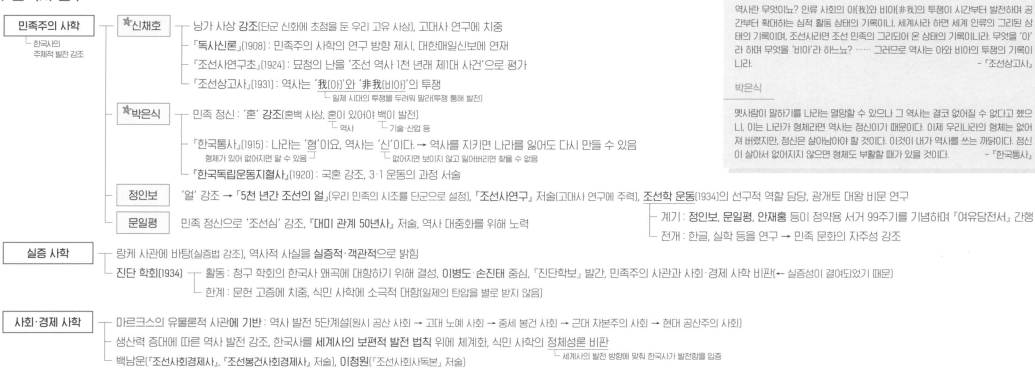

신채호

역사란 무엇이뇨? 인류 사회의 아[我]와 비아[非我]의 투쟁이 시간부터 발전하며 공간부터 확대하는 심적 활동 상태의 기록이니, 세계사라 하면 세계 인류의 그리된 상태의 기록이며, 조선사라면 조선 민족의 그리되어 온 상태의 기록이니라. 무엇을 '아'라 하며 무엇을 '비아'라 하느뇨? …… 그러므로 역사는 아와 비아의 투쟁의 기록이니라.
　　　　　　　　　　　　　　　　　　　　　　　　　　　 - 『조선상고사』

박은식

옛사람이 말하기를 나라는 멸망할 수 있으나 그 역사는 결코 없어질 수 없다고 했으니, 이는 나라가 형체라면 역사는 정신이기 때문이다. 이제 우리나라의 형체는 없어져 버렸지만, 정신은 살아남아야 할 것이다. 이것이 내가 역사를 쓰는 까닭이다. 정신이 살아서 없어지지 않으면 형체도 부활할 때가 있을 것이다.
　　　　　　　　　　　　　　　　　　　　　　　　　　　 - 『한국통사』

(1) 문학 활동

| 1910년대 | 계몽 문학적 성격 → 이광수 : 「무정」(1917, 최초의 장편 소설) |

| 1920년대 |
- 동인지 간행(퇴폐적·탐미적 낭만주의) → 『창조』(김동인, 최초의 동인지), 『백조』(이상화), 『폐허』(염상섭)
- 신경향파 문학 대두 : 문학의 현실 참여 강조, 식민지 현실 고발, 계급 의식 고취 강조 → 프로 문학으로 발전(KAPF 결성, 1925)
- 민족 정서 강조 : 김소월의 「진달래꽃」(1925), 이상화의 「빼앗긴 들에도 봄은 오는가」(1926), 한용운의 「님의 침묵」(1926)
- 잡지 유행 : 『신여성』(1923), 『별건곤』(1926~1934), 『삼천리』 등

| 1930년대 이후 |
- 순수 문학 : 정지용·김영랑 등은 『시문학』 동인으로 예술성과 작품성을 강조하는 순수시 운동 전개
- 저항 문학 : 윤동주(「서시」)·이육사(「청포도」)·심훈(「상록수」) 등, 작품 활동을 통해 민족의식과 독립 사상을 고취시키고자 함
- 문단의 암흑기 : 일제의 탄압 강화, 절필 문인 등장
- 친일 문학 : 이광수·최남선·서정주·노천명·김활란 등, 일제의 침략과 군국주의 찬양, 친일 활동에 동원됨

(2) 예술 활동

| 연극 | 극예술 협회(1920), 토월회(1923, 연극 단체), 극예술 연구회(1931, 유치진의 『토막』 공연) |

| 음악 |
- 창가 : 일제에 대한 저항 의식 표현(「학도가」, 「한양가」 등)
- 가곡 : 민족의 심정 대변(홍난파의 「봉선화」, 안익태의 「애국가」·「코리아 환상곡」 등)
  └ 1936
- 동요 : 윤극영의 「반달」, 홍난파의 「고향의 봄」
- 일본 음악의 영향 : 일본 대중 음악인 엔카의 영향으로 트로트 양식 정립(1930년대)

| 영화 | 나운규의 '아리랑'(1926, 민족 정서를 토대로 민족의 비애를 표현) / 일제는 조선 영화령(1940)을 제정해 민족적 영화 탄압 |

(3) 종교 활동

개신교	교육·의료·민중 계몽 운동 전개, 1930년대에 **신사 참배 거부 운동 전개** → 일제의 탄압 심화, 개신교계 학교들이 폐쇄됨
천주교	고아원·양로원 사업 전개, 의민단 조직(만주, 항일 무장 단체, 청산리 전투에 참여), 잡지 『경향』 발간
천도교	자주 독립 선언문 발표(1922, 제2의 3·1 운동 계획), 기관지 만세보 발행, 민중 계몽 운동 전개(어린이·여성 운동) → 잡지 『개벽』·『어린이』 등 간행
대종교	나철·오기호가 창시, 항일 무장 투쟁 전개, 중광단 조직(1911, 북간도, 3·1 운동 직후 북로 군정서로 개편하여 청산리 전투에 참여)
불교	한용운의 『조선불교유신론』, 조선 불교 유신회(1921, 불교 정화 운동, 불교 교단의 친일화에 대항) ← 일제가 **사찰령**(1911)을 제정하는 등 불교를 친일화 하려 했기 때문 └ 조선 총독이 주지 스님 임명(불교의 친일화 목적)
원불교	박중빈이 창시(1916), 새 생활 운동 전개(개간 사업·저축 운동·허례허식 폐지 등)

	주요 사건		일제의 통치 방식	민족 독립 운동
1910	한일 합병	무단통치기	• 조선 총독부 설치 • _____ 통치, 기본권 박탈, _____ 착용 및 착검, 조선 _____ 제정 • _____ 실시(1912~1918) – 방법: 기한부 신고제 – 결과: 토지 약탈로 인한 조선 농민의 몰락, 지세 수입 증가 • 산업 침탈 – 회사령 제정(_____) → 민족 기업 성장 억제 – 삼림령·어업령·조선 광업령 제정	• 국내 민족 운동(비밀 결사) – _____(복벽주의), _____(공화정 수립 목표) • 국외 독립운동 기지 건설 – 서간도(삼원보): 경학사, _____ 등 – 북간도: _____, 서전서숙 등 – 연해주(신한촌): 대한 광복군 정부 등 – 중국 관내(신한청년당 등), 미주(대한인 국민회 등) • _____(1919): 민족 최대 만세 운동, 일제의 통치 방식이 변화하는 계기가 됨
1912	토지 조사 사업 실시, 조선 태형령 제정			
1919. 3.	3·1 운동			
1919. 9.	대한민국 임시 정부 수립	문화통치기	• _____ 총독 임명 가능(해방까지 임명 ×), _____ 경찰제로 전환(고등 경찰제 실시) • 조선·동아일보 창간(검열, 정간, 기사 삭제), 교육 기회 확대(고등 교육 제한) • _____ 제정(1925) • _____ 실시(1920~1934) – 목적: 일본의 식량 부족 타파 – 방법: 토지 개량 및 개간, 종자 보급, 수리 시설 확대 – 결과: 과도한 수탈로 국내 식량 부족, 만주에서 잡곡 수입 증가 • 산업 침탈: 회사령 폐지(_____), _____ 철폐로 일제의 경제 침탈 심화	• _____ 수립(1919. 9.) • _____: 김원봉이 조직한 의열 단체, 「조선혁명선언」을 지침으로 삼음 • 국내 민족 운동 – _____ 만세 운동, _____ 운동 – _____: 민족주의 + 사회주의 계열(민족 유일당 운동) • 실력 양성 운동 및 사회 운동: _____ 장려 운동, _____ 설립 운동, 형평 운동 • 국외 독립 투쟁: 봉오동·_____ 전투
1920	산미 증식 계획 실시			
1925	치안 유지법 제정			
1926	6·10 만세 운동			
1927	신간회 결성			
1929	광주 학생 항일 운동			
1931	만주 사변	민족말살통치기	• _____ 정책: 전쟁 물자 마련 – 남면북양 정책, 중공업 육성책 – _____ 제정: 공출제·식량 배급제, 징병·징용 자행 • _____ 정책 – 민족 정신 말살: _____ 선전, 황국 신민 서사 암송·창씨개명 강요 – 민족 문화 말살: 조선어 _____ 과목화, _____ 신문 폐간 – 민족 근원 말살: 조선어·조선사 금지	• _____: 김구가 조직, 이봉창 · 윤봉길의 의거 • 한·중 연합 작전 – _____: 중국 호로군과 연합, 쌍성보·대전자령·사도하자 전투 – _____: 중국 의용군과 연합, 영릉가·흥경성 전투 • _____(대한민국 임시 정부 산하 군대) – 대일·대독 선전 포고, 연합군의 일원으로 _____ 전쟁 참전, 국내 진공 작전 계획
1937	중·일 전쟁 발발			
1938	국가 총동원법 제정			
1945. 8.	광복			

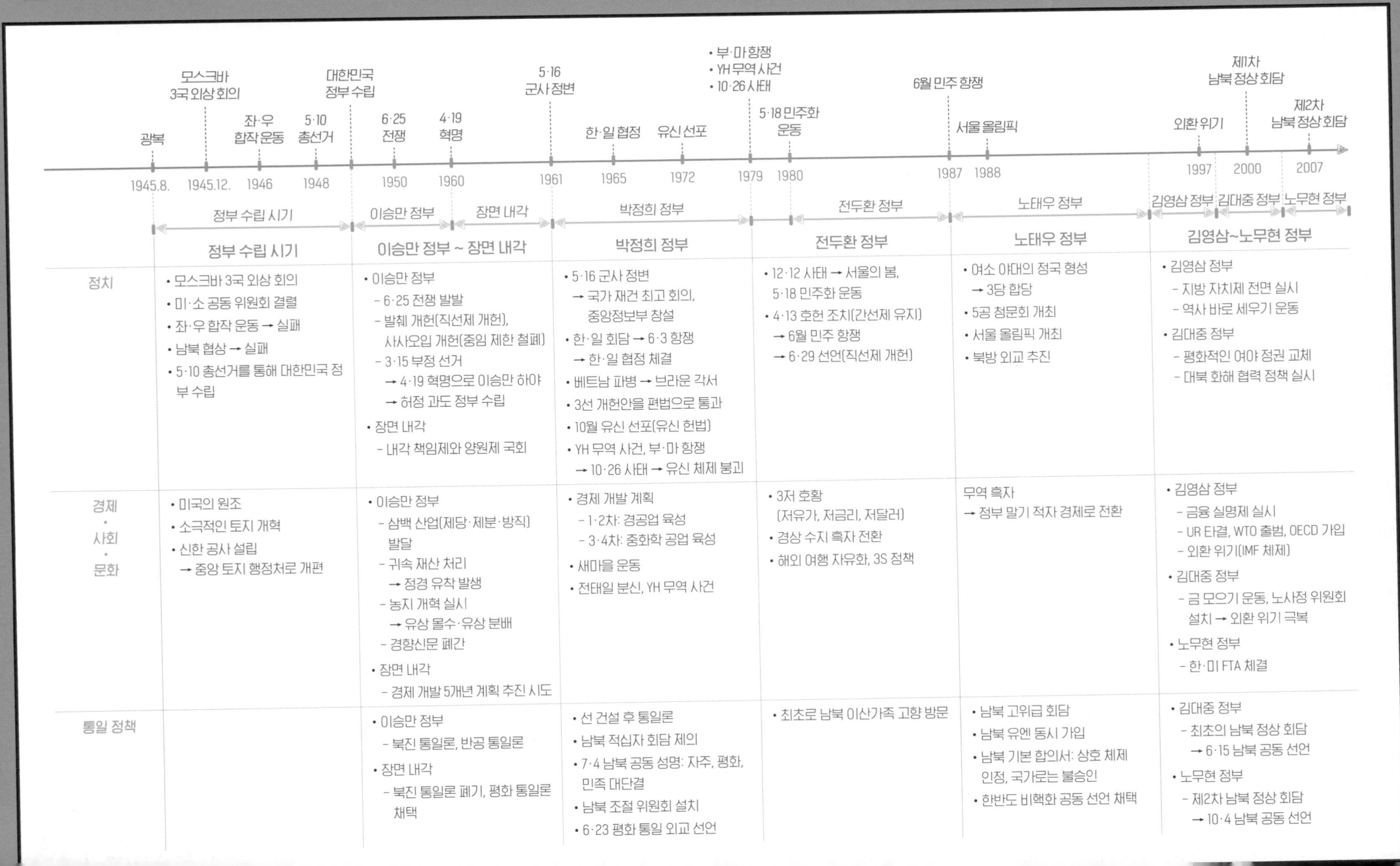

타임라인 (상단):

- 광복 — 1945.8.
- 모스크바 3국 외상 회의 — 1945.12.
- 좌·우 합작 운동 — 1946
- 5·10 총선거 — 1948
- 대한민국 정부 수립
- 6·25 전쟁 — 1950
- 4·19 혁명 — 1960
- 5·16 군사 정변 — 1961
- 한·일 협정 — 1965
- 유신 선포 — 1972
- 부·마 항쟁 / YH 무역 사건 / 10·26 사태
- 5·18 민주화 운동
- 10·26 사태 — 1979
- 1980
- 6월 민주 항쟁 / 서울 올림픽 — 1987
- 1988
- 외환 위기 — 1997
- 제1차 남북 정상 회담 — 2000
- 제2차 남북 정상 회담 — 2007

정부 수립 시기 → 이승만 정부 → 장면 내각 → 박정희 정부 → 전두환 정부 → 노태우 정부 → 김영삼 정부 · 김대중 정부 · 노무현 정부

	정부 수립 시기	이승만 정부 ~ 장면 내각	박정희 정부	전두환 정부	노태우 정부	김영삼~노무현 정부

정치	• 모스크바 3국 외상 회의
	• 미·소 공동 위원회 결렬
	• 좌·우 합작 운동 → 실패
	• 남북 협상 → 실패
	• 5·10 총선거를 통해 대한민국 정부 수립
		• 이승만 정부
		 - 6·25 전쟁 발발
		 - 발췌 개헌(직선제 개헌),
		  사사오입 개헌(중임 제한 철폐)
		 - 3·15 부정 선거
		  → 4·19 혁명으로 이승만 하야
		  → 허정 과도 정부 수립
		• 장면 내각
		 - 내각 책임제와 양원제 국회
			• 5·16 군사 정변
			 → 국가 재건 최고 회의,
			  중앙정보부 창설
			• 한·일 회담 → 6·3 항쟁
			 → 한·일 협정 체결
			• 베트남 파병 → 브라운 각서
			• 3선 개헌안을 편법으로 통과
			• 10월 유신 선포(유신 헌법)
			• YH 무역 사건, 부·마 항쟁
			 → 10·26 사태 → 유신 체제 붕괴
				• 12·12 사태 → 서울의 봄,
				 5·18 민주화 운동
				• 4·13 호헌 조치(간선제 유지)
				 → 6월 민주 항쟁
				 → 6·29 선언(직선제 개헌)
					• 여소 야대의 정국 형성
					 → 3당 합당
					• 5공 청문회 개최
					• 서울 올림픽 개최
					• 북방 외교 추진
						• 김영삼 정부
						 - 지방 자치제 전면 실시
						 - 역사 바로 세우기 운동
						• 김대중 정부
						 - 평화적인 여야 정권 교체
						 - 대북 화해 협력 정책 실시

경제·사회·문화	• 미국의 원조
	• 소극적인 토지 개혁
	• 신한 공사 설립
	 → 중앙 토지 행정처로 개편
		• 이승만 정부
		 - 삼백 산업(제당·제분·방직)
		  발달
		 - 귀속 재산 처리
		  → 정경 유착 발생
		 - 농지 개혁 실시
		  → 유상 몰수·유상 분배
		 - 경향신문 폐간
		• 장면 내각
		 - 경제 개발 5개년 계획 추진 시도
			• 경제 개발 계획
			 - 1·2차: 경공업 육성
			 - 3·4차: 중화학 공업 육성
			• 새마을 운동
			• 전태일 분신, YH 무역 사건
				• 3저 호황
				 (저유가, 저금리, 저달러)
				• 경상 수지 흑자 전환
				• 해외 여행 자유화, 3S 정책
					• 무역 흑자
					 → 정부 말기 적자 경제로 전환
						• 김영삼 정부
						 - 금융 실명제 실시
						 - UR 타결, WTO 출범, OECD 가입
						 - 외환 위기(IMF 체제)
						• 김대중 정부
						 - 금 모으기 운동, 노사정 위원회 설치 → 외환 위기 극복
						• 노무현 정부
						 - 한·미 FTA 체결

통일 정책		• 이승만 정부
		 - 북진 통일론, 반공 통일론
		• 장면 내각
		 - 북진 통일론 폐기, 평화 통일론 채택
			• 선 건설 후 통일론
			• 남북 적십자 회담 제의
			• 7·4 남북 공동 성명: 자주, 평화, 민족 대단결
			• 남북 조절 위원회 설치
			• 6·23 평화 통일 외교 선언
				• 최초로 남북 이산가족 고향 방문	• 남북 고위급 회담
					• 남북 유엔 동시 가입
					• 남북 기본 합의서: 상호 체제 인정, 국가로는 불승인
					• 한반도 비핵화 공동 선언 채택
						• 김대중 정부
						 - 최초의 남북 정상 회담
						  → 6·15 남북 공동 선언
						• 노무현 정부
						 - 제2차 남북 정상 회담
						  → 10·4 남북 공동 선언

(1) 해방 직전 건국 준비 활동

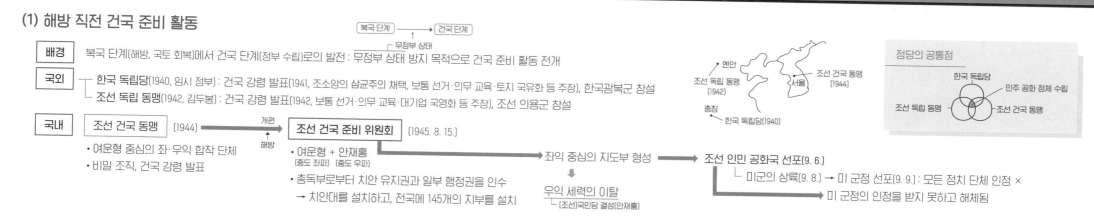

| 배경 | 복국 단계(해방, 국토 회복)에서 건국 단계(정부 수립)로의 발전 : 무정부 상태 방지 목적으로 건국 준비 활동 전개 |

복국 단계 → 건국 단계
└ 무정부 상태

| 국외 | ┌ 한국 독립당(1940, 임시 정부) : 건국 강령 발표(1941, 조소앙의 삼균주의 채택, 보통 선거·의무 교육·토지 국유화 등 주장), 한국광복군 창설 |
| | └ 조선 독립 동맹(1942, 김두봉) : 건국 강령 발표(1942, 보통 선거·의무 교육·대기업 국영화 등 주장), 조선 의용군 창설 |

| 국내 | 조선 건국 동맹 (1944) ──개편/해방──→ 조선 건국 준비 위원회 (1945. 8. 15.) |

- 여운형 중심의 좌·우익 합작 단체
- 비밀 조직, 건국 강령 발표

- 여운형 + 안재홍
  (중도 좌파) (중도 우파)
- 총독부로부터 치안 유지권과 일부 행정권을 인수
  → 치안대를 설치하고, 전국에 145개의 지부를 설치

→ 좌익 중심의 지도부 형성 → 조선 인민 공화국 선포(9. 6.)
                              └ 미군의 상륙(9. 8.) → 미 군정 선포(9. 9.) : 모든 정치 단체 인정 ×

우익 세력의 이탈
└ (조선)국민당 결성(안재홍)

→ 미 군정의 인정을 받지 못하고 해체됨

정당의 공통점

한국 독립당 ─ 민주 공화 정체 수립
조선 독립 동맹 ─ 조선 건국 동맹

(2) 해방 전후 국제 회담

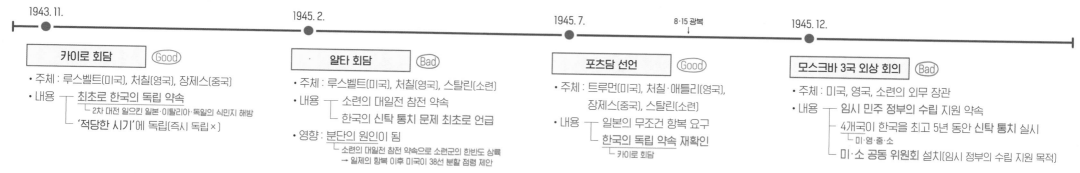

1943. 11. ─────── 1945. 2. ─────── 1945. 7. ──8·15 광복── 1945. 12.

카이로 회담 (Good)
- 주체 : 루스벨트(미국), 처칠(영국), 장제스(중국)
- 내용 ┌ 최초로 한국의 독립 약속
       │ └ 2차 대전 일으킨 일본·이탈리아·독일의 식민지 해방
       └ '적당한 시기'에 독립(즉시 독립 ×)

얄타 회담 (Bad)
- 주체 : 루스벨트(미국), 처칠(영국), 스탈린(소련)
- 내용 ┌ 소련의 대일전 참전 약속
       └ 한국의 신탁 통치 문제 최초로 언급
- 영향 : 분단의 원인이 됨
  └ 소련의 대일전 참전 약속으로 소련군의 한반도 상륙
     → 일제의 항복 이후 미국이 38선 분할 점령 제안

포츠담 선언 (Good)
- 주체 : 트루먼(미국), 처칠·애틀리(영국),
         장제스(중국), 스탈린(소련)
- 내용 ┌ 일본의 무조건 항복 요구
       └ 한국의 독립 약속 재확인
          └ 카이로 회담

모스크바 3국 외상 회의 (Bad)
- 주체 : 미국, 영국, 소련의 외무 장관
- 내용 ┌ 임시 민주 정부의 수립 지원 약속
       ├ 4개국이 한국을 최고 5년 동안 신탁 통치 실시
       │ └ 미·영·중·소
       └ 미·소 공동 위원회 설치(임시 정부의 수립 지원 목적)

(3) 모스크바 3국 외상 회의 이후의 한반도 정세

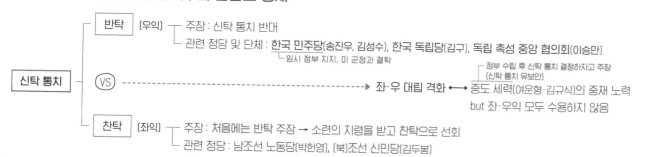

신탁 통치 ┌ 반탁 [우익] ┌ 주장 : 신탁 통치 반대
          │   └ 관련 정당 및 단체 : 한국 민주당(송진우, 김성수), 한국 독립당(김구), 독립 촉성 중앙 협의회(이승만)
          │   └ 임시 정부 지지, 미 군정과 결탁
          │
          VS ─────────→ 좌·우 대립 격화 ←→ 중도 세력(여운형·김규식)의 중재 노력
          │   (정부 수립 후 신탁 통치 결정하자고 주장   but 좌·우익 모두 수용하지 않음
          │   (신탁 통치 유보안))
          │
          └ 찬탁 [좌익] ┌ 주장 : 처음에는 반탁 주장 → 소련의 지령을 받고 찬탁으로 선회
                        └ 관련 정당 : 남조선 노동당(박헌영), (북)조선 신민당(김두봉)

해방 전후 좌·우익 정당 및 단체

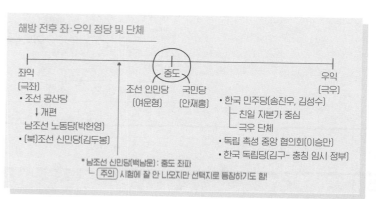

좌익 [극좌] ─────── 중도 ─────── 우익 [극우]

좌익 [극좌]
- 조선 공산당
  ↓ 개편
  남조선 노동당(박헌영)
- (북)조선 신민당(김두봉)

중도
조선 인민당 / 국민당
[여운형] / [안재홍]

우익 [극우]
- 한국 민주당(송진우, 김성수)
  ├ 친일 자본가 중심
  └ 극우 단체
- 독립 촉성 중앙 협의회(이승만)
- 한국 독립당(김구 - 충칭 임시 정부)

* 남조선 신민당(백남운) : 중도 좌파
  └ 주의 시험에 잘 안 나오지만 선택지로 등장하기도 함!

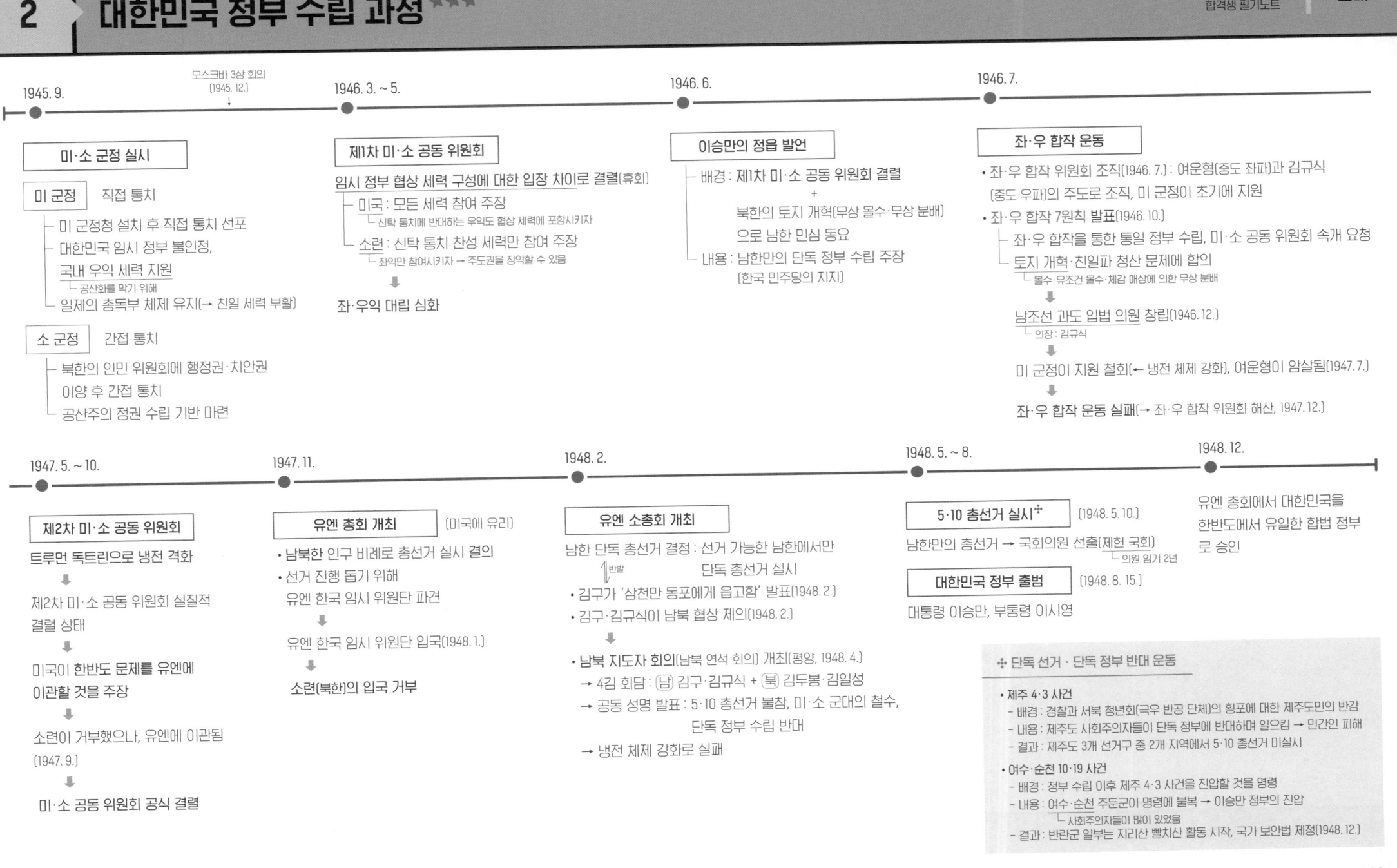

1945. 9.

모스크바 3상 회의
[1945. 12.]
↓

1946. 3. ~ 5.

1946. 6.

1946. 7.

미·소 군정 실시

미 군정 — 직접 통치

- 미 군정청 설치 후 직접 통치 선포
- 대한민국 임시 정부 불인정,
  국내 우익 세력 지원
  └ 공산화를 막기 위해
- 일제의 총독부 체제 유지(→ 친일 세력 부활)

소 군정 — 간접 통치

- 북한의 인민 위원회에 행정권·치안권
  이양 후 간접 통치
- 공산주의 정권 수립 기반 마련

제1차 미·소 공동 위원회

임시 정부 협상 세력 구성에 대한 입장 차이로 결렬[휴회]
- 미국 : 모든 세력 참여 주장
  └ 신탁 통치에 반대하는 우익도 협상 세력에 포함시키자
- 소련 : 신탁 통치 찬성 세력만 참여 주장
  └ 좌익만 참여시키자 → 주도권을 장악할 수 있음

좌·우익 대립 심화

이승만의 정읍 발언

- 배경 : 제1차 미·소 공동 위원회 결렬
  +
  북한의 토지 개혁[무상 몰수·무상 분배]
  으로 남한 민심 동요
- 내용 : 남한만의 단독 정부 수립 주장
  [한국 민주당의 지지]

좌·우 합작 운동

- 좌·우 합작 위원회 조직[1946. 7.] : 여운형[중도 좌파]과 김규식
  [중도 우파]의 주도로 조직, 미 군정이 초기에 지원
- 좌·우 합작 7원칙 발표[1946. 10.]
  - 좌·우 합작을 통한 통일 정부 수립, 미·소 공동 위원회 속개 요청
  - 토지 개혁·친일파 청산 문제에 합의
    └ 몰수·유조건 몰수·체감 매상에 의한 무상 분배
  - 남조선 과도 입법 의원 창립[1946. 12.]
    └ 의장: 김규식
  - 미 군정이 지원 철회(← 냉전 체제 강화), 여운형이 암살됨[1947. 7.]

좌·우 합작 운동 실패(→ 좌·우 합작 위원회 해산, 1947. 12.)

1947. 5. ~ 10.

1947. 11.

1948. 2.

1948. 5. ~ 8.

1948. 12.

제2차 미·소 공동 위원회

트루먼 독트린으로 냉전 격화
↓
제2차 미·소 공동 위원회 실질적
결렬 상태
↓
미국이 한반도 문제를 유엔에
이관할 것을 주장
↓
소련이 거부했으나, 유엔에 이관됨
[1947. 9.]
↓
미·소 공동 위원회 공식 결렬

유엔 총회 개최 [미국에 유리]

- 남북한 인구 비례로 총선거 실시 결의
- 선거 진행 돕기 위해
  유엔 한국 임시 위원단 파견
  ↓
  유엔 한국 임시 위원단 입국[1948. 1.]
  ↓
  소련[북한]의 입국 거부

유엔 소총회 개최

남한 단독 총선거 결정 : 선거 가능한 남한에서만
단독 총선거 실시
│반발
- 김구가 '삼천만 동포에게 읍고함' 발표[1948. 2.]
- 김구·김규식이 남북 협상 제의[1948. 2.]
  ↓
- 남북 지도자 회의[남북 연석 회의] 개최[평양, 1948. 4.]
  → 4김 회담 : 남 김구·김규식 + 북 김두봉·김일성
  → 공동 성명 발표 : 5·10 총선거 불참, 미·소 군대의 철수,
  단독 정부 수립 반대
- → 냉전 체제 강화로 실패

5·10 총선거 실시 ✛ [1948. 5. 10.]

남한만의 총선거 → 국회의원 선출[제헌 국회]
└ 의원 임기 2년

대한민국 정부 출범 [1948. 8. 15.]

대통령 이승만, 부통령 이시영

유엔 총회에서 대한민국을
한반도에서 유일한 합법 정부
로 승인

✛ 단독 선거 · 단독 정부 반대 운동

- **제주 4·3 사건**
  - 배경 : 경찰과 서북 청년회[극우 반공 단체]의 횡포에 대한 제주도민의 반감
  - 내용 : 제주도 사회주의자들이 단독 정부에 반대하며 일으킴 → 민간인 피해
  - 결과 : 제주도 3개 선거구 중 2개 지역에서 5·10 총선거 미실시
- **여수·순천 10·19 사건**
  - 배경 : 정부 수립 이후 제주 4·3 사건을 진압할 것을 명령
  - 내용 : 여수·순천 주둔군이 명령에 불복 → 이승만 정부의 진압
    └ 사회주의자들이 많이 있었음
  - 결과 : 반란군 일부는 지리산 빨치산 활동 시작, 국가 보안법 제정[1948. 12.]

친일파 청산
- 반민족 행위 처벌법 제정(1948. 9.) : **친일 행위자 처벌, 공민권 제한**
  - ┌ 제헌 헌법에 근거하여 제정
  - └ 일제의 잔재 청산, 사회 기강 확립 목적
  - ┌ 선거권 및 피선거권 제한
- **반민족 행위 특별 조사 위원회**(반민특위) 구성 : 박흥식, 노덕술, 이광수, 최남선, 최린 등을 구속
- 한계 : 반공을 중시한 이승만 정부는 반민특위 활동에 비협조적인 태도 보임
  - 국회 프락치 사건 : 일부 국회의원들(반민특위 소속)이 남조선 노동당과 내통했다고 조작한 사건
  - 반민특위 습격 사건(1949. 6. 6.) : 일본 경찰 출신 간부들이 반민특위 습격
  - 반민특위 조사 기간 단축(2년 → 1년)
- 결과 : 반민특위가 시효 만료(1949. 8.)로 해체되자 관련자 대부분이 석방됨, 친일파 청산 좌절

★**농지 개혁**
- 미 군정 시기
  - 최고 소작료 결정의 건(1945. 9.) : 소작료가 생산량의 1/3 초과하지 못하도록 규정 → 소작 조건 개선 노력
  - 신한 공사 설립(1946. 2.) : 동양 척식 주식회사의 재산·일본인 소유 농지 관리 → 일부 토지 매도
    ↓ 개편
  - 중앙 토지 행정처(1948. 3.) : 일본인 소유 농지의 대부분을 원래 소작 농민에게 매각
- 농지 개혁법★ (1950. 3. 실시)
  - ┌ 제헌 헌법에 근거하여 제정(1949. 6.)
  - 배경 : **북한의 토지 개혁**(5정보 기준, 무상 몰수·무상 분배)에 자극받아 남한에서 토지 개혁에 대한 요구 증대
  - 대상 : 농지에 한정(임야·비경지 제외)
  - 방법 : 유상 매입(3정보 이상 모두 매입, 지가 증권 지급 → 5년간 분할 보상), 유상 분배(5년간 분할 상환)

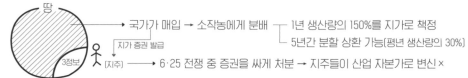

  - 국가가 매입 → 소작농에게 분배 ┬ 1년 생산량의 150%를 지가로 책정
    - └ 5년간 분할 상환 가능(평년 생산량의 30%)
  - (지주) → 6·25 전쟁 중 증권을 싸게 처분 → 지주들이 산업 자본가로 변신 ×
  - 결과 : **경자유전의 원칙 실현**(지주제 혁파 → 소작농 ↓ ·자영농 ↑), 6·25 전쟁 당시 공산화를 막는 데 큰 역할
    - └ 농지는 농사를 짓는 사람만 소유할 수 있다
  - 한계 : 지주들이 미리 땅을 팔거나 농지를 비농지로 전환 → 농지 개혁 대상이 되는 토지가 축소됨, 지주들의 산업 자본가로의 변신 미흡

귀속 재산 처리
- 미 군정 시기 : **신한 공사**에서 귀속 재산 처리
  - └ 미 군정기에 몰수된 일제 강점기 일본인 소유의 농지, 주택, 기업 등
- 대한민국 수립 후 : 귀속 재산 처리법 제정(1949. 12., 민간인에게 저렴한 가격으로 불하)
  - → 불하 과정에서 정경 유착 발생
    - └ 주로 친일파

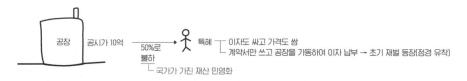

공장 / 공시가 10억 / 50%로 불하 / 특혜 ┬ 이자도 싸고 가격도 쌈
  └ 계약서만 쓰고 공장을 가동하여 이자 납부 → 초기 재벌 등장(정경 유착)
  └ 국가가 가진 재산 민영화

⊹ 남북한 농지 개혁 비교

구분	남한	북한
대상	농지(산림·임야 제외)	모든 토지
공포 시기	1949년 6월 [→ 실시: 1950년 3월]	1946년 3월
원칙	• 토지 상한 : 3정보 기준 • 유상 매입, 유상 분배	• 토지 상한 : 5정보 기준 • 무상 몰수, 무상 분배

미 군정과 제헌 국회의 활동 비교

구분	친일파 청산	농지 개혁	귀속 재산
미 군정	소극적 [현상 유지]	• 최고 소작료 결정의 건 • 신한 공사 설치 → 중앙 토지 행정처에서 처리	신한 공사에서 처리
제헌 국회	• 반민족 행위 처벌법 제정 • 반민족 행위 특별 조사 위원회 구성	농지 개혁법 제정 및 실시	귀속 재산 처리법 제정

4 북한 정권 수립과 6·25 전쟁 ★

(1) 북한 정권 수립

1945. 8.

평남 건국 준비 위원회 결성
- 해방 직후 조직
- 조만식 등 민족주의자 중심
- 소련 군정에 의해

평남 인민 정치 위원회로 개편
- 좌익 단체 참여 → 우익 위축

1945. 10. ~ 11.

• 북조선 5도 임시 인민 위원회 설치
↓
북조선 5도 행정국으로 개편
- 소련 군정 + 좌익 세력 중심 + 우익 세력 참여(조만식 중심)
- 신탁 통치에 반대하여 제거됨

• 조선 공산당 북조선 분국 설치
- 김일성 중심

1946. 2.

북조선 임시 인민 위원회 구성
- 김일성, 김두봉 중심
- 사회주의 민주 개혁 실시
  - 토지 개혁 실시(무상 몰수, 무상 분배)
  - 주요 산업 국유화, 8시간 노동제
  - 남녀 평등법, 친일파 청산

1946. 8.

북조선 노동당(북로당) 결성
- 조선 공산당 북조선 분국(김일성)과 북조선 신민당(김두봉) 통합

1947. 2.

북조선 인민 위원회 수립
- 북한 정부 수립을 위한 기구
- 조선 인민군 창설(1948. 2.)
- 헌법 초안 제정(1948. 4.)

1948. 9.

최고 인민 회의 구성
조선 민주주의 인민 공화국 수립
- 수상: 김일성
- 유엔의 승인을 얻지 못함
↓
조선 노동당 창당(1949. 6.)
- 북로당 + 남로당
- 조선 노동당의 일당 독재 확립

(2) 6·25 전쟁 (1950 ~ 1953)

1950년 이전의 상황

• 미군 철수(1949. 6.) + 소련 철수
• 남북 모두 무력 통일론 채택
  - 이승만 : 북진 통일론
  - 김일성 : 민주 기지론(북한 노동자 계급 혁명 완성 → 남한에 전파)
• 중국이 공산화 성공(1949. 10.) 후 조선 의용군을 북한 인민군에 편입
• 중국과 소련의 전쟁 지원(무기 및 군수 물자) 약속
• 애치슨 선언(1950. 1.) : 미 극동 방위선에 대만·한국 제외
• 한·미 상호 방위 원조 협정 체결(유사시 미국이 도움)

1950. 6. ~ 7.

전쟁 발발(북한의 남침, 6. 25.)
↓
전쟁 3일만에 서울 함락(6. 28.)
- 임시 수도(대전 → 대구 → 부산)
↓
유엔군 참전(7. 1.) : 맥아더 장군
↓
낙동강을 사이에 두고 치열하게 전투

1950. 9. ~ 10.

인천 상륙 작전(9. 15.)
↓
국군·유엔군의 서울 수복(9. 28.)
↓
평양 탈환(10. 19.)

1950. 10. ~ 1951. 1.

중공군 참전(10. 25.)
↓
국군·유엔군 압록강까지 진격(11. 1.)
↓
흥남 철수(1950. 12.)
↓
1·4 후퇴(1951. 1. 4.) → 공산군이 서울 재함락

1951. 3.

국군·유엔군의 총공세로
서울 재수복
↓
38도선 일대를 중심으로 치열한 교전
(전쟁 교착 상태)

1951. 6. ~ 7.

소련이 휴전 제안(6월) → 미국 수용, 이승만 반대
↓
휴전 회담 시작(7월, but 지체)
- 군사 분계선 설정 문제 → 고지전 지속
- 중립국 감시 위원단 구성 문제
- 전쟁 포로 송환 문제 : 유엔군(자유 송환) VS 공산군(무조건 자동 송환)

1953. 6.

이승만의 휴전 협정 반대 운동
(북진 통일 주장)
↓
거제도의 반공 포로 석방

1953. 7.

유엔군, 북한, 중국
휴전 협정 체결(판문점, 7. 27.)
- 비무장 지대·군사 분계선 설치
- 군사 정전 위원회 설치
- 4개국 중립국 감시 위원단 구성
  - 스웨덴, 스위스, 체코슬로바키아, 폴란드

1953. 10.

한·미 상호 방위 조약 체결
- 주한 미군 주둔 허용
- 한·미 연합 사령관에게 군사 작전 지휘권 부여
↓
한반도에 무력 충돌이 발생할 경우
미국은 유엔의 승인 없이 즉각 개입 가능

1948 ●――――――――――――――――――― **1952** ●――――――――――――――――――― **1954** ●

제1 공화국 [1948 ~ 1960]

• 제헌 헌법에 따라 이승만을 대통령으로 선출
  └ 대통령 임기 4년, 1차 중임 허용, 간선제(국회에서 선출)
• 민심 이반 : 친일파 청산에 소홀, 농지 개혁에 소극적
  거창 양민 학살, 국민 방위군 사건
  → 국민의 신뢰도 하락
• 제2대 총선[1950] : 남북 협상파 다수 당선
  ▼
  국회 간선제로는 재선이 어렵다고 판단하여 직선제 개헌 시도

제1차 개헌 [발췌 개헌]

내용 ┬ 대통령 직선제(4년, 1차 중임 허용)
    └ 양원제 국회(→ 실제로는 단원제)
      └ 양원 모두 직선제(민의원 4년제, 참의원 6년제)

전개 이승만이 자유당 창당[1951] → 개헌 추진 논의
    ▼
    야당 국회의원들의 반발
    ▼   ┌ 백골단
    부산 정치 파동(부산에서 폭력배 조직 동원해 야당 정치인 탄압)
                              └ 6·25 전쟁 중 임시 수도
    ▼
    기립 표결로 발췌 개헌 통과

결과 제2대 대통령에 이승만 당선

제2차 개헌 [사사오입 개헌]

배경 제3대 총선에서 자유당 압승[203석 중 114석 차지]
    └ 6·25 전쟁 이후 안보 의식이 높아져 보수 정당 득세
    ▼ ─ 이승만 장기 집권 도모
    중임 제한 철폐 개헌 논의 시작

내용 초대 대통령에 한해 중임 제한 철폐 → 영구 집권 도모

전개 개헌 의석 수를 넘지 못해 부결[135명 찬성]
    └ 국회의원 203명 중 ⅔ 이상인 136명 찬성해야 가결됨
    사사오입[반올림]이라는 논리 내세워 개헌안을 통과시킴

결과 야당이 결집하여 민주당 창당[1955]

1956 ●――――――――――――――――――― **1960** ●

제3대 대선 [정·부통령 선거]

구분	자유당	민주당	무소속
정통령	이승만	신익희 → 급사 → 표 몰림 조봉암	
부통령	이기붕 '같이뫄도 별 수 없다' '같면 더 못산다'	장면 '못살겠다 갈아보자'	–

▼
• (정) 이승만, (부) 장면 당선
• 이승만이 겨우 당선됨, 조봉암은 선거 이후 진보당 창당
  ▼
• 이승만의 독재 체제 강화
  ┌ 진보당 사건[1958. 1.] : 진보당이 북한 사주를 받는다고 날조
  │   [진보당 등록 취소 사건] → 조봉암 사형[1959]
  ├ 신국가 보안법 제정[1958. 12.] : 간첩 범위 확대, 국가 보안법 강화
  └ 경향신문 폐간[1959] : 이승만 정부를 강력 비판했기 때문에 폐간됨

제4대 대선 [정·부통령 선거]

구분	자유당	민주당
정통령	이승만	조병옥 → 사망
부통령	이기붕	장면

▼
3·15 부정 선거 ┬ 고령인 이승만이 사망할 경우 → 부통령이 승계권을 가짐
            ├ 목적 : 부통령에 이기붕을 당선시키기 위해
            └ 내용 ┬ 4할 사전 투표
                  ├ 3인조·5인조 공개 투표
                  ├ 야당 참관인 축출
                  ├ 사다리 확인 투표
                  └ 투표함 바꿔치기
▼
4·19 혁명

★4·19 혁명

3. 15. 마산 시위 → 김주열[학생] 실종
      └ 3·15 부정 선거 규탄 시위
▼
4. 11. 김주열의 시신이 발견됨[최루탄이 눈에 박힘]
  ▼ ─ 마산 2차 시위[이승만 정부 "시위 배후에 공산주의 세력이 있다."]
4. 18. 고려대 학생들이 시위 전개, 귀교 도중 폭력배들의 습격을 받음
▼   ┌ 당시 대통령 집무실이 있던 곳
4. 19. 4·19 혁명 발생, 학생 + 시민들이 경무대까지 진입
      → 시민들을 향해 무차별 총격, 비상 계엄령 선포
                              └ 군사권 발동
▼
4. 25. 서울 시내 대학 교수단의 시국 선언문 발표 → 이승만 퇴진 요구
▼
4. 26. 이승만의 하야 → 허정 과도 정부 수립
                  └ 당시 외무 장관

(1) 장면 내각 (제2 공화국, 1960 ~ 1961)

성립 과정

허정 과도 정부 수립 → 제3차 개헌 → 제5대 총선(7. 29.) → 제4대 대선(간접 선거, 8月) → 장면 내각 출범 (└ 민주당)

- [주의] 제1차 개헌(발췌 개헌)에도 양원제 국회 내용이 있으므로 헷갈리지 말 것! → 대통령 선출 방식으로 구분
  - 제1차 개헌 : 직선제
  - 제3차 개헌 : 간선제
- 제3차 개헌
  - 내각 책임제(의원 내각제)
  - 양원제 국회 : 민의원, 참의원으로 구성
  - 대통령 간선제(민의원, 참의원 합동으로 선출)
- 제5대 총선(7. 29.)
  - 민주당 압승 (└ 민의원 233석 중 175석 차지)
- 제4대 대선(간접 선거, 8月)
  - 대통령 : 윤보선
  - 국무총리 : 장면 (└ 실권 장악)

활동

- 통일 논의
  - 장면 내각 : 평화 통일론 주장, but 남북 대화에 소극적
  - 진보 진영·학생 : 중립화 통일론·남북 협상론 제기, "가자! 북으로, 오라! 남으로, 만나자 판문점에서!"
- **제4차 개헌** : 소급 입법 특별법 **제정**(3·15 부정 선거 관련자 및 부정 축재자들을 소급하여 처벌)
- 국토 개발 사업 착수, **경제 개발 5개년 계획 수립** → but 실행×(5·16 군사 정변으로 중단)

문제점

- **민주당 내부 분열**
  - 윤보선 중심의 구파 - **신민당을 창당**하여 분당 → 분열 심화
  - 장면 중심의 신파 → 안정적인 정국 운영 불가
- **3·15 부정 선거 관련자 처벌에 소극적** → 국민들의 불만 고조
- **사회 혼란 가중** : 자유·인권의 확대에 따른 무질서·데모 빈발 → 5·16 군사 정변 발생

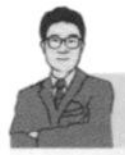

중석쌤의 기출오답 솔루션

- 장면 정권은 경제 개발 5개년 계획을 ~~실행했으나~~ 군사 정변으로 중단되고 말았다. [2011. 사회복지직 9급]
  → 수립하였으나 (실행에 옮기지는×)
- ~~장면 내각 시기에 정부는~~ 국가 재건 최고 회의를 만들었다. [2021. 소방직]
  → 5·16 군사 정변을 일으킨 군부 세력은

(2) 5·16 군사 정변 (1961. 5. 16.)

발발

- 박정희를 중심으로 한 일부 군부 세력이 주도, 사회 혼란과 무질서를 명분으로 쿠데타를 일으킴
- 군사 혁명 위원회 **조직**(최고 권력 기구, 입법·사법·행정권 장악), 6개 항의 혁명 공약 발표(반공을 국시로 천명, 경제 재건, 사회 안정 표방)

군정 실시 (1961 ~ 1963)

- 국가 재건 최고 회의 **창설**(최고 권력 기구, 군사 혁명 위원회가 재편된 것), 중앙 정보부 **창설**(김종필의 주도)
- 정치 개혁 : 정치 활동 정화법 제정(구 정치인의 정치 활동 금지), **반공법 제정**
- 경제 개혁 : 경제 개발 5개년 계획 추진(1962), 농어촌 고리채 탕감, 화폐 개혁 시도(10환 → 1원, 화폐 단위 평가 절하)
- 사회 개혁 : **부정 축재 처리법 제정**(부정 축재자 처벌) → 자유당 계열 재벌(정경유착) 처벌

제5차 개헌 (1962)

대통령 중심제(직선제, 4년, 1차 중임 허용), 단원제 국회

민주 공화당 창당 (1963)

창당 자금 마련을 위해 4대 의혹 사건✣을 저지름 → 민주 공화당 창당 후 박정희가 제5대 대선에서 민주 공화당 후보로 출마함

제5대 대선 (1963. 10.)

박정희(공화당) vs 윤보선(민정당) → 제5대 대통령에 박정희 당선

✣ 민주 공화당 창당 4대 의혹 사건

- 증권 파동
- 새나라 자동차 사건
- 빠찡코(회전식 당구대) 사건
- 워커힐 사건

(1) 박정희 정부 [제3 공화국]

1963 ─────────────── 1965 ─────────────── 1969

제3 공화국 [1963 ~ 1972. 10.]
- 대통령 직선제[4년 중임제]·단원제 국회
- 경제 제일주의 정책, 고속 경제 성장
- **수출 주도형 성장 정책 시행**
  ├ 수출 가격 경쟁력 강화 → 저임금·저곡가 정책 추진
  └ 경제 개발 위주로 국가 경쟁력 강화
- 외자 도입으로 자금 충당 → 대외 의존도 ↑
- 민주주의 쇠퇴 : 경제 개발을 구실로 민주주의 억압
  └ → 개발 독재 전개

★한·일 국교 정상화
- 배경 ┬ 경제 개발을 위한 자금 필요
  └ 미국의 압력 [한국 원조 부담을 일본과 분담 + 한·미·일 안보 공동체 마련 목적]
- 전개 ┬ 한·일 회담[1962] ┬ 경제 개발에 필요한 자금 마련 목적
  │ [김종필·오히라 메모] │ 무상 3억 달러, 유상 정부 차관 2억 달러,
  │ │ 민간 상업 차관 1억 달러 제공에 합의
  │ └ 식민 지배 및 위안부 문제 사과×, 독도 문제 언급×
  │ ↓
  ├ 6·3 항쟁[1964] ┬ 굴욕 외교 반대 시위
  │ └ 비상 계엄령을 선포하여 시위 진압
  └ 한·일 협정 체결[1965] ┬ 과거사 청산, 국교 정상화
     └ 한·일 기본 조약 ├ 무상 3억 달러·정부 차관 2억 달러·상업 차관
        └ 3억 달러 제공 합의 → 경제 개발 자금으로 사용
           └ 독립 축하금 형식

베트남 파병 [1964 ~ 1973]
- 목적 ┬ 미국과의 유대 강화
  └ 경제 개발 자금의 필요성
- 전개 ┬ 초기에는 비전투 부대 파병
  │ → 1965년 이후 전투 부대 파병
  │ └ 주한 (미) 대사
  └ 브라운 각서 체결[1966]
     ├ AID 차관 제공
     ├ 한국 기업의 베트남 진출
     └ 군 장비 현대화
- 문제점 ┬ 고엽제 피해, 베트남 민간인 살상
  └ 라이따이한 문제
     └ 베트남 파병 군인과 베트남 여성 사이의 2세

3선 개헌[제6차 개헌]
대통령 3선 연임 허용
→ 3선 개헌 반대 운동 시위 확산

(2) 박정희 정부 [제4 공화국, 유신 체제]

유신 체제 이전 상황 ┊ 1972 ─────────────── 1979

국내
경제 불황·사회적 갈등 심화,
제7대 대선[1971]
박정희 VS 김대중
[공화당] [신민당]
⬇
박정희가 겨우 당선됨
⬇
박정희 정부는 위기감을 느끼고
장기 집권 방법을 강구

국외
닉슨 독트린[1969] → 냉전 완화
⬇
박정희 정부의
반공 이데올로기의 위기

제4 공화국 10월 유신 선포[한국적 민주주의 토착화 명분]
- **유신 헌법 제정**[제7차 개헌]
  ├ 대통령 간선제 ┬ 통일 주체 국민회의에서 대통령을 선출 ┐
  │ ├ 대통령 임기 6년[중임 제한×] ├→ 장기 집권의 발판 마련
  │ └ 제8대 대통령에 박정희 당선[제4 공화국] ┘
  ├ 대통령 권한 강화 ┬ 법관 임명권·국회 해산권 보유 → 3권 분립 유명무실
  │ ├ 국회의원 1/3 추천 임명권[유신 정우회] 보유
  │ └ 긴급 조치권 : 유신 헌법에 반대하면 발동
  │   └ 1974 ~ 1975년 동안 1 ~ 9호 발동
  └ 성격 : 권위주의적 통치 체제[일종의 총통]
     └ 강력한 통치권을 모두 대통령에게 부여
- **유신 헌법 반대 투쟁** : 김대중 납치 사건[1973]이 도화선으로 작용
  ├ 개헌 청원 백만인 서명 운동[1973] : 장준하, 함석헌 등 재야인사 중심으로 개헌 청원 운동 전개
  ├ 민청학련 사건[1974] : 유신 헌법 철폐와 개헌을 요구하는 학생들의 투쟁 → 정부는 이를 간첩과 연계시켜 탄압
  └ 3·1 민주 구국 선언[1976] : 명동 성당에서 민주 구국 선언 발표[긴급 조치 철폐·박정희 정권 퇴진·민족 통일 추구]

제2차 석유 파동[1978]으로 경제난 가중
⬇
YH 무역 사건 부당 폐업에 항의하며 신민당사에서 농성하던
여성 노동자가 경찰의 강제 진압으로 사망
  └ 유신 체제에 비판적이었던 신민당 총재 김영삼이 국회에서 제명됨
⬇
부·마 민주 항쟁 부산·마산에서 유신 체제 반대 시위 확산
  └ 부·마 민주 항쟁 진압에 강경한 입장
⬇
10·26 사태 김재규가 박정희·차지철 살해
  └ 부·마 민주 항쟁 진압에 온건한 입장
  → 유신 체제 붕괴

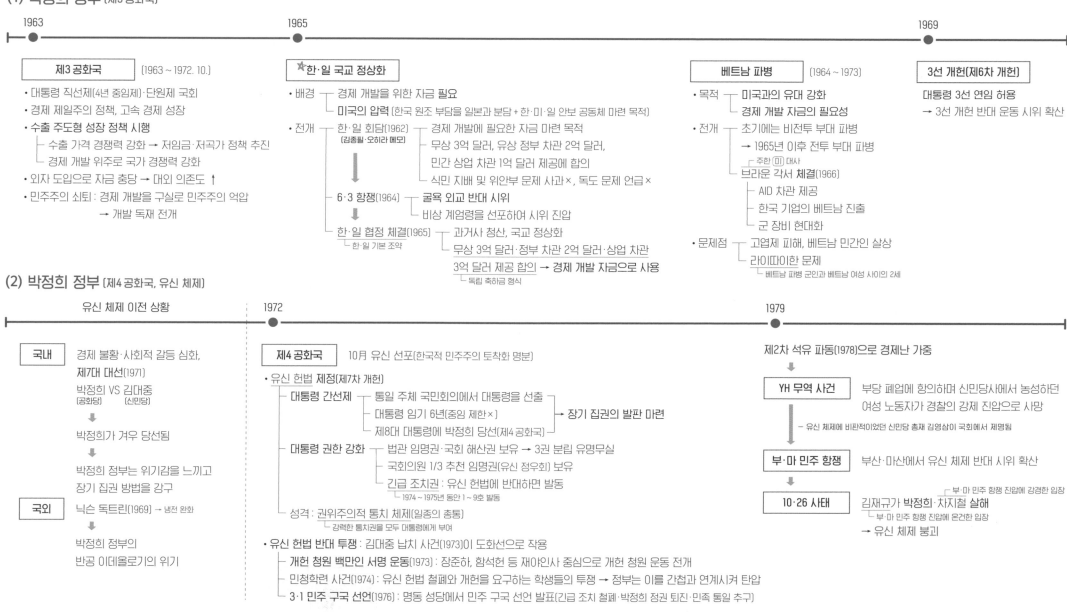

(1) 전두환 정부 (제5공화국)

1979	1980	1981 ~ 1988

12. 6. 10·26 사태 이후 **최규하 과도 정부 수립**
└ 통일 주체 국민회의를 통해 제10대 대통령에 선출됨

↓

정국은 여전히 불안

↓

12. 12. 12·12 사태(신군부 세력의 쿠데타)
└ 전두환, 노태우 중심

↓

보안 사령관 전두환이 계엄 사령관 정승화를 체포

↓

전두환이 군권과 정치적 실권 장악

5. 15. 서울의 봄 ┬ 학생·시민들이 서울역 평화 행진(시위) 전개
└ 유신 헌법 폐지와 신군부 퇴진 요구

┌ 국회 폐쇄, 정치 활동 금지, 대학 휴교
5. 17. ┬ 신군부 세력이 비상계엄을 전국으로 확대
└ 김대중 등 주요 정치 인사 구속

5. 18. ★5·18 민주화 운동

광주 지역 학생·시민들이 계엄령 철폐와 김대중 석방을 요구

↓

신군부의 무력 진압으로 다수의 사상자 발생

5. 31. 국가 보위 비상 대책 위원회 설치(국보위)
├ 언론 강제 통폐합, 삼청 교육대 운영
└ 7·30 교육 조치(과외 전면 금지, 본고사 폐지), 대학 졸업 정원제 실시

8月 통일 주체 국민회의에서 전두환을 제11대 대통령으로 선출

10月 제8차 개헌(대통령 선거인단에 의한 간선제, 7년 단임제)
└ 국민 → 선거인단 선출 → 대통령 선출

1月 신군부 세력을 중심으로 민주 정의당 창당

2月 ┬ 제8차 개헌안에 따라 대통령 선거
└ 대통령 선거인단에 의해 전두환 당선(제12대)

↓

제5 공화국 [1981 ~ 1988]

├ 국정 목표 : 정의 사회 구현, 복지 국가 건설
│ → but, 민주화 운동 탄압, 정치인 활동 규제,
│ 언론 탄압, 인권 유린
├ 유화 정책 ┬ 교복·두발·해외 여행 자유화
│ ├ 3S 정책(프로 야구, 씨름 창설)
│ ├ 야간 통행 금지 해제, 컬러 TV 보급
│ └ 국풍 81(문화 축제) 정치적 이벤트
├ 경제 : 3저 호황(저유가, 저금리, 저달러)으로
│ 국제 무역 수지 최초 흑자 달성(1986)
└ 외교 ┬ 1986년 아시안 게임 개최
└ 1988년 올림픽 유치(1981. 9.)

(2) ★6월 민주 항쟁 [1987. 6.]

배경	전두환 정부의 권위주의적 통치와 강압적 통제 → 민주화 운동 활성화
전개	대통령 직선제를 위한 1천만 서명 운동 전개(1985. 12.) → **박종철 고문 치사 사건**(1987. 1.) → 전두환 정부가 4·13 호헌 조치 발표(현행 헌법 고수) → **이한열 최루탄 피격 사건**(1987. 6. 9.) └ 헌법 수호 └ 간선제 → 6·10 국민 대회 개최 : 전국 각지에서 국민 대회와 시위 전개, "호헌 철폐·독재 타도·민주 헌법 쟁취" 요구
결과	노태우가 대통령 직선제 개헌과 김대중 사면 복권, 지방 자치 실시 등을 약속하는 '시국 수습을 위한 8개 항' 발표 (6·29 민주화 선언) → 제9차 개헌(5년 단임의 대통령 직선제로 개헌) → 제13대 대선에서 <u>노태우</u> 당선(야당 세력이 단일 └ 5년 단임의 대통령 직선제로 개헌 └ 민주 정의당 화에 실패했기 때문)

중석쌤의 기출오답 솔루션

- 6월 민주 항쟁 학생들은 비상 계엄령 해제와 신군부 퇴진을 요구하였다. [2014. 법원직 9급]
→ 5·18 민주화 운동
- 6월 민주 항쟁의 결과 태통령와 중임 제한을 없애고 간선제를 골자로 하는 헌법을 제정하였다. [2013. 국가직 9급]
→ 직선제 (중임 제한 철폐, 간선제 = 유신 헌법)

(1) 노태우 정부 [제6 공화국, 1988 ~ 1993]

- 서울 올림픽 개최[1988] : 국제적 지위 상승, 국민의 일체감 증대
- 5공 청문회 개최 : 제5 공화국 시기의 비리와 5·18 민주화 운동의 진실 규명
- 3당 합당[1990] : 제13대 총선[1988] 결과 여소 야대 정국 형성 → 3당 합당으로 거대 여당 민주 자유당 창당
  └ 민주 정의당 + 통일 민주당 + 신민주 공화당
- 전국 교직원 노동 조합 출범[1989], 지방 자치제 부분 실시[1991]
- 북방 외교 추진 : 소련[1990], 중국[1992] 등 공산권 국가와 수교 → 탈냉전 시기 외교 영역 확장
- 남북 관계 개선 : 남북 유엔 동시 가입[1991], 남북 기본 합의서·한반도 비핵화 공동 선언 채택

(2) 김영삼 정부 [문민 정부, 1993 ~ 1998]

- 금융 실명제 실시[1993, 금융 거래의 투명성 확보], 부동산 실명제 실시, 고위 공직자 재산 등록제 실시
- 지방 자치제 전면 실시[1995]
- 역사 바로 세우기 운동 : **조선 총독부 건물 철거**, 친일파 인명 사전 편찬 시작, 국민학교를 초등학교로 개칭, 전두환과 노태우 구속·기소
- 북핵 문제 해결 노력 : 북·미 제네바 기본 합의[1994] → 합의문 이행을 위한 한반도 에너지 개발 기구[KEDO] 설치[1995]
- 시장 개방 정책과 외환 위기 ┬ 우루과이 라운드 타결[1994], **세계 무역 기구[WTO] 출범[1995]**, 경제 협력 개발 기구[OECD] 가입[1996]
  └ 외환 위기[1997] → **국제 통화 기금[IMF]에 지원 요청**

정부별 지방 자치 제도

이승만 정부	• 지방 자치법 제정[1949] • 최초로 지방 의회 의원 선거 실시[1952]
박정희 정부	지방 자치제 중단[1961]
노태우 정부	지방 자치제 부분 실시[1991] → 지방 의회 선거 재개
김영삼 정부	지방 자치제 전면 실시[1995] → 지방 자치 단체장 선거 실시

(3) 김대중 정부 [국민의 정부, 1998 ~ 2003]

- 외환 위기 극복 노력 : 금 모으기 운동, 노사정 위원회 설치, 기업·공공 부문의 구조조정, 금융·투자 개방
- 국민 기초 생활 보장법 제정[1999], 여성부 신설[2001]
- 남북 관계 개선 노력[대북 화해 협력 정책] : 제1차 남북 정상 회담[2000], 6·15 남북 공동 선언 발표[2000] → 제2차 이산가족 상봉, 경의선 복구 기공식, 개성 공단 건설 합의

(4) 노무현 정부 [참여 정부, 2003 ~ 2008]

- KTX 개통[2004], 호주제 폐지[2005], 국민 참여 재판 채택, **한·미 FTA 체결**[2007]
- 제2차 남북 정상 회담[2007], 10·4 남북 공동 선언 발표[2007]

(5) 이명박 정부 [2008 ~ 2013]

- 친실용주의, 친기업주의 가치 표방[작은 정부, 큰 시장]
- 한미 쇠고기 협상 논란[2008], 4대강 사업, 저탄소 녹색 성장, 대북 강경책 실시[천안함 사건, 연평도 포격 사건 대응]

10) 시기별 통일 정책 ★★★

(1) 냉전 시기의 통일 정책

이승만 정부
- 북진 통일론 : 무력에 의한 북진·멸공 통일 주장
- 반대 세력 탄압 : 진보당(조봉암)의 평화 통일론 탄압(1958, 진보당 사건)

장면 내각
- 정부 (소극적) 유엔 감시하에 남북한 총선거를 통한 평화적 자유 민주 통일 주장
- 혁신 세력·학생 (적극적) 중립화 통일론과 남북 협상론 제기, 남북 학생 회담 추진('가자 북으로, 오라 남으로')

중석쌤의 기출오답 솔루션
- 노태우 정부 시기 평양에서 이산가족 상봉이 최초로 이루어졌다. [2014. 경찰간부후보생]
  → 전두환
- 김영삼 정부 시기에는 남북 기본 합의서가 채택되었다. [2017. 국가직 9급(10월 시행)]
  → 노태우

(2) 냉전의 완화와 남북 대화의 시작

박정희 정부
- 7·4 남북 공동 성명(1972)
  - 배경 : 닉슨 독트린(1969, 냉전 완화), 남북 적십자 예비 회담 제안(1971, 분단 이후 최초의 남북 대화) ┌데탕트
  - 내용 : 통일 3대 원칙(자주·평화·민족 대단결)에 합의, **남북 조절 위원회 설치**, 서울·평양 간 상설 전화 개설
  - 한계 : **남·북 독재 체제 강화에 이용**(남 : 10월 유신 단행 / 북 : 사회주의 헌법 제정)
- 6·23 평화 통일 외교 선언(1973) : 남북 유엔 동시 가입 제안, 공산 국가에 대한 문호 개방 선언 ^{결과}→ 북한의 남북 대화 중단 통보

전두환 정부
- 민족·화합·민주 통일 방안(1982, 민족 통일 협의회 구성 제안) 제시, **최초 남북 이산가족 상봉**(1985), 남·북 예술단 교환 공연(1985)

(3) 탈냉전 시기의 통일 정책

노태우 정부
- 7·7 선언(1988, 민족 자존과 통일 번영을 위한 특별 선언) : 남북 관계를 선의의 동반자로 인식, 상호 교류 표방
- **한민족 공동체 통일 방안**(1989) : 통일 3대 원칙 제시(자주·평화·민주), 최초로 점진적 통일 방안 제시(3단계)
- 남북 유엔 동시 가입(1991. 9.)
- 남북 기본 합의서(1991. 12.) : 7·4 남북 공동 성명 재확인, 남과 북의 관계를 잠정적 특수 관계로 규정(나라와 나라 사이의 관계가 아닌 통일을 향해 나아가는 관계),
  상호 불가침, 상대방의 체제 인정, 교류·협력 확대, 남북 군사 공동 위원회 설치, 판문점에 연락 사무소 설치·운영
- 한반도 비핵화에 관한 공동 선언 채택(1991. 12.)

김영삼 정부
- 3단계 3기조 통일 방안 제안(1993) : 3단계(화해·협력 → 남북 연합 → 통일 국가), 3기조(민주적 국민 합의 → 공존·공영 → 민족 복리) → 민족 공동체 통일 방안으로 발전(1994)
- 남북 관계 후퇴 : 남북 정상 회담 약속 but 김일성 사망으로 무산 → 김일성 조문 파동으로 남북 관계 후퇴

김대중 정부
- 정주영 현대그룹 회장 소떼 방북(1998. 6.), **금강산 해로 관광 시작**(1998. 11.)
- 6·15 남북 공동 선언(2000. 6.) : 최초의 남북 정상 회담, 남측의 연합제 안과 북측의 낮은 단계 연방제 안의 공통성 인정
- 제2차 이산가족 상봉(2000. 8. 15.), **경의선 복구 기공식**(2000. 9.), **개성 공단 건설 합의**(2000 → 2003년 착공)

노무현 정부
- 제2차 남북 정상 회담 개최, 10·4 남북 공동 선언(2007) : 6·15 남북 공동 선언의 적극 구현, 한반도의 평화·핵문제 해결, 남북 경제 협력 사업의 활성화

문재인 정부
- 4·27 판문점 선언(2018) : 핵문제 해결, 종전 선언, 남북 공동 연락 사무소 설치, 이산가족 상봉 등에 합의

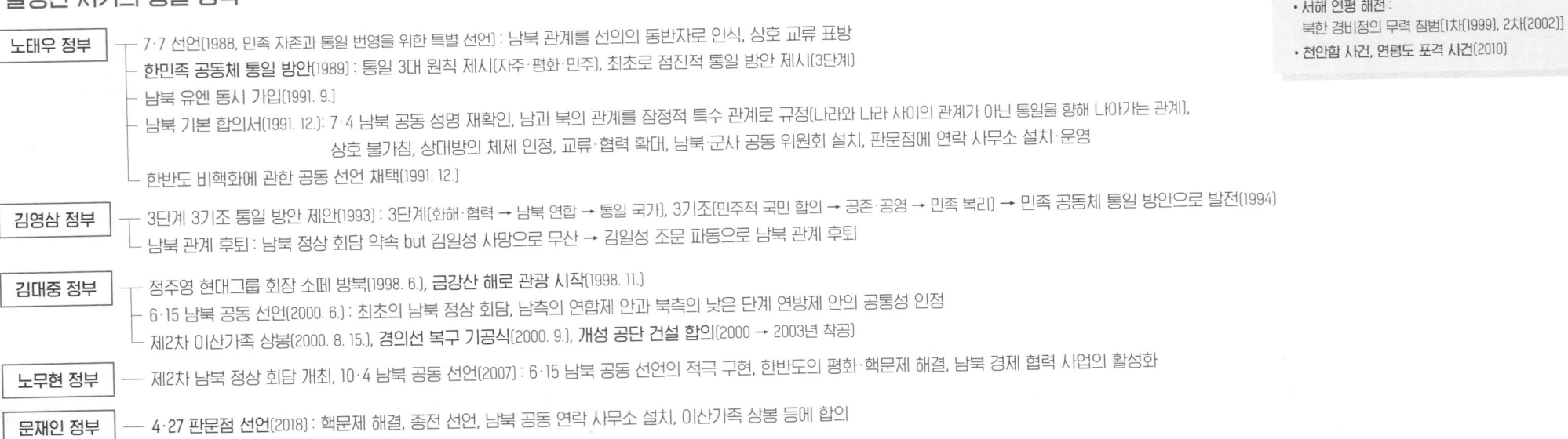

북한의 도발
- 1·21 청와대 습격 사건(1968) :
  박정희 대통령 암살 시도 → 향토 예비군 창설의 계기
- 푸에블로호 납치 사건(1968) :
  동해 상에서 미 해군 정보 수집함 나포
- 판문점 도끼 만행 사건(1976) :
  북한군이 판문점에서 유엔군·국군 습격
- 아웅산 폭탄 테러(1983) :
  버마(미얀마)에서 전두환 대통령 암살 시도
- 대한항공(KAL) 858편 폭파 사건(1987) :
  미얀마 상공에서 여객기 폭파
- 서해 연평 해전 :
  북한 경비정의 무력 침범(1차(1999), 2차(2002))
- 천안함 사건, 연평도 포격 사건(2010)

(1) 시기별 경제 정책

이승만 정부
- ①의 원조 경제 체제(1950년대) : 삼백 산업 발달, 잉여 농산물 원조(미 공법 480호) → 1950년대 후반 원조 방식의 전환(무상 원조 ^{전환} 유상 차관) ┌ 제분, 제당, 면방직
- 농지 개혁(1949. 6.) : 토지 상한선을 3정보로 제한, 유상 매입·유상 분배 원칙(산림, 임야 제외) 적용 → 지주제·소작제 점차 소멸, 경자 유전의 원칙

박정희 정부
- 경제 개발 계획
  - 1·2차(1962 ~ 1971) : 경공업 육성, 시멘트·비료·정유 사업 육성(1964, 울산 정유 공장), 경부 고속도로 개통(1970), 베트남 특수 등에 힘입어 빠른 경제 성장
  - 3·4차(1972 ~ 1981) : 중공업 육성, 포항 제철 준공(1973), 중동 건설로 1차 석유 파동 극복, 수출 100억 달러 달성(1977)
- 새마을 운동 전개, 통일벼 보급(1970년대)

전두환 정부 3저 호황(저유가·저달러·저금리)으로 국제 무역 수지 흑자 달성

김영삼 정부 금융 실명제 실시(1993), 우루과이 라운드(UR) 타결(1994), 세계 무역 기구(WTO) 출범(1995), 경제 협력 개발 기구(OECD) 가입(1996), 국제 통화 기금(IMF)에 구제 금융 공식 요청(1997, 외환 위기)

김대중 정부 외환 위기 극복 노력 : 금 모으기 운동, 구조조정, 벤처 기업 육성, 금융·투자 개방 → IMF 관리 체제 종료(2001), 비정규직 증가, 사회 양극화 심화

노무현 정부 한·칠레 FTA 체결(2004), 한·미 FTA 체결

중석쌤의 기출오답 솔루션
- 박정희 정부 시기에 경제 협력 개발 기구(OECD)에 가입하였다. [2019. 법원직 9급] → 김영삼 정부 시기(1996)
- 김영삼 정부 시기에 경부 고속 국도(도로)가 개통되었다. [2019. 소방직] → 박정희 정부 시기(1970)

시기별 인구 정책 표어
1950년대	3남 2녀로 5명은 낳아죠
1960년대	• 많이 낳아 고생 말고 적게 낳아 잘 키우자 • 덮어 놓고 낳다 보면 거지꼴을 못 면한다
1970년대	딸 아들 구별 말고 둘만 낳아 잘 기르자.
1980년대	잘 키운 딸 하나 열 아들 안 부럽다.
1990년대	선생님! 착한 일 하면 여자 짝꿍 시켜주나요.
2000년대	낳을수록 희망 가득 기를수록 행복 가득

(2) 현대 사회의 변화

인구의 변화
- 6·25 전쟁 직후 : 베이비 붐으로 출산율 증가
- 1960~1980년대 ┬ 정부의 가족 계획 사업으로 출산율 감소 └ 핵가족화 진전, 남녀 성차별 둔화
- 1990년대 : 낮은 출산, 낮은 사망으로 인구 비율 안정
- 2000년대 : 저출산·고령화 사회에 진입, 노인 문제 대두 → 출산 장려 정책

농촌 사회의 변화
- 농업 인구의 감소와 산업화의 진전 등으로 인해 도시와 농촌 간 소득 격차↑ → 청장년층의 도시 이주 증가(이농 현상)
- 1960년대 : 정부는 4H 운동을 확대하였음
- 1970년대 ┬ 새마을 운동 : 1970년부터 시작, 농민은 원예, 축산 등 영농의 다각화 시도 └ 주곡 자급 정책 : 1970년대 유신벼와 통일벼 등 다수확 품종의 벼 종자 도입
- 1980년대 : 농산물 수입이 개방 → 농촌 경제 타격
- 1990년대 : 농산물 시장 개방에 이어 쌀 시장 개방 → 농촌의 상황은 더욱 악화

노동 운동의 전개
- 1970년대 ┬ 전태일 분신 사건(1970) 이후 노동 운동 본격화 └ YH 무역 사건(1979) 발생
- 1980년대 ┬ 노동자들의 생존권 요구 투쟁이 민주화 운동의 일환으로 전개 ├ 6월 민주 항쟁 이후 노동 조합 결성 확산 └ 전교조 결성(1989, 합법화: 1999)
- 1990년대 ┬ 정부의 국제 노동 기구(ILO) 가입(1991) ├ 민주 노총(전국 민주 노동 조합 총연맹) 결성(1995) └ 노사정 위원회 설립(1998) └ 외환 위기 극복을 위한 노동자·기업·정부 협의 기구

(1) 시기별 교육 정책

| 미 군정기 | 6·3·3·4 학제 마련(초등 6년, 중등 3년, 고등 3년, 대학 4년), 일제 군국주의 교육을 청산, 민주주의 교육 원리 채택 |

| 이승만 정부 | 헌법에 국민학교(초등학교) 의무 교육 규정, 6개년 계획 추진 등으로 아동의 국민학교 취학률 증가 |

┌ 사상 통일을 위한 학생 자치 훈련 단체
| 장면 내각 | 학도 호국단 폐지, 교육 자치제 실시, 교육의 중립성 확보·학원 정상화 등 3대 방침 제시 |
└ 1975년 재설치 → 1986년 폐지

| 5·16 군사 정부 | 인간 개조 운동, 재건 국민 운동 추진, 교육 관계 임시 특례법 제정으로 교육 자치제를 폐지함 |

| 박정희 정부 | ┌ 국민 교육 헌장 선포(1968), **중학교 무시험 진학제 도입**(1969), 대학 입학 예비고사 제도 시행(1969)
└ 국사 교육 강화 위원회를 구성(1972), 고교 평준화 정책 실시(1974, 연합고사 도입) |

| 신군부 집권 시기 | 7·30 교육 개혁(1980) : 과외 금지 조치, 대입 본고사 폐지, 졸업 정원제 실시 |

| 전두환 정부 | 대학교 등 고등 교육 기관의 수와 대학 진학률 증가 |

| 김영삼 정부 | 대학 수학 능력 시험 실시, 국민학교를 초등학교로 개칭 |

| 김대중 정부 | 학교 정보화 산업을 추진 → 교실에 멀티미디어 시스템을 구축, 중학교 무상 의무 교육 전면 실시 |

(2) 언론의 발전

| 이승만 정부 | 신국가 보안법을 통해 언론 통제 강화(1958), 경향신문 폐간(1959) | (┌ 천주교 계열(야당에 우호적인 성향)) |

| 4·19 혁명 이후 | 민주적인 분위기가 확산, 언론의 자유가 확대, 언론 매체 증가 |

| 박정희 정부 | ┌ 언론 강제 통폐합, 프레스 카드제 실시(1972, 기자 등록제, 정부에 비판적인 언론인의 행정 부처 출입 통제)
└ 언론 자유 수호 투쟁으로 조선·동아일보 일부 기자 해직(1970년대), **동아일보 백지 광고 사태✛**(1974) |

| 신군부 집권 시기 | 언론 기관 통폐합, 수 많은 정기 간행물 폐간, 언론 규제를 위한 언론 기본법 제정(1980) |

| 전두환 정부 | ┌ 보도 지침을 통해 신문과 방송 기사에 대한 검열 강화
└ 컬러 TV 보급, 프로 야구 출범 → 방송의 탈정치화 유도 |

| 6월 민주 항쟁 이후 | 언론 기본법과 프레스 카드제 폐지, 언론의 자유 확대 |

중석쌤의 기출오답 솔루션

- ~~1970년대~~에는 국가주의 이념을 강조한 국민 교육 헌장이 제정되었다. [2017. 지방직 9급(6월 시행)]
  → 1960년대 (1968)
- 1980년대에는 학교 교육과 별개로 사교육인 과외가 ~~활성화되었다~~. [2017. 지방직 7급]
  → 금지

✛ 동아일보 백지 광고 사태

- 원인 : 언론 자유 수호 투쟁을 주도한 동아일보에 대한 정부의 보복
- 전개 : 동아일보에 기업 광고 대거 해약
  → 철회된 광고면을 백지 그대로 발행
  → 민주 단체와 시민의 격려 광고
- 결과 : 정부의 압력으로 기자 100여 명 정직·해직

현대의 스포츠 정책

- 엘리트 스포츠 강화 : 스포츠를 국력의 과시 수단으로 활용, 태릉 선수촌 설립(1966)
- 프로 스포츠의 등장 : 1980년대 이후 야구, 축구, 씨름 등에서 프로 스포츠 대회 등장
- 국제 대회 개최·유치 : 서울 아시안 게임(1986), 서울 올림픽 대회(1988), 한·일 월드컵(2002), 평창 동계 올림픽(2018)
- 남·북 단일팀의 국제 대회 출전 : 세계 탁구 선수권 대회(1991)에서 최초로 출전, 세계 청소년 축구 대회(1991), 평창 동계 올림픽 여자 아이스하키팀(2018)

	주요 사건	정부	정치	경제·사회·문화	통일 정책
1948	5·10 총선거, 대한민국 정부 수립	정부 수립 시기	• 모스크바 _____ 회의 • _____ 합작 운동, 남북 협상 • _____ 를 통해 대한민국 정부 수립	• _____의 원조 • 신한 공사 설립(중앙 토지 행정처로 개편)	–
1950	6·25 전쟁	이승만 정부	• _____ 발발 • _____ 개헌(직선제 개헌), _____ 개헌: 중임 제한 철폐 • _____ 선거 → _____ 으로 이승만 하야 → _____ 과도 정부 수립	• _____ 산업(제당·제분·방직) 발달 • _____ 처리 → 정경 유착 발생 • 농지 개혁 실시: _____ 매입·_____ 분배 • _____ 폐간	• 북진 통일론, 반공 통일론
1960	4·19 혁명				
	장면 내각 수립	장면 내각	• _____ 책임제, _____ 국회	• 경제 개발 _____ 계획 추진 시도	• 평화 통일론
1961 1965 1972 1979	5·16 군사 정변 한·일 협정 유신 선포 부·마 항쟁, YH 사건, 10·26 사태	박정희 정부	• _____ 회담 → _____ 항쟁 → _____ 협정 체결 • _____ 파병 → _____ 각서 • 3선 개헌안을 편법으로 통과, _____ 선포(유신 헌법) • 부·마 항쟁 → _____ 사태 → 유신 체제 붕괴	• 경제 개발 계획 – 1·2차: _____ 육성 – 3·4차: _____ 육성 • _____ 운동, 수출 _____ 달성	• 남북 적십자 회담 제의 • _____ 성명 • _____ 설치 • 6·23 평화 통일 외교 선언
1980	5·18 민주화 운동	전두환 정부	• 12·12 사태 → _____의 봄, _____ 민주화 운동 • _____ 조치(간선제 유지) → 6월 민주 항쟁 → _____(직선제 개헌)	• _____(저유가, 저금리, 저달러) • 경상 수지 흑자 전환 • _____ 자유화, 3S 정책	• 최초로 남북 _____ 고향 방문
1987	6월 민주 항쟁				
1988	서울 올림픽	노태우 정부	• 여소 야대의 정국 형성 → _____ 합당 • _____ 청문회 개최 • _____ 개최, _____ 외교 추진	• 무역 흑자 → 정부 말기 적자 경제로 전환	• 남북 고위급 회담 • 남북 _____ 동시 가입 • _____ 합의서 • 한반도 _____ 선언
1997	외환 위기	김영삼 정부	• 지방 자치제 _____ 실시, 역사 바로 세우기 운동	• _____ 실시, _____ 타결, _____ 출범, _____ 가입 • 외환 위기(IMF 체제)	–
2000	제1차 남북 정상 회담	김대중 정부	• 평화적인 여야 정권 교체, 대북 화해 협력 정책 실시	• _____ 운동, _____ 설치 → 외환 위기 극복	• 제1차 남북 정상 회담 – _____ 선언
2007	제2차 남북 정상 회담	노무현 정부	–	• 한·미 FTA 체결	• 제2차 남북 정상 회담 – _____ 선언

[정답] 3국 외상, 좌·우, 5·10 총선거, 미국 / 6·25 전쟁, 발췌, 사사오입, 3·15 부정, 4·19 혁명, 허정, 삼백, 귀속 재산, 유상, 유상, 경향신문 / 내각, 양원제, 5개년 / 한·일, 6·3, 한·일, 베트남, 브라운, 10월 유신, 10·26, 경공업, 중화학 공업, 새마을, 100억 불,
7·4 남북 공동, 남북 조절 위원회 / 서울, 5·18, 4·13 호헌, 6·29 선언, 3저 호황, 해외 여행, 이산 가족 / 3당, 5공, 서울 올림픽, 북방, 유엔, 남북 기본, 비핵화 공동 / 전면, 금융 실명제, UR, WTO, OECD / 금 모으기, 노사정 위원회, 6·15 남북 공동, 10·4 남북 공동

1 통치 체제

◎ 족집게 만점 비법
고구려~조선까지는 시대별 통치 체제의 특징을 빨간 글자 중심으로 꼼꼼히 학습하고, 근대는 통치 체제의 변천 과정을 알아두자.

시대		중앙 정치 조직	지방 행정 제도	군사 제도
고구려		• 10여 관등으로 구성 → 형 계열과 사자 계열로 구분 • 수상: 대대로(3년마다 제가 회의에서 선출) • 내평(내무 업무), 외평(외무 업무), 주부(재정 담당) 등	• 수도: 5부로 구성 • 지방: 5부(욕살 파견) 아래 성(처려근지·도사 파견)과 말단의 촌으로 구성 • 특수 행정 구역: 3경(국내성, 평양성, 한성)	• 각 성주가 병력 보유 • 유사시 대모달·말객 등이 군대 지휘
백제		• 한성 시대: 6좌평 이하 좌평 및 솔·덕·무명 계열로 구성 • 사비 천도 이후: 내관 12부, 외관 10부의 22부 설치 • 수상: 상좌평(3년마다 정사암 회의에서 선출)	• 수도: 5부로 구성 • 지방: 5방(방령 파견) 아래 군(군장 파견)과 말단의 촌으로 구성 • 특수 행정 구역: 22담로(왕족 파견)	• 방령·군장이 군대 지휘 • 각 방령이 700~1,200명의 군대 지휘
신라	통일 이전	• 17관등제를 골품제와 결합하여 운영 • 수상: 상대등(귀족 세력 대표, 화백 회의 주관)	• 수도: 6부로 구성 • 지방: 5주(군주 파견) 아래 군(당주 파견)과 말단의 촌으로 구성 • 특수 행정 구역: 2소경(국원소경·북소경)	• 왕경과 5주에 6정 설치 • 중요 지점에 모병에 의한 서당 배치 • 군주, 대감, 당주가 군사 지휘

	통일 이후	• 집사부와 13부로 구성
		  ┌ 집사부: 왕명 출납과 국정 총괄
		  └ 13부: 병부(군사), 위화부(인사), 좌·우이방부(형법),
		        사정부(관리 감찰) 등
			• 9주: 전국을 9주로 나누고 주의 장관으로 총관(→ 도독)을 둠
			• 5소경: 군사적·행정적 요충지에 설치, 사신 파견
			• 특수 행정 구역: 향·부곡
			• 지방관 감찰 위해 외사정 파견
				• 중앙군(9서당): 민족 융합 정책에 따라 편성
				• 지방군(10정): 9주에 1정, 한주(한산주)에만 2정 배치
				• 특수군: 5주서, 3변수당, 만보당

발해		• 3성 6부제: 당의 제도를 수용하였으나 독자성 유지
		  ┌ 3성: 정당성(최고 기구), 선조성, 중대성
		  └ 6부: 충부, 인부, 의부, 지부, 예부, 신부
			• 5경: 수도 상경을 포함하여 설치
			• 15부: 지방 행정의 중심지, 장관으로 도독을 둠
			• 62주: 15부의 하위 행정 단위, 자사 파견
			• 촌락: 토착민 중 유력자를 수령으로 임명(간접 통치)
				• 중앙군(10위): 왕궁과 수도 경비 담당
				• 지방군: 촌락 단위로 구성된 농병 일치의 군대
				• 특수군: 국경 요충지에 독립 부대 배치

고려		• 2성 6부제
		  ┌ 2성: 중서문하성(국정 총괄), 상서성(정책 집행)
		  └ 6부: 이부, 병부, 호부, 형부, 예부, 공부
		• 어사대(관리 감찰·탄핵), 삼사(화폐·곡식의 출납에 대한 회계)
		• 도병마사(대외), 식목도감(대내): 고려의 독자적인 기구
			• 5도 ┌ 일반 행정 구역, 안찰사 파견
			      └ 주현(지방관 파견)과 속현(지방관 파견×, 간접 통치)
			• 양계: 특수 군사 지역, 병마사 파견, 진 설치
			• 4도호부(군사적 중심지)와 8목(행정 중심지) 설치
			• 특수 행정 구역: 향·부곡·소(향리가 실질적인 행정 업무 수행)
				• 중앙군 ┌ 2군: 국왕 친위 부대
				          └ 6위: 수도 방위와 국경 방어 담당
				• 지방군 ┌ 주현군: 5도에 편성된 일종의 예비군
				          └ 주진군: 양계에 배치된 국방 상비군
				• 특수군: 광군, 별무반, 삼별초 등

조선		• 조선 전기: 의정부·6조 중심
		  ┌ 의정부: 국정 총괄, 최고 권력 기관
		  ├ 6조: 이조, 호조, 예조, 병조, 형조, 공조
		  ├ 승정원(왕명 출납), 의금부(대역 죄인 심판)
		  └ 삼사(언론 기능): 사헌부, 사간원, 홍문관
		• 조선 후기: 비변사가 국정 총괄
			• 8도 아래 부–목–군–현 설치, 모든 군현에 지방관 파견
			• 관찰사: 전국 8도에 파견, 수령을 지휘·감독
			• 수령의 권한 강화, 향리의 지위 격하
			• 농민 통제를 위해 면리제, 5가작통법 실시
			• 유향소(향촌 자치 기구), 경재소(유향소 통제) 설치
				• 조선 전기
				  ┌ 중앙군: 5위(궁궐·수도 경비)
				  ├ 지방군: 육군·수군·영진군 등
				  └ 잡색군: 일종의 예비군
				      (서리·잡학인·신량역천인·노비로 구성, 농민 제외)
				• 조선 후기: 5군영(훈련도감, 어영청, 총융청, 수어청, 금위영)

근대		• 흥선 대원군: 비변사 축소·폐지, 의정부 부활 • 개항 이후: 통리기무아문과 12사 • 갑오개혁: 궁내부, 의정부·8아문(1차) → 내각·7부(2차)	• 제2차 갑오개혁: 8도를 23부로 개편 • 대한 제국: 23부를 13도로 개편	• 개항 이후: 5군영을 2영(무위영, 장어영)으로 개편, 별기군 창설 • 제2차 갑오개혁: 훈련대·시위대 설치 • 을미개혁: 친위대(중앙군)·진위대(지방군) 설치 • 대한 제국: 무관 학교 설립, 군력 증강, 원수부 설치

2 관리 등용 제도와 교육 기관

◎ 족집게 만점 비법
고구려~발해까지는 교육 기관을 중점으로 학습하고, 고려~조선은 관리 등용 제도와 교육 기관을 서로 비교하며 학습하자. 또한 근대에 설립된 학교들을 알아두자.

시대		관리 등용 제도	교육 기관
고구려			• 태학(수도-국립): 우리나라 최초의 교육 기관(소수림왕 때 설립), 귀족 자제에게 유교 경전·역사 교육 • 경당(지방-사립): 평양 천도 이후 설립, 지방 평민 자제에게 한학·무술 교육
백제		• 특별한 관리 등용 제도 없음(신분 중시)	• 5경 박사, 의박사, 역박사 등을 통해 유교 경전과 기술학을 가르쳤을 것으로 추정 　(교육 기관이 있었음을 보여주는 직접적인 기록은 없음)
신라	통일 이전		• 화랑도를 통해 청년들에게 경학·무술 교육
	통일 이후	• 독서삼품과 ┌ 원성왕 때 시행, 유학 경전의 이해 수준을 시험하여 관리로 채용 　　　　　　 └ 국학생의 성적에 따라 관직의 등급 결정(특품, 상품·중품·하품)	• 국학 ┌ 신문왕 때 설립된 유학 교육 기관(경덕왕 때 태학감으로 개칭) 　　　 └ 『논어』와 『효경』 등 유교 경전 교육
발해		• 유교 경전의 이해 수준에 따라 관리 임용	• 주자감: 유학의 진흥을 위해 설치, 귀족 자제에게 유학 경전과 한문학 교육
고려		• 과거 제도: 광종 때 쌍기의 건의로 실시, 양인 이상이면 응시 가능 　┌ 제술과: 논술 시험(명경과보다 중시됨) 　├ 명경과: 유교 5경의 이해 정도 평가 　├ 잡과: 기술학 시험 　├ 승과: 교종선과 선종선으로 구분 　└ 무과: 예종 때 잠깐 실시하였으나 숭문천무(崇文賤武)에 따라 시행하지 않음(공양왕 때 실시) 　　　→ 문신 위주로 선발, 관리 임용에서 출신 문벌이 매우 중요 • 음서 제도: 5품 이상의 고위 관리 자손을 대상으로 실시(과거를 거치지 않고 관리가 됨)	• 관학 ┌ 국자감(중앙) ┌ 유학부: 국자학, 태학, 사문학 / 7품 이상 자제 입학 　　　　　　　　　　　 └ 기술학부: 율학, 서학, 산학 / 8품 이하 및 서민 자제 입학 　　　　 └ 향교(지방): 지방 관리와 서민 자제의 교육 담당 • 사학: 최충의 문헌공도(9재 학당) 등 사학 12도 융성 → 관학 위축 • 관학 진흥책: 서적포 설치(숙종), 관학 7재·양현고 설치(예종), 경사 6학 정비(인종) • 충선왕 때 성균감으로 개칭, 충선왕이 다시 즉위하면서 성균관으로 개칭, 공민왕 때 성균관에서 기술학부 분리
조선		• 과거 제도 　┌ 문과 ┌ 소과 ┌ 생원과와 진사과로 구분, 초시-복시의 2단계로 진행 　│　　　 │　　　 └ 합격자는 하급 관리로 진출하거나 성균관 입학 및 대과 응시 가능 　│　　　 └ 대과: 초시-복시-전시의 3단계로 진행, 33명 선발 　├ 무과 ┌ 소과 없이 바로 대과를 실시, 28명 선발 　│　　　 └ 무예·경서·병서 등 시험, 서얼 등 중간 계층이 주로 응시 　└ 잡과: 초시와 복시만으로 선발, 역과·율과·의과·음양과로 구분 • 기타 관리 임용법 　┌ 음서: 2품 이상, 실직 3품 이상의 고관 자손 대상, 문과에 합격하지 않으면 고관으로 승진 불가 　├ 취재: 간단한 시험을 거쳐 서리·하급 관리 선발, 요직으로 진출 불가능 　└ 천거: 3품 이상 고관의 추천을 받아 간단한 시험 후 등용, 대개 기존 관리를 대상으로 함	• 관학 　┌ 성균관 ┌ 조선 최고의 학부이자 고등 교육 기관, 철저하게 유학 중심 교육 실시 　│　　　　├ 대성전(공자 사당), 명륜당(강의실), 동재·서재(기숙사), 존경각(도서관) 등으로 구성 　│　　　　└ 성균관 유생 대상으로 알성시 실시, 성적 우수자에게 문과 초시 면제 혜택 부여 　├ 4부 학당: 중앙의 중등 교육 기관, 문묘가 없는 순수 교육 기관 　└ 향교 ┌ 지방의 중등 교육 기관, 성현에 대한 제사·유생 교육·지방민 교화 담당 　　　　 └ 부·목·군·현에 하나씩 설치, 중앙에서 교수·훈도 파견 • 사학 　┌ 서당: 초등 교육을 담당하는 사설 교육 기관 　└ 서원 ┌ 선현에 대한 제사와 성리학을 연구하는 사립 교육 기관 → 사림 세력의 기반이 됨 　　　　 └ 백운동 서원이 시초(주세붕) → 이황의 청원에 따라 최초의 사액 서원(소수 서원)으로 공인됨
근대		• 제1차 갑오개혁으로 과거 제도 폐지 → 신분 구분 없이 능력에 따른 관리 등용 제도 마련	• 개항 이후: 원산학사, 동문학, 육영공원 설립 • 제2차 갑오개혁: 교육 입국 조서 반포, 한성 사범 학교 설립, 외국어 학교 관제 공포 • 을미개혁: 소학교 설립 • 대한 제국: 실업 학교 설립, 유학생을 외국에 파견

3 토지 제도

◎ 족집게 만점 비법
토지 제도는 시대 흐름에 따라 매번 변화하기 때문에, 시대별로 토지 제도가 어떻게 변하였는지를 알아야 한다. 특히 전근대의 토지 제도는 실시했던 왕이 누구인지까지 꼼꼼하게 살펴보고, 고려의 전시과 제도와 과전법 제도는 자주 출제되니 서로 비교하며 학습하자.

시대	제도명	시행 시기	대상 및 지급 기준	특징
고대	녹읍·식읍	고대 전시기	• 녹읍: 국가가 관료 귀족에게 지급한 일정 지역의 토지 • 식읍: 국가가 왕족·공신에게 지급한 일정 지역의 토지	• 조세 수취와 노동력 징발 가능 • 신문왕 때 녹읍 폐지 → 경덕왕 때 부활
	관료전	통일 신라 신문왕	• 관리에게 지급 • 관등에 따라 차등 있게 수조권 지급	• 관료전 지급에 따라 식읍 제한·녹읍 폐지 • 귀족 세력 억제, 국가의 토지에 대한 지배력 강화
	정전	통일 신라 성덕왕	• 왕토 사상에 기반하여 일반 백성들에게 정전을 지급하고 세금 징수	• 국가의 농민과 토지에 대한 지배력 강화
고려	역분전	태조	• 고려 건국에 공을 세운 공신들에게 지급	• 논공행상에 따라 토지에 대한 수조권 지급 • 전시과 제도의 모태
	시정 전시과	경종	• 전·현직 관리에게 인품·관품을 고려하여 토지에 대한 수조권 지급 • 4색 공복에 따라 관리의 등급을 나누어 차등적으로 지급	• 전지(농사짓는 땅)와 시지(땔감을 얻을 수 있는 임야) 지급
	개정 전시과	목종	• 전·현직 관리에게 관직만을 고려하여 토지에 대한 수조권 지급	• 문관과 현직 우대 • 한외과 설치: 18과에 들지 못한 세력에게 전지 17결 지급
	경정 전시과	문종	• 현직 관리에게 관직에 따라 토지에 대한 수조권 지급	• 무관의 대우 상승, 한외과 폐지 • 공음전, 공해전, 한인전 규정 마련
	녹과전	고종·원종	• 무신 정변으로 전시과 체제 붕괴되자 일시적으로 지급 • 경기 8현에 한정하여 지급	• 관리들의 생계 위해 지급 • 현직 관리 위주로 지급
	과전법	공양왕	• 품계에 따라 전·현직 관리를 18과로 나누어 토지에 대한 수조권 지급 • 경기 지역에 한정	• 고려 말 혁명파 사대부들이 마련한 토지 제도 → 조선 초까지 이어짐 • 과전의 세습은 금지되었으나 수신전·휼양전 등으로 세습 허용
조선	직전법	세조	• 현직 관리에게만 토지에 대한 수조권 지급	• 수신전·휼양전 폐지 • 퇴직 이후를 염려하는 관리들이 농장 확대 및 수조권 남용
	관수 관급제	성종	• 지방 관청에서 농민으로부터 세금을 거둔 후 관리에게 지급	• 국가의 토지 지배력 강화 • 관리들이 토지를 사적으로 소유해 농장이 확대되는 폐단 발생
	직전법 폐지	명종	• 농장 확대로 수조권 지급이 유명무실해지자 직전법 폐지 • 관리들에게 녹봉만 지급	• 수조권 지급 제도 소멸 • 지주 전호제 확대
근대	양전 사업	대한 제국 고종	• 양지아문·지계아문을 설치하여 양전 사업 실시	• 최초의 토지 소유권 증명서인 지계 발급(러·일 전쟁으로 중단)
일제 강점기	토지 조사 사업	1912~1918	• 토지 조사령 공포(1912): 지정된 기간 안에 신고해야 소유권 인정, 신고 절차 복잡	• 세금 부과 대상이 되는 토지 면적 증가 → 총독부 지세 수입 증가 • 미신고 토지, 공유지 등은 총독부에 귀속 → 토지 약탈 • 동양 척식 주식회사 및 일본 이주민에게 싼값에 불하 → 농민 몰락
현대	농지 개혁	이승만 정부	• 3정보 이상의 토지 소유 금지 • 유상 매입·유상 분배 원칙에 따라 실시	• 농민 중심의 토지 제도 확립(경자유전의 원칙) • 지주제 소멸

4 수취 제도

◎ 족집게 만점 비법

수취 제도는 시대별로 어떻게 실시되었는지 학습하고, 특히 조선 후기의 대동법, 균역법은 자주 출제되니 꼼꼼히 알아두자.

시대		조세(토지에 부과하는 세금)	공납(지방의 토산물 수취)	역(노동력 수취)
삼국		• 곡물·포 징수	• 특산물 징수(현물로 납부)	• 15세 이상 남자의 노동력 동원(군역, 요역) ┌ 군역: 군사 동원 └ 요역: 국가 사업에 필요한 노동력 동원
통일 신라		• 생산량의 1/10 수취(통일 이전보다 수취량 완화)	• 촌락 단위로 특산물 징수	• 16~60세 남자를 대상으로 군역·요역 부과
발해		• 조·보리·콩 등 곡물 징수	• 베·명주·가죽 등 특산물 징수	• 궁궐·관청 등의 건축에 농민 동원
고려		• 토지 비옥도에 따라 3등급(상·중·하)으로 나누어 차등 징수 • 결부제(수확량을 기준으로 토지 면적 산출) 적용 • 세액: 수확량의 1/10을 국가에 납부(민전) • 지대 ┌ 국유지: 수확량의 1/4을 국가에 납부 └ 사유지: 수확량의 1/2을 토지 소유주에게 납부 • 세금은 조운을 통해 개경의 좌·우창으로 운반	• 각 지방의 토산물 징수 • 상공(정기)과 별공(수시)으로 구분 • 중앙 관청에서 필요로 하는 물품을 각 군현에 할당하면 각 군현은 각 호(戶, 9등급)에 부과하여 현물 징수	• 군역(군대 징병), 요역(일반 노동력 제공)의 형태로 무상 동원 • 16~60세의 정남 징발(1년에 20일 정도) • 인구의 다소(多少)에 따른 호(戶)의 등급에 따라 노동력 동원
조선	전기	• 수확량(1결당 300두)의 1/10을 원칙으로 징수 → 토지 비옥도를 고려하지 않아 폐단 발생 • 세종 때 전분 6등법(토지 비옥도 기준)·연분 9등법(풍흉 반영) 실시 → 1결당 최고 20두~최저 4두까지 징수 • 쌀·콩 등 현물로 납부 • 조운 제도를 통해 조세를 한양의 경창으로 운반 → 평안도·함경도(국경 지대), 제주도(지리적 특성)는 <u>잉류 지역</u> <small>조세를 보내지 않고 현지에서 자체 소비하도록 한 지역</small>	• 현물 부과가 원칙 → 집집마다 할당하여 징수 <small>┌ 예외적으로 요역 동원, 미·포를 부과하는 경우가 있음</small> • 종류 ┌ 상공: 정기적, 매년 지정된 물품을 호조에 납부 ├ 별공: 부정기적, 국가에서 필요로 하는 물품을 때마다 징수 └ 진상: 지방관이 특산물을 국왕에게 상납 • 방납의 폐단 발생, 공납은 농민에게 큰 부담이 됨	• 16세 이상의 정남에게 부과(군역, 요역) ┌ 군역 ┌ 정군(군사 복무), 보인(정군의 비용 부담) 등 │ └ 면제: 양반·서리·성균관 유생 등 └ 요역: 가호를 기준으로 동원 → 성종 때 토지 8결당 1인 선발, 1년에 6일 이내로 동원 제한(실제로는 임의 징발)
	후기	• 영정법(인조, 전세의 정액화) ┌ 배경: 양난 이후 토지의 황폐화, 전세 제도의 문란 가중 ├ 내용: 풍흉에 관계없이 토지 1결당 4~6두로 고정하여 수취 └ 한계: 지주에게 부과된 각종 잡세가 농민에게 전가됨 (농민 부담 가중)	• 대동법(광해군~숙종, 공납의 전세화) ┌ 배경: 과중한 공물의 부담과 방납의 폐단 → 유랑민 증가 ├ 전개 과정 ┌ 광해군: 경기도 지역에서 시범적으로 실시 │ └ 숙종: 전국으로 확대 실시(100여 년 소요) │ <small>┘ 양반 지주들의 반대</small> ├ 내용 ┌ 토지 결수에 따라 쌀·삼베·동전 등 납부 │ ├ 대개 토지 1결당 12두 납부 │ └ 담당 기관으로 선혜청 설치 ├ 결과: 상품 화폐 경제의 성장(장시·상공업 발달, 공인의 성장), 화폐 유통 확대에 기여, 농민 부담 감소 └ 한계: 현물 부담 존속(별공·진상 잔존), 지방 재정 악화(상납미 증가), 지주들이 대동세를 소작농에게 전가(소작농 부담 가중)	• 균역법(영조, 군포 부담 감소) ┌ 배경: 직업군제의 확산(5군영의 성립) → 군역 대신 포를 납부하는 수포군 증가 → 군포 수납 과정에서 폐단 발생 ├ 내용: 1년에 2필씩 내던 군포를 1필로 감면 ├ 보충책 ┌ 결작: 지주에게 1결당 미곡 2두 수취 │ ├ 선무군관포: 관직 없는 상류층에게 선무군관이라는 명예직 수여하고 군포 1필 징수 │ └ 각종 잡세(어장세·염세·선박세)를 국고로 전환 ├ 결과: 일시적으로 농민의 군포 부담 감소 └ 한계: 결작 부담이 농민에게 전가, 족징·인징 등의 폐단 발생

5 역사서

◎ 족집게 만점 비법
고구려, 백제, 신라의 역사서는 왕과 연관지어 학습하고, 고려의 역사서는 자주 출제되므로 꼼꼼하게 알아두어야 한다. 또한 조선 후기는 실학자의 활동과 연결지어 학습하고, 일제 강점기는 민족주의 사학자와 그의 역사서에 대해서 알아두자.

고구려		• 『유기』 100권(미상) • 『신집』 5권(이문진, 영양왕) └ 『유기』를 간추린 것
백제		• 『서기』 (고흥, 근초고왕) └ 국가 팽창기
신라	**통일 이전**	• 『국사』 (거칠부, 진흥왕) └ 국가 팽창기
	통일 이후	• 김대문: 『화랑세기』, 『고승전』, 『한산기』, 『계림잡전』 • 최치원: 『계원필경』, 『제왕연대력』
고려	**초기**	• 특징: 고구려 계승 의식 표방 • 『7대실록』 (태조~목종까지의 기록, 현존×), 『구삼국사』 (현존×)
	중기	• 특징: 유교적 합리주의 사관, 신라 계승 의식 강화 • 『삼국사기』 (김부식) ┌ 우리나라 현존 최고(最古)의 역사서, 유교적 합리주의 사관에 기초 └ 기전체 ├ 고대 설화에 비판적, 고조선·삼한·고구려·발해에 소홀 └ 신라 계승 의식 반영(신라에 유리하게 서술)
	후기	• 특징: 민족의식을 표출, 유교적 합리주의 사관 비판 • 『동명왕편』 (이규보): 고구려 동명왕에 대한 영웅 서사시(고구려 계승 의식) • 『해동고승전』 (각훈): 삼국 시대 이래의 승려 30여 명의 전기를 기록 • 『삼국유사』 (일연) ┌ 불교사 중심으로 민간 설화·전래 기록 수록(고유 문화 중시) ├ 단군 신화 수록 ├ 신라 향가 수록 └ 체제의 통일성이 떨어지고, 신빙성이 부족한 설화 수록 • 『제왕운기』 (이승휴) ┌ 우리 역사를 중국사와 대등하게 파악(단군부터 서술) └ 발해사를 우리 역사에 포함
	말기	• 특징: 성리학적 유교 사관 반영(정통 의식과 대의명분 강조) • 『사략』 (이제현): 태조~숙종까지 임금의 치적을 정리

조선	**전기**	• 『조선왕조실록』 ┌ 「사초」, 『시정기』, 『비변사등록』 등을 통합하여 편찬 └ 태조~철종까지 역사를 편년체로 서술 • 『국조보감』: 『실록』에서 역대 왕들의 중요한 내용만 모아 기록한 편년체 사서 • 『고려사절요』 (문종): 편년체, 조선 건국의 정당성 반영 • 『삼국사절요』 (성종): 단군 조선부터 삼국 시대 말까지 역사를 서술 • 『동국통감』 (성종) ┌ 서거정 등이 고조선~고려 말까지의 역사를 서술 └ 유교적 명분론에 입각한 편년체 사서(사림 계열 참여)
	후기	• 『성호사설』 (이익) ┌ 실증적·비판적 역사 서술 └ 중국 중심의 역사관을 탈피한 우리 역사의 체계화 주장 • 『동사강목』 (안정복) ┌ 단군 조선~고려까지의 역사를 편년체 통사로 서술 └ 우리 역사의 독자적 정통론(삼한 정통론) 제시 • 『연려실기술』 (이긍익): 야사를 참고하여 조선의 정치·문화사를 기사본말체로 저술 • 『해동역사』 (한치윤): 중국·일본 자료 참고, 단군 조선~고려까지의 역사를 서술 • 『발해고』 (유득공): 고대사 연구의 시야를 만주까지 확대, 남북국 시대 용어 최초 사용 • 『금석과안록』 (김정희): 북한산비와 황초령비가 진흥왕 순수비임을 고증
근대		• 영웅들의 전기 보급: 『이순신전』, 『을지문덕전』, 『연개소문전』 → 민족의식 고취 • 외국 역사서 소개: 『미국 독립사』, 『월남 망국사』 → 교훈 강조 • 신채호 ┌ 「독사신론」: 근대 민족주의 사학의 방향 제시 └ 역사 서술의 주체를 민족으로 설정, 주로 고대사를 서술 • 현채: 『동국사략』 (교과서로 사용), 『유년필독』 (아동용 교과서) 등 저술 • 황현: 『매천야록』 저술
일제 강점기		• 민족주의 사학 ┌ 민족 문화의 우수성과 민족적 정신 사관 강조 ├ 신채호 ┌ 낭가 사상 강조, 고대사 연구에 치중 │ └ 『조선상고사』, 『조선사연구초』 등 저술 ├ 박은식 ┌ 혼 강조 │ └ 『한국통사』, 『한국독립운동지혈사』 등 저술 └ 조선학 운동 ┌ 한국 문화의 고유성·세계성을 학문적으로 체계화 └ 정인보(얼 강조), 문일평(조선심 강조), 안재홍 등 • 실증 사학 ┌ 역사적 사실을 실증적·객관적으로 밝히고자 함 └ 진단 학회: 이병도 등 조직, 객관적인 연구 활동 전개, 『진단학보』 간행 • 사회·경제 사학 ┌ 유물 사관에 입각하여 한국사를 세계사적 보편성 위에 체계화 └ 백남운: 『조선사회경제사』, 『조선봉건사회경제사』 저술 • 신민족주의 사학: 실증적 토대 위에 민족주의 사학과 사회·경제 사학의 방법 수용

6 주요 서적

◎ 족집게 만점 비법
우리나라 역대의 주요 서적이 무엇인지 꼼꼼하게 학습해야 한다. 특히 조선 시대는 서적들이 편찬된 시기와 연결시키는 문제도 출제되니 편찬된 시기도 함께 학습하자.

1. 농서, 의학서, 윤리·의례서, 법전

시대		농서	의학서	윤리·의례서	법전
고려		『농상집요』: 이암이 중국에서 수입한 농서	『향약구급방』: 우리나라 최고(最古)의 의학서	『상정고금예문』: 의례서, 강화도 피난 시 금속 활자로 인쇄(현존 ×)	–
조선	전기	• 『농사직설』 ┌ 세종 때 정초·변효문 등이 편찬 └ 우리나라 최초의 농서(농민들의 실제 영농 경험을 토대로 저술) • 『금양잡록』 ┌ 성종 때 강희맹이 편찬 ├ 금양에서 농사 지은 경험을 토대로 저술 └ 곡물 이름을 이두와 한글로 표기	• 『향약집성방』: 세종 때 편찬, 국산 약재 소개, 병에 대한 치료 예방법 소개 • 『의방유취』: 세종 때 편찬, 동양 의학 집대성 (의학 백과사전) • 『동의보감』: 광해군 때 허준이 편찬, 조선 의학 집대성	• 『삼강행실도』: 세종 때 편찬, 유교 윤리의 확산을 위해 충신·효자·열녀의 행적을 그림과 글로 만든 의례서 • 『국조오례의』: 성종 때 편찬, 국가의 여러 행사에 필요한 의례 정비 • 『이륜행실도』: 중종 때 편찬, 연장자·연소자, 친구 사이에서 지켜야 할 윤리 강조	• 『조선경국전』·『경제문감』: 태조 때 정도전이 저술 • 『경제육전』: 태조 때 조준이 저술, 최초의 통일 성문 법전 • 『경국대전』 ┌ 세조 때 편찬 시작 → 성종 때 완성 ├ 6전으로 구성된 조선의 기본 법전 │ └ 「이전」, 「호전」, 「예전」, 「병전」, 「형전」, 「공전」 └ 조선 후기까지 법률 체계의 골격 형성
	후기	• 『농가집성』(신속): 효종 때 편찬, 벼농사 중심의 농법 소개(이앙법 보급에 공헌) • 『색경』(박세당): 과수·축산 등을 소개한 농서 • 『산림경제』(홍만선): 채소류와 화초류·약초류의 재배법 등을 소개한 농서 • 『과농소초』(박지원): 조선의 농업 기술과 농업 정책을 논한 농서 • 『임원경제지』(서유구): 농촌 대백과사전	• 『마과회통』(정약용): 마진(홍역)에 대해 연구, 우두종두법을 처음으로 소개 • 『방약합편』(황필수): 한의학 대중화에 기여 • 『동의수세보원』(이제마): 사상 의학 확립 (현재까지 통용됨)	• 『속오례의』: 영조 때 『국조오례의』 보완 • 『의궤』 ┌ 국가 행사의 주요 장면을 그린 그림과 참가자, 비용 등을 상세히 기록 ├ 임진왜란 이후의 『의궤』만 현존 └ 병인양요 때 프랑스군이 외규장각의 『의궤』 약탈 → 임대 방식으로 반환됨	• 『속대전』: 영조 때 편찬, 조선 후기 제도 변화와 권력 구조 개편 내용을 반영하여 편찬 • 『대전통편』: 정조 때 편찬, 왕조의 통치 규범을 전반적으로 재정리 • 『대전회통』: 고종 때 편찬, 조선 시대 최후의 통일 법전

2. 기타 서적

고대	• 『무구정광대다라니경』(통일 신라): 현존 세계 최고(最古)의 목판 인쇄물, 불국사 3층 석탑(석가탑)에서 발견됨	
고려	• 초조대장경: 거란의 침입을 부처의 힘을 빌려 극복하고자 간행 → 몽골 침입 때 소실 • 교장(속장경): 초조대장경 보완 → 몽골 침입 때 소실	• 재조대장경(팔만대장경): 몽골의 침입을 부처의 힘으로 극복하고자 간행(유네스코 세계 기록유산에 등재) • 『직지심체요절』: 현존하는 세계 최고(最古)의 금속 활자본
조선 전기	• 『불씨잡변』: 정도전이 불교의 폐단을 지적하며 쓴 책 • 「용비어천가」: 세종 때 편찬, 세종의 6대 조상의 덕을 기린 것으로, 최초의 한글 역사 문학 작품 • 「월인천강지곡」: 세종이 석가의 불덕을 찬양하며 지은 불교 찬가 • 『동국병감』: 문종 때 편찬, 고조선~고려 말까지의 전쟁사 정리	• 『동문선』: 성종 때 서거정이 편찬, 삼국~조선 초까지의 문학 작품 중 뛰어난 작품을 선별하여 편찬 • 「정간보」: 세종 때 창안된 악보, 소리의 장단과 높낮이 표현 • 『악학궤범』: 성종 때 성현이 편찬한 음악 이론서
조선 후기	• 『동국문헌비고』: 영조 때 편찬, 한국학 백과사전 • 『(증수)무원록』: 영조 때 증보하여 편찬한 법의학서	• 『무예도보통지』: 정조 때 이덕무·박제가 등이 편찬, 종합 무예서(무예를 그림을 통해 설명)

7 반란과 민중 봉기

◎ 족집게 만점 비법
봉기는 해당 봉기가 일어난 시대에 있었던 사실을 함께 묻는 문제가 출제되므로, 봉기가 일어난 시대 배경을 함께 학습하자.

시대	시기	봉기	내용
통일 신라	혜공왕	대공의 난 · 96각간의 난	• 대공이 동생인 대렴과 함께 일으킨 반란 → 전국 각지의 귀족들이 난에 동참하며 96각간의 난으로 확산
		김지정의 난	• 김지정이 정권을 장악한 김양상을 제거하기 위해 난을 일으켰으나 실패 → 이 과정에서 혜공왕이 피살됨, 김양상은 선덕왕으로 즉위
	헌덕왕	김헌창의 난	• 웅천주(공주) 도독 김헌창이 아버지 김주원이 왕위를 계승하지 못한 것에 불만을 품고 일으킨 난, 국호를 장안, 연호를 경운이라 함 → 실패
		김범문의 난	• 김헌창의 아들 김범문이 고달산(여주)에서 일으킨 반란 → 실패
	진성 여왕	원종 · 애노의 난	• 사벌주(상주)에서 가혹한 착취에 저항하며 일어난 농민 봉기 → 이후 농민 봉기가 전국으로 확산
고려	무신 집권기	김보당의 난	• 동북면 병마사 김보당이 무신 정권 타도와 의종 복위를 주장하며 일으킨 최초의 반(反) 무신 난
		조위총의 난	• 서경 유수 조위총이 지방군·농민을 이끌고 중앙의 무신들에게 저항 → 실패
		망이 · 망소이의 난	• 공주 명학소에서 망이·망소이가 신분 해방을 주장하며 봉기 → 명학소가 충순현으로 승격되면서 향·부곡·소가 해방되는 계기 마련
		전주 관노의 난	• 경대승 집권기에 주현군 중심으로 관노들이 함께 봉기, 40일간 전주 점령
		김사미 · 효심의 난	• 운문·초전을 중심으로 전개, 신라 부흥을 표방 → 두 세력(김사미·효심)이 연합하여 일어난 고려 시대 가장 큰 규모의 농민 봉기
		만적의 난	• 최충헌의 사노비인 만적이 주도 → 천민이 중심이 된 최초의 신분 해방 운동(신분 해방을 넘어 정권 탈취까지를 목표로 함)
조선	단종	이징옥의 난	• 계유정난이 일어나자 함길도 도절제사였던 이징옥이 일으킨 반란, 당시 이징옥은 대금(大金) 황제를 칭함
	세조	이시애의 난	• 세조의 중앙 집권 정책에 반대하며 함길도를 중심으로 이시애가 일으킨 반란 → 유향소 폐지의 원인이 됨
	명종	임꺽정의 난	• 수취 제도의 문란으로 많은 농민들이 몰락하자 황해도 지역을 중심으로 임꺽정 등이 일으킨 봉기
	인조	이괄의 난	• 인조반정을 일으킨 공신 내부의 논공행상에 대한 불만이 원인이 되어 발생 → 난은 진압되었으나 일부 잔당이 후금과 내통 → 정묘호란 발생
	숙종	장길산의 난	• 평안도·황해도 일대에서 활동하던 광대 출신의 도적 장길산이 서얼·승려 등과 연합하여 거사 도모
	영조	이인좌의 난	• 이인좌 등 소론이 주도하고 일부 남인이 참여한 난, 이들은 영조가 숙종의 적자가 아니며 경종의 죽음에 연관되어 있다고 주장 → 난이 평정된 후 영조는 기유처분 발표 └ 각 붕당의 인재를 고루 사용하겠다는 선언
	순조	홍경래의 난	• 세도 정치의 폐해, 평안도 지역에 대한 차별 대우가 원인이 되어 일어남 • 몰락 양반인 홍경래 등을 비롯하여 영세 농민, 중소 상인, 광산 노동자 등이 합세 • 가산을 시작으로 청천강 이북 지역 장악 → 관군에 진압됨
	철종	임술 농민 봉기	• 경상 우병사 백낙신의 수탈에 대한 저항으로 일어남(진주를 중심으로 전개) → 전국으로 확산 • 정부는 삼정이정청을 설치하여 삼정의 문란을 시정할 것을 약속 → 삼정이정청이 폐지되면서 근본적인 해결책 마련에는 실패
	고종	동학 농민 운동	• 제1차 동학 농민 운동 ┌ 반봉건 투쟁, 남접 세력만 참여 ├ 전봉준이 이끄는 동학 농민군이 무장에서 창의문 발표 → 백산 집회에서 격문과 4대 강령 발표 └ 황토현·황룡촌 전투에서 승리 → 전주성 입성 → 정부와 전주 화약 체결, 집강소 설치, 폐정 개혁안 발표 • 제2차 동학 농민 운동 ┌ 항일 구국 투쟁이자 반외세 투쟁, 남접·북접 모두 참여 └ 정부의 개혁 부진과 일본의 내정 간섭 강화에 저항하며 봉기 → 우금치 전투에서 일본군·관군에 패배

8 유네스코 세계 유산

◎ 족집게 만점 비법

최근 우리나라의 문화유산이 유네스코에 많이 등재되었다. 최근에 등재된 문화유산과 기록유산까지 꼼꼼하게 학습하자.

1. 유네스코 세계 문화유산

( ) 안은 등재 연도

해인사 장경판전(1995)	대장경(팔만대장경) 목판을 보관하기 위해 조선 전기에 지어진 건축물	조선 왕릉(2009)	• 조선의 왕·왕비 및 추존된 왕·왕비의 무덤과 부속 지역 • 총 40기(북한 지역 및 광해군·연산군 무덤 제외) 등재됨
종묘(1995)	• 조선의 왕과 왕비의 신주를 모시고 제사를 지내는 유교 사당 • 태조 때 축조된 후 임진왜란 때 소실 → 광해군 때 재건 • 건축물과 함께 제사, 음악, 무용 등 무형유산이 함께 보존되고 있음	한국의 역사 마을: 하회와 양동(2010)	• 조선 초기의 유교적 양반 문화를 확인할 수 있는 씨족 마을 (안동의 하회 마을과 경주의 양동 마을)
석굴암·불국사(1995)	• 신라 경덕왕 때 김대성의 발원으로 건립 • 신라인의 뛰어난 예술성과 기술력을 보여주는 한국 고대 불교 예술의 정수	남한산성(2014)	• 조선 시대에 임시 수도의 역할을 담당하도록 축조된 산성 도시 • 병자호란 때 인조가 피난한 곳 • 수어청에서 남한산성 일대의 수비를 담당
창덕궁(1997)	• 광해군~고종이 정사를 보던 정궁(가장 오랜 기간 왕이 거처한 궁궐) • 태종 때 창건된 후 임진왜란 때 소실 → 선조 때 재건을 시작하여 광해군 때 완료 • 우리나라 궁궐 건축의 창의성을 보여줌(자연과 건물이 조화롭게 배치)	백제 역사 유적 지구(2015)	• 백제의 옛 수도였던 공주시·부여군과 천도를 시도한 익산시의 역사 유적 • 공주 지구(공산성·송산리 고분군) • 부여 지구(관북리 유적과 부소산성·정림사지·나성·능산리 고분군) • 익산 지구(왕궁리 유적·미륵사지)
수원 화성(1997)	• 정조가 건설하려던 이상 도시로 군사적·상업적 기능 보유 • 우리나라, 중국, 일본, 서구의 성곽을 연구하여 축조(정약용의 거중기 이용)	산사, 한국의 산지 승원 (2018)	• 한국 불교의 깊은 역사성을 보여주는 7곳의 산지 승원 • 양산 통도사, 영주 부석사, 안동 봉정사, 보은 법주사, 공주 마곡사, 순천 선암사, 해남 대흥사
경주 역사 유적 지구(2000)	• 남산 지구, 월성 지구, 대릉원 지구, 황룡사 지구, 산성 지구 등 5지구로 구성 • 남산 지구(나정·포석정·배리 석불 입상), 월성 지구(계림·첨성대) 등	한국의 서원(2019)	• 조선 시대 명현을 제사하고, 인재를 교육하기 위해 전국에 세운 사설 기관 • 영주 소수 서원, 함양 남계 서원, 경주 옥산 서원, 안동 도산 서원, 장성 필암 서원, 달성 도동 서원, 안동 병산 서원, 논산 돈암 서원, 정읍 무성 서원 (총 9곳)
고창·화순·강화 고인돌 유적(2000)	청동기 시대에 만들어진 수백 기 이상의 고인돌 집중 분포	가야 고분군(2023)	• 한반도에 존재했던 고대 문명 가야를 대표하는 7개의 고분군 • 고령 지산동 고분군, 김해 대성동 고분군, 함안 말이산 고분군, 남원 유곡리·두락리 고분군, 창녕 교동·송현동 고분군, 고성 송학동 고분군, 합천 옥전 고분군
제주 화산섬과 용암 동굴(2007)	• 제주도에 위치한 한국 최초의 세계 자연유산 지구 • 대표 유적지: 한라산·성산 일출봉·거문오름 용암 동굴계 등		

( ) 안은 등재 연도

2. 유네스코 세계 기록유산

『조선왕조실록』(1997)	• 태조~철종까지의 통치 내용을 기록한 편년체 역사서	『난중일기』(2013)	• 이순신이 임진왜란 때 쓴 친필 일기(전쟁에서 겪은 이야기 서술)
『훈민정음(해례본)』(1997)	• 세종과 집현전 학자들이 창제한 문자, 『훈민정음』에 대한 일종의 해설서	새마을 운동 기록물(2013)	• 새마을 운동과 관련된 대통령 연설문, 정부 문서, 편지, 사진 등의 자료
『불조직지심체요절』(하권) (2001)	• 청주 흥덕사에서 간행(1377), 현존하는 세계 최고(最古)의 금속 활자 인쇄본 • 프랑스에서 소장하고 있음(구한 말 플랑시가 수집해 프랑스로 가져감)	한국의 유교 책판(2015)	• 조선 시대에 718종의 유교 서책을 간행하기 위해 판각한 책판
『승정원일기』(2001)	• 승정원에서 업무 내용을 일지 형식으로 작성한 것	'이산가족을 찾습니다' 기록물(2015)	• 남한 내에서 흩어진 이산가족을 찾기 위해 방영된 KBS 특별 생방송과 관련된 기록물(녹화 원본 테이프, 업무 수첩, 신청서 등)
고려대장경판 및 제경판 (2007)	• 몽골의 침입을 불력으로 막기 위해 강화도에서 제작(팔만대장경이라고도 함)	조선 왕실 어보와 어책 (2017)	조선 왕실에서 책봉하거나 존호를 수여할 때 제작된 의례용 도장인 어보와 그 교서인 어책
『의궤』(2007)	• 조선 왕실의 중요 행사를 글·그림으로 기록한 의례서 • 병인양요 때 프랑스가 약탈(2011년에 대여 방식으로 반환 받음)	조선 통신사 기록물(2017)	1607년부터 1811년까지 일본 에도 막부의 초청으로 총 12회에 걸쳐 파견되었던 조선 통신사에 관한 기록물
『동의보감』(2009)	• 광해군 때 허준이 편찬한 백과사전식 의서	국채 보상 운동 기록물 (2017)	국채 보상 운동(1907~1910)의 전 과정을 보여주는 기록물
5·18 민주화 운동 기록물 (2011)	• 5·18 민주화 운동의 발발과 진압, 이후의 진상 규명·보상 등과 관련된 문서, 사진, 영상	4·19 혁명 기록물 (2023)	4·19 혁명 운동 당시의 부상자의 개별 기록서, 신문 기사 등 문서, 사진 자료
『일성록』(2011)	• 정조가 세손 시절부터 일기 형식으로 기록 → 정조 즉위 후 국정 기록이 됨 • 조선의 국왕들이 국정 운영에 참고할 목적으로 씀	동학 농민 운동 기록물 (2023)	동학 농민 운동 당시 동학 농민군의 편지, 전봉준 공초 등의 자료

( ) 안은 신청 연도

3. 유네스코 세계 문화유산 잠정 목록

문화 유산	강진 도요지 (1994)	• 고려 시대(10세기~14세기)의 도요지가 집중적으로 분포함 • 청자의 기원과 초기 청자의 특징을 파악하는 데 유리함	문화 유산	서울 한양 도성 (2012)	• 주변 지형을 이용해 축조한 석축 성곽 • 도성의 안팎이 함께 조망되는 역사 도시 경관이 잘 보존되어 있음
	염전(2010)	전북 신안군, 영광군에 소재		화순 운주사 석불 석탑(2017)	10~16세기 말까지 조성된 다양한 형태의 석불상과 석탑, 별자리나 '칠성신앙'과 관련된 칠성석 등이 포함되어 있음
	중부 내륙 산성군 (2010)	• 고대부터 근대에 이르는 산성 문화의 실체를 보여줌 • 보은 삼년산성, 청주 상당산성, 충주산성(충주 남산성), 충주 장미산성, 제천 덕주산성, 단양 온달산성, 괴산 미륵산성 등이 존재		양주 회암사지 유적(2022)	• 경기도 양주시에 있는 고려 시대에 창건된 회암사의 사절터 • 14세기 동아시아 전역에서 번성했던 선종 불교의 모습을 보여줌
	대곡천 암각화군 (2010)	• 울산 대곡리 반구대 암각화와 울산 천전리 암각화를 포함 • 반구대 암각화는 해양 동물 중심, 천전리 암각화는 육지 동물 중심으로 구성	자연 유산	설악산 천연 보호 구역 (1994)	화강암과 현무암의 차별침식으로 웅장한 자연 경관을 보여주며, 다양한 식물과 동물이 분포되어 있음
	순천 낙안읍성 (2011)	마을을 둘러싼 성곽과 관아, 민가들이 그대로 남아있어 조선 시대 고을의 모습을 살펴볼 수 있음		남해안 일대 공룡 화석지 (2002)	매우 넓은 규모이면서 보존 상태가 완벽한 공룡알 화석 산지로, 익룡 발자국 화석과 가장 오래된 물갈퀴 발자국이 존재함
	아산 외암 마을 (2011)	• 조선 시대를 거치면서 예안 이씨 집성촌으로 발전 • 유교 이념에 부합하도록 재편성된 취락의 대표적 사례		우포늪 (2011)	대한민국 최대의 자연 배후 습지이며, 신석기 시대 조개무지·도토리 저장 구덩이 및 비봉리 패총 유적 등 고고학적 유적이 밀집되어 있음

9 지역사

각 지역의 역사적 사건을 제시하고, 그 지역에서 일어난 다른 역사적 사건을 물어보는 문제가 출제되므로, 시대 통합적으로 해당 지역에서 일어난 역사적 사건을 알아두자.

1. 한반도 북부 지역

의주

고려	• 강동 6주 중 하나인 흥화진이 있던 곳 • 흥화진 전투 　– 거란의 2차 침입 때(1010) 양규 활약 　– 거란의 3차 침입 때(1018) 강감찬 활약 • 거란과 물품을 거래하던 각장이 설치된 곳
조선	• 선조의 피난처(임진왜란) • 임경업 장군의 백마산성 항쟁(병자호란) • 만상의 활동 거점
근대	경의선 철도 개통(1906)
일제 강점기	항일 무장 단체 보합단(1920)의 거점지
현대	남북 정상 회담(2000) 이후 경의선 복구 사업

평양

고구려	• 장수왕 때 천도(안학궁 건립) • 당이 안동 도호부 설치(668)
고려	• 서경 천도 계획(정종) • 분사 설치(태조 때 시작~성종 때 정비) • 묘청의 서경 천도 운동 • 서경 유수 조위총의 난(1174, 반무신의 난) • 최광수의 난(1217, 고구려 부흥 운동) • 동녕부 설치(원 간섭기)
조선	• 조·명 연합군의 평양성 탈환(임진왜란) • 유상의 활동 거점
근대	• 제너럴셔먼호 사건 발발(1866) • 대성 학교 설립(1908, 안창호)
일제 강점기	• 송죽회 조직(1913, 비밀 여성 독립운동 단체) • 물산 장려 운동 시작(조만식)
현대	• 남북 연석 회의 실시 • 남북 정상 회담 개최

흥남

일제 강점기	흥남 질소 비료 공장 건립
현대	흥남 철수(6·25 전쟁, 1950. 12.)

간도

근대	• 간도에 파견된 관리 　– 어윤중을 서북 경략사로 파견(1883) 　– 이중하를 토문 감계사로 파견(1885) 　– 이범윤을 간도 시찰원으로 파견(1902) 　　→ 간도 관리사로 임명(1903) • 청·일 간의 간도 협약 체결(1909)
일제 강점기	• 서간도: 경학사·부민단 조직, 신흥 무관 학교 설립 • 북간도: 중광단 조직, 서전 서숙·명동 학교 설립 • 봉오동·청산리 전투(1920) • 간도 참변(1920, 경신참변)

원산

고려	원 간섭기에 쌍성 총관부가 설치된 지역 (화주, 공민왕 때 무력 수복)
조선	덕원 원산장(상업의 중심지, 장시)
근대	• 강화도 조약을 통해 개항(1880) • 원산 학사 설립(1883, 최초의 근대식 사립 학교)
일제 강점기	• 경원선 철도 개통(1914) • 원산 노동자 총파업(1929)

개성

후고구려	궁예가 후고구려 건국(901, 송악)
고려	• 고려의 수도(개경) • 거란 침입 이후 나성 축조(개경의 외성, 도성 수비 강화 목적) • 만월대, 현화사, 불일사 5층 석탑, 현화사 7층 석탑 건립
조선	송상의 활동 거점
현대	개성 공단 건설 착공(2003)

2. 한반도 남부 지역

강화도

통일 신라	혈구진(군사 기지) 설치(문성왕)
고려	• 최우의 강화 천도(1232) • 팔만대장경 조판 • 삼별초의 항쟁(강화도 → 진도 → 제주도)
조선	• 인조 피난(정묘호란) • 참성단 설치(마니산) • 사고 설치(마니산 사고 → 정족산 사고) • 외규장각 건설(정조) • 정제두의 강화 학파(양명학) 형성
근대	• 병인양요(1866)·신미양요(1871) • 운요호 사건(1875) → 강화도 조약 체결(1876)

울릉도·독도

신라	지증왕 때 이사부가 정벌(우산국)
조선	숙종 때 안용복이 일본으로 건너가 울릉도·독도가 조선 영토임을 확인
근대	• 울릉도를 군으로 승격·관리를 파견하여 독도까지 관할(대한 제국 칙령 제41호, 1900) • 일본이 러·일 전쟁 중 불법으로 점령·편입 　– 한·일 의정서(1904. 2.): 울릉도·독도 불법 점령 　– 시마네 현 고시 제40호(1905. 2.): 무주지 명목으로 독도 불법 편입

인천

근대	• 제물포 조약(1882, 임오군란) • 강화도 조약을 통해 개항(1883)
현대	인천 상륙 작전(6·25 전쟁)

안동

고려	• 왕건의 고창 전투(930) • 공민왕의 피난(홍건적의 2차 침입) • 이천동 마애여래 입상, 봉정사 극락전
조선	도산 서원(이황), 병산 서원(유성룡)

공주

백제	• 웅진 천도(475, 문주왕) • 송산리 고분군(무령왕릉 포함)
통일 신라	웅천주 도독 김헌창의 난(822)
고려	망이·망소이의 난(공주 명학소)
근대	우금치 전투(동학 농민 운동)

진주

고려	최충헌이 식읍으로 받은 지역
조선	• 진주 대첩(김시민 승리, 임진왜란) • 진주 민란 → 전국적으로 확산(임술 농민 봉기)
일제 강점기	조선 형평사(형평 운동) 조직

제주

고려	삼별초의 항쟁(김통정) → 여·몽 연합군에 의해 진압됨 → 탐라 총관부 설치
현대	4·3 사건(1948)

부여

백제	• 사비 천도(538, 성왕) • 백제 금동 대향로·정림사지 5층 석탑·능산리 고분군
고려	최영의 홍산 대첩(1376, 왜구 격퇴)

강진

고려	• 요세의 백련 결사 운동 • 상감 청자의 주요 생산 지역
조선	• 무위사 극락전(15C) • 정약용의 유배지(다산 초당)

동 해

황 해

강화도
인천

울릉도
독도

공주
부여
안동

진주

강진

제주

10 근현대 빈출 인물

◎ 족집게 만점 비법
근·현대 인물들의 활동을 제시하고, 인물이 활동한 단체·시기 등을 묻는 문제가 최근 자주 출제되고 있다. 근현대 주요 인물의 시기별 활동을 꼼꼼하게 학습해야 한다.

1. 근대~일제 강점기 주요 인물

인물	활동	인물	활동
최익현 (1833~1906)	• 1873년 흥선 대원군의 하야와 고종의 친정을 주장하는 상소를 올림 • 1876년 개항을 반대하며 왜양 일체론 주장 • 1905년 을사의병 거병 → 체포된 이후 쓰시마 섬에서 순국(1906)	이상설 (1870~1917)	• 1906년 북간도에 서전서숙 설립 • 1907년 헤이그 특사로 파견 • 1910년 연해주에서 13도 의군, 성명회 조직 • 1914년 대한 광복군 정부의 정통령으로 취임
박은식 (1859~1925)	• 1898년 독립 협회에 참가하였고, 황성신문 주필 담당 • 1910년 조선 광문회 활동 전개 • 1925년 대한민국 임시 정부 제2대 대통령 취임 • 주요 저술: 「유교구신론」, 『한국통사』, 『한국독립운동지혈사』	양기탁 (1871~1938)	• 1898년 만민 공동회 간부로 활약 • 1904년 대한매일신보 창간 • 1907년 국채 보상 운동 주도, 신민회 조직 • 1934년 임시 정부 국무위원 선임
손병희 (1861~1922)	• 1894년 동학 농민 운동에서 북접으로 활동 • 1905년 동학을 천도교로 개칭 • 1919년 3·1 운동 참여, 대한 국민 의회 대통령에 추대	이동휘 (1873~1935)	• 1907년 정미의병 참가 • 1908년 서북학회 창립 • 1914년 대한 광복군 정부 부통령 취임 • 1919년 대한민국 임시 정부 국무총리 취임
박영효 (1861~1939)	• 1884년 갑신정변에 참여함 → 실패 후 일본 망명 • 1894년 내부 대신에 임명됨(갑오개혁) → 다음 해 일본 망명 • 1920년 동아일보사 초대 사장 역임 • 1926년 중추원 칙임관과 부의장(1939) 역임	안창호 (1878~1938)	• 1897년 독립 협회 가입 • 1912년 대한인 국민회 중앙 총회 조직, 흥사단 조직(1913) • 1919년 대한민국 임시 정부 내무총장 겸 국무총리 대리 • 1937년 수양 동우회 사건으로 수감
이승훈 (1864~1930)	• 1907년 신민회 가입 후 자기 회사 설립, 태극 서관 운영, 오산 학교(정주) 설립 • 1919년 3·1 운동 때 민족 대표 33인 중 기독교 대표로 활동 • 1924년 동아일보 사장 취임, 민립 대학 설립 운동 전개	안중근 (1879~1910)	• 1907년 국채 보상 운동에 참가, 정미의병 참모 중장 역임 • 1909년 하얼빈에서 이토 히로부미 사살 • 1910년 『동양평화론』 저술, 뤼순 감옥에서 순국
이회영 (1867~1932)	• 1910년 한·일 합병 이후 전 재산을 정리해 만주로 이동 • 1911년 경학사, 신흥 강습소 설립	신채호 (1880~1936)	• 1907년 신민회 조직 • 1919년 대한민국 임시 정부에서 활동 • 1923년 「조선혁명선언」 발표 • 주요 저술: 「독사신론」, 『조선사연구초』, 『조선상고사』
홍범도 (1868~1943)	• 1907년 정미의병 참가(산포대 조직) → 1919년 대한 독립군 조직 • 1920년 봉오동 전투와 청산리 전투에서 승리, 대한 독립 군단 조직 • 1921년 자유시로 이동하여 고려 혁명 군관학교 설립 • 1937년 러시아의 스탈린에 의해 중앙아시아로 강제 이주	김좌진 (1889~1930)	• 1909년 안창호 등과 서북학회 조직 • 1915년 대한 광복회 가입 • 1919년 북로군정서군 총사령관 취임 → 청산리 전투 승리(1920) • 1925년 신민부 창설

2. 일제 강점기~현대 주요 인물

인물	활동	인물	활동
이승만 (1875~1965)	• 1919년 대한민국 임시 정부 초대 대통령 취임 • 1925년 위임 통치 건으로 탄핵 당함 • 1946년 정읍 발언 • 1948년 대한민국 초대 대통령 취임 • 1951년 자유당 창당 • 1960년 4·19 혁명으로 하야	안재홍 (1891~1965)	• 1927년 신간회 총무 역임 • 1934년 정인보, 문일평과 조선학 운동 전개 • 1942년 조선어 학회 사건으로 투옥 • 1945년 조선 건국 준비 위원회 부위원장 역임 → 탈퇴 후 국민당 결성 • 1946년 남조선 과도 입법 의원, 1947년 미 군정청 민정 장관 역임
김구 (1876~1949)	• 1919년 대한민국 임시 정부 초대 경무 국장에 취임 • 1931년 한인 애국단 조직 • 1935년 한국 국민당 창당 • 1940년 대한민국 임시 정부 주석에 취임 • 1945년 신탁 통치 반대 국민 총동원 위원회 조직 • 1948년 남북 협상 주도 → 1949년 경교장에서 안두희에게 암살 당함	이광수 (1892~1950)	• 1917년 매일신보에 「무정」 연재 • 1919년 2·8 독립 선언서 작성 → 독립신문(임시 정부 기관지)의 주필로 활동 • 1922년 「민족개조론」 발표 → 1924년 「민족적 경륜」 발표 • 1937년 수양 동우회 사건으로 투옥 → 친일파로 전향 • 1949년 반민특위에 체포되어 서대문 형무소에 투옥
김규식 (1881~1950)	• 1919년 파리 강화 회의에 한국 대표로 참석(신한청년당) • 1944년 대한민국 임시 정부 부주석에 취임 • 1946년 여운형과 좌·우 합작 운동 전개, 1947년 민족 자주 연맹 조직 • 1948년 남북 협상 주도	백남운 (1895~1979)	• 1922년 민립 대학 설립 운동 참여 • 1946년 남조선 신민당 결성 • 주요 저술: 『조선사회경제사』, 『조선봉건사회경제사』, 『조선 민족의 진로』(연합성 신민주주의 제창)
여운형 (1886~1947)	• 1918년 신한청년당 결성 • 1944년 조선 건국 동맹 조직 → 조선 건국 준비 위원회로 개편(1945) → 조선 인민당 결성 • 1946년 김규식과 좌·우 합작 위원회 조직 • 1947년 혜화동에서 극우 세력에 의해 암살	양세봉 (1896~1934)	• 1919년 천마산대에 입대하여 무장 투쟁 전개 • 1923년 육군 주만 참의부 소대장에 취임 • 1929년 국민부에서 활동(조선 혁명군 총사령관) • 1932년 영릉가 전투에서 승리 • 1933년 흥경성 전투에서 승리
조소앙 (1887~1958)	• 1917년 대동 단결 선언 발표 • 1919년 대한민국 임시 정부 국무위원 비서장 역임 • 1930년 한국 독립당 결성 → 민족 혁명당 결성에 참여(1935) • 1941년 대한민국 임시 정부 국무위원을 통해 건국 강령 제정 및 발표(삼균주의) • 1944년 대한민국 임시 정부 외무부장 역임	김원봉 (1898~1958)	• 1919년 만주 지린에서 의열단 조직 • 1926년 황포 군관 학교 입교 • 1932년 조선 혁명 간부 학교 설립 • 1935년 중국 관내에서 민족 혁명당 창당 • 1938년 조선 의용대 창설 • 1942년 한국광복군에 합류
지청천 (1888~1957)	• 1919년 신흥 무관 학교에서 독립군 양성 • 1920년 대한 독립 군단에 참여 • 1930년 한국 독립군 총사령관 취임, 쌍성보 전투에서 승리(1932) • 1940년 한국광복군 총사령관에 취임	이범석 (1900~1972)	• 1919년 신흥 무관 학교 교관, 북로 군정서 교관 역임 • 1945년 한국광복군 참모장 역임 • 1948년 대한민국 정부 초대 국무 총리, 국방부 장관 역임 • 1951년 이기붕 등과 자유당 창당
김두봉 (1889~?)	• 1913년 조선 광문회의 조선어 사전 편찬 사업 참여 • 1935년 김원봉 등과 민족 혁명당 결성 • 1942년 옌안에서 조선 독립 동맹 결성 • 1946년 북조선 신민당 조직	장준하 (1918~1975)	• 1944년 일본군에 강제 징집 • 1945년 탈출하여 한국광복군에 합류 → 국내 진공 작전 준비 • 1953년 잡지 『사상계』 창간 → 1962년 막사이사이상 수상 • 1973년 개헌 청원 백만인 서명 운동 전개

방대한 한국사를
쉽고 빠르게 암기하는 맵핑 암기법!

해커스공무원
이중석

맵핑 한국사

합격생
필기노트

개정 6판 2쇄 발행 2024년 3월 25일

개정 6판 1쇄 발행 2021년 7월 2일

지은이	이중석, 해커스 공무원시험연구소 공저
펴낸곳	해커스패스
펴낸이	해커스공무원 출판팀

주소	서울특별시 강남구 강남대로 428 해커스공무원
고객센터	1588-4055
교재 관련 문의	gosi@hackerspass.com
	해커스공무원 사이트(gosi.Hackers.com) 교재 Q&A 게시판
	카카오톡 플러스 친구 [해커스공무원 노량진캠퍼스]
학원 강의 및 동영상강의	gosi.Hackers.com

ISBN	979-11-6662-423-0 (13910)
Serial Number	**06-02-01**

공무원 교육 1위,
해커스공무원(gosi.Hackers.com)

해커스공무원

· 해커스공무원 **한국사 1위 이중석 선생님의 본 교재 인강**(교재 내 할인쿠폰 수록)
· 시험에 출제될 포인트를 효과적으로 복습하는 **기출문장으로 끝내는 OX/빈칸 문제집**
· 한국사 스타 선생님이 핵심을 짚어주는 **공무원 한국사 무료 동영상강의**

[공무원 교육 1위, 해커스공무원] 한경비즈니스 선정 2020 한국소비자만족지수 교육(공무원) 부문 1위
[해커스공무원 한국사 1위 이중석] 해커스공무원 한국사 수강후기 게시판 게시물 수 기준(2021.11.03.)